热血山河

中央军抗战

将领讲述

《热血山河丛书》编辑委员会 编

中国文史出版社
CHINA CULTURAL AND HISTORICAL PRESS

图书在版编目（CIP）数据

将领讲述. 中央军抗战 / 《热血山河丛书》编辑委员会编. -- 北京 : 中国文史出版社, 2020.1

ISBN 978-7-5205-1438-5

Ⅰ. ①将… Ⅱ. ①热… Ⅲ. ①国民党军—抗日战争—史料 Ⅳ. ①K265.06

中国版本图书馆CIP数据核字（2019）第247010号

责任编辑：张春霞　高　贝

出版发行：**中国文史出版社**
社　　址：北京市海淀区西八里庄路69号院　　邮编：100142
电　　话：010-81136606　81136602　81136603（发行部）
传　　真：010-81136655
印　　装：北京温林源印刷有限公司
经　　销：全国新华书店
开　　本：787mm × 1092mm　1/16
印　　张：27. 25
字　　数：351千字
版　　次：2020年3月第1版
印　　次：2022年5月第2次印刷
定　　价：68. 00元

编辑委员会

目 录

contents

邱行湘

韩梅村

谢晋元

邱维达

何应钦

吾人固早深知非备战不足以图存，非备战不足以维护公理与正义。

● 1890年4月2日生，字敬之，贵州兴义人。

● 1937年，七七事变发生时，在四川主持整军会议，并出任第四战区司令长官。

● 1938年1月，任军事委员会参谋长，负责战时军制计划和参与各个战役的指挥。

● 1943年2月，以参谋总长的身份，偕同史迪威等飞赴印度检阅中国远征军。

● 1945年2月，飞赴缅北重镇苗斯，主持升旗仪式，后参与指挥了中国远征军的第二次入缅作战。

● 1987年10月21日，病逝于台湾。

中原抗战纪略

何应钦

安阳大名失陷及对峙

敌于攻陷石家庄后，即将第六师团之一部、河边旅团之一联队，及第二十师团之全部，转攻晋东之娘子关。沿平汉线南下者为第十四师团主力、第六师团一部，及第十六师团之一部。我平汉线军队除孙连仲、冯钦哉、曾万钟各部，已划归山西方面作战外，现有兵力仅步兵三师半与骑兵一师。敌乘我立足未稳，分两路进击，主力以铁道南下，一部由宁晋、柏乡趋内丘。我军于10月11日晚①，到达赵县、元氏之线，12日晚，又被迫转移至赞皇、高邑、柏乡、巨鹿之线，14日退守内丘。因河北平地无险可守，又加兵力单薄，15日邢台又陷，邯郸、磁县亦于17日、18日两日先后不守。幸我汤恩伯军团18日赶到安阳及漳河南岸之线②，严阵以待，我吴克仁军亦于是时到达汤阴。敌分三路渡漳河进犯，

① 此系1937年10月11日。

② 据《第一战区第二十军团于漳河抗日之役战斗详报》及《陆军第五十二军于漳河南岸东、西保障一带战斗要报》，10月18日前，汤恩伯第二十军团第十三军的两个师已分别在安阳和磁县。18日到达漳河南岸的是该军团第五十二军（军长关麟征）。

斯时在平汉线正面者为敌之第六师团；由武安[①]、观台[②]犯我左翼者，为第十四师团之主力；沿肥乡、成安、临漳企图攻我右翼者，为第十六师团之一部。10月19日后，敌不断向我漳河铁桥炮击，另以一部着便衣混入难民群中，由观台、东西保障渡河，期掩护其主力之偷渡。东、西保障一带高地，于20日上午已为敌占。我关麟征军，遂于21日拂晓开始攻击当面之敌[③]，当被我二十五师将该高地夺回，将敌压迫于河岸，歼灭甚众。但敌又得河北[④]之增援，遂再图反攻，自晓至暮，反复肉搏，激战至晚12时，敌我伤亡均重。旋以安阳以东辛店集附近，敌渡过约一联队，斯时我军极为疲乏，乃停止攻击，占领阵地，与敌呈对峙状态。敌军主力因前进受阻，伤亡甚大，自23日后已撤退至邯郸、武安附近，拟由武安、涉县进窥晋南，威胁我平汉线左侧背，同时声援山西之作战。我汤军团遂于24日推进至沿岸一带与敌对峙。斯时山西又告吃紧，娘子关被敌攻陷，山西战局危殆。我汤军团之第十三军，于11月2日兼程往援。敌乘晋东胜利，平汉线上又向我安阳附近攻击。我守军商震部以实力薄弱，左右友军距离甚远，不得应援，11月5日安阳又告失陷[⑤]，商军退守宝莲寺东西之线。

宋哲元集团军，在临清、堂邑、大名、内黄、南乐、清丰、濮阳[⑥]之间，以协同平汉线正面友军，击破平汉线南下之敌，使晋东我军作战容易之目的，以主力沿平汉线东侧地区前进，其骑兵部队于11月5日占领南和、

---

① 武安及后文之临漳、涉县当时属河南省，今属河北省。

② 观台当时属河南省安阳县，今属河北省磁县。

③ 据《陆军第五十二军于漳河南岸东、西保障一带战斗要报》，关军于20日上午即以两个团攻击该敌，但未奏效。21日拂晓又以主力再次攻击。

④ 此“河北”系指漳河北岸。

⑤ 据《第一战区平汉沿线重要战报摘录》及商震支戌、歌辰两电，安阳车站及安阳城均于4日失陷。又据台湾中国国民党中央委员会党史委员会编印之《中华民国重要史料初编——对日抗战时期》：“11月4日，敌先期反攻，陷安阳。”

⑥ 南乐、清丰、濮阳当时属河北省，今属河南省。

任县，并将邢台以北之官庄车站占领，其步兵部队则向邢台攻击，6日晨已迫至邢台附近。不意敌一面由邢台西北增援，一面由邢台以南沙河方面赶到步骑炮联合之敌向我夹击，且以敌机多架助战，敌我相持两昼夜，于8日下午任县竟被敌夺去。10日邢台之敌向我反攻，11日因大名失守，敌攻广平甚急，我骑兵部队感受侧背威胁，于12日乃向卫河右岸移动。步兵部队11月6日进攻成安之敌，当晚占领县城，7日敌由磁县方面增加，激战竟日，8日并由临漳方面续到步骑炮联合之敌进窥广平，9日复由广平西北向大名运动，10日更以全力进迫大名，与我三十八师发生巷战，11日县城遂失守，步兵部队乃退守卫河南岸。敌占大名后，以一部进窥卫河，主力扼守大名。是时华北敌军先以主力进窥山西，11月9日占据太原后，复转用其第六师团一部于东战场方面，故对平汉线仅以第十四师团及十六师团之一部暂取守势，在平汉线之漳河及卫河北岸构筑工事，与我军对峙。

陇海沿线之作战

鲁西防御及归砀失陷

民国27年5月上旬，敌分向皖北、鲁西转移。我为集结强大兵团击灭该敌计，乃以孙桐萱军主力在相里集、潭集之线及微山、独山、南阳各湖西岸之李必蕃、李英等师，展开于郓城及纸坊集、巨野之线，以掩护大兵团之集中。5月9日，济宁方面之敌，开始向金乡、鱼台、郓城进犯，并一部西渡微山湖进攻沛县，以威胁我侧背。在鲁西广阔之平原内，敌利用机械化部队，向我间隙内到处窜扰，郓城、鱼台、金乡、沛县[①]于11日、14日、15日、18日等日相继失陷，敌直趋陇海线。5月

① 据日本防卫厅防卫研究所战史室著《中国事变陆军作战史》，日军第十六师团主力5月14日占领金乡，第十师团19日占领沛县。

11 日我俞济时军及黄杰军分在砀山、归德[①]等地已集结完毕，李汉魂军向归德输送。斯时由蒙城北犯之敌豕突北窜，陇海线形势渐趋紧张，我最高统帅乃令薛岳统率俞、黄、李三军为鲁西兵团[②]，以击灭当面之敌。5 月 12 日，北犯之敌又占永城，即以其轻快部队直趋砀山、归德，于是在韩道口、周寨等地发生剧烈之战斗。5 月 21 日起，敌猛攻砀山，24 日被陷，黄军西撤。敌陷砀山后，以一部经虞城[③]转归德，主力沿铁道西进，26 日开始向我归德阵地攻击。27 日、28 日两日，经敌以猛烈之炮火袭击后，28 日归德又陷[④]，黄军遂向睢县、柳河集转进。

兰封附近诸战斗

自 5 月 18 日以来，由菏泽南下之敌第十四师团土肥原部主力，向铁炉集南进[⑤]，企图遮断我陇海线交通。其一部 17 日由新兴集向兰封以东之仪封前进，18 日其主力进至大黄集附近。我当准备于 21 日夹击该敌。5 月 19 日、20 日两日，窜仪封之敌一部已与我宋希濂军在仪封及内黄[⑥]附近发生激战。同日我空军第一、五两大队，曾出动轰炸永城、蒙城、贯台集、三叉寨及蚌埠敌机场，毁敌桥梁、车辆无数。我马丁机两架，并飞往日本长崎散发纸弹，促其军民觉醒。21 日，仪封之敌向西南窜扰，一部于当日窜抵兴隆集附近，罗王寨、白寨附近均发生战斗，同时贯台之敌益逐次渡河增加。我程司令长官乃以俞济时、李汉魂、宋希濂三军向兰封[⑦]、阳

---

① 商丘县在清代为归德府治，自 1913 年 2 月民国政府废府存县后，该县除一度被载入商丘市外，其名称至今仍为商丘县。

② 关于薛岳兵团的名称，《第一战区鲁西豫东作战经过概要》中为鲁西兵团，其他资料中为豫东兵团或第一兵团。

③ 当时的虞城县城今为利民镇，今虞城县城为马牧集。

④ 据《中国事变陆军作战史》，日军于 29 日占领商丘。

⑤ 据《第二十集团军兰中、东考两区河防及菏泽、开封等役战斗详报》，日军土肥原师团主力 5 月 17 日早经菏泽向铁炉集前进。

⑥ 此系指民权县之内黄集。

⑦ 兰封与考城 1954 年合并为兰考县。

堌集之线急进，胡宗南军团由开封方面沿铁道东进，扫荡当面之敌，刘和鼎军任兰封、开封间之河防。22日，敌一部续窜罗王寨。23日我胡宗南军团向该敌攻击，刘和鼎军拒止该敌北窜。23日土肥原[①]窜据罗王寨、三义寨一带者已陆续增多，又有一部由陈留口开始南渡。我李汉魂、桂永清两军24日晨由阳堌集协同开始向该敌攻击，斩获甚众。但兰封方面本晨敌以一部于我宋军换防之际乘隙窜入[②]，26日我宋希濂军反攻[③]，27日乃告克复。斯时我军仍以主力向罗王寨、三义寨一带行连续之围攻，颇有进展，25日至29日之间，予敌军以巨大之创痛，终以敌负隅顽抗，凭险死守，未能完全歼灭。28日我战略要点之归德被陷，黄军主力退集睢县、柳河一带。29日晨敌骑一部窜抵宁陵附近，我程司令长官为避免敌在豫东平地决战，乃决定转移各军[④]，6月1日、2日两日陆续向平汉线以西地区撤退，7日、8日、9日陆续到达指定地点。兰封西侧之敌于我军西移后，即继续向开封前进。6月5日我放弃开封[⑤]，敌分攻中牟、尉氏，该两地亦于6日失守[⑥]，随即进扰新郑。7日敌轰炸黄河堤，赵口附近河堤崩溃，水流经中牟、尉氏沿贾鲁河南泛，敌我遂沿黄泛两岸呈对峙形势。

---

① 此处应为土肥原部或土肥原师团。

② 据《陆军第七十一军兰封会战战斗详报》及《陆军第八十八师兰封战役战斗详报》，第八十八师于22日夜奉桂永清之命向红庙撤退；宋希濂于23日下午1时得知兰封自22日晚即无守备，但至本日中午日军尚未进城。据《陆军第二十七军兰封之役战斗详报》及《陆军第四十六师兰封附近会战经过》，第八十八师是擅自撤退的。

③ 据《陆军第七十一军兰封会战战斗详报》，24日晨6时宋希濂得知兰封已失，即指挥部队开始反攻。

④ 据《第一战区鲁西豫东作战经过概要》，5月31日，程潜奉到蒋介石关于主力转移至平汉线以西的命令，并于当日转饬薛岳、汤恩伯两总司令。

⑤ 据《第二十集团军兰中、东考两区河防及菏泽、开封等役战斗详报》，开封守军宋肯堂师于6月6日1时退出开封。

⑥ 据《第二十集团军兰中、东考两区河防及菏泽、开封等役战斗详报》，6月8日在尉氏县南之砖桥、南曹等地发现日军骑兵，9日拂晓中牟被敌攻破。

何应钦

豫南会战

自民国29年11月敌在鄂中战斗失败后，民国30年1月下旬又发动豫南攻势。此时我军守备正面，横亘鄂、皖、豫三省，自远安西南经荆门、钟祥北面沿大洪山南麓、桐柏山东麓、明港、皖北、豫东而至兰封，全长达400余公里。在我正面之敌，约步兵七个半师团、独立骑兵一个旅团、独立战车三个联队、独立野战重炮一个联队，共计步兵15万余、骑兵8500余、炮550余门、战车300余辆、装甲车200余辆，并集中空军于安阳、新乡、淮阳、信阳各地百余架。

敌自民国30年1月上旬起，即由长江下游，向信阳附近输送弹药器材，并调集空军于信阳附近，不断向我后方侦察。1月17日，华北空军亦向安阳基地集中，同时各地上部队，亦秘密向豫南集结。

1月23日晨，鄂省襄河两岸之敌第十八混成旅团、第三十九师团等部，先对我王、冯两集团进犯，企图牵制该方面之我军，以便向豫中会战。至集中豫南方面之敌军，计有下列各部：

（一）第三师团全部，附第四师团第八联队，及水野战车部队，归第三师团长丰岛指挥，是为左翼兵团。

（二）第十七师团（欠一联队）附第十五师团第六十七联队，及吉松楠濑等战车部队，归第十七师团长平林指挥，是为中央兵团。

（三）第四十师团主力，归该师团长天谷指挥，是为右翼兵团。

以上三个兵团，统归圆部和一郎指挥，于1月24日起，开始向豫南北犯。

此外皖北豫东方面，另有敌骑兵第四旅团全部，附平战车联队为一路，由亳州向涡阳进犯；又有第二十一师团之太田联队，由宿州向西进犯；

又有第三十五师团之汤口联队、小林联队，附太郎田工兵联队，及骑炮兵、战车、装甲车各一部，分由开封、通许、朱仙镇沿黄河以北向郑州北岸，并沿泛滥南下。以上各路，均为策应其豫南方面军之作战。

我统帅部事先综合诸般情报，判断豫南方面之敌，将集中主力沿平汉路北进，求我主力决战，皖北豫东之敌，将西犯以行策应，乃训令李司令长官，避免与敌正面决战，以一部于正面节节抵抗，牵制敌之主力，一部向敌后截断交通，主力由两翼向敌侧击而击破之。

李司令长官全般部署，悉遵统帅部指示，在平汉路正面，仅配置一师于西平附近，主力则伏于预期敌人进犯路线之两侧，纵长区分，保持机动，准备于敌人向汝南、郾城、舞阳分路北进时，向敌两侧及其背后机动围击而歼灭之。

因部署适切，各军均保持机动之有利态势，故作战之始终，均能予敌包围打击。

会战开始，敌于1月25日晨，分六路前进，计左翼三路向小林店、固城、金山[①]攻击，中央一路向明港攻击，右翼二路向陡沟、槐河镇[②]强渡淮河攻击，同时敌空军亦协同地面作战，对我各阵地线猛烈轰炸。26日敌攻至确山、邢店、高邑、泌阳之线，27日又攻至驻马店[③]、沙河店、春水之线。

汝南附近及接官厅附近战斗。当敌进至驻马店、沙河店、春水之线时，我北方汤集团之李军主力，向上蔡附近机动，张军向象河关附近机动，孙集团之刘军，向象河关以南之敌人尾击，曹军由唐河向泌阳前进，冯集团之黄军向南阳前进。29日敌左翼各路在舞阳南方之接官厅、尚店、小史店附近，被我张军攻击，激战甚烈；其右翼两路于上蔡东南汝南附

---

① 固城为古城之误，金山为查山之误。

② 槐河镇为淮河镇之误。

③ 驻马店当时属确山县，今为驻马店市。

近，被我李军激烈攻击；中路敌军，沿平汉路及其西侧北进，因我军北撤，以致扑空。此时敌军最右、最左之两纵队，受我优势兵力打击，尤以接官厅附近之战斗，敌伤亡达3000余。至31日，敌乃变更部署，以第十五师团之一部，由遂平经上蔡左右旋回，企图与汝南北进敌军会合，对我李军南北夹击。其第十七师团主力，则由遂平、西平分两路向舞阳方面左旋回，第三师团主力，及第四师团一部，亦西向舞阳前进，企图由北向南夹击接官厅、尚店、小史店我张军。但我李、张两军于敌合围未成之先，李军主力已向商水、郾城间沙河以北地区转移，张军则向叶县以北地区转移，同时我豫西主力，刘、曹、黄各军，分由泌阳、唐河附近，向舞阳敌后围击，而皖西莫军，及游击队向正阳北进，并于29日克复正阳。敌因对我汤集团主力未获适于所期之地点，形成优势兵力，反以劣势兵力被我打击，其侧背又感受我刘、曹、黄各军之威胁，遂于2月2日夜开始南退。

南阳附近战斗。敌第三师团主力，以一部残置舞阳、保安寨牵制我张军，其主力由方城向南阳西窜。我张军向当面敌人猛攻，克复保安寨、舞阳后，即向方城敌后追击。2月3日，我黄军于南阳东侧沿白河之线防御，敌分路由南阳北侧大石桥向南阳、镇平间迂回。4日夜，敌陷南阳，我黄军乃转移于南阳西侧潦河西岸防御，是时我张军主力，已进出于方城向敌后攻击，曹军已向南阳南侧前进。6日拂晓，黄军向敌反攻，克南阳，敌向唐河东窜。

象河关附近战斗。当2月2日晚，敌以三师团主力窜南阳时，其第十七师团主力，及第十五师团、第四师团各一部，亦由舞阳经象河关向泌阳、唐河南窜，企图与南阳东窜敌人会合，夹击我刘、曹、陈各军。当其窜至象河关附近时，被我刘军猛烈截击，敌伤亡惨重，遗弃军品甚多。及窜至泌阳附近，又被我陈军迎头截击，敌伤亡甚重。至7日夜，敌被我四面围击，乃以一部沿唐、泌大道，主力沿桐柏、信阳大道，向信阳附近退却。我李军向泌阳东南追击，黄、曹两军各一部，及张、陈两军，向信阳附近追击。

皖北豫东战斗。皖北豫东之敌，为策应其豫南方面之会战，与豫南敌军进犯之同时（1 月 25 日晨）分路西犯。一路为二十一师团之太田联队，由宿州向西进犯；另一路骑第四旅团附平战车联队，由亳州分三路向涡阳、山河集、双桥西犯，与我骑兵何军之马师，在什字河、倪丘集各附近激战；另一路为第三十五师团之汤口联队，由通许、朱仙镇向泛滥进犯，与我贺师激战；另一路为小林联队，则沿黄河郑州北岸西犯。此时安阳附近，敌空军亦不断出动，向周家口、郑州、郾城、叶县、襄城、舞阳、洛阳各城市，及我第一线轰炸。1 月 29 日，敌进至三塔集附近，被我李军攻击伤亡甚重。淮阳附近之敌，乃向我左侧威胁。我何、李两军，遂退守阜阳、太和、界首之线。旋敌军以炮兵、战车，向太和、界首猛攻，5 日相继失陷。6 日晨何、李两军向敌反攻，克复太和、界首，敌向东北退却。

战果。此次会战，自 1 月 25 日起至 2 月 10 日止，前后 17 日，完全击溃来攻之敌，敌伤亡 9000 余，由南阳退却时，曾焚毁汽车 300 余辆，我虏获军品无算，伤亡较敌为小。

郑州战斗

敌犯长沙时，为牵制我豫中部队，乃由平汉路北段，抽调第一一〇师团，由晋东抽调第三十六师团各一部，会原驻豫东之第三十五师团，暨独立第四旅团一部，并配属化学兵一部及战车、重炮、飞机等，共约兵力 5 万，于民国 30 年 9 月底，先后在中牟、京水、荥泽口等处集中，于10月 2 日拂晓前，分三路在界马、大黄、琵琶陈、荥泽口渡泛会犯郑州。其左路渡泛之敌，被张师阻于中牟西南；右路渡泛之敌，亦被我耿师阻于荥泽[①]西南一带。至中路渡泛之敌，则使用毒气攻击，4日陷我郑州。斯时左路之敌，亦陷我中牟，旋进至郑州会合郑州之敌，西窜须水镇，另一股窜至十八里河。13日拂晓我军反攻，曾一度攻入郑州城。14日下午4时，又曾一度克复中牟城。后因我军不断向其进攻，至10月31日始克复郑州城，残敌向东溃退，我军续向琵琶陈、京水方面追击。同时中牟及广武[②]方面之敌，亦呈动摇，我军乘势分别猛攻。至4日，郑州东北大部之敌溃退，泛东一部逃遁不得，乃经京水由黄河铁桥南端西窜，我即分头围攻。战至6日，中牟及黄河铁桥以西残敌，借河泛对岸敌炮兵之掩护，分别退据中牟城及邙山头顽抗。我乃对敌构筑工事，派一部实行监视，主力则撤回郑州以西地区整理。郑州附近之战斗，乃告一段落，是役敌伤亡3000余。

豫中会战

敌寇以打击我豫西之野战军，并打通平汉路之目的，于民国33年3月底，将新乡及邙山头间铁道及黄河铁桥先后修复，并抽调原驻黄河以北各地敌寇约10万，集结于新乡、开封一带，于4月18日、19两日，分由中牟、邙山头渡泛。至23日敌分别窜占我新郑、密县以北各县城。我军于27日拂晓，全面向占领新郑、密县之敌反攻，近迫城郊，斩获甚多。29日敌主力向许昌方面转移，30日分三路围攻许昌。我守军与敌血战数昼夜，因伤亡过大，于5月1日突围转进。是时敌并以快速部队分向襄城、郏县窜扰，以步兵万余围攻禹县，3日陷我禹县、郏县，4日陷襄城、临汝，其先头一部5日窜抵洛阳以南龙门附近。我军予以坚强阻击，敌受创甚巨，攻势为之顿挫。5月9日，敌得援复由龙门、伊阳向洛阳近郊，及新安、

① 荥泽系旧县名，其县城即今郑州市惠济区古荥镇。

② 广武系旧县名，一部今属郑州市惠济区，大部属荥阳市，县城今为荥阳市广武镇。

嵩县以西窜犯。同时垣曲附近之敌，亦由南村、白浪渡犯，12日陷渑池，并续向西犯，连陷张茅、陕县，一度窜占灵宝，逼近阌乡。由龙门、伊阳窜新安、嵩县之敌，陷宜阳、洛宁，20日分窜至卢氏及狮庙一带。经我军胡宗南兵团增援，及我豫境各部队猛烈反击，先后得将西犯之敌击退，克复函谷关、灵宝、卢氏等地，旋我敌仍在嵩县以东、洛宁、陕县附近地区对战中。由许昌、襄城南犯之敌，曾会合信阳，敌一度打通平汉路，但西平、遂平、确山、驻马店等地，旋亦经我次第克复。敌复增援反扑，于6月17日再度打通平汉路，并陷我上蔡、汝南、正阳等处，我军当予阻击。进犯洛阳城郊之敌，自5月10日起，由各路向洛阳围攻。我守军浴血苦战予敌重创后，至26日，乃向城郊转进，不断袭击敌后。综合豫中战役，我高级将领阵亡者，计有李家钰总司令，新二十九师师长吕公良，少将副师长黄永淮、卢广伟，上校团长杨尚武、李培芹、刘国昌、曹和等，敌亦伤亡甚重。

陈　诚

中国的每一尺每一寸的土地，都是须得保卫的。

● 1898年1月4日生，字辞修，号石叟，浙江青田人。

● 1937年8月，任第三战区前敌总指挥兼第十五集团军总司令，指挥淞沪会战并增调部队赴沪参战。

● 1938年1月，任湖北省主席、武汉卫戍司令和第六战区司令长官，负责武汉防务。

● 1939年9月，奉命和白崇禧抵湘，协助薛岳指挥作战。

● 1943年，任中国远征军司令长官，同年5月，离滇返鄂，指挥对日作战，取得鄂西大捷。

● 1944年11月，任军政部部长。

● 1945年1月，兼任后勤部总司令。

● 1965年3月5日，病逝于台北。

以全力保卫大武汉

陈　诚

以全力保卫大武汉

中华民族斗争史上最光荣的日子，是抗战建国发轫的双七纪念节。从去年卢沟桥事变爆发之后，经过整整一年的苦斗血战，我们民族的伟大精神，得到了空前的发扬光大，从世界上一切爱护和平正义的人民，博得无限的同情与赞美。当今天纪念这伟大节日的时候，我们应当从总结一年来宝贵经验教训中，来展开今后更伟大的斗争，尤其是要以全力来保卫大武汉。

大家必须认清，一年来的抗战我们虽然遭遇了不少的军事挫折，丧失许多城镇，似是正如领袖[①]所说："全国军队之后退，绝不能谓为日本之胜利。"而且实际上，我是愈战愈强，敌人却愈战愈弱了，因为我们采取的是持久战略，就是以空间换取时间，以时间达到消耗敌人的目的，从长期的消耗战中来争取最后的胜利，而敌采取的始终是"速战速决"的战略，也就是企图以最短时间，取得决定的胜利，避免它"久战必败"

① 指蒋介石。

的危机。一年来我们顽强持久的抗战，换得敌人无限量的消耗，已经击破了敌人速战速决的企图，获得了战略上极大的战果。这就是我们愈战愈强的根本出发点。

敌人虽然表面上侵占了许多重要的据点，但是他们的矛盾与困难，却与日俱增，铁的事实证明敌人愈战愈弱的破绽，已经暴露出来。第一，敌人兵员的极大牺牲，军火的巨量耗损，军费的巨额增加，都使人力财力与资源十分贫乏的日军无法弥补。第二，敌人战斗力的削弱。第三，敌人愈深入，则兵力愈不敷分配，补给运输，亦愈感困难，同时战区愈扩大，则敌人顾此失彼的困难愈益增加，现在敌人的许多后方，已经成了我们的游击区域，敌人军事交通的命脉，到处都有被我们截断的危险。正因为这样，敌乃更显其急躁凶残，色厉内荏。反之，我们愈战愈强，也有很显著的事实可以证明。第一，在兵员数量上我们由 100 多师已达 200 多师，而源源不绝的补充，生力军是在不断地大量地增加。第二，在军用资源上我们有无穷的财富可以开发。第三，在军器补充上我们不仅有大量的接济，而且正在加紧地制造。第四，在火力上我们现有的新式武器的质量和性能，甚至超过敌人，至于战斗精神旺盛，战略战术上的进步，与今后的优势地形，一定能够使敌人陷于更不利地位，而逐渐地予以歼灭和驱除。

在政治经济上，我敌强弱对比，也表现得很清楚。就国内关系上说，我们是日益坚固着团结与统一的基础，而敌人则内在的矛盾与分裂日益加深。就国际关系上说，我们取得了国际极盛大的同情与援助，而敌人则日益陷于孤立无援的困境。至于经济上，敌人资源的缺乏，财经的困难，整个经济的危机，早已是丑态毕露，而我们自抗战以来，对外贸易反而达到了平衡，财政金融甚至比战前还稳定，今年又有良好丰收，所以在物资上，我们完全具有最后战胜日寇的优越条件。

总之，一年来抗战的教训，证明我们坚持到底，必能确实达到抗战必胜，建国必成的目的。但是检讨了这些重要教训之后，我们就应当更坚定胜利的信心，以更大的勇气去进行第三期的抗战，尤其要用全力来保卫大武汉。

现在敌人向武汉的进攻，更加紧迫了，无论在消耗敌人，或是打击与消灭敌人的意义上，这次大会战对于整个的战局，都有重大的决定作用，所以我们每个人都有固守大武汉见危授命的责任，每个人都要以空前的努力，无比的忠勇来准备奋斗牺牲。首先我们要坚信在最高领袖的领导之下，只要大家一心一德，绝对服从命令，胜利是绝无问题的；其次，大家必须以抗战建国纲领，为我们行动的准绳，保卫大武汉，为当前最迫切的任务，有钱出钱，有力出力，为每个人民的具体贡献，任何妨碍抗战的行为与组织，都必须绝对禁止，这样就能够使人人站在各自的岗位上，去进行英勇的光荣的战斗。

保卫武汉，是一件极艰巨的任务，大的部署方面，中央自有整个计划，我们所应该做的具体工作，就是怎样加紧动员壮丁入伍，怎样统一民众组训，怎样提高行政效率，促进征募及物资动员，巩固后方治安及改善慰劳与救护工作。这些工作，在这次抗战周年纪念节中，应当进行普遍的宣传，使民众了解当前的任务，加强抗战的决心。

今日武汉已成为第三期抗战中最重要的据点，这里是我们雪耻复仇的根据地，也是中华民族复兴的基石，今日全国民众，尤其是在武汉的每个军民，应当激发最大的同仇敌忾心，人人都下定与武汉共存亡的决心，来守住这个重要的国防堡垒，必能给予敌人以致命的打击，造成将来决战中极为有利的形势。

陈　诚

保卫大武汉之阵容

中国的每一尺每一寸的土地，都是须得保卫的，但在军事上，或者因为某种战略已经相当地达到了目的，或者因为须得诱敌深入，以敌人的后方为前方，或者因为避免无益的过大的牺牲，便往往有由某一个据点撤退的事实，但撤退并不是失败，被撤退了的地点也并不是说把它抛弃了，这些土地倒正是我们安在敌人后方的地雷，等待时机来了，是要次第爆发，把敌人炸成粉碎的。

目前的大武汉，政府要用绝对的力量来加以保卫，上自我们的蒋委员长，下至我们的一般民众，都是具有最大的决心的，已经屡次声明过，目前保卫大武汉之战，将成为我们对敌决战的开始，我们在这次大会战中，要愈加消耗敌人的力量，要击破敌人的主力。

敌人因为军事上和财政上的损失过大，早已在作最后的挣扎了，因此，我们保卫大武汉的阵容愈见巩固，他就不免愈见发慌，自然要放出种种的流言来，以离间我们的内部，以淆惑国际的视听，故如我们前月有疏散武汉人口的计划，这正表现着我们要保卫大武汉的决心，因为减少了无谓的牺牲与消费，正便于作战，然而敌人却曲解着，以为我们是准备逃难。敌外相宇垣上台不久的时候，曾经公开地声明过，以为战事不久会结束了，如第三国有出而调停之举，日本也有接受的用意。但前几天由敌陆相板垣所发表的谈话，又全然把宇垣的话打消了。他说，日本要长期作战，无论何种提议，均不得接受，日本兵非把中国打得不能再起而止，同列于一个内阁的阁员，作两种相反的谈话，是值得我们注意的，这所表现的不用说是日本内部对立的尖锐化，同时也表现着他们屡次所放出的和平空气，不外是无诚意的一种政略的表现而已。保卫大武汉的阵容，原来是有准备的，目前是更加严肃了。

从军事方面来说

（一）我们在武汉四周配置有大量的精锐的部队，并不断地派遣空军轰炸长江敌舰，给予严重的打击。

（二）我们加强了沿江防务，添修了各处的要塞与封锁线。

（三）我们把水陆上的军事交通，都整调完毕了。

（四）我们把防空的设备更加充实了。

（五）我们的保安团队，由鄂省府保安处组织已积极地加以了改进。

从民众动员方面来说

（一）我们成立了商会、工会、农会、学生会、文化团体联合会、自由职业团体联合会、妇女团体联合会。

（二）我们依照着居住地、工作场所和工作性质，组织了宣传、慰劳、征募、工程、运输、侦察、技术、救护、消防、向导等十数种工作队。

（三）我们已经在进行着武装武汉民众，组织工人商民的各种自卫队伍，就这样，我们是在军民合作的严密阵容之下，准备着给予敌人以彻底的歼灭。

第三期抗战中敌兵的重大损失

日寇侵略战开始的最初 10 个月中，动员的人力，计 167.5 万人，在我国各战场配置的兵力，计 30 个师团。最初 10 个月，敌军死伤总数为 40 余万人，占其全国动员人数 1/4。这些数字，证明日寇在第一、第二期抗战中已遭受了重大的兵员消耗。但是根据历次作战的经验，日寇最初调来我国作战的，以后备兵占其大部分，虽然伤亡众多，敌军主力，还没有受到不可补救的打击。因此在第三期抗战开始以后，敌我兵力对比，我军虽然已比第一、二期抗战时优越得多，但是我军作战的主要任务，却依然是疲困敌人，消耗敌人，以造成未来决战中，我军的绝对优势条件。因为战争愈是旷日持久，我方的战斗力愈是增强，结果敌方主力削弱，补充困难，饷械告竭，财政破产，必然有总崩溃的一天。我国持久抗战必胜的根据在此，而我国军民，必须忍受一切困难，以全力争取时间，其原因亦在此。

本年6月第三期抗战开始的时候，我们就预料到敌军要从国内增兵，集中大江南北，以向武汉进攻，同时亦为赣鄂皖的山地形势，不利于敌人进军，日寇必然遭受比第一、二期抗战更大的消耗，以便利于我决战胜利。现在，这四个月的战斗结果，证明我们以前的推测没有错，至少在兵员方面，我军已尽了消耗敌人的最大努力。这可以分作三方面来说：

第一，在第三期抗战中，因战线的延长和战区的扩大，使敌人不得不调遣更多的兵力，消耗在中国战场上。在第二期抗战中，敌军配置在战场上的还不过30个师团，到了目前已增加到40个师团以上，其中在长江两岸作战的敌军，据已经调查到的番号，就有近卫师团、第二、第三、第五、第六、第九、第十、第十一、第十三、第十六、第十八、第二十二、第一〇一、第一〇三、第一〇四、第一〇六、第一〇七、第一一六各师团，以及波田旅团、山下师团，与海军陆战队10个团，共计兵力在22个师团以上，约计战斗人数在60万以上。要是连北战场东战场以及东北合计，日军在我国境内作战的部队，总数在百万以上。查敌全国动员的最高额，不过300余万人，能够立刻调动作战的部队，却不过其中的半数。所以目前的战局，已经牵制了敌人几乎全部的兵力。不但以后无法大量增援，连伤亡的补充，都要感觉困难。当8月张鼓峰事件发生时[①]，敌因无兵可调，仓皇失措，不得不向苏联屈服。从这里也就可以想见，在第三期抗战中，敌兵力受牵制的严重情形了。

---

①　据查，张鼓峰事件发生的时间是在1938年7月。

第二，在第三期抗战中，因为主要战场多在山地，敌重炮及机械化部队失其效用，有许多次都是进行肉搏，所以敌军伤亡的比例，大见增加，在上海战争中，敌我伤亡，为一对三之比，现在已逐渐成为一对一之比。就最近四个月来，长江北岸黄梅、宿松、广济、富当、金山、叶家集、商城、沙窝、潢川、光山、罗山各战场，以及江南九江、湖口、香山、瑞昌西南与东南、沙河、东西孤岭、南浔路各战场所调查敌军阵亡人数，为9.6万人，伤病人数约为25万人，总计伤病死亡当在35万左右。在华北以及东战场，敌军伤亡人数，还不算在内。依照这比例计算，敌人现在保留的全部兵员，只够半年的消耗而已。

第三，在第三期抗战中，战场移向内地，敌军因给养困难，气候不适合，疾病死亡额大增。上述长江两岸敌军伤病25万人，其中病兵大约当在半数以上。据俘虏口述，敌若干部队中，病兵有时占60%。以后敌军深入内地，气候转寒，敌军受疫疠疾病的打击，更将十分惨重。

在第三期抗战中间，敌人财力物力都受了极大消耗，贸易减少，现金流出一空，下年度预算，无法编制，且不问这一切，单就作战最必需的兵员而论，我国抗战已收消耗敌军主力的最大效果，全国军民务须再接再厉，一心一德，渡过一切难关，胜利是有绝对把握的。

薛　岳

战胜敌人的唯一要诀，就是要不怕牺牲。

- 1896年12月27日生，又名仰岳，字伯陵，广东乐昌人。
- 1937年8月，淞沪抗战爆发后，被任命为国民革命军第十九集团军总司令，加入左翼军战斗序列，驻节安亭。
- 1937年11月13日，任左翼军总司令，进行吴福线军事部署。
- 1938年5月，调任第一战区第一兵团总司令，驻节河南开封，指挥兰封会战。
- 1939年9月，指挥第一次长沙会战。
- 1941年9月，指挥第二次长沙会战。
- 1942年，第三次长沙会战后，获青天白日勋章一枚。
- 1998年5月3日，病逝于台湾。

长沙会战亲历记

薛　岳

第一次长沙会战

日寇侵略战争既逾两年，师老无功，举国焦闷。敌阁阿部首相登台之日，即谓："决以全力解决中国事件。"板垣①抵华之始，首谋夺取长沙，压迫我军于川黔内地，以打击我长期抗战之国策。

敌原图分从赣北、鄂南、湘北六路会犯长沙。赣北方面之敌一〇一师团、一〇六师团，自民国28年9月14日起，以其一部一五七联队犯高安，被我四十九军、三十二军、五十八军、七十四军痛击；22日克高安。敌主力自奉新、靖安沿潦河南北两岸向会埠、上富、甘坊、找桥进犯，图出铜鼓、浏阳以趋长沙，被我第一集团军、十五师沿途节节阻击、夹击，至9月28日，全部窜至上富、甘坊、找桥、沙窝里地区，伤亡疲惫，已达极点。被我一〇五师、七十四军、第一集团军、十五师、三十二军、七十二军分从南北西三面节节夹击、阻击、截击。10月4日夜，敌开始东溃，又被我分途追击。14日，残敌逃回奉新、靖安原阵地。

① 板垣征四郎，1939年任中国派遣军总参谋长。

鄂南方面之敌三十三师团于9月22日，分由大沙坪、通城南犯，被二十军、七十九军东西夹击，第三师自北而南尾击，至10月1日，窜至龙门厂、长寿街、嘉义、献钟地区，原图出平江以趋长沙，继被我夹击、阻击、截击，伤亡甚众，分匿深山穷谷间，敌酋已失掌握。10月2日起，分向长寿街、渣津、修水、通山道、长寿街、龙门厂、桃树港、通城道、平江、南江桥逃逸；其向修水、通山逃窜者，被我第一三四师、第三师于渣津南北，第三十集团军、第三师于修水附近两次夹击，第一九七师于九宫山阻击，11日逃回通山；向桃树港、通城逃窜者，被我第一三三师、第一四〇师于白沙岭、南楼岭一带截击，10日逃回通城；向南江桥、通城逃窜者，被七十九军尾追，10日逃回通城。

湘北方面为敌主攻，其第十三师团、第六师团，于9月18日向我新墙河五十二军攻击。23日，敌借炮火、毒气之掩护强渡新墙河，其第三师团，同时分自鹿角、古湖、营田登陆，被我五十二军于长湖、汨水南岸，三十七军、七十军于营田、东塘、南湖及新市、归义，分别阻击。26日，敌分两股，一由长乐街、福临铺道，一沿铁道两侧南犯，此时我第七十三军（欠十五师，附一九五师）已伏于福临铺、桥头驿及其以北地区待机歼敌。28日，敌全部窜至福临铺、栗桥、三姐桥一带地区，翌日，其先头窜抵永安市、上杉市、青山市、桥头驿，完全入我伏击区域。比经五十二军自东向西，七十三军自南向北，突起阻击，激战四昼夜，歼敌甚众。

10月1日，余奉令任第九战区司令长官。4日，敌开始北溃，被我五十二军、七十三军、第四军侧击、截击、伏击、追击。10月10日，敌第六师团，溃回新墙河北岸原阵地；第十三师团、第三师团，由城陵矶用船舶输送武汉，逃回原防。敌六路会犯长沙，预对国际宣传："九月杪占领长沙。"并取分进合击战法。但其一〇六师团由奉新、靖安、上富、甘坊、找桥、铜鼓以趋浏阳，须通过192公里山岳地带，道路崎岖，运动、联系、补给均困，宜其为我各个击破，非独占领长沙之迷梦为我粉碎，反而取笑国际。在本会战之前，正值欧战乍启，德波风云，紧急万端。判断：敌乘列强无暇东顾之际，必更起猛犯，敌一面加强攻袭，一面囤备粮弹，更将战地公、铁、驿路彻底破坏，使敌机械化部队不能运用；将战地民众物资疏藏于公铁路30里外安全地带，使敌无食无用。平时准备周到，战时自然应付裕如。且会战全期，不呆守阵地，不死用方案，彻底集中兵力使用兵力，采取绝对攻势，以反包围破敌之包围，于战术上开一诱敌歼灭战法之新纪元，均为制胜之因素。唯诱敌歼灭战法之部署，应区分野战、警备、决战、预备各兵团，相机活用，不可预将地域划分，兵力固定，必须随敌情之变化，作适切之处置，则成功自达耳。

第二次长沙会战

民国30年6月22日，苏德战争爆发，世界反侵略集团与侵略集团之壁垒，愈见鲜明，英美援华制日之行动亦更积极。当此时也，倭寇正徘徊于北进南进歧途，方略未定，受兹打击，窘境益深，尤恐我乘机反攻，故纠集第三、第四、第六、第四十师团，第三十三师团之二一四联队、二一五联队，第十三师团之一一六联队，第十四、第十八独立旅团之三个大队。第三、第四师团附第十三师团之一一六联队，第四十师团附第三十三师团之二一四及二一五联队，分由港口、潼溪街、新墙强渡新墙河。我第四军附六十师在新墙河南岸阻击后，转至杨林街、关王桥、三江口之侧面阵地，与五十八军、二十军，自东向西侧击、尾击。

9月19日，敌分向黄棠、浯口、长乐街、伍公市、新市、骆公桥、归义，强渡汨罗江，其主力指向瓮江铺。我第二十六军在瓮江铺，第三十七军及九十九师在汨罗江南岸及河夹塘、营田、湘阴各要点，第十军及九十二师在金井、福临铺、栗桥、三姐桥各地区，逐次自南向北反击，消耗敌力。

9月27日，敌渡捞刀河，已入我预定包围聚歼区域，我暂八师由东山方面，第十军由枫树河方面，自西南向东北；第三十七军由渡头市方面，自南向北；第七十四军由永安市方面，自东南向西北；第七十二军、第二十六军由沙市街方面，自东北向西南；第四军、第二十军、第五十八军，由金井、福临铺方面，自北向南；第九十九师、第九十二师由大娘桥方面，自西北向东南；第七十九军由长沙方面，自西南向东北，包围敌军于捞刀河南北地区，猛烈聚歼。敌伤亡惨重，弹尽援绝，于30日早6时开始突围北溃。我二十六军向长乐街追击；第四军在金井，第二十军在麻峰嘴，第九十二师、第九十九师在青山市、马鞍铺各方面猛烈截击；第七十九军向新市追击；第七十二军向杨林街，第五十八军向大荆街超越追击。10月5日，敌溃渡汨罗江，我第七十二军由杨林街，第五十八军由大荆街，第四军由长乐街各方面，自东向西截击；第二十六军向关王桥，第七十九军向大荆街，第二十军向伍公市、新市渡江追击。10月7日，敌溃渡新墙河，我第七十二军向忠防、临湘，第五十八军向桃林，第四军向西塘，均自东向西截击，第二十军向筻口、新墙追击。至10月10日，敌全部溃回原阵地，旋由外地调来之敌，先后络绎返防，我截击、追击各军，均到指定地区。敌自捞刀河两岸北溃，退至新墙河北岸，被我军截击追击经旬，伤亡惨重，非独不能占领长沙，掠我资源，且愈曝其无能无力，亦可哀也。

按本战区本年3月所策定之反击作战计划："敌如以主力由杨林街、长乐街、福临铺道及粤汉铁路两侧地区向长沙进犯时，则诱之于汨罗江以南，捞刀河两岸地区，反击而歼灭之。"基此要旨，在会战前，即于关王桥、大荆街及金井、福临铺、栗桥、三姐桥各一带地区，构成纵深强固网形阵地，分令各军，按计划所要求事项，举行参谋旅行、干部演习、阵地攻防演习，以熟谙地形，增进技能。战前既准备周密，战时即令各军于各线既设阵地节节抵抗，消耗敌力，再彻底转用赣北、鄂南兵力于杨林街、关王桥、长乐街、平江、沙市街、永安市方面，自东向西侧击，及以有力兵团紧衔敌尾，南渡汨罗江尾击，同时加强外翼，争取外翼，对敌形成反包围。谈战略者誉为外线作战之典型，用能陷敌后路断绝，弹竭援尽，遂得战胜。又敌以全力使用于湘北方面，在赣北、鄂南不能牵制我军之转用，有正无奇，实其作战指导上之最大错误；而其悬军深入，短时间内，既不能击破我军，占领长沙，后方水陆交通又不能构成，则绝对不能持久，敌经我军猛烈围攻，自必弹尽援绝而溃退，所谓军无辎重则亡也。

第三次长沙会战

民国30年12月8日，敌既掀起太平洋战争，对我英美友邦宣战，复以攻占长沙，打通粤汉线，牵制我军策应友邦作战之目的，发动三犯长沙之攻势。抽集第三、第六、第四十师团，及第四、第五师团之各一部，为第一线兵团，直犯长沙；池上、加藤、平冈、外园支队，为第二线兵团，任长沙岳阳间之交通警备，及策应第一线兵团之作战；第十三、第十五、第三十九、第一一六师团之各一部，第十四独立旅团主力，第十八独立旅团一部，为第三线兵团，任临、岳后方据点之守备，必要时，策应第一、第二线兵团之作战，合计兵力12万余人，企图于元旦日攻占长沙。并以第三十四师团主力、第十四独立旅团一部，分向上高、修水进犯，牵制我军。

12月19日，敌开始犯游港河，24日，敌由四六房、荣家湾间强渡新墙河。我第二十军在游港河东岸，新墙河南岸阻击后，转至三江口、王家坊侧面阵地，协同占领杨林街、关王桥侧面阵地之第五十八军，自东向西，侧击南犯之敌。

27 日，敌由长乐街、河夹塘间，强渡汨罗江，其主力沿铁道南窜。我三十七军、九十九军之九十二师、九十九师，在长乐街、伍公市、新市、归义、河夹塘及汨罗江南岸网形阵地顽强抵抗，节节阻击，敌死伤颇众，进展迟滞。

12 月 31 日，敌窜至长沙外围，民国 31 年 1 月 1 日子时起，第四十师团向长沙南郊，第三、第六师团向长沙东南郊，第四师团向长沙东北郊猛烈进攻。我第十军抱必死决心、必胜信念，在长沙外围猴子石、黄土岭、阿弥岭、杨家山、五里牌、杜家山一带，与敌浴血搏斗。激战至元月 4 日黄昏，敌伤亡惨重，遗尸遍野，弹尽粮绝，智穷力竭，虽其第二线兵团由长乐街、新市南进急援，及运用毒气弹、烧夷弹，终不能挽救败局，遂全线崩溃，残部向东北溃逃。其时犯高安之敌，被我新三军在杨公圩、村前街以东地区击溃回窜；犯三都之敌，被我第三十四师在三都附近击溃回窜。

当敌开始攻击长沙外围时，余即令第十九集团军之第四军，自株洲向长沙东南郊，第七十九军自渡头市向东山、榔梨市，第二十六军自洞阳市向东屯渡，第三十集团军之第七十八军自三角塘、更鼓台向湖迹渡，第三十七军自蒲塘向望仙桥，第二十七集团军之第二十军自清江口向石子铺，第五十八军自长乐街向安沙，直辖之第九十九军向洪山庙、捞刀市，七十三军自岳麓山渡湘江向长沙东南郊，四面猛烈围攻。至元月 4 日，第四军将阿弥岭、黄土岭、金盆岭一带之敌歼灭，其余各军均积极向目标进攻。饥疲惨败之敌，伤亡过半，溃不成军，残部阻于浏阳、捞刀两河之天然障碍，泅水溃逃，厥状至惨。至敌第二线兵团向长沙急援之池上、加藤、平冈、外园各支队，此时进至福临铺南北地区，亦被我三十七军、二十军各个击破，同遭溃败。

元月 4 日夜，为彻底歼灭败残之敌，以罗副长官卓英，为南方追击军总司令，指挥第四、第二十六、第七十三军，先在东山、榘梨市、长桥截击，继向长乐街、伍公市、兰市河、新市追击；王副长官陵基，为东方截击军总司令，指挥第三十七、第七十八军，在枫林港以北长乐街以南地区，自东向西截击；杨副长官森，为北方堵击军总司令，指挥第二十、第五十八军，在象鼻桥、福临铺、栗桥，自北向南堵击；傅军长仲芳，为西方截击军司令官，指挥九十九军及一四〇师，在石子铺以北新市以南地区，自西向东截击。

元月4日夜，自长沙外围败残之敌逃至东山、榘梨市、长桥、石灰嘴地区，第四军自东屯渡，七十三军自湖迹渡追击；七十九军向东山、榘梨市，二十六军向长桥，七十八军向滨勘，自东向西截击；九十九军向石灰嘴、白茅铺，自东向西截击，形成第一次追击包围战，聚歼二昼夜，斩获甚众。

元月7日，败残之敌逃至麻林市、福临铺地区，其第二线兵团，亦进至福临铺南北。第二十六军自伍家埠，第四军自枫林港追击；第二十军自福临铺，第五十八军自影珠山，自北而南堵击；七十八军自上杉市，三十七军由将军坝自东向西截击；七十三军自青山市，自西向东截击，形成第二次追击包围战，聚歼二昼夜，敌遗尸遍野。

元月9日，败残之敌逃至福临铺、麻峰嘴地区。第二十六军自梅林桥，第二十军自福临铺，第五十八军自影珠山追击；第三十七军由麻峰嘴自东北向西南截击，九十九军由黄柏塅，自西北向东南截击，形成第三次追击包围战，历五昼夜，尽歼敌十三联队。13日，残余之敌溃渡汨罗江时，又被三十七军在颜家铺，第四军在伍公市，七十三军在新市，二十军在武昌庙、新市痛击，敌自相践踏，落水死者盈江。

元月14日，败残之敌逃至汨罗江北岸大荆街、龙凤桥地区。第三十七军自颜家铺，第四军自伍公市，第七十三军自新市追击；暂五十四师自洪桥、长湖，一四〇师自黄沙街，自北向南堵击；第七十八军自长乐街、大荆街，自东向西截击；第二十军、第五十八军，自黄谷市、关山，自西向东截击，形成第四次追击包围战，聚歼二昼夜，残敌被斩俘几尽。

元月16日，残敌尽逃新墙河北岸。第七十八军追至四六房、潼溪街；第五十八军追至新墙，第二十军追至荣家湾，暂五十四师向忠防，一四〇师向桃林、西塘，扫荡残敌。自敌由长沙外围溃逃至我追至新墙河，追击作战亘12昼夜，残敌被我四次追击围歼，其生还逃回临岳者，仅余1.3万余人，实为空前之惨败。

自第二次长沙会战之后，最高统帅蒋公即亲莅南岳，召集各军、师长剀切训示今后作战方略；11月17日，余复集全战区官兵代表于长沙，举行会议，谆谆嘱以战胜决于平时，故平时应视如战时，操场应视如战场。且本既往所得之经验教训，创天炉战法。天炉战者，为在预定之作战地，构成纵深网形据点式阵地，配置必要之守备部队，以伏击、诱击、侧击、截击、尾击、堵击诸手段，逐次消耗敌力，挫其锐气，然后于决战地使用优越之兵力，施行反击及反包围，予敌以歼灭性打击。盖为后退决战方法，因敌之变化而变化之歼敌制胜新方略，如炉熔铁，如火炼丹，故名。战略既定，复审度地形及历次战役经验，选定新墙、汨罗二水间为伏击、诱击地带，捞刀、浏阳二河间为决战地带，并令战地民众加紧犁田、蓄水、削路工作，故此次敌之进犯，无异自投天炉，予我以熔化之机。

回忆第一次长沙会战，国内好谈战略者，拟以福煦元帅之马连哥退却攻击；第二次长沙会战，又誉为外线作战之典型；第三次长沙会战，更拟以拿翁威得比斯克之分进合击法。虽战法尚相吻合，但拟之先贤，则吾岂敢。

此役所得战果：击毙敌联队长五，大队长五，中队长四，小队长十余，敌官兵遗尸5.6万余具，马1200余匹，其已焚化之阵亡及重伤官兵则遍地皆是，其轻伤能随队行动逃回者，尚不在此数；生俘敌炮兵大尉松野荣吉以下官兵390余名，军马780余匹，夺获武器、被服、装具尤多。

其能获此伟大战果者：计划绵密，准备周到，一也；12月下旬，敌向湘北集中时，判断必三犯长沙，遂抽调赣北鄂南及后方兵力集中战场，故能不失时机，把握主动，二也；平浏间百公里之侧击态势，始终未被敌察觉，而浏阳河北岸要点，始终在我掌握，三也；各军、师长，咸具必死决心、必胜信念，第十军于战斗开始即多具遗嘱，四也；战斗纪律严肃，五也；步炮协同良好，六也；又在此次会战时，余始终在长沙指挥，并指定余战死后之代理人，所予将士精神之鼓励甚大。

敌既在赣北发动攻势，一以策应湘北作战，一以牵制我军，应加强进犯兵力，方克达到目的，但事实上能使用者不过仅一联队兵力，不但目的不达，反受重大损失，捉襟见肘，窘态毕露。第一线兵团，悬军深入以犯长沙，携行粮弹过少；第二线兵团，单位繁杂，战力低劣，皆为战败因素。但敌侦察我阵地甚为确实，攻击重点，指向适当，战况危急时，常能为大胆之钻隙攻袭，纵被围，明知必死，终不肯投降，而举火自焚，此于长沙攻城战时，数见不鲜，其勇于任务及富于牺牲精神，实堪钦许。

常德会战

薛 岳

敌图攻略常德、汉寿湘西门户，确实掌握洞庭湖全部资源，及击破我野战军攻势准备，确保占领区，获得局部胜利，以振作士气，安定民心，乃由长江两岸抽调第三、第十三师团主力，第三十四、第三十九、第四十、第五十八、第六十八、第一一六师团一部，以一部集中华容、石首、藕池口，主力集中沙市、江陵，向我第六战区进犯。

民国32年11月2日，敌第四十师团开始向我第六战区南县、安乡进犯，即日陷南县，6日陷安乡，我九十九军之九十二师一部反击南县，9日克之，继向安乡侧击。自11月14日至21日，敌连陷第六战区之石门、澧县、慈利、临澧、桃源，围攻常德；15日起，安乡、流碧潭、德山之敌第四十、第六十八师团，配合汽艇百余只，自东、西、北三面，水陆夹攻汉寿城，第四十师团，且由德山、石门桥向太子庙以威胁我侧背。我第九十九军猛烈反击，激战至25日，连克西港、鸭子港、接港口、汉寿城。

11月22日，敌开始向我第六战区常德守军第五十七师余程万部围攻。为速解常德之危，自27日拂晓，第九十九军（附暂五十四师）由汉寿自东向沧港、毛家滩，第十军自资水左岸向薛家铺、赵家桥、放羊坪一带之敌第四十、第六十八、第一一六、第三、第十三师团3.5万余众猛攻。

我第三师钻隙突进，30 日午后克德山，即以一团两次北渡沅水，进攻常德外围之敌，协助守军五十七师作战。嗣我后续兵团五十八军、七十二军、暂二军到达战场，自 12 月 6 日拂晓全面猛攻，至 8 日夜，九十九军攻克软纳桥、新兴嘴、伍家嘴，第十军攻克石门桥，第五十八军攻克苏家渡、德山、常德南站，第七十二军攻克黄石港、沙市港、斗姆镇、裴家码头，遂将沅江右岸之敌肃清。

9 日，第九十九军（附暂五十四师）分向南县、安乡及涂家湖追击，13 日克涂家湖，19 日克安乡，20 日克南县。第十军向石桥追击，13 日克之。第五十八军于 8 日夜渡沅水，9 日克常德。10 日敌反攻，据城西北隅；11 日夜再将敌击退，续向渡口追击，16 日克之。第七十二军于 8 日夜渡沅水，9 日克常德西关及河洑；10 日敌反攻，河洑又陷，11 日夜再将敌击退，续向新洲追击，16 日克之。至是澧水以南之面遂告肃清。

常德会战，敌深入 200 余公里，作战一个半月以上，作战正面过宽，因是兵力减弱、分散，后方空虚，陷于内线不利态势，予我军有抽援之余裕时间，及形成外线围击有利之战机；其后方虽有河道可资为交通，然会战距离太长，作战正面过广，且其空军劣势，水陆运输，受我空军之妨害甚大，致粮弹补给，极感困难，均为失败之因。

会战初期，我即判明：敌在战区正面发动攻势之公算甚少，乃抽调分宜之五十八军，修水之七十二军，衡山之第十军，衡阳之暂二军，平江之一四〇师，长沙之暂五十四师，迅向资水右岸集中，故得适机参加决战。而五十八军、七十二军，渡河动作秘密迅速，故能趁敌退据常德、河洑喘息未定，击溃之以收复常德。至第九十九军对湖防部队之掌握，颇为确实，故使用灵活，在汉寿、沧港、太子庙作战，虽遭敌正面、侧翼多方攻击，仍能应付裕如，予敌重大打击。

湘北湘南阻击战

薛　岳

民国33年（1944年）春，敌鉴于马绍尔群岛失陷，及凛于海运船只吨位之不足，知海洋交通不可必恃，乃变策略，以库页岛之利饵苏联，订（日苏）中立协定，移关东防苏兵力于我中原湘北各战场，欲以重兵急掠粤汉路，进而打通湘桂路，循我内陆以达马来半岛，攻印通越，以济其窘；且图击破我野战军，摧毁我空军基地，使无反攻力量。遂于5月初旬，任板垣为华中派遣军总司令，由第三、第五、第六各战区抽调大军，会合本战区当面之敌，以第十三、第三师团集中通（城）、崇（阳）地区，第六十八、第五十八、第一一六、第三十四师团集中临、岳地区，第四十师团，集中华（容）、石（首）地区，为第一线兵团；第六十四师团、第十七独立旅团，守备湘北各据点，掩护后方交通，为第二线兵团；并由关东军抽调第二十七、第三十七师团，为后续兵团，7月下旬先后到达战场；以第七独立旅团守备赣北，第十二独立旅团守备鄂南各据点。以上兵力共20余万人。此外尚有第十一军直属骑兵联队，独立山炮兵第一、第二、第五、第三十九联队，独立第九中队，独立野战重炮兵第八联队，独立工兵三个联队，铁道兵两个联队，独立电信第三、第五联队，战车第三师团之一部，飞机600余架，汽车3000余辆，以备倾巢窜犯。

湘北阻击战

（一）民国33年（1944年）5月25日夜，东路敌第十三师团、第三师团，分自南林桥、崇阳南犯，被我鄂保安团第三挺进纵队，新十三师阻击。28日陷通城。6月2日，第十三师团越长寿街、献钟以南大山，被我第一集团军后调部队及四十四军一面阻击。敌循东门市、永和市南窜，我五十八军、七十二军、二十军之一三三师围击于蒋埠江、横山、高坪间。14日，敌窜澄潭江、上栗市、白兔潭，第三师团经平江，出安定桥，以犯浏阳，我四十四军据城反击，二十军尾击侧击。14日浏阳陷，敌随渡浏阳河南窜。我急令五十八军自桐木向西侧击，七十二军自澄潭江南拊敌背，二十六军自萍乡北上芭蕉塘，三十七军自醴陵疾趋白兔潭，阻敌南犯。

（二）5月27日，中路敌第六十八、第五十八、第一一六、第三十四师团，分由潼溪街、八仙渡六路强渡新墙河，被二十军阻击。敌向汨罗河急窜，我三十七军、一六二师、九十九师于汨罗河两岸阻击。31日，敌由浯口、归义间强渡汨罗河，被我节节阻击。6月6日，敌主力抵金井、福临铺、沙基市、大路铺、五伦铺之线，先头进至捞刀河畔；而其3000人又在营田登陆，会攻湘阴。九十九师守兵一营，与城同殉。第三十七军以其六十师置金井、栗桥，阻迟敌人，主力向洞阳市、浏阳河转用。第九十九、第一六二师移匿三姐桥、大娘桥东西山地，侧击伏击。7日，敌六十八师团、五十八师团、一一六师团、三十四师团，在大桥市、路口畬、春华山、沙坪、桥头驿、霞凝港分别集结完毕。我长沙守军之第四军，以五十九师、一〇二师扼长沙城，九十师扼岳麓山，严阵以待。8日，敌六十八师团、五十八师团向长沙，第一一六师团、三十四师团向岳麓山进犯，我节节猛击。10日，长沙外围之阿弥岭、雨花亭、金盆岭，岳麓山北之谷山，鏖战最烈。14日夜，敌以纵深部队进逼益烈。长沙南之红山头、黄土岭、妙高峰、岳麓山北之石家冲、西之熊家冲，屡失屡得。16日夜，红山头、黄土岭陷，是时敌已集结达3万余，我第四军与敌搏斗者，才万余耳，连日苦战，伤亡逾半。我倚岳麓山建瓴之势，以制长沙，敌则志在先夺岳麓。岳麓主阵地，广袤50里，我以伤亡过半之三团固守，实感不足，且隔河分阵，三面饶敌，势极险恶。张军长德能慑于危局，于黄昏时，令五十九师、一〇二师，各置一团固守长沙，抽主力渡江保岳麓。18日拂晓，敌机30余架更番狂炸，重炮毒弹集中射击，我守军伤亡中毒者又半，岳麓山核心，卒被突破。长沙城内亦火光烛天，张军长指挥余部，且战且却，洎至湘乡永丰时，仅余2000人。敌积愤数年，耻深三败，且以世界局势威逼，不能不倾国力以图苟延，屡进屡退，长围血污。侵略者伤死固不足惜，而我以一军之众，力御数倍强寇，搏战10余昼夜，竟使我忠烈将士与名城俱殉，可哀也。

先是6月4日，敌第三师团主力，分由花桥、金井南犯，我三十七军主力御之洞阳市、跃龙市。13日，敌渡浏阳河进犯株洲，暂七师拒敌至15日夜，移渌水北岸。

（三）5月27日，西路敌第四十师团自华容、石首南犯，我九十九军节节阻击。6月1日，敌水陆夹击赤山岛，6日陷沅江，9日分由资水两岸犯益阳。我七十七师据城反击，第十九师由澧县趋援。14日，敌转犯宁乡，十九师尾击之。初，敌陷沅江后，分两股，一由白马寺、关公潭、吞口、靖港南窜，被九十二师阻于沩水北岸；一由南湖洲，自烂泥湖登陆，渡沩水，合益阳之敌，从沩水两岸犯宁乡。我五十八师据城反击，十五师压城南，七十九军薄回龙铺，自西南向东北，十九师出岳家桥，自西北向东南侧击，剧战4日。敌陷宁乡疾趋湘乡，第十五师续战宁乡，五十八师、十九师逐敌尾击，七十九军驰赴永丰以固衡阳左侧。

湘南阻击战

（一）东路敌第十三师团被围击于上栗市、白兔潭后，6月18日窜湘东登官、醴陵，第三师团一部，亦薄醴陵西。我五十八军、七十二军、二十六军自萍乡西，三十七军自醴陵南，二十军、四十四军自澄潭江、白兔潭，逼醴陵东北，六十师自金井进至醴陵北，二次围击。敌急自浏阳增援两万余，瞰虚东犯，23日陷萍乡。24日，敌第十三师团向攸县进犯，五十八军、七十二军、二十六军自萍乡东、南、北三面反攻。28日，五十八军克萍乡，遂与七十二军向醴陵进击。7月7日，五十八军克醴陵，七十二军克泗汾、横岭铺、皇图岭。旋敌二十七师团自浏阳增至醴陵，第三十四师团亦自长沙经浏阳东南犯，第十三师团全部向攸县、安仁续窜。10日，敌复陷醴陵东出，其时留置三姐桥、大娘桥之九十九师、一六二师已越白兔潭南下，乃令与五十八军、七十二军合力击敌，颇有进展。而敌三十四师团，又经上栗市窜至芦溪，27日，萍乡复陷。九十九师、一六二师、五十八军、七十二军主力向萍乡合击。8月4日，九十九师、一六二师再克萍乡，第三十四师团向莲花南窜，九十九师、一六二师衔尾击之。二十七师团向醴陵回窜，五十八军、七十二军向醴陵再攻。13日，五十八军迫城东、南、北郊，15日夜，移击淦田、朱亭。七十二军继之续攻，曾突入东门，巷战三日。其新十五师于9月25日亦一度突入株洲；至10月10日，仍向醴陵及株洲之敌攻击未已。

五十八军自8月26日迄9月3日，先后攻占泗汾站、淦田、朱亭、石湾，颇有斩获。旋其新十一师击攸县，薄城东北接官亭。嗣为兼顾茶陵，9月17日，以其一八三师留击渌口、淦田、朱亭，鲁（道源）军长率新十、新十一两师疾集湖口圩、浣溪圩。

当6月24日，敌第十三师团出醴、攸大道时，第三师团亦由铁河口渡渌水南窜，陷攸县，窜安仁。30日，第十三师团之一〇四联队，向耒河之洣江口进窜，我二十六军尾击之。其时四十四军已经萍乡、莲花进至茶陵北，急击攸县北，二十军进至茶陵黄石铺，急击攸县南。7月5日，四十四军攻占新市，二十军攻占渌田、草市，三十七军亦攻占潭湖市、平田圩，敌急由明月桥南援，第三师团之三十四联队，且由皇图岭向茶陵南窜，四十四军转向茶陵北，二十军转向茶陵东合击。14日茶陵陷，我仍合力反攻。是时敌正围衡阳，乃令九五师悉力压安仁北郊敌，六十师急赴泉溪市，击衡阳东岸。23日，敌第十三师团之一〇四联队回窜界首圩以援茶陵，我乃以四十四军续攻茶陵，二十军、九十五师主力及暂二军两营合击界首圩，敌不支，回窜竹塔市。是时敌攻衡阳益急，遂以二十军续攻安仁，九十五师再赴泉溪市，与六十师会击衡阳东岸敌。

第九十九师、一六二师衔敌三十四师团尾击，8月13日克莲花。而敌二十七师团又循高垅窜茶陵，第三师团之三十四联队则西窜耒阳。四十四军向茶陵围攻兼旬，8月28日夜突入西南门巷战。第三十四师团，8月中旬由安仁附近渡永乐江，被二十军、九十九师、一六二师阻击于九如山、洋际市、华王市，29日续西窜耒阳，图与衡阳南下敌出常宁、白水、零陵。9月3日，以一六二师继二十军攻安仁，九十九师向耒阳尾击。其时二十军向零陵转用，归入四战区指挥。迄10月10日，四十四军之一五〇师、一六一师分压茶陵东南郊，一六二师压安仁东、南、西郊，与敌二十七师团对战。

（二）中路敌陷长沙后，即循湘江两岸南犯，第六十八师团6月23日窜至泉溪市，第一一六师团6月25日窜至南岳市。我守衡阳之第十军，以一九〇师、暂五十四师（步兵一团）扼衡阳东岸，第三师、预十师扼衡阳城，严阵以待。

6月23日，敌第六十八师团，开始向衡阳东岸进犯，25日夜，以其主力渡湘江，扑衡阳南郊。第一一六师团，同时扑衡阳西南郊，且分置精锐于泉溪市、白鹤铺、金兰市各要点，拒我外援。27日，我东岸守军移守衡阳城，敌向城外围瓦子坪、火车西站、汽车西站、五桂岭诸要地猛攻，激战亘10余昼夜，敌伤亡綦重，攻势顿挫。

7月15日，敌整顿阵势，向我易赖街、青山街、杨林庙、西禅寺、五桂岭、电灯厂、外新街连续猛攻，战斗日趋激烈；我外援兵团已开进配置完毕。16日，第六十师、第六十二军、七十九军、第六十三师，分向衡阳东岸及城西南、西北郊，第十九师向金兰市，为第一次攻击。激战至20日，六十师攻占长岭铺；六十二军攻占黄茶岭、欧家町、托裹坑、火车西站，与第十军隔山相望；七十九军攻占贾里渡、铜钱渡；六十三师攻达望城坳、樟木市；十九师攻克金兰市，敌退元公寨。21日，敌集力向六十二军反扑，翌日，我退盘古街。其时敌四十师团由永丰向渣江、衡阳南窜，五十八师紧蹑尾追；五十八师团由长沙向衡阳急援，六十四师团亦向长沙、湘潭跟进。

25日，外援兵团为第二次攻击，迄28日，六十师攻占林木塘、回龙庵；六十二军攻占木厂边、龙家町；七十九军攻占二塘，渡过蒸水南岸；六十三师向望城坳攻击；十九师转攻潭子山；五十八师击退元公寨之敌，向演陂桥追击。29日，敌援五十八师团至，全面反攻。我稍却。是时衡阳守军，困斗已久，伤亡甚重，疲惫匮乏，不忍言状。8月2日，四十六军之新十九师加入作战；外援兵团为第三次攻击。六十师攻抵泉溪市；六十二军攻占七里山；新十九师、十九师攻占雨母山、杨柳井；五十八师攻占鸡窝山；七十九军攻抵贾里渡、铜钱渡、集岳滩，六十三师攻抵樟木市、江柏堰。敌仍不断反击，5日，我新十九师、十九师、七十九军、六十三师又稍却。

8月4日起，敌六十八师团、五十八师团、四十师团、一一六师团，倾力向我天马山、西禅寺、五显庙、岳屏山、五桂岭、电灯厂、外新街诸要点攻击愈厉，我第十军集余力苦撑。外援兵团亦奋战日夜不息。6日午，敌占西禅寺、花药寺，攻益急。7日晨，敌500余由小西门突入城内，我第十军竭力与之搏斗巷战。其时外援兵团，虽获进展，但敌自7月15日猛攻以来，28日援至愈烈，我第十军守城47日，竭尽忠虑，伤亡殆尽，8月8日晨城陷，遂留光荣战绩，与名城永存。

衡阳陷后，外援兵团攻击至18日，第三十七军转用于耒阳、常宁方面；六十二军、四十六军、五十一师扼衡阳西南北郊，与敌对战；七十九军移集白鹤铺附近；十九师、五十八师、六十三师移集永丰、余田桥间。

敌围衡阳时，敌第十三师团于7月7日窜至梧桥铺、小水铺、耒阳，我连日攻御。10日，二十六军克梧桥铺。26日，暂二军克耒阳。8月1日，敌第三师团一部，由安仁陷耒阳，小水铺敌陷梧桥铺。第九十九军、二十六军、暂二军分从东、西、北三面合击。旋三十七军已渡茭河，向荫田圩、水口山会击，将敌压于耒阳城、灶头市、南京桥。9月1日，敌第十三、第三、第三十四师团，相继窜集耒阳荫田圩；第十三师团北向以渡湘江；第三师团向西犯常宁，以出白水、零陵；第三十四师团继之。我常宁守军六十师与敌苦战逾月，10月1日夜，退守南郊。是时第二十六军及九十五师，又于9月4日归杨森兵团指挥，向四战区转用。

8月中旬以来，敌三十七师团由长沙渐向衡阳、邵阳间移动。9月1日，敌集十三师团、五十八师团、四十师团进犯湘桂路，第三师团亦经常宁、白水犯零陵。李玉堂兵团之七十九军、六十二军阻击于祁阳、冷水滩、芦洪司、山口铺、巡检司，第一突击总队阻击于零陵，第七十九军军长王甲本战殁。

（三）西路敌于6月19日由宁乡犯湘乡，我九十二师与三十二师、新二十三师，各后调部队阻击；十九师、五十八师逐敌尾追，26日陷永丰，十九师、五十八师又合力反击，7月10日克永丰。敌更南窜金兰市，续窜衡阳，我又衔尾逐之。

8月21日，敌一一六师团沿衡宝公路，第三十七师团沿潭宝公路，向邵阳猛犯，我王耀武集团之七十四军、一〇〇军，于高真寺、白果市、台源市、湾江、金兰市、永丰、佘田桥、青树坪诸地阻击。9月12日，敌猛犯邵阳城，10月3日城陷，我据城西北及西南地区与敌对战。

回忆此次作战，时连5月，地贯全湘，以我劣势之师，御敌倍蓰之众，敌且时有增援，我则久战疲敝，为攻为守，筹策维艰。将士同仇敌忾，万众一心，或纵横攻防，或钻隙奇袭，皆能排除艰难，遂行任务，深堪自慰。

先是战区预定于湘江东岸新墙、汨罗、捞刀河、浏阳河、渌水间，湘江西岸资水、沩水、涟水间节节阻击，消耗敌力；置主力于两翼，在渌水、涟水北岸地区与敌决战。于是由赣北及请由第三、第四、第六、第七战区抽调大军，令我湘北、滨湖、长（沙）、衡（阳）各地守军，并力于预定地区与敌决战，唯暂编第二军、第十军因各奉固定任务，及六十二军、四十六军又不能调至湘中，故本策不能实现。盖谋事在人，于所预期者，往往出意料外，斯为憾耳。

第十军固守衡阳，其中可歌可泣之事实，悲惨壮烈之牺牲，令人不敢回忆。盖自开始构工，以迄作战终了，官兵终日处于烈日烘炙与雨侵之中。衡阳房舍，被焚炸几尽，物资全毁，幸米盐早经埋藏，无多损失，作战全期，官兵饮食除米盐外，别无任何副食，因之营养不足，加之长时不能睡眠，以致腹泻腹痛，转为痢疾者甚多，又无医药可资疗治。各官兵忘其本身之痛苦，一意尽其天职，视死如归，坚守待援，故能苦斗47日，永留光荣之战绩，供后人凭吊。外援兵团第一次攻击时，均获甚大进展，且已与守军隔山相望，遥取联络，但无后续兵团策应，致被敌反攻退回，功亏一篑；迨后虽两次增兵再攻，而敌亦不断增加，终不能达到解围之目的，斯为遗憾。

此次作战，敌行广正面进犯，多通过崇山峻岭，人迹罕到之蹊径，其高级指挥官，亦多临前线指挥，致有六十八师团长在欧家町阵亡之惨（被炸成重伤，抬下战场）；攻长沙、衡阳时，尤多践战死者尸体，而厉行猛扑；独立防御时，不屈不挠，拼死抵御，虽全部战死不惜，有时多数阵亡，仅残余一二士兵，犹不肯降。其勇往迈进牺牲之精神固值赞许，然实濒于危局，不能不倾国力，以图苟延一线也。

张治中

唯我亲爱同胞，共勉前程，共纾大难，时乎不再，凛凛勿忽。

● 1890 年 10 月 27 日生，原名本尧，字文白，安徽巢湖人。

● 1938 年，任第九集团军总司令兼左翼军总司令，参加淞沪会战。

● 1940 年 9 月，任国民政府军事委员会政治部部长，兼三民主义青年团书记长。

● 1941 年，皖南事变后向蒋介石上书，主张继续国共合作，共同抗日。

● 1969 年 4 月 6 日，病逝于北京。

揭开八一三淞沪抗战的战幕

张治中

1936年2月，南京国民政府为了准备对日作战，把全国划为几个国防区，我奉命兼任京沪区的军事负责长官。

战前准备，定下“先发制敌”的战役思想

成立京沪抗日秘密指挥部

我担任这个极为机密的备战工作，是不能公开进行的。我在奉命之初，先在中央陆军军官学校（简称中央军校）选调了一批干部，筹划一切。

首先我考虑的一个问题是用什么名义来掩护这个工作的进行。中央军校是个教育机关，我是该校的教育长，我就在学校东大楼教育长办公室的旁边，设置了一个高级教官室。我利用这个高级教官室，作为备战的实际司令部。把从军校选调来的工作人员，武的派在参谋处，文的派在秘书处。我当时对所有的工作人员，有一个很严厉的规定：绝对不许对外泄露工作的机密。因而，没有一个外人知道，这个小小的机构，竟是日后揭开全面抗日战争序幕的司令台。

我把机构设立之后，首先决定两项重要工作：一是关于国防工程；

二是关于民众的组训。我派了两批人员分别到京沪区各地去视察。

半个多月以后，我把这个高级教官室移驻苏州。为了不引人注意，先选定比较偏僻的狮子林作为办公处所。后来，因为机构扩大，工作人员增多，狮子林地方狭窄，容纳不了这么多人，决定移驻留园。在移驻留园时，我觉得高级教官室这个名义不能掩护工作的积极进行，决改对外名义为“中央军校野营办事处”。

如果说苏州是全国最负盛名的风景区之一，那么留园就是代表苏州风景的最令人留恋的一座名园。说起这座名园的历史，许多人都知道，那是清代维新后，鼎鼎大名的邮传大臣盛宣怀的家园。这座用民脂民膏所建成的美轮美奂的名园，在我的记忆中留下了一个深刻的印象。它是集东方古典艺术之特点，一楼一阁，一亭台，一水榭，幽静曲折有趣，乃至水池里各种各样的金鱼、古老的树木、鲜艳的花卉，都极尽园林之胜。然而，我今天所留恋的不只是这所名园的风光，而最令我回味的是我在那座名园中，考虑过许许多多有关民族抗战前途的问题，拟制和决定过许多对敌作战的计划方案。在那些怪石嵯峨的假山之上，或茂林秀竹丛中，也曾留下我一点深思熟虑的痕迹啊！

这个中央军校野营办事处，一直到八一三淞沪战争爆发前夕，没有人知道它究竟是干什么的，敌方更是始终不知道。我所任的抗日备战工作得以从容布置，得力于这个秘密机构不少。留园啊！我向你致意。

我们这群在留园工作的同志们，都怀着孜孜不倦的心情工作着。把平时当作战时看。

我又把这个机构学校化，实行很有规律的作息，常常集合参谋人员研究一些问题，作出若干决定。派出一批一批的人到淞沪线、苏福线、锡澄线一带实地侦察、测量、绘制地图。这批人回来之后，完成了战术作业和初步的作战方案，并开始构筑淞沪线、苏福线和锡澄线一带的小炮机关枪据点工事。这都要在种种困难情况下，秘密地进行工作。特别是在上海，敌人耳目众多，为不让敌人侦知，必须采取巧妙的掩护手段来进行工作。

为了加强军事上和政治上的研究设计工作，我又设置了军事研究委员会和政治研究委员会两个附属机构。两会的职能是搜集有关军事和社会科学的学术材料，研究国内外军事、政治、经济、社会、外交、文化各方面的情形，做出报告或建议。除了从本处干部内选充研究委员外，又聘请了几位有专门学识的人担任研究工作。他们都提出了许多宝贵的意见。

我当时兼顾中央军校的校务，并时有向政府请示工作，需要来往于南京、上海间。政府为此曾给我指定一节专用车厢，随时挂在任何一次客车上。这个时期，我成为京沪路上来去匆匆的忙人。

对京沪抗日作战的建议和决心

自“一·二八”淞沪抗战到1936年期间，中日关系日趋紧张。日本军国主义在东北阴险地让溥仪傀儡粉墨登场，做了伪满洲国的皇帝；又肆无忌惮地侵占了我国华北；1936年八九月间，在上海方面又制造紧张局势。9月23日夜，日方以“出云”舰水兵三人，在上海北站附近租界内被人狙击，伤二死一事件为借口，出动全部海军陆战队，在青云路、八字桥、粤东中学、天通庵、五洲公墓一带，布设岗哨，派队巡逻，大有挑衅的企图。我方虽经多次交涉，渐趋缓和，而其陆战队驻沪人数，则借故增加。日军频繁地举行各种演习，且送派舰队到宝山、福山镇、段山港、浒浦各港口，测量水位，积极图谋进犯。当时的中日形势，已经是“山雨欲来风满楼”。

我当时认为形势严重，不能不做进一步准备。即将第三十六师由无锡推进至苏州附近，第八十七师由江阴推进至常熟、福山一带；原在南京附近的第八十八师推进至江阴、无锡；并秘密设计扩充上海保安总团。我于9月23日向国民政府陈述意见：

1．请将本分区作战上必须之部队，密令配拨，以便指挥。

2．请即令饬通信主管机关建设京沪分区军用电话及指定地方长途电话，战事发动后之使用权。

3．请将京沪铁路及锡沪公路之车辆尽量控制于无锡以西各站、昆山支塘以东及上海附近。所有船舶，请密令各县尽量诱至于吴县、常熟附近，以利我军运输，且免为敌所利用；并将本区各县船舶车辆明定统制管理办法，俾得于军事运输适时利用。

4．请于本区预定作战地区各要点，囤积必需粮秣，以供军食。

5．请将阵地内已由驻军筑成路基之各路桥梁涵洞，迅予建筑。

我当时看了南京国民政府的种种情形，又焦虑，又愤慨，又于10月4日再次沉痛地具述意见：

1．上海为我经济重心，系世界视听，我沪上武力仅保安一团，守土匪易。在事变之初，必先以充分兵力进驻淞沪，向敌猛攻，予以重创，至少亦须保持我与租界交通，取攻势防御。若自甘被动，虽占苏福线或锡澄线，亦属非宜；若迎战不能一举破敌，又不能持久支持，则使国人回忆“一·二八”之役，薄现在中央军之无能矣。

2．为达成上述任务，须有兵力六七个师，以4—5个师任淞沪正面，两师控制浏河、福山、常熟一带。如此，在淞沪附近作战当可支持三个月以上。除现有第三十六师、第八十七师、第八十八师三个师外，请再调3—4个师来沪。

3．大局至此，无论外交如何，似应以决心抗战积极准备。唯各方面仍不免空泛、纾缓、推诿，使部属无所秉承，如徒有作战计划，迄今毫无准备，即其例也。

从这几个月来，日军在上海的动态，推测中日形势，今后可能更趋恶化。我为了应付万一，于11月初，下令进行下列部署：

1．令第三十六师、第八十七师在苏福线上一面警戒，一面继续构筑工事。

2. 令第八十八师接防锡澄线阵地。

3. 以地方团队担任沿江防务。

4. 以各县警察为监视哨。

5. 令江苏保安第四团分驻浏河、梅李镇、牌头镇等处，为东自浏河附近西迄大港镇地方警察各监视哨后方之支援。

6. 成立太湖水警联防处，任太湖水上之警备。

西安事变对京沪防御的影响

1936年12月12日，西安事变突然发生了。当时南京国民党首要对西安事变主张用军事解决的占多数，我是主张政治解决的少数人之一。在调兵遣将的“讨逆”计划之下，原驻在京沪区的第三十六师、第八十八师被调走了。这时对日军的戒备兵力，只有一个第八十七师了。第八十八师在8个月后，才调回。第三十六师到“八一三”战起才调回。这对淞沪作战的准备，是一个顿挫。

我当时最担心日军乘我内部发生问题的时候，爆发淞沪方面的战事，那就没有办法来应付。不过上海方面的日军，此时却反而采取冷静观望的态度。这或者由于当时西安事变完全出于日方意料之外，或者它作了错误的估计吧！

受职京沪警备司令官，定下“先发制敌”的战役思想

七七卢沟桥事变后，日军在上海的行动，咄咄逼人。日军在各通衢哨所增加兵力，各屋顶架设高射炮，各要点构筑工事，对市中心区及南翔方面试设炮位，日夜连续举行演习，拟退各地侨民，扩编义勇队及在乡军人队，等等。日军将原驻汉口的陆战队千余人撤调到上海，日军舰10余艘位于浏河至吴淞间，对海口施行封锁。在日本国内也已派定正式陆军，待命出动。并先后制造水兵宫崎失踪及撕毁日本国旗事件，真是形势紧张到了极点。

张治中

七七事变以前，我正在青岛养病，忽闻卢沟桥战事起来，即于第二天拒绝医生的劝告，径返南京，接受京沪警备司令官的职务。

这时，我所指挥的部队，除第八十七师在常熟、苏州外，第八十八师已调回至无锡、江阴，其他仅江苏省、上海市保安团队数团。原指定协同作战的空军、炮兵等，都调到华北去了。为维护上海的资源与海口，我方不愿在上海轻易发生战争。但万一发生战争，我则必求立于主动地位。所以尽力为运输、通信等各项工作做好准备。不久，第二师补充旅到达苏州。我令其一团化装为上海保安队，入驻虹桥、龙华西飞机场，加强警戒；一团化装为宪兵，开驻松江。又调江苏保安第二团接替浏河方面江防警戒，将原保安第四团集结太仓附近，担任岳王市、梅李两区的防务。

这时，我有一个基本观念：这次在淞沪对日抗战，一定要争先一着。我常和人谈起，中国对付日本，可分作三种形式：第一种他打我，我不还手，如“九一八”东北之役；第二种他打我，我才还手，如“一·二八”战役、长城战役；第三种我判断他要打我，我就先打他，这叫作“先发制敌”，又叫作“先下手为强”。这次淞沪战役，应该采用第三种。我在7月30日向南京国民政府郑重提出这个意见：

> 我在北方作战，固不宜破坏上海，自损资源，然若敌方有下列征候之一，如：敌决派陆军师团来沪，已开始登轮输送时；敌派航空母舰来沪时；敌在长江舰队来沪集合时；敌在沪提出无理要求，甚至限期答复，即断定敌发动无疑。则因我主力军远在苏、常以西，输送展开在必需时，且上海保安团抵抗力薄，诸种关系，似宜立于主动地位，首先发动，较为有利。曾迭电具申意见，未蒙核示，兹预拟本军行动标准，谨申呈核，是否有当，敬祈示遵。

南京国民政府的复电是：

卅未电悉，应由我先发制敌，但时机应待命令。

我知道战争决不能免，就在给南京国民政府电报的第二天——8月1日，发布了一篇文告，鼓励我京沪区的卫国将士。文告述：

此日吾民族已临于最后关头，此日吾人亦陷于生死线上！光荣神圣的民族生存抗战之血幕必且展开。兹特揭橥要义，为本区将士同志告。期以忠勇坚毅，共迎行将到来之无限艰苦，但必有无限希望的岁月。

自甲午一役，失地丧师，我同胞忍辱负重，而徒抱复仇雪耻之愿者，殆已四十余年矣。乃敌自此更逞淫威，肆其凶焰，蹂躏我主权，占领我土地，荼毒我人民。本其岛国野心，妄标大陆政策，鲸吞蚕食，肆无忌惮。攻城略地，何日无之？因之“九一八”之血迹未干，“一·二八”之屠杀顿起，长城之役甫停，察绥之变旋作。含垢忍辱既已六年，创巨痛深，几难终日。兹复驱师启衅，扰我平津，更且大举动员，图占冀察。然后挥师南指，侵我中原，跃马而行，纵横朔漠，以遂其逐步吞噬之迷梦。我最高统帅所以认为最后关头，抗战到底，以求最后之胜利，而举国人士所以奔走呼号，誓死不能退让者，正以此耳。

文告又说到全面抗战实出于不得已，完全为自卫图存。接着说到敌忾同仇的真正意义，以坚定将士们的信念与决心。最后，我提示了对敌作战应注意的几个要点：如誓雪国耻，不怕死，不怕敌人，信仰中央，爱护袍泽，长期苦斗，百折不挠，实行连坐法等，作为京沪区全体将士的精神教育和纪律的基础。

同日，我又发表了一篇《告京沪区民众书》，除提高亡国灭种之警觉及剖析敌国实情外，重在宣示此一战的重要，发动民众，尽力与军队合作。我在这篇文章的结尾说：

凡我民众，无分男女，无问老少，智者尽其能，勇者竭其力，以绥靖地方，杜绝奸宄，厉同仇敌忾之气，坚至死靡它之心，以听命于政府，则虽不擐甲胄，不执干戈，不冒矢石，而其贡献于国家民族者，实且伟大莫与伦比矣。至于体力精壮，英勇果敢之同胞，愿为父老之前驱，愿作本军之后继者；精警有为，熟悉敌情，能扑灭无耻之汉奸，能肃清敌方之间谍者；抑或有他一技之长，愿以供战争之使命者，或编入地方组织，或隶属部队机关，不患无效命之机，不患无杀敌工具。昔孙武子以吴兵复楚，阎应元以江阴抗清，东南为人才文物荟萃之区，孤忠英勇之士，悲壮激烈之操，史不绝书。揆之十步芳草，十室忠信之义，市井田畴，动多壮士，必有闻风兴起者。自由之葩已胎，独立之旗高举，为民族之英雄，抑为子孙之罪人，决于自择。唯我亲爱同胞，共勉前程，共纾大难，时乎不再，凛凛勿忽。

这样，我从各方面都加以准备布置了，只待大战时机的到来。

揭开战幕，进攻日军在沪据点

抗日将士神速进入淞沪战场

1937年8月9日，日军官大山勇夫[①]在虹桥飞机场与我守军冲突被杀，上海的形势突然告急。11日，敌第三舰队驶集黄浦江及长江下游浏河以下各港口，有即在淞沪登陆发动战事的企图。

这时，我京沪区在苏州、常熟、无锡一带的驻军，仅第八十七师、第八十八师及炮兵第八团、炮兵第十团、警察总队一总队、独立第二十旅的一个团。我立即命令第八十七、八十八两师，做输送前进的准备。

11日下午9时，我接到南京统帅部的电话命令，将全军进至上海附近。

我当即作了下列几个重要决定：

第八十七师的一部进至吴淞，主力前进至市中心区；

第八十八师前进至北站与江湾间；

炮兵第十团第一营及炮兵第八团进至真如、大场；

独立第二十旅在松江的一个团进至南翔；

令炮兵第三团第二营及第五十六师自南京、嘉兴各地兼程向上海输送；

派刘和鼎为江防指挥官，率领第五十六师及江苏保安第二、第四两团，任东自宝山、西至刘海沙的江防，并控制主力于太仓附近。

我是8月11日夜半离开苏州，统率全军从苏州、常熟、无锡一带向上海挺进，12日晨，进驻上海。清早，上海居民从梦里醒来，看见遍

① 一说是日军军曹大山勇夫。

地都是抗日将士，惊喜交集，都问："从哪里来的？为什么这样神速？"这是由于我们事先控制了火车、汽车，能够于一夜功夫，便进入了上海预定阵地。

决心犹豫，丧失战机

这时，我决定攻击部队于8月13日拂晓以前，完成对虹口、杨树浦日军据点攻击准备。此时，我突然接到南京统帅部电话命令："不得进攻。"我飞急电告："我军业已展开，攻击准备也已完毕。"但回电还是"不得进攻"。

因此，原定13日拂晓的攻击，不得不停止。我预定13日拂晓攻击，本想以一个扫荡的态势，乘敌措手不及之时，一举将敌主力击溃，把上海一次整个拿下。但现在失此良机，似乎是太可惜了！

这是什么缘故呢？据说是：上海外交团为避免在上海作战，建议南京政府，改上海为不设防城市——自由口岸。这个建议文件，大概是11日发出，12日到达外交部，南京政府不免犹豫了一下，故忽然命令我不得进攻。我未见着正式文电，真实的是否如此，无从确断。

我们的进攻，因此延到14日午后3时才开始。大家都把这一次淞沪抗战称为八一三战役，实际上8月13日并未开战，不过是两军对垒，步哨上有些接触，而正式的开战是在8月14日。这样耽搁了两天，却给敌人一个从容部署的机会。

喋血淞沪，决心抗战到底

大战的血幕既已正式揭开，我外交部在这天曾代表国民政府发表了一个重要声明。同日，我也发表了一篇重要讲话，主要显示我军坚决抗日的态度，其中一段是：

> 昨（13日）下午4时，日方军舰突以重炮向我闸北轰击，彻夜炮声不绝，我居民损失奇重。同时复以步兵冲出界外，进

攻我保安队防地，我方仍以镇静态度应付，从未还击一炮。现日方又大举以海陆进攻，我为保卫国土，维护主权，决不能再予容忍。事至今日，和平确已完全绝望，牺牲已到最后关头，御侮救亡，义无反顾。兹应郑重声明者，上海和平既为日方炮火所震毁，而我祖先惨淡经营之国土，又复为敌军铁骑所践踏，不得不以英勇自卫之决心，展开神圣庄严之抗战。本军所部全体将士，与暴日誓不共戴一天。五年以来，无日不申儆军中，以湔雪国耻、收复失地为己任。我十万健儿之血肉，即为保卫国土之长城！决以当年喋血淞沪、长城之精神，扫荡敌军出境，不达保我领土主权之目的，誓不终止。

上面这篇讲话，可以看作我对敌行动的正式宣言。

从 8 月 14 日起到 22 日止，是我军对虹口、杨树浦敌根据地猛烈攻击的时期。

敌自我军开始行动后，就在虹口、杨树浦两大根据地，利用其炮舰火力的掩护固守，等候他们国内的援军到来。8 月 14 日上午，我空军开始向黄浦江敌舰轰炸。我军于下午 3 时下达总攻击命令。下午 4 时，我们的炮兵就开始集中射击，步兵勇猛攻击前进，到日没时止，多有进展。突然又接到上级命令：

密。今晚不可进攻。另候后命。（寒酉待参京电）

于是攻击实施，又因此停止。

15 日、16 日两日都是奉令做攻击准备，并没有实行全线攻击，仅将五洲公墓、爱国女学、粤东中学各点攻占。其中以第八十七师第二五九旅第八连与第七连合力突入敌阵地，占领敌海军俱乐部一役为最壮烈、最英勇。

15日，我发出一个通电，原文如次：

各报馆转各部队、各机关团体暨全国同胞公鉴：元日下午，暴日侵沪舰队突以重炮轰击闸北，继以步兵越界袭我保安总团防地，我保安队忍无可忍，起而应战。治中奉命统率所部，星驰应援，保卫我先祖列宗筚路蓝缕辛苦经营之国土，争取四万万五千万炎黄华胄之生存，誓不与倭奴共戴一天！今日之事，为甲午以来五十年之最后清算。彼曲我直，彼怯我壮，彼为发挥野心之侵略，我为决死求生之自卫，无论暴敌如何披猖，最后胜利必属于我！愿我举国同胞，武装袍泽，毋忘我东北、平津数千万同胞呻吟于日寇铁蹄践踏之奇惨，毋忘我“一·二八”战役、长城战役、天津战役忠勇牺牲先烈之血迹，以悲壮热烈之精神，共负洗雪国耻收复失地之重任，遵奉最高统帅之昭示，以百折不挠抗战到底之决心，求得最后最大光荣之胜利。擐甲陈词，不胜激越！

在日援军登陆以前，我认为对虹口、杨树浦的攻击，尤为必要。17日拂晓，奉令继续开始全线总攻击。这次总攻击，其经过及成果的概要，可见我给南京军委会的一个电报：

密。本军于今（筱）晨五时半，按预定部署，全线开始总攻击。最初目的原求遇隙突入，不在攻坚，但因每一通路皆为敌军坚固障碍物阻塞，并以战车为活动堡垒，终至不得不对各点目标施行强攻。谨将各部激战实况分陈如次：（1）八十八师以主力由北分向日本坟山、八字桥、法学院、虹口公园攻击，往返争夺，伤亡甚重，仅法学院一处，已牺牲一营之众。而攻日本坟山之部，于上午11时攻入后，因受敌侧方机枪射击，未能返出，死伤尤多。日没前，北正面受敌反攻，已被我击退。（2）八十七师先对日俱乐部、日海军操场及沪江大学、公大纱厂攻击，迄9时许，得王师长（敬久）电话报告，已占领日俱乐部及海军操场。唯经派员确查，据称日俱乐部旁之四层楼油漆公司，尚为敌死守，我军正向其包围。对沪江大学、公大纱厂及引翔港镇方面，则激战终日，尚未得手。下午5时许，敌由海军操场南两次激烈反攻，均被我击退。（3）本日我炮兵射击，甚为进步，命中颇佳，但因目标坚固，未得预期成果，如对日司令部一带各目标，命中甚多，因无烧夷弹，终不能毁坏。

我在这天上午8时许到前线视察，经第八十八师炮兵阵地到第八十七师，所见官兵士气高涨，不怕牺牲的精神，都极可嘉。从正午12时到下午4时，我在万国体育场附近督战，枪炮声密集，战斗激烈。我又看见我国空军也很敏捷勇敢。敌人高射炮声如连珠，弹发如雨，胜于民间过年晚上放爆竹。

18日，我又接到暂停进攻的命令。这是开战以来，第三次的停攻命令。

但是，敌人在这时却整天在其飞机掩护下，到处以小部队向我反攻。我们司令部到前方的电话，也常被敌谍破坏。

19日，我军又开始攻击。到下午5时，接到第八十七师王师长电话，说他的左翼最前线部队已经突入杨树浦租界至岳州路附近。我决心即刻扩张战果，突入贯穿杨树浦租界至汇山码头，截断敌左右翼的联络，向东西压迫，一举而歼灭之。当即我率同重要幕僚，进驻江湾叶家花园第八十七师司令部，部署一切。

1. 令第三十六师即夜加入沙泾港至保定路间的正面，向汇山码头江边突破攻击。

2．在日俱乐部正面的第九十八师之一旅，受第三十六师指挥。

3．令第九十八师第二九四旅归第八十七师指挥，加入该师左翼，向沪江大学、公大纱厂攻击。

20日拂晓前，我之突破，西进展至欧嘉路，东至大连湾路，南至昆明路、唐山路。敌从昆明路方面向我多次反攻，都被我击退。

在这一天的战斗中，有一件事，使我到今天想起来还觉得难过：就是突破杨树浦租界时，我们只凭几辆破坦克（是在厂内修理的，临时拉出，好的坦克早调北方去了）冲击。带领坦克车的连长，也是军校的学生。我命令他冲杨树浦。他说："车子太坏，而敌人的火力过猛，我步兵又很难跟上。"我说："那不行，你的坦克不攻入，休来见我！"结果他冲到汇山码头，连人和车子一起牺牲了！我军虽一度冲到汇山码头，但未能确实占领，因敌人利用钢骨水泥的楼房作据点，放射密集小炮弹，火力异常猛烈，我们的步兵虽极勇猛地跟上，但挡不住黄浦江面敌舰炽烈的炮火，也不容易冲破敌方在街市上的坚固据点。所以这天虽一度攻入汇山码头，仍是站不住脚。

20日晚上，我乘月夜亲赴江湾前线督战，指挥各部队继续猛攻，并以第九十八师全师加入，准备以全力先攻略杨树浦。第三十六师、第八十七师的第一线部队推进到百老汇路、唐山路、华德路之线，以新到的第十一师及教导总队第二团控置于江湾市中心市区为总预备队。21日，各部队继续攻击。第三十六师最前线部队，在新调来的战车掩护下，又攻抵汇山码头，到拂晓后，因受敌海军炮火的猛烈攻击，迫不得已，才退回百老汇路北侧。我战车第一、二两连，全被击毁。第八十七、八十八、九十八各师攻击，也都没有多大进展。22日，我军各部继续进攻，但因敌增援已到，攻击已不得手，仅第八十七师在午后将精版印刷厂及康泰厂两据点占领。入夜，敌分途反攻，都被击退。

这是从8月14日至22日，攻击虹口、杨树浦根据地的战斗经过概要。

挽救危局，进行彻夜激战

狮子林、川沙口和罗店江防阻击战

8月23日上午5时半，我接到江防司令刘和鼎的电话报告：狮子林、川沙口方面，有兵力不明的敌人登陆。那里的守军仅第五十六师步兵一个连（因兵力不够支配，这里只配了一个连）。我当时决心拒止并歼灭登陆敌人的目的，由正面抽出部队，向狮子林方向前进，支援江防军的作战。

这时，我已被任为第三战区第九集团军总司令，指挥淞沪附近的全军作战。总司令部设在南翔附近一小村中。拂晓后，敌机到处狂炸。总司令部通到各方的电线，都被炸毁，通信联络完全中断。我为明了状况，分别派遣参谋到各方观察联络，又为须于指示机宜，亲率重要幕僚，于8时30分到达江湾。

23日的战况以及我的位置，可以在我呈报统帅部的漾亥参电看出轮廓：

> 密。本（漾）日上午5时半接到刘军长电话报告：敌于拂晓以前，在狮子林、川沙口登陆，即与陈次长诚商定部署，以十一师向罗店北进，支援五十六师之作战，而由正面抽出兵力为预备队。当因前方电线为敌机炸断，未能由电话指示各部，乃于8时半亲赴江湾八十七师料理一切。是时，据报张华浜、蕴藻浜附近，同时有敌登陆，我守军正迎击中。……兹为顾虑左侧登陆之敌起见，将对虹口、杨树浦正面作战之三十六师、八十七师、

八十八师、独立第二十旅、保安总团、教导总队第二团各部归王敬久指挥，派其为淞沪前敌指挥官，命对正面固守原阵地；而以教导总队第二团拒止张华浜之敌；由八十七师调一旅支援吴淞；并抽出第九十八师令向宝山、杨行、刘行、罗店之线前进，以该师师长夏楚中指挥该师及第十一师，拒止上陆之敌。……迄下午5时，十一师已不顾敌机轰炸，进至罗店南六公里之处，因罗店为少数敌军占领，该师已将前卫展开，将其驱逐。教导总队第二团，因张华浜上陆之敌近2000人，尚在其附近与敌对峙，当由八十八师抽调一团前进至蕴藻浜南岸设防。

电报最后又说：

因驻地于日间受敌机轰炸，本晚正在移营，电话尚未架通，焦急异常。拟即赴太仓或嘉定与罗军长卓英一晤。

这一夜，进行彻夜激战。狮子林、川沙口方面，进至罗店附近之敌，于17时顷由第十一师驱逐，并击毙敌下级军官一名，在其身上搜得军用地图，知敌重点指向罗店、嘉定及浏河。我决心：以第十一师向川沙口方面攻击前进；第九十八师向狮子林方向前进。但宝山已被敌占领，第五十六师据守的一营，撤退至陶家宅、张华浜、蕴藻浜方面；教导总队第一团前进展开于张家浜、殷家浜、南徐家湾之线，迎击登陆敌人。嗣于17时由第八十七师派兵一个团增援，于24日3时到达，由第二六一旅刘旅长指挥，与敌激战。

吴淞附近敌军于23日下午，以千余人登陆。吴淞方面原由保安第一团守御，24日4时，由第八十七师先派第二六一旅的一个营到达增援，现正与敌激战中。

冒敌机轰炸，亲临前线，挽救危局

我要叙述当时一段危险的情景。我在听到敌人在川沙口登陆报告后，觉得敌人已抄到我军的后面，我军有全部被敌包围的危险。因此，我决定亲到前线去，一面镇定军心，一面设法挽救目前的危局。

从南翔到江湾只有18里路，本不算远，但我们一出门就碰上敌机3—9架，不断地在上空来往轰炸扫射。我本来坐小汽车去，敌机临头，我就下车隐蔽；敌机转头，马上前进。但走不多远，敌机来往太多，小汽车不能再坐了，我穿着一双马靴徒步走去。中途遇见一个骑脚踏车的传令兵，下车向我敬礼，并问我："总司令怎么走路？"我也来不及对他说别的了，骑上他的脚踏车就走。一路上，我一会儿停止掩伏，一会儿又乘隙前进。就这样冒险赶到江湾叶家花园第八十七师师部，才把正面军心稳住。

我到了江湾，决定不顾任何困难，抽调第十一师、第九十八师迎击登陆的敌人。那时由正面抽出这些部队真不容易，且因敌机狂炸扫射，部队简直无法行动。第十一师师长彭善在初接到调动命令时，对我说："简直炸得不能抬头，怎么办呢？"我说："不能抬头也得走，难道我能从南翔一路冒轰炸走到江湾，你们就不能从江湾走到罗店吗？"就在这个万分危急的局势下，抽调两个师迎敌。由于这样迅速部署，才把已经失去的罗店收复。罗店收复的影响很大，不仅稳定了正面，而且维护了对后面的交通，使后面的部队能继续增援，才能与敌保持对峙的态势。

在攻占罗店的同时，第九十八师也已将狮子林之敌驱逐。保安总团的一个团仍守吴淞。唯张华浜的敌人，虽经教导总队猛攻，还是未能击退。23日、24日，先由第三十六、第八十七两师抽调四个团前往围击，经几度猛攻，才把敌人包围在张华浜沿岸泗塘以东的狭小地区。27日，敌人被我左翼军（指挥官王敬久）于夜间迫退到张华浜车站附近。

杨树浦正面，我军仅四个团的兵力。突入巷战的我军，因受敌军夹击，在24日夜不得已撤出，沿租界路口固守。25日、26日两日无激战。27日拂晓前，虹口、杨树浦正面敌人，由俱乐部方面向我反攻两次，都被我右翼军（指挥官孙元良）击退。吴淞方面登陆之敌，经右翼军迎击，尚残留于纱厂百余人，也被我包围。教导总队第二团及炮兵第八团、炮兵第十团，都奉命调至后方。第六十一师的主力，已输送至大场附近。28日无激战。29日，全线战事沉寂。30日，战事平静无变化。

31日拂晓后，敌以飞机30余架，并以海军舰炮猛击吴淞，强迫登陆；敌另一部由市轮渡码头登陆。我守吴淞的第六十一师的一个团，伤亡过半，不支后退；唯吴淞炮台，仍由上海保安总团固守。我将在刘行的第六师调到杨行、吴淞，驱逐登陆之敌。该师于31日夜，向吴淞攻击前进，与敌遭遇于杨行以北地区，发生激战。从9月1日到5日，全军正面无激战。6日晨，敌在虬江码头登陆，经我右翼军猛烈攻击，激战至黄昏，卒将敌包围于码头的栈房中。7日，张华浜之敌倾全力向右翼军及中央军（指挥官宋希濂）阵地猛攻，经全日激战，将敌击退。躲在虬江码头栈房顽抗之敌，也由我第六十一师增援之一团打退。8日，这股败敌倾全力来犯，均被击退。9日上午10时，敌集中军舰炮火和飞机轮流对军工路一带的我左翼军进行猛烈射击与轰炸，掩护一个团的步兵进攻，激战到薄暮，敌伤亡惨重，我也受到很大损失，但因我军奋勇抵抗，阵地屹然不动。10日、11日均无激战。

这是从8月23日到9月11日，抗登陆战斗经过概要。

由攻势转入守势

从9月11日沪战转入了一个新阶段，由攻势转为守势的时期。

战事爆发以来，敌在淞沪一带作战的兵力，陆续增加到8万多人，军舰40余艘，停泊于定海桥至吴淞镇之间，协同作战。敌机成群结队，滥施轰炸。自9月初旬起，敌主力向吴淞方面猛烈攻击，至10日夜，我第十五集团军右翼阵地被敌突破，退到杨行、月浦的新阵地，与敌对峙。我第九集团军的左侧背，因之越发暴露，大受威胁。9 月 11 日上午，敌向我蕴藻浜南岸阵地猛袭，战斗异常激烈，潘家宅、徐家宅的阵地被敌占领。我军退到河流西岸固守，并由第二六一旅派兵一部在蕴藻浜上游警戒。午后，接到第三战区司令长官的命令：

> 为整理淞沪嘉浏一带阵地，节约兵力，俾达韧强抗战之目的，着第九、第十五两集团军即转移。第九集团军即向北站、江湾、庙行、蕴藻浜右岸之线转移，占领预筑阵地，但须节约兵力，抽出第六十一师及独立第二十旅充集团军预备队。

我即依令变换阵地，转入守势。各部队奉令后，即于夜间开始行动，到第二天拂晓前，转移部署均告完毕。直到9月23日我辞职照准那一天，第九集团军正面，敌我没有多大接触，可以说一切无变化。

第五军参加淞沪战役的经过

张治中

淞沪参战

“一·二八”淞沪抗日之役，是接连九一八事变而来。日本帝国主义吞并中国的野心，首先在征服满蒙，对于我国东三省的侵略，无时不在积极地准备，就在1931年9月18日夜偷袭沈阳，实行占领。于是数日之间，河山变色，辽东巨野，尽陷铁蹄。其后，更扩大其侵略目标，向我沿海各要埠肆扰，乃有天津事件，福州告警，纷至沓来。而上海“一·二八”事变的爆发，也系暴日侵略野心及挑衅阴谋所造成。最先，暴日制造五日僧被殴案；继乃有日浪人的暴动，焚烧三友实业社工厂，捣毁北四川路中国商店，使上海空气趋于极度的紧张；终乃有四项条件之提出，要求我国取缔抗日运动及解散抗日救国会，挑衅阴谋层出不穷。于是日舰队集沪示威，日陆战队登岸布防，各地日侨撤退，等等，而最后的一幕，就是“一·二八”的闸北夜袭，我们淞沪抗日的战幕正式揭开。

这时，十九路军驻守上海，首先举起抗日之旗。

战争之幕既揭开，这时，蒋介石虽已退职在野，但鉴于当时形势，也曾发出一道通电。但是我看到一种大可忧虑的情形：十九路军单独在沪作战，孤军决不能久持，应该予以增援，同时，有党内反对派的人在上海就说中央看着十九路军打光，按兵不救。蒋是2月初由洛阳到浦口，我去迎接他，我就表达我的意见："我们中央的部队必须参加淞沪战斗才好，如果现在没有别的人可以去，我愿意去。"蒋说："很好。"马上关照军政部长何应钦，即调动散驻京沪、京杭两线上的第八十七、第八十八两师合成为第五军，命我率领参战。

当时我所率领的第五军所辖计有八十七、八十八两师及中央陆军军官学校教导总队和独立炮兵第一团山炮营。八十七师师长由我兼，副师长王敬久，辖两旅：二五九旅旅长孙元良，二六一旅旅长宋希濂；八十八师师长俞济时，副师长李延年，也辖两旅：二六二旅旅长钱伦体，二六四旅旅长杨步飞。中央陆军军官学校教导总队总队长为唐光霁。

我在2月14日奉到军政部的正式任命，2月15日又奉军政部令："第五军着归蒋总指挥光鼐指挥。"当即调动军队出发。首先从南京出发的是八十七师宋旅，他们在14日已经奉蒋总指挥命接防蕴藻浜北岸阵地由胡家宅至吴淞两端曹家桥之线；八十七师孙旅也在15日开到南翔（当时十九路军总指挥部所在地）附近集结待命。八十八师亦已经由沪杭线开到南翔附近待命中。

我是在2月16日从南京出发的。我住在中央军校，15日深夜鸡鸣以前，我起床端正地写了一封遗书，然后出发。我为什么要写遗书呢？这是表示我的决心，表示我尽忠国家的最大决心！因为这是一次反抗强暴的民族战争，也是我生平对外作战第一次，我必以誓死的决心，为保卫祖国而战。我知道：一个革命军人首先要决定的是牺牲精神，而牺牲精神又必须首先从高级将领做起。

我于2月16日上午9时从南京和平门登车出发，当天到达南翔，即奉蒋光鼐总指挥的命令，接替十九路军防务，由江湾北端经庙行镇沿蕴藻浜至吴淞西端之线，并以一部在狮子林炮台南北闸洞亘川沙口、浏河口、杨林口、七丫口担任沿江警戒。我就令八十八师担任由江湾北端经庙行镇、周巷至蕴藻浜南岸之线，八十七师担任胡家庄沿蕴藻浜北岸经曹家桥至吴淞西端之线，军校教导总队之一部担任狮子林南北闸洞、川沙口、浏河口、杨林口、七丫口沿江一带警戒，于18日先后接替完毕。这天，我奉总指挥令任左翼军指挥官（蔡廷锴是右翼军指挥官），吴淞、宝山、狮子林要塞地区司令谭启秀、翁照垣，也归我指挥。在17日黄昏，我由南翔进驻刘行镇。

有一天，我接到南京统帅部的慰问电。

我当即呈复一电，誓与十九路军团结一致，和衷共济，一死报国。

我亦发布了《告全军将士书》，着重指出："本军此次奉命来沪，协同十九路军作战，……治中个人，誓与我将士共患难，同生死。深望我全军将士，人抱必死之心，以救国家，以救民族。假如日军犹有一兵一卒留我国内，我们的责任即未完成；反之，我们如尚有一兵一卒，必与敌人拼命到底！"

庙行战斗

2月20日，敌人从这天拂晓起，开始向我总攻。敌飞机成群结队在我阵地附近及我阵地后方到处掷弹，更以重炮及舰炮向我吴淞、庙行一带阵地集中射击，敌步兵则借飞机炮火掩护，向我攻击前进。我军奋勇抵抗，击毙敌人很多，并且击落敌机一架。入晚敌继续向我攻击，战斗益酣，竟夜炮声不绝。我阵地工事被毁很多。我官兵掩处战壕内，沉着不动，等敌步兵接近，就用手榴弹、步枪迎头痛击，冲锋肉搏。这样血战两昼夜，敌死伤甚重，不支而退。

到22日，敌人又倾巢来犯，继续攻我庙行镇以南阵地，想突破我阵地一点。这天上午9时，我庙行镇以南八十八师五二七团第三营大小麦家宅阵地，惨受敌炮火及飞机轰炸，工事全部被毁，被敌突破一段，营长陈振新当场阵亡。我立即亲率教导总队（缺一营）赴八十八师指挥策应，并令八十七师二五九旅孙元良旅长率部向庙行增援；令守蕴藻浜北岸的宋希濂旅长率他的主力，由纪家桥渡河抄袭敌的侧背；令俞济时师长率部对被敌突破地区反攻。我十九路军六十一师张炎副师长也率兵两团由竹园墩出击。敌被我三面夹击，仓皇溃退，仅一小部残留在金家宅、大小麦家宅一带，顽强抵抗。血战到晚8时半，才把敌包围，完全解决。这一天，庙行战斗的激烈，为开战以来所未有，中外报纸一致认为是沪战中我军战绩的最高峰。26日，南京统帅部有一个电报给我们，说到庙行一役的战斗效果："自经22日庙行镇一役，我国我军声誉在国际上顿增十倍。连日各国舆论莫不称颂我军精勇无敌，而倭寇军誉则一落千丈也。望鼓励官兵，奋斗努力，并为我代为奖慰。"

这是日军在沪第一次总攻的失败，敌第九师团及久留米混成旅团的精锐，伤亡重大，庙行、江湾间敌尸到处都是。而使我伤悼者，就是我的忠勇的袍泽，牺牲于此一役中的为数亦复不少，官长伤亡八九十员，其中包括八十八师二六二旅旅长钱伦体和副旅长陈普民，士兵伤亡1000余名。

浏河战斗

浏河在我军左侧背。沿江七丫口、杨林口、浏河新镇及小川沙一带，绵延数十里的沿江警戒线，只由本军教导总队一营会同少数冯庸义勇军担任守备的责任。根据南京统帅部2月26日的指示，对浏河方面应该早予准备，至少应该配备三团兵力。可是前线自从20日以来，无日不在激烈战斗之中，各部队都有重大伤亡，兵力实在感觉不敷。我所以把原守蕴藻浜北岸阵地的八十七师宋旅两团调往田湾为预备队，也就是准备一旦战事吃紧，前可以策应江湾、庙行，后可兼顾浏河、杨林口。这个时候，日将白川义则大将率领日兵约10万来沪增援，令第十四师团全部驻运输舰中，泊在崇明海面，一面用飞机将我吴淞要塞及狮子林炮位毁损无余。

3月1日的拂晓，敌就开始在江湾、庙行一线向我总攻击，战舰20余艘携带无数民船和马达船，利用烟幕掩护，以步兵在我兵力配备单薄的六浜口、杨林口、七丫口登岸，并以舰炮向我沿江各口猛烈射击，飞机数十架从吴淞起沿江活动。敌登陆后，即连占浮桥等地，向茜泾要隘猛扑，我教导总队的一连死力搏斗，伤亡殆尽。我立即派遣八十七师宋旅两团飞驰截击，想乘敌人立足未稳时一鼓而歼之，同时报告蒋总指挥请派兵赴太仓、浏河协助。

宋旅奉命后，即依五二一团、五二二团及各营的顺序，于午前9时由顾家宅汽车站向浏河输送，但只得汽车11辆，每次只可输送一营。宋希濂旅长率先头部队五二一团第一营于正午12时到达浏河，得到一个紧急的情报：敌军约1万人，在占领浮桥后，有向我急进模样；教导总队的一营（欠一连）正在马桥附近坚强拒止敌人。他得到这个报告后，观察形势，以茜泾为浏河屏障，位置扼要，就打算先行将其占领，以掩护该旅后续部队的展开，即命五二一团第一营唐德营长率部迅速向茜泾营搜索前进。哪里知道，才走到茜泾营南门附近，敌已先我占领，于是与敌接触，展开尖兵白刃战。到下午3时许，五二一团团长刘安祺率第二营到达浏河，敌飞机正集中轰炸浏河车站，输送汽车及房屋全被炸毁，同时在途中装运部队的汽车也多被炸坏，使我后续部队不得不徒步前进。在这个时候，茜泾营附近的战斗愈演愈烈，敌机20余架密罩天空，一律低空飞行，掷弹如雨，敌舰的重炮连珠发射，4时许，敌大部向宋旅左翼绕攻，右翼方面教导总队的一营，死伤殆尽。这时与敌在茜泾营苦斗的五二一团第一营，乃处于前、左、右三面受敌围攻的紧迫状态，伤亡惨重。而全营官兵仍然沉着应战，几度冲进寨内，与敌肉搏，卒以敌火力过猛，众寡悬殊，不能得手。

到了下午6时，天色已昏，我五二一团第三营才赶到。宋旅长即命第一营仍在原阵地死力抵抗，阻敌前进，并命已到部队迅速沿浏河南岸积极布防，等五二二团全部到达后，再行乘夜大举反击。一直到夜晚11时，五二二团以徒步行进，路程过远，还没有到达。这里我要指出的，就是我军仅以一营之众，在茜泾营抗敌数倍之师，自晨以至深夜，使敌人不能有尺寸的进展，而我军视死如归，前赴后继，卒使敌密集茜泾营寨内，虽以一师团之众，仍不得犯我浏河。我教导总队孤军死战，我八十七师宋旅仓促应援，都抱必死的决心，以期挽回全线被围的危险。激战至日没，敌我始终相持于浏河镇茜泾营间。

同时，八十七师及八十八师正面与右翼友军十九路军七十八师正面，均被优势之敌压迫，我官兵奋勇迎战，伤亡甚大。尤其这天午后3时，七十八师阵线被敌突破。第五军的右翼被敌包围，预备队皆已用尽，阵地因伤亡而生之空隙无法补充，竭力支持至日没，乃退守杨焕桥、水车头、谈家宅、孟家角之线。蕴藻浜北岸阵地仍旧。

这天夜里，我军奉蒋总指挥命转移阵地。攻击茜泾营的部队，撤至太仓占领阵地。五二二团还在黑夜中向浏河挺进，中途得令，才转向太仓。于是浏河一带，黯淡地陷于敌人之手，留下一个永远沉痛的回忆。

葛隆镇战斗

3月1日午后9时，蒋光鼐总指挥在南翔总部发下了撤退命令。关于第五军的指示主要内容有：左翼军须派一部在胡家庄、杨家行占领收容阵地，主力于本日午后11时向嘉定、太仓之线撤退，利用嘉定城、太仓城为据点，派出一部于罗店及浏河方面警戒。

9时30分，我在刘家行军部，下达左翼军变换阵地的命令，规定八十八师由马桥宅退集嘉定城，八十七师孙旅由唐桥退集娄塘镇，宋旅及教导总队由浏河退集太仓，独立旅第一团退集蓬阆镇，第二团集结钱门塘，七十八师翁照垣旅也集结于嘉定。各部队得令，都按时分途撤退，陆续到达指定地点，军部及直属部队也到达钱门塘镇。我一到就下命令，叫各部队即在新防御线构成坚固阵地，利用河川为外壕，构筑据点式的工事，逐次增强为主阵线。

在我奉命统率所部向新阵地嘉定、太仓背进的时候，又遭遇一场极为惨烈的战斗。那就是3月3日我八十七师二五九旅五一七团在葛隆镇附近的娄塘、朱家桥一带的战斗。

在这一个静悄悄的午夜（3月3日的凌晨1时），我五一七团已在昨天的薄暮，由庙行左翼趋抵娄塘附近，此地距浏河仅15里，积疲未苏，血衣犹湿，夜凉野旷，哨线兵单。忽然敌以千余之众，自浏河猛扑而来，分向我警戒线夜袭。我娄塘镇、朱家桥、四竹桥三个前哨连奋起抵抗。战斗两小时，敌越来越众，轻炮10余门向我猛烈射击。我每连警戒线达3000米之宽，且损失已及1/3，前哨线乃逐个被围，但仍死战不退，把敌人抑留在娄塘附近。战到午前8时，敌又增加主力4000余人，开始向我阵地突击，并向我右翼包围。这时我军正在构筑工事，仓促应战，被敌冲到朱家桥北岸我五一七团团部门前。我阵地势极危迫，幸该团第一营第三连奋勇冲击，才把敌人打退。到了午前10时，我二五九旅旅长孙元良得讯，急赴五一七团团部指示机宜，并令坚强抵抗，同时向我紧急报告。我立即急令驻蓬阆镇的独立旅莫团迅速增援，又令太仓宋旅掩护二五九旅的左翼，令嘉定的八十八师俞师长固守嘉定城，相机策应孙旅的右翼。

这个时候，敌军已增到七八千人，环绕于娄塘一带我阵地前面，我五一七团孤军力战，弹药已将告罄，拼死相持。午后，各点都破，我五一七团被困核心，弹雨纷下，死伤逾半。莫团援兵还未到达，而敌军已突过娄塘镇连占各村落各要点，直陷贺家村。孙旅长这时在葛隆镇，看见敌军披猖形势，在下午3时，亲书一件，派员急趋钱门塘军部向我紧急报告，内容如下：

（一）第五一八团早尽，第五一七团现受包围，团长失踪。

（二）职拟在葛隆镇殉职。

（三）钱门塘将有危险，请军长迁移。

我接到了这个报告，马上打电话给孙旅长，告诉他莫团即可到达，五一七团于日没时可向葛隆镇撤退，在河川岸线占领阵地拒止敌人。午后4时，莫团到达葛隆，即部署最后的抵抗线，并向前线增援。在这个时候，五一七团战况越陷于不利，朱家桥左翼又被敌突破，张世希团长到战斗的最后关头，乃率所部官兵向前冲击，并对众激励以必死的决心，各荷枪向蒋家村方面冲出。敌军机枪如雨，我军前赴后继，顶死冒进，直扑日军阵地，杀声震野，势不可当。敌军受了这一猛击，才向后退去，重围遂解。零落而忠勇的我五一七团抵外岗与八十八师会合，经昆山转赴我军新阵地。

葛隆镇一役，关系很大，因为敌军的企图，在突破我嘉、太中间地区，直下铁路，截我后路。如果不是我五一七团奋勇拒止，则敌趋葛隆，陷钱门塘，直下铁路，我们第五军和第十九路军的归路就断了，那后果是不能想象的。

这一天的血战，死了我军一个营长，两个连长和连附，六个排长，士兵伤亡近千数。其中第一营营长朱耀章身中七弹，殉国成仁，尤为伟烈！他在殉国前两天还作了一首诗，题目是："月夜巡视阵线有感"。今天读他的遗诗，真可以说是一字一滴泪，一字一滴血了。诗原文如下：

风萧萧，夜沉沉，一轮明月照征人。尽我军人责，信步阵后巡。曾日月之有几何？世事浮云，弱肉强争！

火融融，炮隆隆，黄浦江岸一片红！大厦成瓦砾，市镇作战场，昔日繁华今何在？公理沉沦，人面狼心！

月愈浓，星愈稀，四周妇哭与儿啼。男儿百战死，壮士十年归！人生上寿只百年，无须留连，听其自然！

为自由，争生存，沪上鏖兵抗强权。踏尽河边草（蕴藻浜河），洒遍英雄泪，又何必气短情长？宁碎头颅，还我河山！

沉痛的收场

正值我二五九旅五一七团与敌在娄塘苦战时，3 月 3 日下午，又奉到蒋总指挥电令，要我撤到陆家桥、石牌、白茆新市之线，构筑工事。奉命后我又令各部队依次撤退，令八十八师撤至常熟城集结待命，八十七师宋旅撤至白茆新市之线，孙旅撤至石牌之线，军部进驻东塘墅，独立旅第二团及军校教导总队集结于东塘墅附近待命。4 日上午，军部及直属部队都已到东塘墅；5 日，各部队也先后到达指定地点，都在积极着手整理并布防。于是，我们退守第二道防线了。

为了防线持久抗战，我特令各部队构筑纵深的第一、第二、第三之三线阵地。不过几天，各线阵地都已次第构筑完成，一面激励士气，整备军实，准备与敌作殊死战。9 日，上官云相师长统率四十七师开抵常熟，由总指挥部拨归我军指挥，当令该师在常熟东北梅李镇、谢家镇、福山镇一带构筑阵地，并严密警戒沿江各要点。而自从我军退抵第二道防线以来，敌未再犯，每天只有飞机向我作侦察动作。

我驻在常熟县东南的东塘墅大约一个月，中外人士络绎于途，或来慰劳，或来访问。而在慰问者中，使我感怀不已的，是过去黄埔军校党代表廖仲恺先生的夫人何香凝（在黄埔我们都尊称她廖师母），她特来我军驻地，慰问之余，慷慨赋诗，现将她所作的《赠前敌将士》那一首记在这里：

倭奴侵略，野心未死，既据我东北三省，复占我申江土地，叹我大好河山，今非昔比。焚毁我多少城市，惨杀我多少同胞，强奸我多少妇女，耻！你等是血性军人，怎样下得这点气？

在这以前，即在九一八事变发生后，她曾寄给我一封信，送来女褂子一件，要我转达黄埔学生的将领，并附一诗如下：

枉自称男儿，甘受倭奴气。不战送山河，万世同羞耻。吾侪妇女们，愿往沙场死。将我巾帼裳，换你征衣去！

何香老充满了爱国热情，民族义愤，真令人敬佩不已！

到5月5日，上海休战协定签字了，淞沪抗日战役至此告一段落。就是这样收场，实不胜感慨沉痛之至！

我在5月7日奉到南京来电，命第五军复员：八十八师开驻武汉，八十七师暂驻常熟附近原阵地集结整理。18日复奉来电，令第五军八十七师及军校教导总队调京训练，本军遂陆续返京。

第五军在这次战役中，计官长阵亡83名，受伤242名，失踪26名；士兵阵亡1533名，受伤2897名，失踪599名。合计5380名。因特于军中组织一个抚恤委员会，以司死难烈士家属的抚恤事宜。关于烈士的遗骸，国民政府在南京总理陵园附近的灵谷寺前，国民革命军阵亡将士公墓的中央，安葬“一·二八”事变之役阵亡烈士遗骸128人，第十九路军70人，我第五军及宪兵团58人，以隐示“一·二八”的血痕，并使“一·二八”阵亡烈士所代表的精神永垂不朽。第十九路军和第五军各立了一个抗日阵亡将士纪念碑，但在1937年南京失陷后就被日军毁坏了。

罗卓英

军人事业在战场，军人功罪也在战场。

- 1896年3月19日生，字尤青，广东大埔人。
- 1937年，淞沪会战中，参加宝山、罗店、浏河一带的防守。
- 1938年9月，任武汉卫戍总司令，为保卫武汉加强各方面的管理。
- 1939年9月，指挥第十九集团军参加了第一次长沙会战。
- 1940年2月，升任第九战区副司令长官，仍兼十九集团军总司令。
- 1941年，参加上高会战，取得了以劣胜优的辉煌胜利。
- 1942年4月，被任命为援缅作战的中国远征军第一路司令长官。
- 1961年11月6日，因病逝于台北。

上高会战概述

罗卓英

敌之企图与我之作战指导

倭寇西进大陆政策的迷梦，经我四年来之抗战打击，已深陷泥沼，无力自拔。乃企图浑水摸鱼，乘英美有事欧西之秋，发动南进，窃取资源。但欲发动南进，以先天不足的倭国，决难再由国内扩兵，势必由西进中抽兵以行转用，去冬南宁的退出，即其明证。其余各战场为遂行其部分的抽兵，并为巩固其既占的城镇，乃以先发制人的阴谋，对我各战场实施其所谓扫荡战。此种扫荡战，其目的实含有下列三种：

（一）军事上的打击：企图击破我之野战军，摧毁我之军事部署，使我无力反攻，俾达其抽兵南进，以攻为守之目的；

（二）经济上的掠夺：抢劫我之现有物资，以解决其经济困乏之一部，摧毁我之生产工具，以增加我之经济困难；

（三）政治上的毁灭：即以焚杀奸淫的手段，造成政治的恐怖，战地的浩劫，使战场内无村落、无人烟，我军队无法进驻。

敌为达成上之三种目的，其扫荡计划，常为不断的行动，其地区以愈扩大、愈深入为愈好。去岁的浙东战役与今春的豫南战役，已可见其流窜之阴谋。本会战敌企图一举攻略上高后，即经新余（原名新喻）、清江，东渡赣江，骚扰樟树、丰城，扫荡我赣江两岸物资，即企图横扫本集团军全正面，以图巩固南昌外围，达到扫荡战之目的，故敌命名此次进犯为“鄱阳作战”，非无意义也。

由获敌文件证明敌企图一斑：

（一）3月12日，龟岛队（第二一七联队炮队）编成表及3月10日第二一七联队上山中队编成表，均冠有“鄱阳作战”字样。

（二）敌赣江支队长坂本，于3月21日，呈池田旅团长之电报第五条：“速示师团（编者按：此师团系指大贺师团，盖当时池田亦归大贺指挥）主力渡赣江日期及预定渡点。”同日另一电报第二条有：“支队拟排除万难，在泉港附近，实施师团渡河准备。”

（三）敌第三飞行团司令远藤少将，3月22日，致大贺师团长之函有：“上高占领，就在目前，希望速收赫赫之战功……”又有：“上高占领，迁延时日，敌（指我军）整顿态势，后方扰乱，亦渐活泼，希望迅速占领后即转移……”

（四）所获敌日记簿上，均记载有丰城、清江、新余、上高、宜丰、上富等地名。

观上述文件，足知敌之企图，企先夺取上高，然后转师东渡赣江。并知其企经新余、清江，实施其大规模之“鄱阳扫荡战”也。

我军在赣北方面之作战指导，对于敌人来犯，早经策定反击计划。在第一、第二线，运用磁铁战，实施逐次抵抗，诱敌深入，并消耗敌人，俟诱至地形于我有利之第三阵地前，则运用歼灭战，实行反击，与敌决战。

1941年3月15日起，敌集结兵力两师团一旅团共5万余众，分三路，取分进合击态势，以上高为目标，大举西犯；另以一支队（赣江支队又称坂本支队）沿赣江南犯，企图攻占清江、樟树、丰城，做渡河准备，以接应其主力军攻占上高后之渡江东犯，其来势可谓极其凶猛。但我洞烛其奸，依照既定计划，以坚定决心，指导作战。经两旬苦斗，卒仰我层峰详确指示，与赖我将士忠勇用命，对于其两翼之北南两路及骈支之赣江支队，首先运用各个击破战术，逐次予以摧折。然后以囊形态势，于上高东北地区，复围歼其主力，使敌之“鄱阳扫荡战”变为我之对敌“上高歼灭战”。由此足证上高会战，虽发自敌人，先发制人之阴谋，然开战之后，完全由我主动，强敌作战，迫敌就歼也。

此一战役，敌之初步进犯目标，分三路指向上高，我亦以确保上高为中心，运用对敌围歼战术，故此役在敌若得上高，其扫荡计划，即可自诩完成，在我必须凭借上高为囊底，始克完成对敌歼灭战。因之上高之得失，敌我均为胜败之所关，所以定名上高会战，一就会战态势取形，一就会战胜败取意也。

敌我参加会战兵力

在赣北本集团军正面，右起鄱阳湖，左讫武宁，自 1939 年秋长沙会战后，敌即调来第三十三、第三十四两师团担任防守。当鄂西豫南战役时，该两师团均曾抽兵前往增援。此次敌为对我施行扫荡战，鉴于过去迭次所受之挫折，似已经有了相当慎重的准备。自 1941 年元月起，除陆续将第三十四、第三十三两师团他调之兵，全部调回外，另新增池田混成一旅团，并先放弃武宁，抽出第二一三联队，开向安义，彻底集中使用兵力，以图大逞。截至 3 月上旬，南昌、安义敌军共增至各种兵 6.5 万余人，飞机百余架（远藤空军少将指挥之第三飞行团），战车 40 余辆，并强拉民夫万余，使南昌市上，顿成慌乱。

我军参加会战兵力共九个师，我与敌较，敌军一师团，兵数 2.5 万余，我军一师约 1.2 万人，但实际每师平均 8000 余人，就兵的数量言，我须三个师才与敌一个师团相等。且敌军进攻时，各种配备部队颇多，加上其优势之装备，依据过去各战役经验，我欲攻击敌人，常须五至六个师对付敌人一个团，才算兵力相等。本会战敌军两师团一旅团，我为九个师（在会战中，曾由战区增加两个师，但仅一部到达参战，我会战胜利即已定局），是我以劣势兵力（若就兵的数量言，则略相等），对优势敌军，然我军终敢施大胆之四面包围战，并获得歼灭敌人之战果，此岂非我军愈战愈强之一铁证乎！

会战经过概要

敌总兵力，迄3月上旬，增至6.5万余众，已如前述。其出动兵力约为全兵力2/3，即为4.2万余，其余2万余则担任其原阵地及后方之守备。出动兵力，初分三路分犯上高：北路为第三十三师团，由樱井师团长指挥，兵力1.5万余；中路敌为第三十四师团大贺师团长指挥，兵力2万余，为各路中之主力；南路敌为第二十混成旅团，由池田旅团长指挥，兵力8000余；另由池田旅团派出一赣江支队，由坂本大队长指挥，以独立步兵第一〇二大队及独立工兵第二联队池田旅团工兵大队之各一部编成之，其任务已述如前。

北路与南路敌，先中路敌发动，其企图显然欲以两臂合抱之态势，先捕捉我军主力于高安、上高间地区而歼灭之。但我洞烛其奸，除令第一线部队遵照既定计划用磁铁战术诱敌外，并令分向两翼作离心的转进，迫敌南北两路部队，不能合犯上高，并不得不与我对战。于是我先摧折其两臂膀之计划，首先完成。在此期间，同时遵照领袖过去指示，由不重要正面，大胆抽兵，随战况之进展，渐次对敌形成反包围。敌以过去各战役之侥进，养成轻忽心理及骄妄行动，故虽陷孤军，仍图深入，终于予我以克奏歼灭之机会。兹将作战经过，概述如下。

磁铁战诱敌时期（自3月15日至3月19日）

北路敌于15日3时开始行动，其主力由干洲南下，借空军之掩护，午陷奉新。16日窜入官材山东坪，被我痛击后，陆续增援抵水口甘。17日与由石鼻街经儒里温村窜猪婆大邱，被我击退，转经米岭西犯之一部敌会合伍桥何。此后，我左翼诱击部队主力，即为离心的转进，将敌诱至下观童、花门楼、苦竹坳一带山地，经两昼夜之围击截击，歼敌2000余；另以一部由会埠方面经水口甘指向伍桥何，蹑敌尾击，残敌乃不得不分三路回师，其主力于19日突围经上富，一部循原路经伍桥何回窜奉新。

南路敌于15日午到达锦河与赣江合流之河口夏附近，在炮兵、飞机掩护下企图渡河，均被击退。入晚，复恃其优势炮兵与浅水汽艇之协攻，渡过锦河。16日窜抵曲江附近，与我派出之增援军一营，在仙姑岭、梅仙岭一带激战。17日分三股，其主力西窜坑里胡，一股窜独城，一股窜坞社里（即赣江支队），均与我派出之诱击部队发生接触，18日经坑里胡、独城西窜之敌，与我诱击部队在清（江）高（安）路沿线对战。19日该两股敌与我锦河南岸决战部队在来脊岭、猪头山发生激战。该南路池田敌，其战斗力较之大贺师团稍逊。而我锦河南岸部队，为力量极强之师（第七十四军第五十一师）。以后由赣江东岸抽调担任合围之部队，其战力极强（第二十六师），尔后渡锦河对敌退却路担任侧击，更使敌狼狈溃逃，几陷全灭。总之锦河南岸，我以战力坚强之部队，对付敌人战力较弱之部队，故每一接战，均如摧枯拉朽，动辄演成局部歼灭战，使敌各路为之胆寒。上高会战胜利，我锦河南岸部队，实居首功也。19日来脊岭、猪头山两战斗，各歼敌800余，该两战地，敌遗尸400余具。

南路敌派出赣江支队，18日分窜泉港街、张家渡、经楼圩等地。19日泉港敌以200余偷渡赣江东岸，企犯樟树镇。是晨，其先头窜抵新市街时，适我由赣江东岸抽调西进之部队赶到，乘敌半渡，予以迎头痛击，残敌不支，慌乱图逃，乘船大部覆没江心，寇尸漂流，使敌从此不敢再觊觎我赣江东岸。窜张家山残敌，为其支队主力，由坂本支队长率领，19日经蓝家桥、张家山，企图渡过陈家坊急窜清江县城。殊不知我由赣江东岸抽调担任合围部队之先头李团，18日午后，于樟树在本部直接电话指挥之下，已迅速渡过赣江。19日午，敌先头窜到张家山、崇祯观、蜀家垓附近时，我李团亦适时赶到，发挥极勇敢之攻击精神，予敌以歼灭打击。崇祯观一地，敌遗尸达4000余具，马30余匹，樟树、清江，确保无恙，民众有誉该师为神兵者。窜经楼圩之敌，其主力已被歼于崇祯观附近，乃闻风北窜，该赣江支队敌，自20日至23日，始蜷伏曲水河西北，未敢稍动。

中路敌继北南两路发动之翌日（即16日）开始行动，以高安为目标，先以战车20辆，冲到祥符观。17日在飞机数十架轮流轰炸下，除祥符观一股仍继续西犯外，另两股附战车10余辆，由赤土街分经常家巷、熊塘桥，南犯莲花山。经激战后，17日晚，我自动放弃高安，将该方面之部队，转向锦河南岸，衔接原在锦河南岸部队之右翼，对敌形成反合抱式之右手臂。18日敌经高安西窜至龙团（潭）圩，19日继续西窜至官桥、泗溪我决战阵地前，于是敌我两军，开始明（20）日以后之主力战矣。

包围战歼敌时期（自3月20日至3月24日）

北路残敌于19日回窜时，复遭我尾击截击，被歼大部，20日我克伍桥何、车坪，残敌向奉新溃退。至此，北路作战未六日，已先行溃退，我军遂得迅将兵力转用于对敌中路包围歼灭战。

南路敌于19日在来脊岭、猪头山一带，迭遭覆灭后，仍执迷不悟，20日再向猪头山猛犯，复被我军歼灭千余。至此，南路敌锋始挫，乃乘夜将主力窜由灰埠北渡锦河与其中路军会合，故敌企图围抱我军之两手臂，经19日与20日之战斗，完全被我摧断，而我军依两翼胜利之部队，因得自然对敌形成包围态势，此即所谓以反包围对付敌之包围也。

敌两臂已断，理应回窜。但敌酋大贺，以任务与颜面关系，不顾孤军，仍然深入。20日起，敌中路在飞机30余架轮番轰炸下，用锥形突击法，向我官桥、塘坎、泗溪阵地猛犯，当于塘坎附近，被敌突破一部，是晚，我左翼阵地略向后转移。

21日，敌继续以第二一七联队攻我白茅山，第三一六联队攻我云头山、源山庙、龟形山各阵地，第二一八联队攻我泗溪阵地，来势甚凶。但我军亦以极机动的新态势，迭予还击。敌我伤亡均极大。本部更以极坚决之决心，除令担任正面作战之军以攻击手段确保上高外，当令北翼包围部队以杨公圩、泗溪、官桥为目标，用突击方法兼程南下。南翼包围部队，以已渡赣江之先头师协力锦河南岸部队，先彻底解决锦河南岸残敌，并逐次向左移靠，缩小对敌包围圈。并令赣江东岸部队继续抽调数个团渡江兼程西进。

22日，全线大战。敌池田旅团残部渡过锦河后，于本日丑刻复由锦河北岸渡窜石头街、华阳一带，急图西犯。当时情势，十分险恶。卒因我南岸部队，运用最大机动力，其中抢救华阳之第五十一师胡景瑗团，以每小时15华里之速度，在敌机轰炸扫射下，先敌赶到华阳，一幕遭遇战，我得以先敌展开有利态势，予敌以迎头痛击。使敌欲切断我锦河两岸部队联系，以遂其包围上高之迷梦，顿成泡幻。同时上高方面，我为缩小正面，已转移上高核心堡垒区，敌在30余架飞机的轰炸下，集结最大兵力，向我下陂桥（今名“陂下”）阵地猛犯，演成上高核心区最激烈之争夺战。是日一日间，全线敌我伤亡均在4000以上。本部为加强各级指挥官决心，及增援第一线兵力，于午刻命令本部特务营开赴第一线，参加作战。

是夜（即23日子刻），卓英手拟当前胜利保障十则，颁行各部队，其条文如下：

1. 记住委座的训示：“我不怕敌，敌便怕我。”

2. 记着司令长官的训言：“苦斗必生，苦干必成。”

3. 记着本总司令的训告：“军人事业在战场，军人功罪也在战场。”

4．目下对敌包围形势，业已完成，包围圈也已缩小，今天就是我军全线对敌施行求心攻击开始的时候，也是我军对敌展开歼灭战的良机。

5．我忠勇将士，苦战八日，业已取得八分胜利，今天第九日，必须努力争取九分胜利，以保障明天的十分胜利。

6．依昨日战况判断，敌军攻势，业已顿挫，力量已经耗尽，若无后续援军，不仅不能攻我，而且必遭惨败。纵有增兵，亦不过一大队。而我合围已成，力量凝集，增援部队新编第十四师今日可加入战斗，新编第十五师明日即可赶到参加。预计战局多延一小时，我军多得援兵一营，多延一天，多得援兵一师，围歼力量，绝对优势。

7．过去八天苦战中，万余伤亡将士的血花，正期待吾人今明两日之努力，结成胜利之果，报答国家。第七十军奉新烈士墓，第七十四军高安烈士墓，巍然在望，吾人必须迅速歼灭巨敌，以伟大战果，报慰英灵。

8．吾人必须把握住抗战四年来仅有的对敌取得包围歼灭战的有利态势，将十天以后的作战精神及力量，提前到今明两天来，适时使用，充分发挥，俾在赣北战场，收一劳永逸之效，而开今年胜利年之先路。

9．各级指挥官，绝对不许有怕牺牲、保实力之观念，务须指挥中国之军队，歼灭中国的敌人，以表现中华民族革命军人之真精神。凡属最能牺牲最奏战绩之部队，我领袖必然予以优先之补充与厚赏，本总司令亦当负责报请补充，迅恢战力。

10．各级指挥官，务须确实掌握部队，向指定任务坚定迈进，并切实执行连坐法。

23 日，锦河南岸，我克石头街、灰埠及华阴以北地区，各伤残敌一部，据家屋顽抗之敌，我集中迫击炮，向敌轰击。北岸敌在飞机掩护下，仍尽死力迭向我石洪桥、下陂桥阵地猛攻，我阵地始终屹然未动。是日，我北翼包围部队第一〇七（宋）师已进占杨公圩，向泗溪前进中，第十九（唐）师进抵官桥附近。

24日，我北翼包围部队之第十九（唐）师，由官桥向敌大贺师团部所在地之毕家猛攻，第一〇七（宋）师由杨公圩指向泗溪敌左侧翼猛攻，已占领泗溪。此时由战区派来之新编第十四（陈）师，亦展开于水口圩，向东南压迫。同时，我事先由锦河南岸右翼抽出之一师，亦进出上高西北地区。此时锦河南岸，我有三个精锐师，正准备渡锦河北进中。总览全态势，敌本日完全在我南北约10华里，东西约30华里包围圈中矣。但是敌机更为活跃，被围之敌，迷梦不醒，以为其飞机威力足恃，仍向我上高核心阵地猛攻，企图最后一逞。我守军第七十四军第五十七、第五十八师，自获悉各路包围情形后，勇气百倍，向敌施行猛烈逆袭，迄午后3时许，敌势终呈动摇，我乃开始部署全线出击。

围歼敌突围军与增援军时期（自3月25日至3月30日）

敌因陷重围，尤以我北翼包围部队，以攻击箭头由其背后直指向毕家大贺师团司令部，威胁甚大，其“皇军”荣冠，无法再顾，于24日午后开始崩溃，已见前述。但敌以通信灵活，该大贺师团在被围时，曾声请其汉口军司令官复派第三十三师团，由奉新前来增援，于是（24日）夜到达伍桥何，25日经村前街以一部窜犯棠浦，主力则向官桥急进。大贺残敌，得此援救，于25日晨起，向我东北包围线行极猛烈之突围战。我北翼包围部队，在敌东西夹击之下，是晚稍向北转移，开一袋口，敌增援军与突围军乃得于官桥附近合流。敌既合流，欲图再逞，但以我正面出击部队之奋勇进击，于河塅附近大挫其锋，敌势乃敛。是时，敌因伤亡官兵及残械与骡马待运，乃盘踞官桥、南茶罗一带集团家屋，负隅顽抗。

26日，雨雾蒙蒙，敌机不能活动，我正面出击部队尾敌压迫，当进展泗溪、桥头、河塅、南坑、胥家垅之线，锦河南岸部队已渡河向龙团（潭）圩、杨公圩挺进中。

27日，我正面出击部队，继续向官桥进迫，右翼当进展敖古山、水南、毕家之线，敌被迫乃开始向泗溪河东岸溃退。但我北渡锦河部队，已进出龙团（潭）圩、杨公圩、虎形岭一线，对敌退路形成长蛇式之侧击阵线。而敌以被围情急，曾到处请援。由九江运牛行（今名“昌北”）下车，经高安来援之敌2000余人，是日亦到达龙团（潭）圩附近，与我进出龙团（潭）圩部队发生激战。其经泗溪河溃退残敌，则与我进出杨公圩、虎形山部队发生激战。敌为掩护退却，以困兽之斗，向我全线猛攻。而我以战胜之威，以极活泼之姿态，向敌进击。是日也，我夺获大炮两门，其他枪弹装具甚多。

28日，我正面出击部队克官桥，残敌被歼殆尽。我一部并由桥头渡过泗溪河东岸，右翼连系我南路侧击部队。此时，我北路南下部队，进占打鼓岭以及谅山脑之线。于是从右翼起，我南西北三面部队，复于龙团（潭）圩、杨公圩、官桥、亘村前街西南地区，对敌形成第三次包围。其东向虽开放小口，可是我南路侧击部队之右翼伸展于龙团（潭）圩，终使敌无能循大道退却。同时，我挺进部队，早已设伏于米岭、伍桥何一带地区。故此时之敌，确仍在我包围圈内。总之，进犯之敌，经我数度围歼，伤亡官兵人数，确在2万以上，骡马辎重损失，尤不可数计。

29日，被围残敌，犹作困兽之斗，前线战况，仍极激烈。本日我北路部队之左翼，已进展湖城圩，逼近村前街；南路部队之右翼，亦进展龙团（潭）圩东北地区。

30日，残敌向东溃退，于是我编成两个追击军，全线移于追击。

追击时期（自3月31日至4月9日）

31日子刻，我任伏击任务之挺进纵队克复高安。敌以归路被截，晨起，借15架飞机掩护下突围，向斜桥方面逃窜。我右追击军乃经高安向西山万寿宫、牛行方面追击；左追击军向奉新、安义方面追击，沿途扫荡。迄4月2日，我除恢复原态势外，并攻占西山万寿宫。8日、9日两日，克安义外围之长埠、宋埠、干洲、伏桶山、弯弓尖各要点。是后，因我参战部队另有任务，奉令停止攻击。

1. 由获敌文件查知，敌称此次作战为“鄱阳作战”，其企图实欲一举攻占上高后，横扫赣江两岸地区，但结果其作战第一目标之上高，亦无法夺取，则可证明其企图与计划完全被我粉碎无余矣。

2. 3月22日，敌第三飞行团长远藤少将致第三十四师团长大贺信：“大贺中将阁下：连日连夜之战斗，想极辛劳，气象台虽稍报天气恶化，但仍继续晴天，可谓天佑。上高占领，即在目前，请继续奋斗，以收赫赫战绩，不胜盼切。池田支队、坂本支队，已取得联络，弹药已投下，状况较为缓和，请安心！本团虽力量微薄，当尽死力协助于上高占领，倘因时间迁延，则敌将整顿态势，后方扰乱，亦将活泼，希望迅速占领后，即行回师。请示知上高总攻击时刻，本团当以全力协助之！请决定时刻，一举突入如何？”观此信，足见敌陆空两指挥官攻上高不下之焦灼与恐怖矣。

又函：“因为侦察负伤将校，对不起！我现回去，但当另派侦察机来协助……”观此信，即知其空军因我地上部队之射击，亦受到极大损失。

3. 3月，第三十三师团命令第一条：“奉军通报，第三十四师团正面之敌，在上高附近（棠浦南方）顽强抵抗中。”第二条：“师团拟突进于棠浦方面，击攘该方面之敌，协力于第三十四师团之战斗。”

3月26日，第三十三师团第二一四联队第二大队作战命令第二十二号第一条第二项：“滨田支队拟与河村部队联系，于明（27日）7时，由茶罗坂西南侧向包围大贺师团之敌侧背开始攻击。”

观上述，足见大贺师团被我围歼惨败之一斑。

4. 观前述赣江支队各报告，足知本会战我部队之行动迅速，攻击勇敢，与敌伤亡之一斑。

罗卓英

会战检讨

A．敌失败原因

1．战略上敌指挥运用错误。

本会战敌战略上用分进合击，即所谓外线作战，在包围攻击中本为最能收得大成果之方法。但本方法，如运用不得宜，则亦被敌各个击破。盖本方法须各纵队能适时进出利害转换线为最紧要条件。本会战敌初以上高为目标，采三路并进之分进合击，在战略部署上，固不失为一积极之案，但实行上敌之本身犯行动不一致之错误。我之对策，更出敌之预料，使敌各纵队终未能齐一地适时进出利害转换线，而遭各个击破的惨败。如其北路第三十三师团之被我诱击部队离心的转进所诱，而被迫放弃其原来会攻之任务；其中路部队滞迟一日进攻，使我得各个击破其南北两路后，而自然对其中路作向心前进，形成反包围的良好战例是也。

2．指挥上，敌缺乏前进指挥机关。

赣北方面，敌第三十三、第三十四两师团，均受其汉口方面之军司令官遥制，于赣北方面，则别无统一指挥之机关，故该两师团，行动上常无法协调。

3．行动上，敌犯“轻”“急”“忽”三字。

敌初对我军战力估计过低，故其计划，陷入轻敌之过。因之一切随行，均极轻装，至于上高东北地区被围时，不能不用大批飞机运送粮弹，甚至投送鞋袜。及上高一再进攻不克时，似觉有失皇军面子，因愤而急，乃不顾孤军，深入重围，致陷歼灭。至于由不重要方面，大胆抽兵，以使用于决战场，对敌施行反包围战，更是稀有之事，敌遂因此养成其骄妄心理，常集结优势兵力，任意击我一点，对其自己背后联络线及阵线侧背，往往疏忽无警戒。本会战，我北翼包围部队，进抵杨公圩、泗溪、官桥一带时，敌即均无守兵，及我唐师由官桥直指向其毕家师团司令部进攻时，大贺始觉察，急谋对策，但此时包围圈已缩小到南北直径五公里。在我四面围击猛攻之下，敌虽顽强，亦终无法挽救其被围歼的厄运矣！

4．天候与交通影响。

会战期间，适值雨季，道路泥滑。据俘虏供称：一遇雨雾，飞机不能出动，敌官兵即呈恐怖心理，惧怕我之进攻，且有哭泣者。可见寇军一离物质，即无灵魂。又观其赣江支队之行动报告，及其飞机之投送鞋袜情形，则可想见其泥足之一斑。

B．我胜利原因

1．战争指导方针明确，准备尽力。

本部基于层峰指示，事前策定作战计划，将诱击兵团与决战兵团，划分清楚，任务分明。抵抗线亦慎重选定三线，并明确决定以第三阵地线为决战阵地。结果，敌之扫荡顶点，适为我算预定之决战线。

2．战场指挥，争取主动，主宰战场。

我诱击兵团，为离心的转进，使敌只有分进，无法合击；我决战兵团系以逸待劳之精锐部队；且我于判明敌之企图及行动时，大胆由非决战正面，尽量抽兵，变被包围为反包围等，此皆争取主动，主宰战场之明证也。

3．发挥内线作战原则，各个击破敌人。

敌分三路，以抱合态势向我进攻，我既处内线，乃运用内线作战原则，令北翼部队，作离心转进，迫敌进入苦竹坳附近山地内，予以局部围歼，而先断其右臂。次令锦河南岸部队伸出，迎击敌人，该方面之敌——池田旅团，战力较之大贺师团稍逊，而我则为精锐部队第七十四军第五十一师，以上驷对下驷，故猪头山一役，敌即丧胆。红石岭再战，敌全部挫败矣。尔后依我合围部队之紧迫，更摧折其左臂，敌之两臂，先后被我各个摧断，剩下者仅寡头而已，故其中路军及空军，虽费尽死力，亦终无法钻入上高。

4．大胆由非决战正面尽量抽兵，变内线为外线，即变被包围为反包围。

包围为解决敌人之最好方法，故欲解决敌人，必须设法导致态势，形成包围，在大军作战，此包围即所谓外线也。坦能堡会战，兴登堡第八军，在全般态势上为内线，但在坦能堡则为外线。本上高会战，在初期态势，我处内线，但依战况之进展，尤依非决战正面兵力之抽用，迄上高东北地区围歼战时，我已完全导态势为外线，此种大胆由非决战正面抽兵，即所谓兵力经济使用原则，亦即所谓适时适地集中使用兵力于要点之原则，此原则经统帅时时指示吾人以行之之法也。

5．正面部队抵抗坚强，使包围轴稳固，俾担任包围部队，得有余裕时间，渐次对敌紧缩包围圈。兴登堡于坦能堡歼灭战之奏功，固有赖于担任包围之第一军团动作迅速果敢，然若无第二十军团于季耳根堡方面作坚强抵抗，则全局终非矣。本会战任正面守备部队（第七十四军第五十七、第五十八师）之屹然不动，确保上高，诚有坚固囊底，不容敌人脱颖之殊功。又上高核心阵地为扇形，且背负锦河，为一种背水战，将士用命，尤为难能。

6．机动部队运动迅速，能发挥极大机动力。

甲、抚河东岸，以两日半时间，渡两次河，行约 200 华里途程，至赣江西岸参战，得保樟树、清江无恙。

乙、李天霞师及余程万师控制部队，在华阳及下陂桥争夺战时，均以一小时十四五里之行军速度，在敌机轰炸下，向任务迈进。结果均能争得时间上之先制，与空间上之有利态势，不但转危为安，且能歼敌取胜。

7．各级决心坚确，上下信赖诚笃，达成“以战斗保障战术的胜利，以战术保障战略的成功”。

本会战中，各部队均能彻底奉行命令，达成任务要求，危急时能咬紧牙关苦撑，不诉苦，不告急。如上高核心，我正面部队在背水状况下，对于陆空协同，明冲暗袭，志在必得上高之顽敌，苦战五日，迭予反击。其间，各级指挥所位置，均能遵照本部命令，未稍后移，华阳、下陂桥两处争夺，尤均能自动抢救，此皆战术保障战略成功的好战例。又各部队战斗力均充分发挥，伙夫以扁担与敌肉搏，士兵两三人共一把刺刀与敌格斗，此种事迹，在官兵谈话中，到处可以见闻。战后，卓英赴各医院慰劳伤兵，见官兵负刀伤者颇多，其中并有负刀伤至六七处者，尤可想见当时格斗之情景，精神胜物质，此战斗保障战术的胜利之确据也。

8. 民众用命，彻底破坏交通，使敌解除优势装备，达成“以破坏战保障歼灭战的成功”。

民众均能努力执行任务，尤以交通破坏，特见彻底。不但使敌机械化部队不能运动，即驮马行走，亦感困难，致其追送补给，仅赖人力，当战斗达到顶点，被围困后，不得不以飞机运投粮弹鞋袜矣。

9. 我派出敌后之挺进队与潜伏敌后之地方团队，均能积极行动，使敌无法抽守原阵地之兵，再赴前线增援。例如我第二挺进纵队，挺进奉新、高安，截敌归路及辎重，并发动民众破坏张安公路桥梁；安义自卫队冲入万家埠，焚毁敌兵舍仓库等，使敌一夕数惊，蜷伏不敢稍动。

10. 通信灵活，在情况紧急时，本部得直接指挥下级部队行动。例如樟树、清江电话局，在情况极紧张时期，均能从容执行任务，使抽调担任合围之赣江东岸部队之先头团，能在本部直接指挥下，迅速渡河，获得机先。又当敌侵入上高东北地区决战最激烈时，我北翼包围之各师，能在本部掌握下，听受指挥。战区增援部队之先头团，亦受本部直接电话，适时参加合围。锦河下游两岸部队，迅速向高安龙团（潭）圩、杨公圩等地挺进，造成第三次对敌之包围夹击，皆通信不断之效也。

11．后方勤务良好。

兵站设施，年来已渐臻健全，兵站人员及地方民众，亦极努力。故本会战于敌进犯时，对于伸出之兵站末地弹药，得全部抢救后运，无一损失，而会战进行中及追击时，补给复极圆滑，使部队得专心作战，此于会战胜利，亦有功也。

C．本会战心得

1．以劣势兵力，对优势敌军，实行大胆包围战，结果，以歼灭战答复敌之扫荡战，打破过去以同等或劣势兵力对优势敌军不能行包围攻击心理。

2．证明我军越战越强，敌人越战越弱，足以坚定各级必胜信念。

3．确保上高，以“守必固”打击敌之“攻必克”，打破过去守不能固之心理。

4．发挥内线作战原则，各个击破敌人，证明在战略上我已长足进步。

5．第一、二线用逐次抵抗，施行诱击消耗敌法，诱敌至第三线，始与敌决战，此即由我主宰战场。

6．大胆抽兵，大胆转用兵力，得将作战态势，及内线为外线，即以反包围对付敌之包围，是即我能争取主动。

7．证明我军不但有抵御倭寇的力量，同时，渐有进攻的力量。故我军参谋总长曾言：“我过去抗战宗旨，为敌人一日不退出中国领土，我一日抗战不止；而今后则敌人一日不退出中国，我必须进而消灭它。”

8．震醒敌后伪组织，将其心理改变过来。赣北方面，当我军战胜消息传出后，南昌、安义等处伪组织，有向我投诚之事实，及向我接洽作内应之倾向，由此可见一斑。

D．我今后应有之改进

1．本会战中，当我危急关头，大部分部队均能充分发挥其战斗力，证明“战斗是以保障战术，战术是以保障战略”。但其中尚有少数部队战斗力稍次，致未能尽歼敌人，终使其一部漏网。故国军应特别注意养成齐一的战力，否则，虽计划周密，态势良好，亦难奏全功。

2. 破坏交通，使敌解除其优势装备，故我能以同样之武器与敌作战，此即“破坏战保障歼灭战”。嗣后更望军民一致，再加紧破坏交通工作，使敌驮马亦无法运动，则其山炮亦无法随行也。

3. 本年元旦，本人曾训告各将士，应注意遵守两种纪律，一为打仗纪律，一为爱民纪律。本会战对于打仗纪律，已充分做到，但对于爱民纪律，则尚有少数官兵，未能自动做到，应注意纠正。纠正的办法，在军队本身上。各级部队长，自须负责，但革命军队，为民众的武力，故地方政府与民众，对于军队军纪，亦有纠正之责任，并须不客气随时据实上报，军队能在此几重监督之下，相信必能完成两种纪律使命矣。

卫立煌

大敌当前，宜以整体计划为重。

- 1897 年 2 月 16 日生，又名辉珊，字俊如，安徽合肥人。
- 1937 年，任第十四集团军总司令兼第一战区前敌总指挥。
- 1938 年 2 月，任第二战区司令长官兼前敌总指挥。
- 1939 年，1 月调任第一战区司令长官，5 月晋升为陆军二级上将，9 月兼任河南省政府主席。
- 1943 年 11 月，任中国远征军司令。
- 1944 年，指挥所部击败滇西和中缅边境的日军，收复滇西。
- 1945 年 1 月，所部与中国驻印军在缅甸孟尤会师，打通滇缅公路。同年 4 月，任同盟国中国战区中国陆军副总司令。
- 1960 年 1 月 17 日，病逝于北京。

卫立煌率师反攻滇西

王理寰

卫立煌接任司令长官后的措施

1942年5月，中国远征军由于统帅部的失策及其他原因，在缅甸境内遭到惨败，退守怒江东岸，形成敌我对峙状态。滇缅公路的交通从此中断，中国西南半壁河山处于敌人的严重威胁下。当时虽有中英共同防御滇缅公路协定和中英军事同盟，却于危机无补。蒋介石乃转向美国与史迪威进行协商，计划反攻滇西，打通中印公路。

1943年4月成立远征军司令长官部于楚雄，初以陈诚为司令长官。陈诚到任不久，对蒋嫡系军官的指挥颇感掣肘（当时的“黄马褂”“陆帽子”，指黄埔军校毕业和蒋政府成立后的陆大毕业者，都是蒋的亲信，颇难指挥），遇事头痛，遂辞去职务回重庆养病。蒋介石再次召卫立煌赴渝（卫原任第一战区司令长官，因其执行统一战线团结抗日甚力，不合蒋的初衷，被调西安行营主任。1942年春，蒋派专机接卫由西安赴渝，要他就任远征军司令长官职务。卫因在洛阳时赴前线视察，马惊坠落，震伤脑部，不能就任，在成都疗养一年始愈），坚持要他继任陈诚职务。

卫立煌到云南宣誓就任远征军司令长官后，鉴于陈诚对“黄”“陆”

两派人物还不好统带，长官部如不接近前方，对实际情况不能亲睹，将更难于指挥。此外，他并不同意蒋暗示杜聿明等监视龙云行动的办法。他常常说，中国抗日如不能把全国全民团结起来，是不能胜利的。因此，卫立煌到昆明，首先与龙云接洽，建立团结的关系，解除龙云的疑团，取得他多方谅解，应允对卫支援接济。卫到保山后，召集各将领，晓以救国大义，捐弃私见，联系地方群众，不分种族。当地彝族共有土司十几个，其中芳土司、龚土司、阚土司、刀土司等，在地方上统治势力很大，握有地方上人力、物力和经济力量，对粮食供应潜力尤大（土司等自收粮租），对搜集敌人情报也极得力。所以卫立煌到任后，首先将长官部由楚雄推进到保山，并在诸葛营设立前方指挥部。这一切战略战术的部署，奠定了滇西反攻胜利的基础。远征军统辖四个集团军，共12个军，36个师，约40万人，卫立煌都一视同仁。蒋的嫡系霍揆彰、宋希濂、何绍周等人，虽未把卫立煌放在眼里，但卫的为人宽宏大度，不拘小节，坚决以抗日恢复失地为己任，终于克服了一切困难，达到胜利的目的。

远征军的教育是以军委会驻滇干训团和兰姆伽训练学校的教育为基础。该两校教官多数是美国人，训练美国新式武器的使用。各部队选初级干部到驻滇干训团受训，毕业后，各回原部队担任教育骨干。卫进一步令各部队军部成立干训团，师部成立军士训练班，毕业后为师团营连的教育骨干。所以远征军各部队的教育是一元化的。卫立煌特别重视军事教育，时常亲自到各部队视察教育的进度，并加以指导，所有12个军都亲自视察过。有一次到嫡五十三军（军长周福成，第一一六师师长赵镇藩，第一三〇师师长张玉挺）视察，历时约五天整。现将视察经过追述如下：

卫立煌在第二十集团军总司令霍揆彰陪同下（因第五十三军此时归第二十集团军指挥），先视察军部干训团。干训团教育长是我（当时任第一三〇师副师长兼任教育长），训练每期两个月毕业，共分八周：一、二两周进行典范令的教育，三、四两周兵器训练，五、六两周射击训练，七、八两周战斗训练。典范令教育分为预备、讲解、复习、整理、应用等五段教授。兵器训练（以美国新式武器为标准）：（一）武器各部名称的认识和功用；（二）拆卸结合的方法；（三）故障排除的道理；（四）瞄准的练习；（五）实弹装填的练习，射击训练。（1）环靶；（2）人头靶；（3）散兵靶；（4）冲锋枪散兵靶；（5）各种重武器的射击靶。战斗教育：班、排、连、营、团的实地战斗训练。

卫立煌视察之后，甚为满意，最后集合两师在弥渡阅兵。当检查武器时，见步兵连每连六〇炮仅四门，按编制应为六门，尚少两门。卫马上问："为什么不都拿出来？"周福成答："第二十集团军扣留未发。"霍揆彰在旁面红耳赤地说："是准备补发的。如一次发完，坏了就没得补发。"卫问："第五十四军、第二军为什么都发了呢？"霍当时无话可答。卫立即以很严肃口气说："大敌当前，宜以整体计划为重，不应再存歧视心理。少发两门六〇炮，减少火力，这是自己配苦药给自己吃。都是国军，有什么东北西南之分呢？"霍答："明天即发。六〇炮在库里存着呢！"卫即集合全体军官讲话，其要旨谓：大家在这个时候应加紧训练，中国是中国人的中国，杀敌复土，人人有责；军队是国家的军队，不得视为谁的私有物。请大家放心，今后第五十三军不论是谁，都应平等看待，对补充上一律按司令部的规定，不听命令，必受处罚。卫立煌走后，霍揆彰马上把六〇炮补发。从此以后霍揆章对第五十三军，表面虽好，暗中更为歧视。尤其是他的参谋处长刘召东（"陆帽子"），在各方面都给第五十三军以掣肘。

初期和中期的反攻情况

开始攻击后，各集团军的攻击行动如次：

第十一集团军派遣新编第三十九师的一个加强团，于1944年5月11日，在惠通桥上游附近渡江成功，12日攻占红木树。又第七十六师、第八十八师组成的两个加强团，于5月12日，在三江口、攀枝花渡江，会攻平戛敌人。13日残敌突围，窜逃芒市，两个加强团遂占领平戛。

第二十集团军的右翼是第五十四军。第一九八师于5月12日由栗柴坝渡江，以一团的兵力迂回，攻占桥头、马面关等地。第一九八师主力围攻北斋公房敌人的第一四八联队，敌人凭险死守不退。第五十四军左翼的第三十六师由双虹桥附近渡江成功，将敌人击退，占领唐习山。13日，敌人激烈反攻，双方伤亡甚重，我方复丢掉唐习山，退到江岸。此时第二十集团军，命第五十三军令部渡江增援。5月14日，第一一六师又收复唐习山阵地，第一三〇师攻占大塘子。5月18日，第五十三军分两路向高黎贡山追击敌人。经过巴地和蛮黑河天两处的激烈战斗，将敌击退，开始向高黎贡山山顶敌人主阵地攻击（此时第一三〇师师长张玉挺因指挥失当，军长周福成商请长官部撤张玉挺职，长官部允调张玉挺为长官部高参，遗缺以副师长王理寰接充）。第一一六师、第一三〇师齐头并进，攻到高黎贡山山顶时，官兵随身携带的给养均已吃光。时逢雨季，山顶云雾满天，飞机不能投掷粮秣，官兵一律挖野菜和竹根充饥。森林茂密，松柏参天，山上山下温度悬殊，山下怒江两岸温度为25℃以上，高黎贡山顶上仅摄氏七八度，入夜更低。山上气候，变化无常，时有阵雨，雷电交加。此时官兵都是一律穿单衣向山上进攻的，边攻击边开辟道路；虽有美式胶皮雨衣亦无济于事，而且雨衣湿后，冷似冰霜。地滑坡陡，山路崎岖，悬崖绝壁，只有屈曲攀登。如山石滚下，即有砸伤人马之虞。300里内无人烟，得不到群众的一点帮助，这是滇西反攻最为艰苦的。到6月10日始攻占瓦甸、江苴街以东之线。6月20日攻占江苴街，随即尾追逃敌，于6月底，第五十三军全军进抵腾冲城以南地区，切断腾冲城内敌人归路，并准备会攻腾冲城。

各部队渡江后围攻敌人据点奏效后，重庆军委会鉴于我驻印军先头部队，已开始攻击密支那，判断日军无力再调大量军队增援滇西。为迅速打通中印公路计，令远征军相机进攻腾冲与龙陵，以主力渡江扩大战果。远征军长官部遂在中期变更部署，以第二十集团军为右集团军攻占腾冲，第十一集团军为左集团军（欠预备第二师）攻击龙陵、芒市，并限第十一集团军各部队，于5月底以前，完成攻击准备。两个集团军的战斗经过如下：

右集团军于6月初，以预备第二师渡江接替第一九八师桥头、马面关防务。俟第一九八师以全力攻克北斋公房后，第三十六师即经北斋公房前进。当准备进攻瓦甸时，6月9日被敌军反攻，突破我军桥头、马面关阵地，与困守北斋公房的残敌取得联络。第一九八师败退后，第三十六师以一部监视瓦甸之敌，以主力增援第一九八师。预备第二师、第三十六师于6月14日协力再攻克北斋公房。16日又攻克桥头、马面关。我方乘势前进，相继攻占固东街，于6月底到达腾冲西北郊。第二十六师于6月20日攻占瓦甸后，亦到达腾冲东南，与第五十三军取得联防后，也开始准备攻击腾冲城。腾冲城为古时腾越，城墙历代均以青石板筑城，特别坚固，形势险要。城西南二三里许为来凤山，山势险要，为腾冲城的制高点，控制全城；城南三四里许有东董和西董两大重要村落。腾冲为云南西南重镇，因此敌人以重兵死守。

左集团军右翼部队为第七十一军（附以新编第二十九师）于6月1日，由惠通桥、三江口地区渡江，到6月4日，新编第二十八师始攻克腊猛街，进围松山敌人。松山系敌军第五十六师团第一一三联队所守的坚固据点，所有重机枪掩体和掩蔽部都能抵抗重炮弹，是左集团最难攻的一个据点。第八十七师渡江后，其一部于6月9日攻克镇安街，以其主力及第八十八师于6月10日攻占龙陵。敌军由芒市增援反扑，第七十一军不支，于6月16日退据龙陵东北郊，与敌对峙。我军恐敌北进迂回，以新编第三十九师由龙江桥南下掩护右侧。7月初旬，第八军（军长何绍周系何应钦的侄儿，作为继承子）的荣誉第一师、第八十二师、第一〇三师由昆明向滇西移动，归远征军长官部指挥，为长官部的总预备队。荣誉第一师主力开抵龙陵附近，于8月中旬，对龙陵作第二次反攻，但未成攻。左集团的左翼部队第二军，于6月上旬渡江，以第七十六师的一个团攻占平戛后，掩护我军左侧，其余向象达、芒市前进。第九师于6月24日攻克象达，续向芒市前进。第七十六师主力于8月上旬攻克放马桥，截断敌人龙芒间的公路交通。

反攻后期的胜利

远征军反攻的后期，攻克腾冲、龙陵、松山主要城镇。

腾冲是以第二十集团军所指挥的第五十三军和第五十四军全力攻克的。7月初旬，先以预备第二师、第一一六师进攻城垣。敌人以城西南来凤山周围坚固阵地为掩护。第一一六师首先攻下来凤山，敌人退守城内。第一一六师尾敌后登城，由西南角攻入城内。预备第二师由西北角登城亦进入城内。敌利用街道墙垣及群众房屋，顽强抵抗，进行巷战，我伤亡很重，于是以第一三〇师增加第一一六师的攻击正面，以第三十六师、第一九八师增加预备第二师攻击正面。第五十三军和第五十四军两军战线，由腾冲城东门至西门，连成一线，线上属第五十三军。但城内北部多系果园和空地，地势平坦，属于第五十四军。城内东南部完全是大街小巷，房屋毗连，尤以城隍庙、孔庙、关岳庙，房屋高大，墙垣坚厚，炸弹和炮弹均难摧毁。这些敌人坚固据点均划归第五十三军战斗地区内，每攻取一墙或一个院落，非先用炸药爆破，将墙垣房屋炸倒，不能前进。敌人最后据守东门里路南一个大院，拒不投降，战斗至为激烈，由开始攻击到8月上旬，我军伤亡颇重。到8月下旬，日机时来投送弹药和给养。23日午后，敌战斗机九架，保护运输机三架到腾冲上空投掷弹药，被我军预先查知。我方飞机按预定计划，起飞战斗机15架，包围敌机，在空中鏖战，击落敌机一架，其余敌机且战且逃，我机追到缅甸边境芒市大河左近，将大部敌机击落，我机亦有损伤。这是在围攻腾冲一役中，最大的一次空战。直到9月14日，才将腾冲敌人尽数歼灭，腾冲城宣告收复。腾冲城的收复，一尺墙、一间房、一个院落都是官兵的汗和生命换来的。

腾冲城攻下以后，霍揆彰忌恨第五十三军的功绩，捏造情报，准备解散第五十三军，竟直接报告蒋介石。大意如下："查第五十三军军长周福成、第一一六师师长赵镇藩、副师长刘润川、第一三〇师师长王理寰，均系东北军张学良的余孽，腾冲作战不力，应予撤职查办，组织军法会审。所遗各部队分拨各军补充空额，以充实力。"蒋介石接此电后，转令"远征军司令长官卫立煌遵照办理具报"。卫接到此令，即以电话向霍揆彰质问："收复腾冲城，打的是胜仗，第五十三军的战斗要报，每天前进若干米，歼灭敌人若干名，缴获敌战利品若干件，都是你第二十集团军总部报告长官部的。现在你呈报第五十三军作战不力，如果属实的话，那是你战斗要报报错了，你应受军法处理。"霍揆彰无言以对。卫立煌又以长途电话向蒋介石说明此事，蒋说："无其事，就算了吧！你不要告诉第五十三军。"霍揆彰因此无颜再留，就悄然溜到昆明养病去了。卫立煌一面将第五十三军调归第十一集团军指挥，一面整理第五十四军，并向蒋介石呈请，说明抗战团结大义，现在滇西反攻尚未完全成功，霍揆彰这种做法，是破坏团结，有利于敌；同时第五十三军副军长遗缺，保荐第一一六师师长赵镇藩升任，遗师长缺以该师副师长刘润川升任。此后第五十三军官兵更为团结，人人效命，勇于战斗，对卫立煌印象更为深刻。

松山的围攻：松山在怒江西岸，位置于惠通桥附近，6月4日，新编第二十八师攻克腊猛街后，进围松山敌人第五十六师团的第一一三联队。敌凭据坚固阵地，顽强抵抗，我始终未能攻下。7月，将松山攻击任务移交第八军。经过战斗后，虽将敌后方归路切断，但敌仍据险固守不退。到8月底，第八军攻击尚无进展，伤亡甚大。卫立煌亲到松山前线视察，对第八军军长何绍周进行反复指示，并说："敌人已是山穷水尽，精疲力竭，可选用适当战术，出奇兵攻之，松山很快就能攻下。"卫回指挥部后，给何绍周一个详细攻击命令，限该军于两周内攻下松山，以绝后顾之忧，以利于整体向缅甸边境前进。何绍周当时在电话里表示，攻击不下来。并说："长官先把我枪毙，另找旁人来松山吧！"卫在电话里笑说："不用急躁，不服从命令，当然枪毙。"后经萧毅肃参谋长多方晓以大义，并告诉他，在阵地前，依恃家庭势力是要吃亏的，卫长官是敢作敢为的。何绍周这才不得不按命令实行。结果不到十天，果然把松山攻下，敌人全部被歼灭。松山战役也是滇西出色的一个歼灭战。

龙陵的攻击：龙陵县位于腾冲至缅甸的要道上，是敌人堵击中国军队南进的一个要点。在这方面负责的是第十一集团军总司令宋希濂。8月底，他估计龙陵敌人兵力不大，令新编第三十九师攻占龙陵城。次日夜间，敌人由芒市增援，包围龙陵城，新编第三十九师几乎全部被敌歼灭，一部退回原阵地。敌人乘胜追击，大有动摇原阵地之势。该师师长洪行，单人突围，乘吉普车向昆明开去，在途中桥上翻车轧死。宋希濂要求长官部派兵增援，卫立煌遂命第二〇〇师火速增援，方才保全了原阵地。宋希濂要求入陆大将官班学习，遗十一集团军总司令职，以第六军军长黄杰升任。9月上旬以荣誉第一师、新编第三十九师一部、第五军的第二〇〇师，先行切断龙陵、芒市间的敌人联络线。11月3日，攻克龙陵城。黄杰到任后，很顺从长官的命令，在龙陵附近重新整理各部队，加强团结，准备打通中印公路以便与驻印军会师。

中缅边境会师和卫立煌出国

日军经过腾冲、松山、龙陵惨败后，第五十六师团、第三十三师团、第十八师团、第二师团因伤亡惨重，国内又无力增援，企图从缅甸东北部，退归越南固守。这个情报为我国远征军长官部所侦知，遂命第十一集团军总司令黄杰率第五十三军、第七十一军的主力、第二军的一部以及第二〇〇师主力展开总攻击。于11月12日和12月1日，先后攻克芒市、遮放。继以左翼第七十一军、第二军的一部和第二〇〇师向畹町攻击；右翼第五十三军第一一六师向芒友攻击，第一三〇师经过大小陇川向猛卯攻击。于1945年1月20日左右，各部队先后攻占畹町、芒友、猛卯（以上各地点均在芒市大河北岸）。21日，第一一六师渡河攻占木遮；第一三〇师渡河攻占道坎，将敌人在中印公路上的归路截断，又沿中印公路向西扩大战果。1月22日，与驻印军的新编第一军的先头部队取得联络。至此中印公路上所有日军被扫荡尽净，中印公路完全打通。

1月27日，远征军大会师于畹町、芒友、木遮之间，当时参加的部队，有第二军、第五十三军、第七十一军、第二〇〇师、驻印军的新编第一军、新编第六军；各集团军总司令、军长、师长以及美英法联络军官、将领。卫立煌由保山乘飞机到木遮机场降落，亲莅会场阅兵。阅兵后向官兵训话，宣告滇西反攻胜利。

总结这段九个多月的战果，日军第十八师团、第五十六师团，全部被我军歼灭；第二师团、第三十三师团也损失大半，残余逃往越南边境。

中国远征军方面，伤亡人数亦达 4 万多人。

远征军胜利后，举国欢腾。蒋介石嫉贤妒能，开始撤销远征军，调卫立煌为中国陆军副总司令（空衔）。同时另行成立四个方面军，将远征军所属蒋介石的嫡系各部队，大部分调拨几个方面军指挥；一部分归第一方面军总司令卢汉带领入越南，留第五十二军在云南归杜聿明指挥。第五十三军军部和第一一六师驻昆明附近的禄丰，第一三〇师驻昆明附近的安宁县。卫立煌接到命令后，移住昆明城内翠湖东路二号，于短期内，将远征军的一切军务结束，交代清楚。卫立煌不久出国，考察军事和政治，出国前，他告诉我说："为将之道，必须待人以诚，甘苦与共，上下一心，军队才能克敌制胜。像现在国民党这样腐败，灭亡在即。延安的作风，必能统一中国。"

杜聿明

有道是操场就是战场，平时多流汗，战时少流血。

- 1904年11月28日生，字光亭，陕西米脂人。
- 1933年2月，代理第二十五师师长职务，指挥该师官兵，同日寇浴血奋战。
- 1938年12月，第二〇〇师扩编成新编第十一军，从湖南湘潭移驻广西全州，杜聿明为副军长。
- 1939年11月，率部参加桂南会战，指挥昆仑关对日作战，重创日军，取得昆仑关大捷。
- 1942年3月，被任命为中国远征军第一路副司令长官，率第五军入缅抗战。
- 1981年5月7日，病逝于北京。

古北口抗战纪实

杜聿明　郑洞国　覃异之

第十七军的北上

1933年1月，日军侵占山海关、九门口以后，2月分兵三路进攻热河。南京政府的不抵抗政策，遭到全国人民反对，南京工人通电抗日，平津等地工人、学生电请对日宣战。蒋介石在全国舆论的压迫下，不得不调一部分中央军北上抗日。驻在徐州、蚌埠一带的第二十五师（属第十七军建制）奉命于2月16日开始输送，限3月5日以前在通县集中完毕。驻潼关、洛阳一带之第二师奉命于2月28日集中洛阳开始输送，限3月8日以前到达通县待命。在湖北花园、孝感一带的第八十三师，于2月下旬集中汉口，3月上旬开洛阳（据说是为了对日军保密，故在洛阳绕道），3月20日前后到达北平附近，3月25日集中密云。独立炮兵第四团、炮兵第七团、骑兵第一旅、重迫击炮第一营及其他直属部队等，均在3月下旬至4月上旬间，先后开到密云。以上各部队均归第十七军军长徐庭瑶指挥。（战争末期第八十八师的一个旅曾开至北平待命。）

当时北上抗日部队在全国人民要求抗战呼声的鼓舞下，敌忾同仇的情绪很高，人人摩拳擦掌，准备效命疆场。就是一向热心“剿共”的徐庭瑶，本来奉命到江西上饶担任赣东北“清剿”指挥的任务（该军第四师正在上饶一带“剿共”），也请求北上抗日，可见要求抗日已成全国人心之所向。蒋介石迫于形势，提出一面抵抗一面交涉的方针；他既无抗日决心，更谈不上抗日的准备工作。正因为这样，部队平日训练都以“剿共”为目的，对抗日所需要的对空和对战车以及近代的筑城作业等训练，根本不加注重。甚至第二十五师2月25日由徐州出发，3月份的伙食费还没有领到；该师临时在地方上借了10万元，部队才能开动。当时北平，尤其古北口一带，仍然是冰天雪地，而第二十五师到达时，尚是赤足草鞋；至于大衣等防寒服装，则更谈不到了。当时北平各界所组织的抗日后援会，尤其是朱庆澜先生等所领导的后援会，竭尽全力为第二十五师捐送皮大衣等防寒装备，该师官兵对人民支援抗战的热忱非常感动。更荒唐的是第二师的轻机关枪还在仓库里，未发到士兵的手里。各部队的工作器具很缺乏，尤其在长城一带的山地，多半是岩石坚土，工具消耗又大。幸赖朱庆澜、车向忱等所领导的抗日后援会及时捐赠，全军官兵受到极大鼓舞。后勤部队卡车很少，勉强可供运输弹药之用，粮秣运输全靠骡驮和牛车，一日行程不及80里。为了防空，行动都在下午5时以后，至翌日6时前，必须在树林中隐匿，由石匣往返北平一次，需六七日，给养时有中断之虞。

二十五师接防古北口前后

第二十五师接到动员北上命令后，师长关麟征先遣第七十三旅旅长杜聿明乘快车赴北平，向军事委员会北平分会（以下简称军分会）代委员长张学良请示机宜，并了解日军进犯的情况。

杜聿明大概是3月1日到北平，住前门外李铁拐斜街中国饭店。在上午10时前后，打电话给军分会，要求见张学良，军分会交际处说张今天不会客。再打电话到顺承王府，张的左右说："少帅今天开会，恐怕今天不会客。"直到第二天（2日）才得到通知，约杜午后4时在顺承王府会见。

张学良见杜时，对第二十五师的编制、装备、训练及日常事务生活等情况，问得非常详尽；但对于日军侵占热河、东北军抗战的情况，以及我军抗战计划、战略战术与经验教训等则毫无指示。杜聿明为急于了解这些情况，就问张："热河的情况如何？"张答当天尚未得到电报，但说日军并不多。杜又问我军现在何处作战，张说在承德附近。再问对第二十五师计划如何使用，张说先到通县休息休息再说。最后杜问对日作战应注意些什么，张说日军飞机很厉害，要注意防空，详细情形将来同王以哲军长研究研究。张又对杜说："东北军打得很好，日军吃了很大的亏，中央军来更有办法。"但什么办法，张并未对杜说出，杜见此情况，即行辞去。杜在北平好几天，未得到热河敌我双方的真实情况。据说就是张学良本人也不十分了解。

3月5日，第二十五师在通县集中完毕，这时第十七军军部尚在蚌埠，该师归军分会直接指挥。6日奉张学良战字第五〇一五号命令，着该师即进驻密云待命。7日该师正向密云前进间（密云距通县120华里），中途接张学良急电，大意是敌已侵入平泉、承德，其先头似达滦平；第一〇七师在青石梁、曹路口、巴克什营构筑工事；第一一二师在古北口加紧构筑坚固阵地，阻止敌人等语。8日午后6时该师全部到达密云县城，晚间各部队正在就寝中，于午后10时奉到张学良齐戌电："据报敌人今晨向我古北口外阵地开始攻击，刻正对战中。着第二十五师迅速向古北口前进，与在古北口之王以哲军长极力联系。"该师奉令后，即于夜11时出发，于9日午前8时到达石匣镇。为避免日军飞机轰炸，休息至午后8时，继续向古北门前进。此时部队暂归第七十五旅旅长张耀明指挥。师长关麟征和第七十三旅旅长杜聿明乘汽车先到古北口与王以哲联络，了解情况，以便决定作战部署。

关、杜二人的汽车从石匣镇北开数里，即见东北军车马人员向南退，步骑炮兵及行李辎重毫无行军序列，道路为之阻塞。车行如牛，深夜12时前后始到古北口。当时第一〇七师正由热河撤退下来，古北口街道人喊马嘶，杂乱异常。这时王以哲和一一二师师长张廷枢正在王的司令部，大声争吵。张说："你的队伍能走，我的队伍就不能走，是什么道理？"王说："没有命令你就不能走。"张说："听谁的命令？你能走，我也能走。"关、杜到后，争吵犹未停止。据王以哲说，有诸兵种联合之敌，兵力未详，已逼近长城，刻正与我占领长城一带阵地的第一一二师对战中。但关、杜二人当时未闻有枪炮声，似乎当日长城沿线并无战斗。事实上也是在翌日（10日）午后3时敌人才开始向古北口攻击。但此时王以哲要第二十五师接替长城一带第一一二师的阵地，关麟征则要第一一二师在第一线担任防守，第二十五师在古北口南城占领第二线阵地；关并请王以哲坐镇古北口指挥。王则既不同意第二十五师占领第二线阵地，又不欲在古北口指挥，而想急于交防撤退。双方争执，相持不下。在争执间，关曾问杜的意见，杜认为东北军士无斗志，王、张二人意见不合，既不可能强留，即留亦不能力战。从地形上看，长城居高临下，易守难攻，得之则占先制之利，可以瞰制敌人；失之则处于不利的态势（因古北口南城地形低于长城，是历史上战役中驻军后方所在，形成一个小市镇，北关大，城内小，军事上的价值不及市外的长城）。如我们坚持占领第二线阵地，第一一二师将弃长城而撤退，反不如以第二十五师接防古北口将军楼第一线阵地，让第一一二师占领古北口以西、河西镇以北长城及八道楼子之阵地，使双方阵地正面缩短，互有依托；而第一一二师不担任正面，尚可能多留几天。因之向关建议，可以照王以哲的意见，接替古北口长城第一一二师防务，但第一一二师必须担任河西镇及八道楼子防务，与第二十五师协同作战。当时关以杜未支持他的意见，内心非常不满，他坚决不同意接替长城第一线阵地，仍与王相争不已。直争到10日午前4时前后，王见第二十五师先头部队已到达古北口，遂令第一一二师守长城第一线，令第二十五师占领古北口南城东西两侧高地，并向两侧高地延伸，布置第二道防线。王下令后，即匆匆退去，第一一二师亦同时退出古北口，仅留一团步兵在长城第一线阵地。

10日上午6时，第二十五师第七十三旅已占领古北口南城东西两侧高地及龙儿峪阵地（即第一一二师右翼之第一线阵地），并加紧构筑防御工事。该旅的第一四五团在右地区，第一四六团（欠一营）在左地区，并以第一四五团的一营在右翼第一线占领龙儿峪阵地。第一四六团的一营为旅预备队。第七十五旅集结于黄道甸附近，师部及直属部队位置于古北口之关帝庙。

战斗经过概要

古北口之战

3月10日午前7时30分，第七十三旅甫部署完毕，敌机一架即来古北口上空盘旋侦察，约一小时后投弹而去。午前9时敌机五架又来盘旋轰炸，以后每小时一队敌机，往返轮流轰炸，竟日未稍停止。我军既无对空作战的有效武器，又无对空作战的经验。古北口长城一带高地都是坚硬的岩石秃山，构筑工事及掩蔽部极为不易，在潮河支流上游有少数树木，亦为敌人投弹目标。因此，在敌机低空更番轰炸之下，我军未战之前已有相当的伤亡。这可能是日军侵略我东北以来惯用的战法，企图以飞机轰炸吓退我抗日军。日军见我军被轰炸后屹然未动，遂于午后3时以炮兵掩护步兵向我第二十五师最右翼龙儿峪阵地及第一一二师右翼将军楼阵地开始攻击。敌人攻击正面虽广，但并未实行强攻，很显然，这种攻击是威力搜索的性质，作明日实行总攻击的准备。根据当时的情况判断，敌人可能从我最右翼的龙儿峪阵地进攻，企图突破我军一翼后，沿潮河支流大道包围古北口守军之后路。关麟征和杜聿明决定即将第七十三旅第一四五团的主力，增加到龙儿峪方面，左翼与第一一二师的将军楼连接，右翼延伸至龙儿峪以东500米高地之线；并调第七十五旅（欠一五〇团）集结于古北口东关相机策应。另派第七十五旅一四九团的一营，于通司马台大道警戒我军的侧背。午后6时敌以威力侦察的目的已达，退回原线。我军乘夜间调整作战部署，准备迎接明日的激战。

11日拂晓，敌军开始总攻，以飞机及炮火掩护其主力向我龙儿峪及将军楼阵地攻击，至10时许，将军楼我第一一二师阵地被敌突破。当时守古北口正面的第一一二师部队，既不支援将军楼的战斗，亦不固守古北口正面，仅于河西镇留步兵一团收容该师退却；古北口守军亦自动撤退。敌人占领古北口关口后，即乘胜以主力向我第二十五师右翼龙儿峪阵地包围攻击。我守该地的第一四五团，受敌两翼包围，伤亡惨重；而占领将军楼之敌又以猛烈的步炮火力封锁潮河支流上的交通，该团与旅部的交通电话，均被截断。同时古北口南城的战斗亦很激烈。当时关麟征决定要杜聿明指挥古北口南城正面的战斗，他亲率特务连赴右翼前线，指挥第七十五旅主力，拟恢复将军楼阵地以支援右翼第一四五团的战斗。出古北口东关不远，即与敌人的战斗前哨发生遭遇。关麟征亲率第一四九团拟强占潮河支流北岸（干沟）高地，走到山腰，即遭敌人的潜伏侦探狙击，双方短兵相接，关虽首先被手榴弹击伤，仍继续指挥第一四九团与敌搏斗，双方相继增援，战斗极为惨烈。我军终于将敌人击退，占领高地，并与第一四五团取得联系。是役第一四九团团长王润波阵亡。据关麟征说，在他身旁的士兵由于不会使用手榴弹，未拉引线即行掷出，结果并不爆炸，否则他是不会受伤的。他认为这是一次惨痛教训，所以后来他要求第二十五师士兵，每人都要投几个手榴弹才算及格。

关麟征受伤后，即调第七十三旅旅长杜聿明为副师长代理师长职务，第一四六团团长梁恺调为第七十三旅旅长，继续作战。午后6时许，河西镇第一一二师的一团又擅自撤退，第二十五师即派第七十五旅的一五〇团推进至河西镇占领阵地，以巩固我军左翼。同时以骑兵连由北甸子经汤河向敌后迂回，以威胁敌之左侧背。激战竟日，第二十五师仍保持原阵地。

11日晚，杜聿明与第七十五旅旅长张耀明，综合研究当时情况，认为敌我兵力悬殊，第二十五师除在河西镇之第一五〇团伤亡较小外，其余均伤亡惨重。目前第一线又与敌人胶着，欲抽调兵力缩短战线，势不可能，倘明日敌增兵从我任何一翼迂回，或我某一阵地被突破时，均无兵力以挽回战局。为迟滞敌人前进、以待我后续部队到达计，决心以仅有的两连预备队及师部特务连，晚间在古北口以南高地及南天门一带占领预备阵地，在不得已时掩护师主力逐次转移到预备阵地，与敌作持久战斗。

12日拂晓，敌增加重炮及飞机向我全面攻击，主力指向第一四五团，同时以大部兵力向我右翼延伸包围，战况较前两日更为激烈。官兵虽死伤相继，仍与敌顽抗，连续击退敌人三次攻击。在12时前后，仅有的电话总机及无线电报机均被敌机炸毁，前后方失去联络，消息不通，后援不继，前方部队各自为战；同时向我右翼包围之敌有增无已。午后2时，敌已迂回到古北口东关附近，驻在关帝庙的司令部已被敌机关枪封锁，又无预备队以应付迂回之敌。此时，杜聿明与张耀明仓促离开司令部，到古北口南高地的预备阵地指挥。预备阵地与各部队间的电话亦被炸毁，阵地已被敌人截为两段。午后3时左右，杜聿明在指挥所看到第一线部队，自右翼起且战且退，已逐渐崩溃；由古北口东关，沿潮河支流谷道中，渐有官兵溃散下来。不久，两旅阵地（除第一五〇团河西镇阵地外）完全崩溃，沿潮河支流溃退的大部队，成为敌人瞰射轰炸的有利目标，因而伤亡更为惨重。第七十三旅旅长梁恺负伤，各部队长对自己部队都失了掌握，未能按照预定计划转移阵地。仅有少数部队在古北口以南高地及其西南的南天门占领阵地，河西镇的第一五〇团仍在原阵地，与敌隔河对战。

在这里有一件事是值得补述的：第一四五团派出的一个军士哨因远离主力，未及撤退，大部队转移后，该军士哨仍在继续抵抗，先后毙伤日士兵百余名。后来日军用大炮飞机联合轰击，始将该哨歼灭。日军对这军士哨的英勇精神，非常敬佩，曾把七具尸首埋葬起来，并题“支那七勇士之墓”。

12 日午后 6 时左右，杜聿明转移到南天门时，除师特务连及少数部队占领阵地外，其余部队都失去掌握。不久张、梁两旅长先后到南天门，才派出参谋传令，分头收容各旅官兵，逐渐占领阵地，与敌对峙。入夜杜聿明为了缩短防线继续抵抗，乃重新调整部署，令第七十五旅的第一五〇团由河西镇撤退至南天门以左高地占领阵地，南天门以左地区归第七十五旅守备，南天门以右地区归第七十三旅守备，师指挥所设于南天门。

12 日晚，第十七军军长徐庭瑶已到达密云，徐与杜通电话后，决定命令第二师星夜向南天门急进，接替第二十五师防务。13 日上午 5 时前后，第二师郑洞国旅（第四旅）已到南天门，未及休息即接替阵地；第二十五师交防后，撤回密云整补。

第二十五师是 1933 年 1 月 1 日由第四师的独立旅扩编而成，2 月下旬即匆匆北上抗日。该师除迫击炮外，山、野炮全无。是役仅以四个步兵团独当优势之敌（满洲派遣军两羲一第八师团全部及骑兵第三旅团）；既无坚固阵地可凭，友军又不协力抗战；加以官兵政治训练很差，虽有抗日爱国的热忱，而无对日作战的经验与技术，以故伤亡极重。计激战三昼夜，全师伤亡 4000 余人。但敌自侵入热河以来，又一次遇到顽强抵抗的中国军队，敌军伤亡不下 2000 人，不得不承认这一战役为“激战中之激战”。自3月13日至4月20日，将近40天中，敌人未敢轻于冒进；一方面固然在玩弄外交阴谋，另一方面对于下一战役不能不集中更大兵力，作更周密的进攻准备。

南天门之战

古北口之战以后，日军为了进一步对蒋介石施加压力，以达其逐步控制华北的阴谋，决定首先集中兵力击破中央军；自4月15日起，即将滦东兵力逐渐向古北口方面转移。除两羲一第八师团外，有坂本政右门第六师团主力，中村第三十三旅团（混成旅团，内有满蒙伪军及满韩联合军约6000人），并附有强大的空军、炮兵、坦克等部队。

我军鉴于古北口之战的经验，充分利用作战期间，加强阵地的构筑，并修筑阵地内的交通，以利炮兵的活动。南天门阵地，右自潮河岸的黄土梁起，左至长城上的八道楼子止，正面宽约10里的中段以421高地为据点。阵地编成系以抵抗巢为核心的纵深配备；并于南天门阵地后方，构筑六道预备阵地。

在双方对峙期间，各师自发地派遣别动队，迂回敌后袭击敌人。如4月5日第二师别动队在色树沟以短枪、手榴弹狙击，毙敌骑兵第八联队军官一员，士兵数十名，并炸毁敌汽车数辆。又第八十三师由魏巍（不久升为团长）率领的别动队，袭击古北口北关，给敌后方部队以沉重打击。4月11日同时在敌左右翼与敌之游动部队激战。我别动队曾将偏桥通承德的汽车道破坏，敌方接济为之断绝者多次。当时日文报纸曾说我军在运用苦鲁巴金战术。这种情况为何应钦知道后，曾责备各师长说：“你们这样干，会惹起敌军进攻的，你们不出长城口去打他们，他们是不会大举进攻的。”徐庭瑶也认为敌人大举进攻南天门，是各师别动队在敌后活动所引起的，他在战斗报告中就这样写：“此为战事剧烈之一大原因也。”

南天门之战，可以分为两个阶段：

第一阶段：4 月 21 日至 28 日。

在战斗开始之前，4 月 16 日敌机轰炸第二师师部驻地石匣镇，18 日又轰炸第十七军军部驻地密云县城。20 日夜敌军派一个大队的兵力由古北口一个姓李的汉奸（原任保长）带路偷袭南天门左翼制高点八道楼子（该处有八座碉楼故名）。这八座碉楼建在很险要的山上，是南天门阵地左翼支撑点，原命令第二师派一营兵力防守。而第二师师长黄杰却认为日本兵穿皮靴，无论如何是爬不上这几座碉楼的，他决定只派一个连防守。这些官兵也以为地势险要，放松了警戒。一夜之间，这八座碉楼全部被敌占领。担任守备的是第二师第六旅第十一团。当时黄杰大为震惊，据说他将八道楼子失守的情况向徐庭瑶报告时，徐在电话中严责黄杰说："你们怎样失守，你们就负责任怎样收复。"第六旅旅长罗奇，反攻无效，第四旅旅长郑洞国率第八团并指挥第六旅的第十一团继续反攻。因为敌人居高临下，仰攻徒遭伤亡。决定于 22 日夜间把阵地变换到田庄小桃园之线。23 日午前 7 时起，敌人利用八道楼子瞰射之利，以陆空军联合向南天门阵地的中央据点 421 高地猛烈攻击，进攻四次，均被击退。24 日午前 6 时起敌继续攻击，尤以午后的战况最为激烈，我守军第十一团伤亡颇大，旋派第七团前往增援，卒将敌击退。25 日敌继续以炮火向该阵地射击，终日未止。第二师苦战五昼夜，伤亡甚大，疲劳不堪。于 25 日夜间，由第八十三师刘戡部接替南天门阵地的防守任务。26 日拂晓，第八十三师接防甫毕，敌复集中炮火向 421 高地猛攻，防御工事全被击毁，继以步兵猛扑，经该师第四九七团顽强抵抗，激战至下午，因伤亡过大，终于放弃了这一重要据点。28 日上午 5 时敌集中火力向我南天门附近的 372 高地及 425 高地射击，其步兵分三纵队向我猛冲，同时以坦克车掩护骑兵向我左右翼威胁。第八十三师第四九七团及补充团的一营，与敌激战竟日，营长三员均负重伤，阵地工事完全被敌毁坏。因此于是晚变换阵地，占领南天门以南600米的预备阵地。八昼夜的血战，敌人伤亡之大，为“九一八”以来所少有。而战线仍胶着在南天门附近，殊出敌预期之外。

第二阶段：5 月 10 日至 14 日。

4 月 29 日以后，敌虽停止大规模进攻，每日仍以炮火向我阵地零星射击，时常以小部队向我袭击。

5 月 10 日敌步兵 500 余人，在炮火掩护下，向我车头峪阵地进攻，被第八十三师第四九三团击退。11 日上午 1 时，敌第三十一、第三十二两步兵联队约 5000 人，向我稻黄店涌泉庄及其以南高地，用密集队形夜袭，战斗非常激烈。第八十三师的第四九三团及补充团损失极大。午前 5 时，敌坦克车六辆冲至上店子，威胁我军侧背。午前 7 时敌机八架在我阵地上空往复轰炸，协同敌步炮兵攻击，形成混战状态。午前 8 时敌炮 70 余门协同步骑联合兵 2000 余人，攻我左翼笔架山阵地，第四九四团竭力抵御，激战至午，团长魏巍受重伤，中校团附汪兴稼阵亡，士兵伤达 2/3。由于该师伤亡巨大，全线崩溃，不得已撤至后方五里的预备阵地，复以第二师接替第八十三师的战斗任务。

第八十三师师长刘戡以该师一昼夜间遭到惨重损失，被迫撤离阵地，感到非常悲愤，曾企图拔手枪自杀；当时被参谋处长符昭骞、作战科长吴宗泰二人抢夺了手枪，这次自杀没有实现。

11 日午后，敌乘第二师郑洞国旅占领阵地未完毕之际，复向我磨石山、大小新开岭、香水峪一带阵地大举进攻，并以坦克 10 余辆，冲至白水涧附近，截击我后方的交通。继又增加兵力，乘夜猛攻我小新开岭左翼 405 高地。12 日敌复增加兵力，全线进攻；第二师各团伤亡惨重，遂撤至后方七里的新阵地。此时第二十五师覃异之团（第一四九团）尚在西北岭及下会之线与敌激战，支持至 13 日始撤至后方六里的新阵地。

12 日下午 3 时，敌攻占我大小新开岭一带阵地后，乘胜向石匣镇攻击；第二师在摇亭南香峪之线与敌激战。傍晚，敌坦克 10 余辆冲至南茶蓬我炮兵阵地，炮兵第四团第九连军官全部伤亡，炮四门被毁。同时我在潮河西岸的炮兵被敌重炮轰击，毁炮三门。由于我炮兵受严重损害，火力间断，敌之战车更加活跃，激战至 13 日午，全线后撤。徐庭瑶令守潮河右岸的第二十五师，抽出一个旅向左翼延伸，占领后方八里之新阵地，掩护第二师撤至黄岗峪不老屯之线。13 日午后 1 时，第二十五师第七十三旅向左翼移动（此时该师第七十五旅仍在城子村小槽村原阵地与敌激战），第七十三旅第一四六团未及占领阵地，即遭到优势之敌攻击。此时敌战车已越过石匣镇三里许，冲至我南山口附近阵地，午后 4 时敌炮兵向石匣镇集中射击，掩护其步兵前进，石匣镇遂陷敌手。第一四六团在南山口与向南追击之敌激战，死伤甚大，夜间 12 时退守后方六里之新阵地。14 日拂晓，敌步骑炮联合 2000 余人在空军掩护下向我潮河右岸阵地攻击，其战车 20 余辆由潮河滩上突进，与我第二十五师激战三小时，敌向石匣镇方向退去。同时黄岗峪不老屯之线亦发现敌之小部队进行扰乱。连日以来，第十七军各师死伤又达 4000 余人；如不补充，实不能再作有力之抵抗。随即奉令以第二十六军于 14 日夜进入九松山预备阵地。第十七军除第二十五师一部担任石铁峪五座楼之线警戒任务外，余调密云整理补充。15 日各师开始移动，17 日复奉命调回怀柔、顺义之线。第八十三师奉命担任北平城防。

南京保卫战中的战车部队

杜聿明

留下德国战车

1937 年 11 月 9 日，上海抗日阵地全线崩溃后，我军仅有的机械化部队——陆军装甲兵团，共有战车、搜索车、战车防御炮三个营，也奉令向湖南湘潭撤退；同时，这三个营在上海参战的一部，已经撤回南京。当时决定搜索营、战防炮营沿京（南京）赣（南昌）公路撤退，战车营搭上火车向长沙输送。但是由于蒋介石对于这一战略撤退事先毫无计划，沿公路走的车辆没有油料，沿铁路走的战车没有平车装载，这些部队一直就在南京方山营房待命。等到敌人迫近时，才弄一点油料，将汽车开走；战车则是将客车篷车拆毁后才装上车的。

在待命期间，有一天（大概是 11 月 20 日左右）晚上 10 点钟前后，何应钦忽然找我去说："现在决定唐生智守南京，委员长（指蒋介石）要将德国战车全部留在南京抗战。"我说："德国战车虽然是我们现在最好的战车，可是有枪无炮，威力不大；而且为数只有 15 辆，在南京河流错综的江湖地带作战，性能也不适宜。不如留下英国的水陆两用战车和炮战车，有枪有炮，又可以水陆两用，适宜于南京附近作战。必要时还可以横渡长江，开往江北。”何说：“你不要想撤退江北，委员长说要死守南京，应照命令将德国战车留下。”我见这种情况，不敢再说，但心中总是百思莫解，为什么蒋介石、何应钦都不根据战车的性能使用，而一定要留德国战车在南京抗战呢？

被断送的战车连

陆军装甲兵团自12月4日开出最后一批车辆撤离南京后，即与留在南京抗战的第一连失去联系。12月13日南京沦陷，我想这一连战车一定全被消灭。但是战车是如何使用又如何被消灭的，一点情况也不了解。直到20日以后，才有该连自南京陆续逃回来的官兵报告经过。原来自战车连向南京卫戍司令长官部报到后，对于如何配合步兵作战没有得到明确指示；等到12月5日，忽然奉到长官部的命令开往汤山附近协同某军（我记不清是哪一军）①作战。该连当日到达汤山附近即遭到敌机的俯冲轰炸，次日清晨参加战斗，以后数日继续在京（南京）汤（汤山）公路及光（光华门）方（方山）公路一带先后配合好几个部队与日军作战。在方山附近战斗中，战车三辆被日军击毁，遗弃在公路上，12月12日，中华门阵地被日军突破，守军溃退，战车无人指挥，找卫戍司令长官部也无人负责。战车连长见上自卫戍长官部下至各军师情况均极混乱，即自动撤到下关，准备找船舶渡江。到下关后，见仅有几艘小火轮皆被第三十六师控制（据宋希濂讲实际上是被卫戍司令长官部控制），只找到四只木拖船将战车装上，又向第三十六师的一个营长借到一只小火轮；正在拖着木船过江之际，突然又有一只小火轮追来，不准这只小火轮运送战车渡江。双方经过激烈争执，因小火轮上第三十六师的官兵较多，

① 据查，担任汤山守备任务的是叶肇的第六十六军。

强迫将绳索砍断。载运战车的木船既无舵又无桨，不能掌握方向，只有听任江水冲击，顺流而下。有的木船在沙滩上搁浅，有的一直冲到江阴附近，官兵才只身脱险逃回。这一连战车就是这样毫无意义地断送了。

两个真正的英雄

保卫南京战役，虽然战前既无准备，战时又无攻守进退的全盘计划，以致全军覆没，丧失了抗日部队的元气。可是其间也有一些中国人民的忠勇儿子，激于爱国义愤，作出可歌可泣的英勇事迹。如上述被击毁的三辆战车中，一辆战车上的两个战士中的一个（记不起姓名）逃回后，很气愤地对我说，当他的战车被敌人打坏时，排长怕死不支援救护他的战车就往后跑，他俩看到敌人的轻快部队已跟踪追来，想到继续在坏车上打必被敌人活捉，下车逃命又感到耻辱，就"决心与战车共存亡，埋伏在战车内，相机打击敌人"。果然敌人第一线部队来清扫战场，搜查战车，贸然长驱直入，向南京前进。这两个战士一直隐藏到下午4时前后，看见敌人又有一大队步兵来到，两人计议这是狙击敌人的最好机会。"他妈的，老子一个换你几十个！"他俩轻轻地将机关枪从战车转塔前后两端伸出，突然袭击，打得敌人落花流水，滚滚倒地的有几十人。可是敌人也非常顽强，立刻散开，前仆后继地向战车攻击。但好几次皆未得逞，因这一大队敌人仅有步兵武器，没有平射炮和山野炮，无法击毁战车。就这样战斗到黄昏以后，敌人仍无办法。这时两个战士商定，丢掉战车乘夜撤退。他俩离开战车不远，敌人突然以机枪迫击炮轰击，他的战友不幸牺牲了，他自己脱离敌人逃回。

当这个战士历尽千辛万苦回到湘潭向我报告以上的情况时，我只在口头上称赞了他的英勇杀敌行为，一直到1939年11月15日日军为截断我西南通海防的交通线，由钦州防城登陆，深入南宁，12月30日我军

杜聿明

在昆仑关歼灭敌人中村正雄所部将近一个旅团之后，在虏获的文件《皇风万里》这本小册子内，发现日军叙述到南京战役的经验教训时，也谈到这一辆战车的埋伏狙击，给他们以沉重的打击。这时我才知道这两个战士才是真正的勇士。我急忙再找这个战士时，才知道他已在昆仑关战役中为祖国、为人民英勇牺牲了。这两个英勇的战士，实在是祖国人民的优秀儿子。他们以大无畏的精神，顽强地与日军单独作战，创造出当时预想不到的奇迹。他们真是无愧于祖国，无愧于人民的好儿子！

台儿庄大战中的战车防御炮部队

杜聿明

1938年1月15日，装甲兵团扩编为第二〇〇师，任我为师长，积极整训，准备参加抗战。到3月间台儿庄外围战斗发生时，苏联支援的战车（五吨级炮战车87辆）及由意大利购买的战车（三吨级枪战车200辆）尚未运到，全师来不及参加台儿庄会战。这时只得将已装备完成的炮兵第五十二团冯尔骏部的三个营及师直属步兵炮营佟大芳的一个营，共计四个营，每营有37辆战车，防御炮18门，配属台儿庄会战各部队参加作战。这些战车防御炮，配属到第五战区之后，由战区司令长官部分割配属各部队协同作战，并未集中使用，致未能予敌人以歼灭性的打击，现将台儿庄会战中，战车防御炮（以下简称战防炮）部队长报告的一些情况，就回忆所及，提供参考。

据参加台儿庄战役的一个营长（记不清是佟大芳还是谢成章）对我说，这个营是配到第二集团军孙连仲部作战的，都是分割使用，有的师配属一个连，有的师配属一个排。有一个连同孙连仲的步骑兵一部，在台儿庄北面构筑前进阵地阻击敌人。3月23日，日军以飞机、炮火掩护一支轻快部队（有装甲汽车、机踏车、步兵等）千余人向台儿庄来犯，我战防炮在公路附近占领一个侧面阵地，骑兵在前面警戒。日军边打边进，我骑兵未作抵抗即行撤退。敌人得意洋洋，沿公路形成一条长蛇阵追来，我战防炮待敌人装甲车队在公路上完全暴露时，由尾车打到首车，打得敌人进退不得，慌乱一团。可惜我步骑兵以任务关系未能及时出击，否则当可取得更大胜利。第二天，日军又在飞机、大炮掩护下，以步兵坦克配合，再次向台儿庄进犯。敌坦克冲到有效射程内，被我战防炮打毁几辆，未能冲入台儿庄内。敌步兵一再顽强猛扑，有一部冲入台儿庄内，占领几幢房屋，与我第三十一师池峰城部展开激烈的争夺战。日军十分顽强，我军前赴后继，激战甚久，未能将其打出去。以后该营长向池峰城建议，在黄昏前用战防炮瞄准敌人机关枪眼，夜晚掩护步兵攻击，驱逐台儿庄之敌。池峰城接受了这个意见，但担任反攻的团长有顾虑，怕战防炮摧毁不了敌占领的建筑物，完成不了任务。这个营长告诉他，战防炮不仅有穿甲弹，可以打穿坦克、打穿墙壁，还有爆炸弹可以大量杀伤人马。这个营长为了证明他的话真实可靠，还说可以当场试验。于是他们一同到阵地上，用一门战防炮对准敌人的一个机关枪眼，连发三炮，打得敌人机关枪立刻变成哑巴，房子塌了一个角，连步枪的声音也不响了，附近官兵叫好，士兵大为振奋。那团长高兴地说：“伙计！请你今晚把这几个火力口都打成哑巴，我们就拿这大刀、手榴弹把敌人一个个消灭掉。”当晚调来了一连战防炮（火炮六门），摆开阵势，做好准备。等到深夜后，六门炮一齐发射，将日军好几个机关枪打哑了，我步兵接着冲入敌阵地，激战了一阵，日军伤亡甚多，仅有少数残敌，狼狈逃窜。

这个营长还告诉我，日军在台儿庄的作战非常狡猾，坦克、步兵攻击战术，每次不同。一次日军向台儿庄我第二十七师及独立第四十四旅阵地攻击时，起初并未出动坦克。等到双方激战甚烈，敌人步兵接近冲锋的距离时，敌方坦克突然出现，疾风骤雨般冲来。我阵地内官兵顿觉紧张，连续要求开炮打。一个步兵营长怕敌方坦克冲入他的阵地，亲自跑来硬要战防炮射击，否则阵地失守要战防连长负责。该连长坚持要等坦克与步兵发动冲锋时再打。正在争执不下的时候，敌军步兵、坦克一齐冲来，战防炮利用隐蔽好的阵地突然射击，打得敌人坦克晕头转向，有的被打坏履带，有的起了火。营长及时指挥集中步机枪反击，打得敌人落花流水，狼狈溃退。以后独立第四十四旅士气旺盛，官兵与战防炮连相依为命，作战协同较好，始终未被敌攻破阵地，直到5月中旬该旅撤退淮阴，转到信阳，都对战防炮掩护得很好。

据说，日军向台儿庄阵地左翼攻击时，又改变战术，坦克与步兵各分一路，分头向我第三十师进攻。当敌坦克在1000多米外出现时，第三十师师长张金照即指挥战车防御炮赶快射击。战防炮排长说，这次来犯的敌坦克是一个纵队沿公路来的，打敌人的坦克纵队，应待敌人坦克全部暴露时，在有效射程内以一门炮打首车，一门炮打尾车，使敌人坦克前进不了、后退不得的时候，再集中火力歼灭中间的全部坦克。可是师长一再强要开炮打，该排长顶不住，在敌人坦克纵队尚未完全暴露，在五六百米之外就开始打了，仅打毁敌坦克四五辆。后面的敌人坦克见势不妙，立即掉头窜逃。

在台儿庄会战中，第二〇〇师参加的战防炮四个营，拥有比较新式的武器，又是机械化装备，通信设备比较完整，排、连、营都有无线电，各营无线电可以直接同我通报。在我先后接到的战报中，自3月23日序战开始到4月6日这期间，共计先后击毁击伤敌装甲车、坦克30多辆。当时我得到日军溃退的捷报，正拟设法将这批战利品运回时，得到机械化兵监徐庭瑶的指示，着派人到台儿庄将这些车辆运回，尔后运往湖南湘潭。我即于4月中旬派人前去，计运回中小型坦克八辆，另有一五点五重炮二门及履带式牵引车四辆。这些战利品运到湖南湘潭后，车和炮都只剩下个空架子。这是因为这些车和炮在战场上打毁后，又被日军在撤退时予以拆卸和破坏。日军在战场上被打毁的坦克，因撤退时来不及运走只好加以彻底破坏，丢弃在战场上，这是可以理解的。但是，日军既未受到我军歼灭性的打击，为什么将重炮和牵引车也毁弃在战场上则令我很久不得其解。直到 1939 年 12 月在昆仑关作战中缴获日军对台儿庄作战失败的检讨文件中，才发现日军在台儿庄所以失败，是由于轻敌冒进，久攻不下，弹尽油缺，后路又遭截断，被迫撤退，因而将大炮和牵引车也毁弃了。5 月中旬，日军用一支数千人的轻快部队插到徐州以西黄口附近，截断陇海铁路交通，企图将台儿庄一带的我数十万大军击垮。这时我接到前方各营长来电说，前方并无激烈战斗，奉命正随大军撤退中。此后半年之久，一直未得各营长的报告，我很担心这支新成立的战防炮部队，会不战而牺牲掉。后来陆续接到报告说，这次大撤退，怕日机追击轰炸，白天不敢走，都是晚上行车，沿途车辆人马拥塞，混乱不堪。战防部队丢了不少车辆，但极大部分已在混乱中安全撤出。只有配属第二十四集团军副总司令韩德勤部的一个连，退到苏北淮阴后，情况不明。差不多过了将近半年，忽然接到该连长的一份电报，说他们在苏北配合韩德勤部打游击。此后又久无讯息。又过了一个时期，连长和大部官兵回到广西全州。那连长哭丧着脸对我说，韩德勤命令将车辆和战防炮（六辆卡车、六门炮）毁掉，部队自行撤退，归还建制。他将卡车烧毁，战防炮埋藏后，经苏皖交界我军防地回来，沿途并未遇到日军，一路由老乡们送情报，做向导，老乡们仇恨日军奸淫烧杀，全力支援部队，军民团结合作。如果将车炮带上，那还可早日安全归队呢！

宋希濂

当一个军人真正认识到为何而战的真理时，他就会不知道什么叫作困难危险了！

- 1907年生，字荫国，湖南湘乡人。
- 1937年，八一三淞沪抗日战争打响，以誓死保卫祖国的壮志，率部日夜兼程，从西安开赴上海。
- 1938年5月，调任第七十一军军长。
- 1939年11月，兼任第三十四集团军副总司令。
- 1941年11月，升任第十一集团军总司令兼昆明防守司令。
- 1942年4月，日军由缅甸入滇西，率第三十六师日夜兼程，迎击日军于怒江惠通桥畔，尽歼渡江之敌。
- 1993年2月13日，病逝于美国纽约。

兰封战役的回忆

宋希濂

战场上接任军长

1938 年 5 月 10 日前后，我在湖南浏阳荣誉第一师司令部（当时我任荣誉第一师师长，这个师是以抗战负伤治愈的官兵编成的）接到何应钦的一个紧急电报，叫我马上到武汉去见他。我仅带了一个参谋和一个卫士，第二天清早就到了武昌。上午 10 点左右，我到军事委员会会见何应钦（那时何是军委会参谋总长兼军政部部长），他对我说："现在调你去接任七十一军军长的职务。这个部队的人事你是熟悉的，指挥上不会有什么困难。"我问："七十一军军长不是王敬久吗？他在这个部队已有相当时期，为什么要叫我去呢？"何说："王敬久和祝绍周大闹意气，败坏军纪，委员长（指蒋介石）很生气，所以把他换了，叫你去。"（据了解：祝绍周那时担任洛阳地区警备司令，七十一军开到那个地区整训，要受祝的指挥，王敬久不愿意，因王于1932年任八十七师副师长时，祝任参谋长，地位次于王。）我又问："荣誉第一师交给谁？"何说："交副师长林英升代。"我说："那我今天就回湖南去交代，然后再到七十一军去接任。"何说："现在豫东战况紧张，七十一军正由洛阳向豫东运输，委员长已于昨晚乘车去郑州，临行时嘱我转告你，叫你赶到郑州去见他。你不要回湖南去了。”这样，我又很快赶到郑州。

我在郑州见了蒋介石，他对我说：“现在有一股敌军已由濮县附近渡过黄河，企图南下截断陇海路，包围我徐州附近的部队，你的队伍先在兰封一带集结，现在兰封的一〇六师也暂归你指挥，将来与归德的薛总司令[①]所指挥的部队夹击这股敌军，你到前方要告诉各级军官，我们的兵力较敌军有绝对优势，大家要努力打好这一仗。”随后他又补充说：“这一仗关系很大，大家一定要奋勇战斗，如有不听指挥或畏缩不前者，就应严加惩办。”我除表示照他的指示去努力外，并问：“我的部队归谁指挥？”蒋介石想了一下说：“暂归我直接指挥。你到兰封后，随时来电话报告，我将在郑州暂住一个时期。”那时七十一军本来是属于第一战区的战斗序列，第一战区长官部也设在郑州，论理我军应该归程潜指挥，但蒋介石的一贯作风，常常不尊重指挥系统，有时甚至直接指挥到师、旅、团等单位。

我从蒋介石那里出来后，又到长官部会见程潜及参谋长晏勋甫等人，更多地了解了敌军和友军的情况。

大约是5月16日或17日我到了兰封，七十一军军部已先一天到达，驻在兰封西北边的一个村庄里。所属的八十八师（师长龙慕韩）二六四旅已东运到归德附近，八十八师师部及直属部队和二六二旅本来也是要运到归德去的，因内黄车站附近发生情况，便在兰封下车了。所属的八十七师（师长沈发藻）已有一个团开到兰封，其余正在运输中。兰封城区还驻有一〇六师沈克部（这个师是以石友三残部编成的）。我到兰封后的第二天，乘马到城内去看沈克。正谈话间，忽然来了十几架敌机，

① 薛岳当时任第一战区前敌总司令，指挥黄杰的第八军、李汉魂的六十四军、俞济时的七十四军、孙桐萱的第三集团军，还有一个新编第三十五师及八十八师的二六四旅（旅长廖龄奇）等部队。这些部队当时都在归德附近。

我们想出城到乡下去已来不及，城内又无防空设备，弄得不知所措。一刹那间，敌机便开始狂轰滥炸，我和沈克所在的一间房子周围落了好几个炸弹，室内玻璃全都震毁了，瓦砾和碎土不断地打落到我们的身上。当时我和他面对面坐着，一言不发，只好听其摆布。敌机滥炸一阵后飞走了，我们在惊悸之余，不约而同地说："险哉，险哉！"据事后调查，一〇六师被炸死炸伤的官兵达 300 多人。当时城内居民已不多，也被炸毙了 20 多人，房屋被炸毁者达十之七八。牲口被炸死不少，我的乘马也被炸毙了。

我就在敌机的轰炸和战况紧张的情况下，在战场上接任军长。

土肥原师团的南下

抗日战争开始后，日军自平津沿平汉、津浦两路南下，国民党军队不战而溃，故敌寇骄傲异常。矶谷廉介率领第十师团由济南猛攻台儿庄，以为直取徐州可以不费吹毛之力，指日间即可占领，不意进至台儿庄附近，遭到孙连仲等部的坚决抵抗，损失惨重，被迫后撤。于是，侵华日军统帅部策定了一个五路会攻徐州的计划，企图将国民党军主力一举歼灭于徐州附近。这五路是：

一路主力由津浦路南下进攻韩庄、台儿庄，另有力的一部由临沂趋邳县、郯城；

一路由苏北的盐城北上；

（这两路预计在新安镇会师后直薄徐州。）

一路由津浦南段北上，直趋萧县、永城；

一路由鲁西南下，进薄丰县、沛县；

（以上四路的目的，企图包围徐州，聚歼国民党军主力。）

另一路，即土肥原的第十四师团，由濮县渡黄河南下截断陇海路，阻止国民党军队东进增援。

1938 年 5 月 11 日，土肥原部开始在菏泽北面的董口附近施行强渡，守军兵力薄弱，在日军飞机和大炮的轰击下，只有微弱的抵抗，便退走了，使敌军顺利地渡过了黄河。5 月 14 日敌军进攻菏泽，守军是商震的三十二军的一部（约有一个多团的兵力），经不住日军的猛攻，菏泽于当天就沦陷了。于是土肥原师团就分路向陇海路进发。

我到兰封后的第三天晚上，蒋介石在电话里命我到考城去和商震联系。翌日上午我乘一辆卡车带着必要的人员前往考城。由兰封到考城，并无正式公路，只能沿着乡村大道走一段问一段行进。不料走到半途，被一架敌机发现了，老在我们的上空盘旋，我判断这家伙不怀好意，急命停车，人员疏散到路旁麦田里隐蔽。果然敌机很快就俯冲下来，向汽车附近扫射了一阵，但没有扔炸弹，我们并无伤亡。11 点左右，我们到了考城南面的一个村庄——商震司令部所在地。商震那时的职务是第二十集团军总司令兼河南省政府主席，所指挥的部队，除他自兼军长的三十二军外（三十二军辖一三九、一四一、一四二三个师及一个独立旅），还另指挥两个师（番号不详）。他的任务是担任广阔的河防线，兵力分得很散，处处薄弱，既不能在河岸阻止敌军的渡河，也不能很快集中相当兵力来打击和迟延敌军的行动。

我在商震那里得到一份重要的情报。这是他司令部直属的一个骑兵部队在考城东面巡逻警戒时，发现敌军的一辆小汽车，他们将车子击毁，打死了司机和一个日本军官，在那军官身上获得一份十四师团的作战计划及部队编组情形的材料。这个日本军官的职务是个少佐主计（即军需官）。从这份材料里，才知道敌军的番号、兵力和指挥官姓名，以前是不知道的。

土肥原师团的任务，就是如前面所述，截断陇海路，阻止国民党军队东进增援，并相机歼灭在兰封一带的国民党军队。材料中对商震部队的兵力、位置等都调查得很清楚，并对商部力量表示相当轻蔑。记得材料中有这样几句话："我军南进中，对在考城附近的商震部队，不必多所顾虑，派少数兵力向他戒备就行了。"同时了解到，土肥原师团除骑兵部队外，有相当多的一部分是机械化和摩托化。据商部骑兵所侦得的情况说：敌军由菏泽一带南下时，有几百辆装甲车、卡车以及炮兵牵引车等，摆成五六华里的正面，践踏着正在成熟的麦田，浩浩荡荡地向南行进。

我们在归途中提心吊胆，既要防备敌机的袭击，更要注意东面的敌情。

黄昏时回到兰封，当以电话向蒋介石报告赴考城会晤商震的经过及所获得的情报。蒋介石说："桂永清[①]率四十六师，还有邱清泉带了一个战车营和搜索装甲车一连，即可到达兰封。你等他们到达后，率所部向北面的红庙（在兰封、考城间）附近集结，然后向敌军的侧背攻击。"第二天上午我召集团长以上军官开会，向他们说明了战场的一般情况，并研究军的作战任务。这天下午，桂永清、邱清泉、李良荣等先后到了兰封。蒋介石来电话，要我于黄昏时率八十七师向红庙方面移动。我问八十八师（欠二六四旅）是否一道去？蒋说："八十八师留在兰封，暂归桂永清指挥。"我听了心里不乐意，知道这是桂永清捣的鬼，但蒋介石的语气是命令态度，只好忍受着而已。

仪封及其西南地区的战斗

5 月 14 日，敌军陷菏泽后，主力分成几个纵队南进；迄 20 日，窜集内黄、仪封、野鸡岗、楚庄寨及其附近地区。蒋介石令前线所有部队统归前敌总司令薛岳指挥，围攻土肥原师团。

① 桂永清那时是二十七军军长，四十六师师长是李良荣，邱清泉是二〇〇师副师长。

我到红庙后，接到薛岳的命令，要旨如下：

（一）敌军十四师团现窜集内黄、仪封、楚庄寨、野鸡岗等处；

（二）我军决心攻击该敌，并以野鸡岗、楚庄寨、石楼、内黄、仪封、贺村为攻击目标；

（三）命第六十四军、第七十四军为东路军，沿铁道两侧向野鸡岗、楚庄寨、贺村攻击；

（四）命第七十一军、第二十七军为西路军，自西而东，向仪封、内黄、马王寨攻击；

（五）命新编第三十五师向宋庄、纸坊集攻击；

（六）命第三集团军[①]向旧考城、贺村攻击，并以一部埋伏于鲁道口、大寨集、王庄等处，相机袭敌；

（七）命第三十二军以一部确保大黄集、团集，并埋伏于杨桥、郭庄、马庄等处，相机袭敌，其余部队仍继续担任河防；

（八）定于21日开始攻击。

21日，我率军直属部队及八十七师，分两个纵队向仪封前进，先是向东走，随折而向南，在向南行进的道路上，随处可以看到敌军摩托车轮的痕迹。到了下午2时左右，突然前面响起了机枪声，得知前卫部队已接近仪封。仪封是个土寨子，据报寨内有二三百个敌人据守，敌军大部分则已向南去了。我和沈发藻站在一个土堡上用望远镜向仪封观察一番后，遂决定以先头团开始向仪封的东北角一带攻击，并命配属于军的一个山炮营（有法造士乃德山炮12门）予以支援，同时派另一个团向仪封南面迂回，以威胁敌之侧背。

一开始，守敌十分顽强，我攻击部队逼近寨子时，被其稠密的火力射击，伤亡颇大。我即命令集中所有火力，包括山炮、迫击炮、重机枪等，

① 第三集团军原系韩复榘部，韩死后，归孙桐萱统率，约有三个师的兵力。

全力制压对我危害最大的敌军火力点，发生了效果，我步兵两个连迅速地突入了寨子的一角。但敌军仍然凭借在寨内的各据点，继续负隅顽抗。我军兵力逐次投入战斗，扩大战果，使战斗愈演愈烈，机枪声和手榴弹的爆炸声，有如疾风骤雨。当战况正在十分紧张时，寨内敌军突然放弃阵地，向西南方面窜走。我们当时推断，可能因十四师团主力已向南进展，同时发现我有大部队向南运动，恐被包围，故而撤走。寨内敌军遗尸数具，丢放的弹药和罐头食品等颇多。我和沈发藻率指挥所人员于下午4时进入寨内，登上城寨向西南方面瞭望，看到我步兵分数路正向前搜索中。一刹那间，忽然敌军大炮向我前进部队射击。我用望远镜清楚地看到敌军野炮八门在一些小丛树的后面并列一排向我发射，距离仪封大约有八九华里。当命我炮兵立即进入阵地向敌炮发射，敌炮乃变换目标，对我炮兵射击，这样就形成了双方的炮战。由于我们的指挥所离炮兵阵地甚近，中弹10多颗，八十七师指挥所的一个副官和一个传达兵被炸毙炸伤。这时前线部队报告，敌军向我反攻，但兵力不大，刻正在战斗中。我们判断系敌军企图阻止我军继续前进，不是想要夺回仪封，当命部队就地抵抗。战到黄昏时，战况也就渐渐沉寂了，各部队就地构筑工事，严密戒备。

由东向西攻击野鸡岗、内黄一带的六十四军及八十八师二六四旅，因这一带敌军兵力不多，经我军的压迫，没有顽强抵抗，就窜向西南方面去了，他们顺利地克复了内黄、野鸡岗等地。21日晚，我派小部队沿铁路两侧往东搜索，只走了六七华里，就与二六四旅取得了联系。

22日上午，我和六十四军军长李汉魂在仪封东南端的一个村庄举行了会议，并和薛岳通了电话，商定：

（一）二六四旅归还七十一军的建制；

（二）七十一军统归李汉魂指挥；

（三）两军密切联系，向窜据在仪封西南地区的敌人攻击。

22日下午3点左右，六十四军在左，七十一军在右，开始向西前进，很快就和敌军接触。由于我方兵力较多，不断向左翼延伸，遂在仪封西南一带，形成了一条弧形的攻击线（因缺乏详细地图，许多地名记不起来），经过两个多小时的激烈战斗，两军都有相当进展，伤亡亦颇大。

我们这次在兰封作战，这一带的居民几乎逃避一空，地方行政人员也不知跑到哪里去了，因此使我们的补给、运输、伤病兵的遣送事项，都遇到严重的困难。22日晚上，我彻夜未睡，大部分时间都花在这些事项的处理上，伤透了脑筋。

23日我两军继续向当面之敌攻击，敌军因兵力不够，收缩防线，自动地放弃了一些村庄。这一天的战斗，两军都获得了一些进展，但因敌军火力猛烈，我军的进展还是有限的。

兰封的失而复得

桂永清和邱清泉，都曾由蒋介石派赴希特勒德国学习过军事，他们两个人的性格，真可称得上一对孪生子，平日骄横跋扈，不可一世，除了对蒋介石、何应钦、陈诚等人阿谀逢迎，以达到其升官发财的目的而外，是什么人都瞧不起的。一到战时，当形势于他们稍为有利时，便得意忘形，大肆夸张吹嘘；而当战况紧张时，便张皇失措，满头大汗，急得团团转，我曾好几次看见过他们这种丑态。

这次，他们两人联袂来到兰封时，仍然和过去一样，神气活现。当我向他们介绍当面的敌情和友军情况时，他们还没有等我的话说完，便满不在乎地说："这点敌人算得了什么！看我们来打它个落花流水。"他们那种趾高气扬、目空一切的神气，实在令人作呕。我当时曾以讽刺的口吻笑着对他们说："很好，你们两位德国将军来了，这次一定可以打个大胜仗。"

大约是5月21日或22日，桂永清派了四十六师的一部分步兵由兰封向东搜索前进，邱清泉也派了几辆装甲搜索车和一些战车同去。他们进到离开兰封不到10华里的地方，正好遇着敌军步骑兵100多人。这股敌军的任务，是向兰封方面搜索情况的，没有想到我方有战车、装甲车，便掉头后退了几里占领阵地抵抗，随后又调来了战车防御炮，桂、邱两部便不敢前进了。但是桂永清、邱清泉却利用敌军稍为后退这件事，大事吹嘘，向郑州、向武汉、向友军，宣传他们的什么“兰封大捷”，真是不知人世间有羞耻事。

薛岳给予桂永清军的任务，是要他率部东进攻击敌军，同时必须保持兰封这个重要据点，以利于东路部队的西进攻击，但桂部没有任何进展。到23日，敌军调集相当兵力，附以大炮及战车，向桂永清军发动攻击，仅仅两三个小时，桂军便全线崩溃了。溃退的队伍似潮水般向西逃窜，邱清泉的那些战车当然逃跑得更快，一口气就逃到罗王车站以西去了。桂永清知道自己的部队是控制不住了，如果丢了兰封，他的责任很大，便匆匆地写了一个纸条给八十八师师长龙慕韩，命令他率所部固守兰封。桂本人在敌军打击下，丧魂落魄，有如丧家之狗，拼命地向后逃跑，也是一口气就跑过了罗王车站。他的基本部队四十六师，就这样溃散了，一直到开封附近才收容了一部分，以后这个队伍就改编到胡宗南集团里去了。

龙慕韩对敌军的攻击，招架不住，他这时也无法向任何人请示，便自行决定退出兰封城，率部转到西南方向去了。就这样，敌军于23日下午攻陷了兰封。

薛岳得到桂永清军失守兰封的消息，非常气愤，因为按照他的企图，想在兰封附近歼灭土肥原师团。现在桂永清弃守兰封，这就打破了薛岳的计划，薛便以前敌总司令的身份向军事委员会控告桂永清，说他贪生怕死，贻误戎机，请求严办。桂永清则把兰封失守的责任推诿于龙慕韩，结果，龙慕韩被判处死刑，后来在武汉枪毙了。桂永清在蒋介石、何应钦等人的袒护下，仅仅以撤除第二十七军军长的职务了事。

现在再回头来谈土肥原师团的企图和行动。土肥原师团窜集于仪封西南地区后，由于七十一军和东路军在仪封附近会师，逐次向它压迫，形成包围的局势，这对它是不利的。尤以它已没有后方联络线，必需的粮食和弹药还可指望其飞机空投接济，但在那时没有直升机的情况下，几百辆车子所需要的汽油的补给，成了极严重的问题。因此，土肥原决定先攻陷兰封，然后将其部队的主力转移于三义寨、曲兴集、罗王寨这三个据点，以期能从黄河北岸经柳园口获得物资的接济，因为这三个村庄都靠近黄河。同时，土肥原又留置一部分兵力于兰封及罗王车站，成犄角之势，以分散我军的兵力和滞延我军的进攻。

敌军窜陷兰封后，在郑州的蒋介石、程潜等，大为惊恐，恐其长驱西进，直取开封、郑州，将使全局陷于极端混乱，乃急调在西安至潼关一带的胡宗南军团（第十七军团，辖第一、第九十两个军）赶运到开封，同时程潜亦率必要人员到开封设立指挥所。嗣得悉土肥原师团的行动后，乃策定围歼土肥原部的计划。记得这个计划的大概要旨如下：

（一）由胡宗南指挥第一军、第九十军及邱清泉的战车营，并配属重炮兵营，向曲兴集、罗王寨之敌攻击；

（二）命在豫北的朱怀冰军（还有其他的一些部队），向柳园口黄河北岸活动，截击敌军的增援，遮断其补给线；

（三）命俞济时的七十四军、第三集团军的第二十师及新三十五师、一〇六师等部，进攻三义寨；

（四）命七十一军攻击兰封；

（五）命六十四军先进攻罗王车站，得手后，再协助胡军进攻罗王寨；

（六）命商震所部逐步向西移动，担任守备开封及开封、郑州间之防务。

我于24日晚奉薛岳命令负责攻击兰封，25日晨亲率各师旅团长在兰封的东南端和西南端观察地形后，随即赋予两个师的攻击任务。我命令八十七师负责东北面的攻击，八十八师负责西南面的攻击，并指示各部队充分利用城外村落接近城垣，选定易于爬城的攻击重点。

其时蒋介石已来命令，将龙慕韩革职查办，并派我兼任八十八师师长。我乃将军部移至兰封南面的一个村庄，与八十八师师部同驻一处。同时调整人事，将二六二旅旅长邓经儒调为副师长，将资历较深、作战勇敢的团长沈芝生调升为二六二旅旅长，并以军参谋长陈素农兼任八十八师参谋长。

我亲自指挥八十八师进攻兰封的西南端，八十七师则完全责成沈发藻指挥。

兰封城并不大，城墙也不高，大部分都是用土筑成的，只有各城门附近有部分砖头，唯四面开阔，不容易接近，我于25日黄昏后率两个团接近南门及西南角，选定了两团的攻击重点，命部队漏夜挖掘壕沟，炮兵测定射击目标，命在第二线的部队绑扎爬墙梯子运送到第一线应用。

26日拂晓，两师同时开始攻击，先集中炮火射击选定的攻击点，摧毁敌军工事，随即集中火力掩护步兵爬城。激战至正午，前后冲击三次，由于敌军顽强抵抗，两师攻城部队伤亡枕藉，均未能突破一点获得立足地。我乃命暂停攻击，积极调整部署，并调来炮两门接近城垣，准备直接射击。延至下午5时，重新发起攻击，官兵前仆后继，奋勇战斗。到黄昏时，终于打破了几个缺口，在城墙上获得了三个立足点，即八十八师在西南方面爬登了两处，八十七师在东北角爬登了一处。当立命增加部队，扩张战斗，遂在城墙上和敌军展开了激战，敌军一再反击，企图消灭我登城部队，但均被我击退。

鏖战竟日，双方都感到疲倦，所以到晚上9时后，战况渐趋沉寂了。我方连夜调配力量，准备明日拂晓继续攻击。不料到27日凌晨3点左右，兰封城垣枪声大作，手榴弹的爆炸声尤为猛烈，据报说是敌军向我反扑，我严命各据点务必坚守，并嘱各团适当增加兵力，经过这样紧张的战斗约两个小时，随后便只有稀稀落落的枪声了，时天已微明，才发觉敌军已向西北方向逃窜。八十七师某团首先发觉，派了一部分兵力去追击，打着了敌军的后尾，击毙敌军 10 余名，缴获步枪轻机枪 10 多支及军马 10 多匹。他们送了我一匹军马，以后我在军中经常乘骑，把它叫作“土肥原”。

27 日我军克复兰封后，清扫战场，发现敌军遗尸 20 多具及枪支子弹食品等，判断系敌军撤退时，留下这一小部分人向我猛扑，以便其守城部队（据虏获文件，得知敌军兵力为一个大队）的主力得以安全撤出，因而这 20 多人便全部战死了。

全线撤退和花园口决堤

七十一军克复兰封的当天，六十四军也在同一天克复罗王车站，我两军正准备各派一部分兵力协助攻击三义寨、曲兴集、罗王寨之敌，不意到 29 日，东面情况发生严重变化。薛岳原留第八军在归德附近，竭力阻滞由鲁西南下的敌军西进，但黄杰并未执行薛岳赋予的任务，当敌军先头部队刚刚接近归德，他便率部撤走了。事后，薛岳曾向军委会报告，指责黄杰不服从命令、擅自率部放弃归德，但黄杰同样在蒋介石、何应钦的袒护下，以革职了事。

敌军于26日陷归德后，即分两路西犯：一路沿铁路而西，一路犯宁陵、睢县。薛岳当命六十四军、七十一军及另外的几个师（番号记不清楚）位置于民权、杞县、太康之线，迎击西犯之敌。七十一军在杞县附近布防，部队紧张地构筑工事，到 6 月初，仅我警戒部队与敌军的搜索部队小有接触，即奉命率部经扶沟向许昌转进。

围攻土肥原师团的胡宗南等部队，经过几天的激战，克复了一些小据点，但困守罗王寨、曲兴集、三义寨这三大据点之敌，仍然顽强抵抗，我攻击部队伤亡颇大。第一战区长官部正拟增厚兵力，并从后方积极运输炮弹等物资，期于短期内歼灭土肥原师团，但这时沿铁道两侧西进之敌，已于6月1日窜陷睢县，迫近兰封、杞县，而另一股敌军则由亳县方面，经鹿邑、柘城向太康进迫，其目的不仅在救援土肥原师团，且有进犯平汉路许昌、郑州一带的企图。这样，有使在开封、兰封间的我主力部队陷于包围的危险。在武汉的国民党军事委员会乃命停止对土肥原师团的攻击，除由三十二军派一部守备开封阻滞敌军的西进外，主力部队绕向平汉路以西撤退。

6月6日，守备开封的部队，在敌军的猛烈攻击下，退出开封。6月7日，敌军步骑兵千余人附战车10多辆到达中牟附近，与我警戒部队接触，郑州形势岌岌可危。

第一战区长官部在情况紧急时，向蒋介石建议，利用黄河伏汛期间，在花园口决堤，造成平汉铁路以东地区的泛滥，以阻止敌军的西进。这一建议，立即得到蒋介石的批准。长官部派驻在郑州附近的新编第八师（师长蒋在珍）和一个工兵营执行挖掘和爆破的任务，于6月9日决堤。黄河决堤后，黄水滚滚向南奔流，淹没了河南、安徽、江苏三省的广大土地，受灾人口达1000万人以上，财产的损失更难以计数。在抵抗日本帝国主义者的侵略，进行民族生死存亡的大决战时，国民党政府不是团结全民族的力量，动员广大群众，激励士气民心，来抵抗和消灭侵略者，相反地，在其丧失广大国土，节节败退之际，竟异想天开，企图借河水来救命。这充分说明国民党政府是根本不顾广大人民的生存利益的。

富金山、沙窝战役

宋希濂

1937年12月13日，南京沦陷。日本想乘机逼我屈服，但未能如愿。1938年5月，日军攻占徐州后，立即将兵力转到长江方面，企图深入武汉，破坏抗战的中心区域，欲使我不能继续抵抗。

为了阻止日军西进，我抗战部队在花园口决堤，使军队获得了喘息的机会，争取了保卫武汉的准备时间。

日军也同时完成了进攻武汉的部署。日军集重兵于江南、江北，派畑俊六大将担任华中派遣军总司令；准备进犯长江南面的部队有：

第十一军：司令官（中将）冈村宁次；

第六师团：师团长（中将）稻叶四郎；

第一〇一师团：师团长（中将）伊东征喜；

第一〇六师团：师团长（中将）松浦淳六郎；

波田支队：支队长（中将）波田重一；

第三师团：师团长（中将）藤田进；

第九师团：师团长（中将）吉往良辅；

第十八师团：师团长（中将）牛岛中雄；

第一一六师团：师团长（中将）清水喜重；

第二十七师团：师团长（中将）本间雅清。

准备进犯长江北面的部队有：

第二军：司令官（中将）稔彦王；

第十师团：师团长（中将）筱冢义男；

第十三师团：师团长（中将）荻洲立兵；

第十六师团：师团长（中将）中岛今朝吾。

同时还将第十五师团（师团长岩松义雄中将）、第十七师团（师团长广野太吉中将）、第二十二师团（师团长土桥一次中将）、航空兵团（司令官德川好敏中将）、骑兵第四旅团（旅团长小岛吉藏少将），编入华中派遣军战斗序列。

除上述主力部队外，还配备了机枪联队、山炮联队、迫击炮联队、高射炮联队等等。

国民政府军事委员会认为，此次会战，关系到国家民族的存亡，因而倾注最大努力，欲确保武汉。截止到8月中旬，约集中了90个师的兵力，准备对敌作战。

我所率领的七十一师在兰封战役会战之后，退到郑州以西的河南郏县一带，进行整补。

我军所辖三十六师，六七月间从江西萍乡运送到偃师，军委会命其归还我军建制。

8月下旬，我部奉命开到商城附近。

日军这时从六安西进。我部奉命在史河地区加以阻击。我立即率领各师师长去叶家集一带侦察地形。我们当时发现富金山有如扇形，靠叶家集很近，在公路南翼，居高临下，可控制公路，是一处良好作战要地。我当即决定，由两个师在富金山布置阵地。三十六师在左翼，八十八师在右翼。另派遣归我指挥的六十一师开到固始，占领阵地，竭力阻击敌军西进。如遇强大压力，可逐步转移，向商城靠拢。

我七十一军归第二集团军总司令孙连仲指挥。商城一带的阻击任务由孙部三十军负责。

8月底，在叶家集前沿阵地与日军接触。

9月2日，日军第十三师团，向我富金山阵地发起了进攻。敌进攻的主要方向是三十六师的阵地。该师阵地有几条棱形线，可伸到平地。而三十六师就在这几条棱形线的山腰布防。沿着棱形线一直可通到山顶，我的军指挥所即设在山顶上。

日军集中火力，猛攻三十六师防地，战况极为激烈。敌军的炮弹甚至打到了我的指挥所。我们也可以从山顶清楚地看到日军的活动。激战10昼夜，双方伤亡很大，由于三十六师的英勇抵抗，敌军沿着山脉的棱线向上仰攻，而我部呈梯形配备，敌每进攻一步，都要付出重大代价。他们既用飞机轮番轰炸，又用大炮密集轰击。然而整整10天，日军终始未能攻达我军在山腰一带的主阵地。连日本自己的报纸，也不得不承认："此役由于受到敌主力部队宋希濂将军的顽强抵抗，伤亡甚大，战况毫无进展。"这个10天，我这个指挥所就是在富金山山顶上度过的。我经常到三十六师指挥所，有时到各个团指挥所去。对他们说的唯一的一句话，就是："狠狠地打！"我们在山顶上，对敌军的活动，包括他们的炮兵阵地、运输车队，以及一些搭有帐篷的伤兵救护所等，都看得清清楚楚。可惜我们没有炮兵，如果有一个炮兵团，或至少有一个炮兵营，很可以给予它们毁灭性的打击。

这时，我八十八师还没有遭到很大压力。日军因为久攻不下，遂派第十师团进行支援。该部利用夜间向我军指挥部所在地——武庙集，进行侧背迂回包围，企图一举击破我指挥重心，并切断我后方联络线。可是其企图被我部派赴敌军侧翼侦察的搜索部队（八十八师五二三团第一营营长梁筠），从民众方面探悉。立即将这一重要情报，报告了该师师长钟彬，该师认为情况紧急，当即召集有关干部及当地向导，研究敌人的必经道路及地形。发现坳口塘是一处重要隘路，地形险要，易守难攻。遂迅速抽调五二八团，前往伏击。敌人以为其行动秘密，可以出我不意。他们万万没有想到，我军侦察部队，不仅获得了准确的情报，而且各级指挥官应变能力极强，行动迅速。使敌人的企图没有得逞，反而遭受重大损失，死伤300人以上。敌人因受到这一挫折，立即狼狈逃窜。

至此，敌军第十三师团，虽对我叶家集以西的阵地，进行全力攻击，但由于我军的顽强作战，该师团伤亡过半，包括大队长一级伤亡也很多。敌军不但没有取得任何进展，反而五次补充兵员。敌增援的第十师团，也同样遭到我军阻击，始终未能攻占富金山。后因另一部西进之敌，陷我固始，并向商城进攻，威胁富金山阵地之侧背。我富金山阵地遂于9月11日奉令放弃。转移至沙窝、小界岭一带防守。

富金山之战，予敌以重创，我军威名大震。日本报纸也出现了“我军遇到强手，束手无策……”等语。

9月5日，敌军进攻商城，与三十军展开战斗。三十军是一个能打硬仗的部队。商城的争夺战，也是十分激烈的，双方伤亡均重。随后我方放弃商城。三十军和七十一军奉令共同防守沙窝、小界岭一带。这是保卫武汉整个战局的关键。因为日军如突破小界岭防线，一越过整个山脉，便可沿着公路西进，占领花园，直逼武汉。

我部三十六师由于在富金山伤亡很大，剩下还能作战的官兵，缩编成一个团，留在战场归军部直接指挥；其余的，奉军委命令，由陈瑞珂师长带到襄河以西整补。

孙连仲的三十军在沙窝左翼，我部八十八师主力布防沙窝正面，八十七师防守在右翼。进攻这条线路的敌军拼命攻击，战况十分激烈。敌军多次企图拿下我阵地，每次都遭到我军沉重的打击。

在沙窝守卫战中，我军与三十军（军长田镇南）合作得很好。两个军的指挥部同设在小界岭南面约三公里的白果树。一旦发现敌军动静，不必通电话，两军指挥人员一商量，即可定下作战方案，只要日军一发动进攻，我们即施行两面夹击。我既设阵地，敌人攻月余，始终未能突破。我军虽然伤亡重大，但也狠狠打击了侵略者的气焰，迫使敌军改变了进攻路线——即敌军增加部队，攻占潢川、罗山后，向信阳进攻的作战方针。

富金山战役以及沙窝战役，由于我七十一军英勇抗日，当时的军委会，根据国外的新闻报道，并综合前线部队的战报，认为我军战绩卓著，曾经通令全国军队，进行嘉奖。同时给我个人颁发了华胄荣誉奖章与奖状。

大别山北麓之敌，此时已越过潢川西进，又继续占领了罗山，9月下旬与我胡宗南军在信阳以东发生激战，经胡宗南部痛击，致使敌人死伤5000余人，敌军被迫退至罗山等待增援。俟援军一至，立即再度猛攻，胡部伤亡惨重；于10月12日晚，未经第五战区代理司令长官白崇禧的批准（第五战区司令长官是李宗仁，当时李因病赴武汉疗养，由白代理）自动放弃信阳，撤往南阳附近。日军遂于10月12日攻占了信阳。然后，即以有力的一部从信阳西边的平靖关，越过桐柏山脉，占领应山，全线震动。因日军如迅速从应山南下安陆、云梦、孝感、汉川，则所有在东北地区作战的部队，均将陷于日军包围圈内。

当时，第五战区司令长官部设在安陆与花园之间的陈家庄，得此消息后，立即命令各部队，迅速向汉水以西地区撤退。第二集团军总司令孙连仲，以电话告知我部，即从小界岭一线撤退，经花园、云梦、京山向钟祥以西地区转移。几乎所有部队都向西去了，最后仅剩我部2万多人（我所指挥的三十六、八十八两个师，因作战伤亡过重，已于旬日前奉军委会命令，该两师留下还能作战的队伍，归我直接指挥，其余由师长陈瑞珂、钟彬率领开赴襄樊一带接领新兵整训）。我立即命令在左翼的六十一师（师长钟松），向钟祥转进。亲率八十七师及直属部队，以四路纵队，沿黄安至花园的公路西行。是日，天气晴朗，大约下午3时到4时这一段时间内，日军飞机三批（每批24架），先后从我军上空飞过，目标这样大，日机既不投弹轰炸，也不低飞扫射，径直向西南方向飞去。我当时感到很奇异，但随即听到孝感西南地区的爆炸声，才断定日机的目的，是在破坏孝感至长江埠一带的桥梁和船只，企图阻止和延滞我军的撤退。将近黄昏时（下午6时左右），我所率部队均已到达花园附近。当时得知的情况是：钟松率六十一师已于上午通过花园向孝感方面去了；听到西面大约三四华里的地方有稠密的枪声，判断安陆已被日军占据；友军的四十四师（萧之楚部），约有两个团和一个山炮连及没有跟上队伍的其他友军部队，有三四千人，均已到达花园附近，因情况不明，处于彷徨中；沿长江两岸西犯之敌，正向武汉附近地区进攻中；据我军后尾部队报告，尚未发现敌军的追击部队；北面的广水、应城一带，尚无消息。

我立即召集部队营长以上军官，到花园车站来开会。跟他们说明当前的形势，是处于敌军的大包围圈中，再向西行进，可能钻入敌人口袋，有被歼灭的危险。在此观望坐延，敌军将包围圈缩小，亦有被歼灭的危险。必须立即采取行动，暂将部队分散隐藏三里城、宣化店、七里坪一带及花园的东北地区，俟机突围。所有到会者全部同意。只有些人表示部队走得很疲倦，希望吃些东西再走。我当即斩钉截铁地说："不行！时间稍纵即逝，必须立即行动。"随即就各部队行进的路线，隐藏的大概地区，以及今后的联络方法，予以明确指示。我亲率军直属部队及友军部队，立即循原路东行。约一小时后，折而北向，进入丛林地带。

由八十七师沈发藻师长率该师全部，由花园经二郎店向三里城前进。经一夜的行军，到第二天上午，大都到达三里城、宣化店一带地区，出人意料的是，这些地区，几乎没有一点战争气氛。街上行人如流，熙熙攘攘。尤以三里城颇为繁华。特别令我感到高兴的，即三里城竟囤有军粮2000多包（每包200斤）。当嘱军需人员通知各部队来领。除吃用外，尽量带足预备粮。军部到达三里城附近一个村庄住下后，我即命通信营迅速架通各团级以上部队电话，并采取下列多项措施：（1）所有无线电台，应暂行停止与外部联系，防止被敌军侦察，发现我军位置；（2）严密监视通往黄安、花园、应山方面的敌军动态；（3）派出一些便衣人员前往潢川、罗山、信阳等地，侦察这方面的敌军情况。在这一带大约住了三四天，我命令各部队，利用夜间逐步北移，接近信阳至潢川间公路的南面二三十华里处住下。根据详细侦察结果，信阳至潢川间，只信阳、潢川两城有日军据守，白天常有装甲车在信潢公路上巡逻，晚间颇为寂静。于是我就决定，于某日晚10时至12时，所有部队（约2万人）要全部通过这条公路，跳出敌军的包围圈。一切均按照预定的部署实现了。接着渡过淮河（这时淮河可以徒步），第二天到达息县，即分两路向驻马店、确山两处前进。我率军部及直属部队到达驻马店后，立即由电台向军委会报告经过情况，迅即得到蒋委员长、何参谋总长分别来电嘉奖，内有“极为嘉慰”之词。并命部队即向南阳地区集结整训。随我一道出来的友军部队，各自归还建制，其军、师长均曾来电表示感谢。

此次战役，我方伤亡甚重。而敌军亦在我庄严的国土上，陈尸4506人（内将校172人），负伤17380人（内将校526人），合计21886人（内将校698人）。（注：这一数字引自日本年史。）

1939年7月，我部驻军河南灵宝休整。为纪念抗战两周年，我曾召集全军干部讲过这样几句话：“淞沪鏖战，予贼重创，富沙歼敌，恨未能使匹马不回耳。嗣当激励士气，功期再战，驱逐倭寇，还我河山，余之愿也。”就让它成为这段战史的结束语吧！

黄　杰

咸抱必死决心，逐屋必争，一墙不让。

- 1902年生，字达云，湖南长沙人。
- 1933年，率第二师北上抗日，参加了著名的长城抗战，与侵犯日军激战5昼夜。
- 1937年，升任陆军第八军军长兼税警总团长，率部参加了淞沪会战、徐州会战。
- 1943年4月，任第十一集团军副总司令兼第六军军长，率部进驻滇西。
- 1944年4月，所部编入中国远征军战斗序列，参加滇西反攻战役。同年9月，升任第十一集团军总司令。
- 1945年3月，任第一方面军副司令官兼中印公路东段警备副司令，参与指挥了对日反攻作战。
- 1995年，病逝于台湾。

南天门之激战

黄　杰

民国22年3月3日[①]，热河省主席汤玉麟坐镇省会承德，弃职逃亡，日军第八师团川原挺身队，得悉情报，遂翻山越岭，漏夜前进。于4日清晨，仅以110人的小部队，进入承德，控制全市，热河全境，也就轻易地失守了。全国舆论，为之哗然。

在此期间，日军继续进攻，以北平东北约100公里的长城古北口为主要目标。古北口是由承德到北平的交通孔道，守备古北口的部队，是第七十六军（军长王以哲）之第一〇七师（师长张正枋）与第十七军（军长徐庭瑶）之第二十五师（师长关麟征），从3月5日起，与敌激战，牺牲重大。至12日，古北口失陷，退守南天门一带。斯时我的职务，是第二师师长，奉命率领第二师集中洛阳，向北通州输送，随即兼程向密云前进。12日到达石匣，加入第八军团（总指挥杨杰）第十七军序列，13日奉命接替第二十五师南天门防务，守备黄土梁、南天门亘八道楼子一带阵地。

敌军自增兵古北口后，即声言一星期内，攻下南天门华军阵地，故

① 民国22年3月3日即公元1933年3月3日。下同，不另注。

自4月16日后，敌机10余架，即更番至南天门及石匣、密云一带阵地猛烈轰炸。至21日，敌军更全面向我黄土梁、南天门、八道楼子之阵地攻击，炮弹密如雨点，烟火弥漫，尘沙蔽天，五昼夜未曾终止。尤其左翼八道楼子一地，着弹3000余发，工事尽被摧毁，骨肉悉为灰烬，我阵亡营长聂新、吴超征之忠骸，在敌机炮重量炸弹下化为乌有，惨烈情状令人痛愤！我军浴血苦战，伤亡官兵达3000余。敌军此次进犯南天门、八道楼子，企图中央突破直趋密云，以建立其侵略整个华北之基础，诚不料我军能如此奋勇苦战，自认此次古北口、南天门之苦战恶斗，为侵沈、热以来未有之血战。敌人伤亡5000余人，为历次损失最大者。

4月26日，本师南天门、黄土梁一带阵地，奉命交第八十三师（师长刘戡）接替，移驻金扇子、九松山一带整理补充，准备再战。斯时北平方面，有酝酿停战空气。5月23日，事态急转直下，日军突然要求停战，为保守华北，保全北平文化古都，我政府忍辱负重，同意协商，5月31日上午11时11分，我代表签署了这场停战蒙耻的《塘沽协定》，以换取四年备战的时间，我前方将士，遵照政府命令，含泪退出寸土必争的战场。

蕴藻浜、苏州河战斗

黄　杰

八一三淞沪战争爆发，当时我的职务是陆军第八军军长兼税警总团总团长。第八军是在8月间以税警总团原有编制兵力编成的，奉命调沪参战，由海州经陇海、津浦、京沪铁路，专程迅速输送，在南翔下车。9月30日，推进至小南翔地区，当晚集结完毕，步兵第六十一师配属第八军，从此参加抗日行列，负担起捍卫国家、保护人民的使命。

淞沪地区属第三战区作战地境，当时，战区司令长官由蒋介石委员长亲自兼任，副长官是顾祝同上将。依作战地域，区分为右翼、中央、左翼三个作战军，作战军之下辖各集团军。第八军初期隶属中央作战军第九集团军，10月9日一度改配属左翼作战军第十九集团军，10月15日复回隶中央第九集团军。从10月1日起至12月5日止，在全战役期间，参加蕴藻浜与苏州河阵地守备战斗，及敌人在杭州湾登陆后，担负掩护大军转进作战等任务，历时66天。作战地区系沼泽地带，河流纵横，工事构筑、阵地守备均极艰难，而敌人利用空军轰炸，舰炮支援，兵力运用灵活，火力发扬炽烈。我军装备虽处劣势，但士气高昂，奋勇作战，前仆后继。就第八军来讲，蕴藻浜唐桥站的争夺战和苏州河刘家宅的争夺战，最为残酷，最为激烈。

唐桥站之争夺战：10月2日拂晓，敌军第九师团在优势空军支援下，配合战车部队，由北南犯，攻击我第九集团军蕴藻浜陈家行至唐桥站间既设阵地，企图由大场以西南窜，切断京沪铁路，以孤立我由大场镇至江湾的守军。第八军之税警总团奉命接替第八十七师阵地，与敌主力相遇，经过两日激战，双方损失均重。敌复以第三师团增援，猛攻我左翼友军，将陈家行至黑大黄宅宽约三公里之阵地突破数处，渡过蕴藻浜，向南继续猛攻，致我税警总团阵线特别突出，处于三面受敌，孤军苦战的险境。但官兵抱寸土必争之决心，艰苦支持，得确保唐桥站阵地。10月3日，敌强大部队继续向南压迫，固守严家宅、曹家宅之税警总团守军，牺牲重大。后相继失陷。我再以可堪调用之部队，配合炮兵，向敌实施逆袭。至14时，遏止敌之攻击，并夺回严家宅及西曹宅。敌复集中炮火轰击，继以步兵反扑，数度肉搏，双方牺牲惨重，税警总团严家宅守军，全部殉国，再告失陷。10月4日，自拂晓开始，敌机穿梭向我第八军阵地猛烈轰炸。9时许，敌地面部队由东、北、西三面向我唐桥站之桥头堡形成包围攻击。激战至19时许，数度肉搏，我守军伤亡惨重，上级以迟滞敌前进的目的既已达成，遂令第八军撤回至右岸主阵地固守，继续拒止敌人。

刘家宅之争夺战：10月30日晨，敌集中炮兵，向我苏州河右岸丰田纱厂、北新泾镇、屈家桥等处猛烈轰击。12时，敌主力借炮兵之弹幕射击及烟幕掩护，强行渡河。苏州河南岸之周家镇，因地形隐蔽，被敌利用南窜，当即与税警总团发生激战。另一股强大敌军亦向税警总团苏州河南岸之刘家宅阵地猛烈攻击，我亲至前线指挥守军奋勇抵抗，数度肉搏。终以敌不断增援，形成敌众我寡，我军伤亡颇重，但敌伤亡则数倍于我。我军事最高当局认为已达成消耗敌军之目的，急令我将刘家宅军转移至后方阵地，加强守备，刘家宅遂被敌占领。是日，我冲过敌猛烈炮火形成的弹幕，亲赴刘家宅之第一线，激励守军，守军士气高昂，咸抱必死决心，逐屋必争，一墙不让，敌尸横枕藉，血流成渠，一日之间，伤亡2000以上，虽幸占刘宅一村，所付代价至大。此役本军已达成上级作战指导目的，深蒙各长官之嘉许。11月2日1时30分，我税警总团之第三团第二营，向刘家宅以西攻击前进，协助第三十六师作战，企图夺回刘家宅。6时15分，敌再以强大空军支援地面作战，向税警总团第五团阵地猛烈攻击，该团奋勇抗拒，团长丘之纪上校于激战中饮弹阵亡，官兵亦伤亡过半，情况危急。我乃令第四团前往接替，同时亲率官兵，出敌意表，向刘家宅反攻，企图将进犯苏州河南岸之敌一举歼灭。9时30分，我军冒死犯难，奋勇攻击，将刘家宅南区之房屋攻克一部，唯敌仍据守其他房屋进行顽抗，演成逐屋逐室之争夺战。当我陷于敌我双方难分之混战中，第七十八军军长宋希濂得悉情况，曾令该军之第二一六团支援作战。11月3日，敌乘我伤亡惨重，不断增援猛攻，税警总团第二支队司令孙立人身负重伤。是日午后，税警总团遵令将刘家宅至蔡家宅防线交第三十六师接替。

陈　沛

几经肉搏，反复冲杀，战斗至9日13时，始将该敌击溃。

- 1904年生，又名国裕，字度侯，广东茂名人。
- 1938年，武汉外围战，奉命守江西修水县之麒麟峰，歼灭前来突袭的日军，升任第四十八军副军长。
- 1939年5月，任第三十七军军长。
- 1940年12月，授陆军中将。
- 1944年1月，任第三十二集团军副总司令兼前敌总指挥。
- 1987年12月24日，病逝于台北。

第三次长沙会战龟山之役

陈　沛

敌我作战部署

第三次长沙会战龟山之役起始时间为1941年12月24日至1942年1月10日。战斗地点主要在湖南省汨罗江及龟山一带。我军战斗序列为第九战区（司令长官薛岳）所辖之第三十七军，中将军长陈沛，中将副军长罗奇。该军辖陆军第六十师，师长董煜；第九十五师，师长罗奇（兼）；第一四〇师，师长李棠。

敌在第一、二次长沙会战失败之后，在鄂南一带集结强大兵力，妄图再举。12月24日发动攻击，击破我第二十军新墙河南北两岸阵地，并强渡新墙河，于27日拂晓，攻击本军汨罗江、新市、伍公市、长乐街、浯口之既设阵地。

薛岳以湘北形势，策定战略指导方针为"天炉战"。"天炉战"为"口袋战术"之代名。本军奉令固守"天炉门"，即自归义（不含）、新市、伍公市、长乐街至浯口（含）之主阵地，迎头痛击南犯之敌，极力固守；予敌以重创后，相机开放"天炉门"，向右侧翼转进，占领侧翼阵地，形成长沙核心之外围，诱敌南进；俟长沙核心猛力迎击，待敌攻势顿挫之际，即向敌之左侧后转移攻势，与长沙核心互相呼应，夹击南犯之敌而聚歼之。

本军以第六十师占领浯口（含）—清江口—长乐街—自由桥—颜家铺—伍公市（不含）；第九十五师占领伍公市（含）—新市—骆公桥—归义（不含）之主阵地；第一四〇师控置于金丹地区为总预备队，军部及直属部队位置于将军霸附近。

利用汨罗江为天然障碍，江北设置坚强据点，江南构筑强固阵地。两次会战，三年时间，已成铜墙铁壁。以少数兵力守阵，控制主力，机动运用。

作战经过

本军当面之敌为第三、四、六师团及第十一独立旅团各部，于24日越过新墙河之线，经我大云山之友军侧击及我军之前进部队逐次抵抗，前进迟滞。26日15时，敌之先头部队，进抵汨罗江以北地区，与我第九十五师前进部队接触。17时，我长乐街方面第六十师之前进部队，亦与敌之先头部队接触。我即命各师严阵以待。敌27日5时先行猛烈炮击，拂晓后敌主力在8架敌机掩护下，向我汨水主阵地作全面攻击，战斗至为激烈。我官兵沉着应战，迎头痛击，战斗竟日，敌难越雷池一步。28日6时，敌军在飞机12架、战车8辆掩护下，猛力进攻。我官兵奋不顾身，沉着抵抗，苦战撑持。迄是日17时，我第九十五师被敌越过新市以东之骆公桥，第六十师长乐街之西南侧亦被敌突破一部，激战两日，已予敌重创，乃报告薛岳按预定计划向右侧翼转进，占领新阵地，相机侧击敌人。28日18时，令我左翼第九十五师以一部逐次抵抗，主力转进至栗山巷—检市厂—长岭—飘风山之预定阵地线，侧击南进之敌，并与六十师切取联系；我右翼第六十师，以一部逐次抵抗，主力同时转进至清江口—乌石尖—马头岭—兴隆山之预定阵地线，相机侧击南进之敌。

18时奉薛岳命令：“新墙河之敌，已进至新开市，该军即派第一四〇师，星夜出发，限29日黎明到达新开市，协力第九十二师，攻击进犯之敌。”我当即转饬第一四〇师师长李棠，立即遵令出发。该师随即挺进岳阳，袭击敌后。

22时奉薛岳电话指示：“敌已越过汨罗江积极南进，该军应即转进至金井东南地区，准备侧击南进敌之左侧背。”本人深感正面受敌压迫，转进金井东南地区较远，掩护转进困难，且金井东南地区无良好地形利用，恐敌追击压力大，不易立足，失却尔后侧击之作用。但金井东南地区距敌南进路线较远（20余里），位置在敌侧，转进后行动自如、安全，伸缩性亦较大，若就近进据此地区之龟山，位置敌后，尔后虽艰险，但转进容易，且有利于攻击敌后。权衡轻重，毅然下定决心，立即电话报告薛岳，申述权衡之轻重，建议本军可否改为进据龟山，当蒙采纳，且获嘉许。遂作如下之新部署：

（一）以迅速之行动，星夜将位置于将军霸之直属部队，进据龟山，并以龟山附近连山地带为中心，作为长沙核心之外围。

（二）第九十五师即进占龟山东西地区，准备攻击敌后。

（三）限各部队于29日拂晓前完成新部署。

29日6时，敌继续南进，误认本军转进金井，乃以第四十师团，直扑金井，企图击退本军，以解除其侧背威胁。然此一行动，立即予我军由龟山侧击之好机，我第九十五师与第六十师以居高临下之优势地形予敌痛击。若非敌之空军掩护得力，诚为歼敌之良机。

敌以所图未逞，即退据金家坳、桂峰尖、金华山、双华尖、仙姑殿、邹家岭之线，阻止我军之攻击，企图掩护其左侧背。在此一线之战斗，以第六十师之攻夺仙姑殿最为壮烈。因此一弹丸之小峰庙宇，系乎彼此尔后之得失，非常重要；而桂峰尖，则为第九十五师之攻击重点，其战斗更为猛烈。

30 日，敌之第四十师团继续增加，企图确保桂峰尖、仙姑殿之线，以掩护其左侧背之安全。我亦抽调预备队向该线继续增强攻击。

以夺取长沙为攻击目标之敌，迄 31 日晨，大部已通过福临铺、栗桥、三姐桥，迄黄昏已进抵捞刀河、浏阳河中间地区之春华山、枫林港、石子铺一带。长沙核心之战，近迫眉睫。

1942 年 1 月 1 日晨，敌第三、四、六师团，开始向长沙外廓阵地攻击。连日激战，迭受我第十军守城部队迎头痛击，及岳麓山强大炮兵之压制。同时本军在龟山外围积极向桂峰尖、仙姑殿施行猛力攻击，发挥我外围与核心互相呼应之功能，形成南北夹击之态势，予敌背后之威胁极大，并因敌补给线已被我第一四〇师截断，敌已成强弩之末，呈退却模样。

1 月 4 日，接奉薛岳全线反攻命令。其命令要旨如下：第四军、第十军、第七十三军自长沙由南向北，第七十八军自永安由东向西，第九十九军由长沙西北向东南，第二十七军则自龟山由东北向西南，作全力反攻，聚歼北退之敌。

本军奉命后，即加强攻击，经两昼夜之激烈战斗，于 6 日黄昏占领桂峰尖、仙姑殿一带，敌退守飘风山、影珠山之线。其时敌进犯长沙之主力，已经栗桥方面，退过新市以北地区，我友军衔尾节节追击，以扩大战果。本军之追击部署如下：

（一）第六十师集全力攻击飘风山，一举摧破之，向西北追击，右与我第九十五师切取联络。

（二）第九十五师集全力攻击影珠山，一举摧破之，向西北追击，左与我第六十师切取联络。

（三）令第一四〇师适机截击向北逃窜之敌。

（四）我率军直属部队进至检市厂。

我罗、董两师，激战至 7 日 18 时。飘风山、影珠山敌之第四十师团在飞机、战车掩护下，负隅顽抗。因察敌确保该地带，为掩护退却之屏障，复令罗、董两师不惜牺牲加强攻击。几经肉搏，反复冲杀，战斗至9日13时，始将该敌击溃。其时敌之主力已退至新桥及其东北地区，而追击之友军尚未取得联络，即命罗、董两师衔尾追击。10日15时，敌军在飞机12架掩护下，全部退越汨罗江。是役我虽未能将敌歼灭，但已予敌以重创。

敌我伤亡情况

是役战斗迄1月10日追击终止，共计毙敌第六师团之联队长友成敏一及其他军官28员、敌兵1000余，俘敌军官13员、敌兵100余名、马100余匹，武器弹药等军用品甚多。据敌俘称，其两个旅团长均负伤。此为本军自参加抗战以来，战果最丰硕之一次。

本军第九十五师二八四团团长黄红率部攻击桂峰尖，在几将敌指挥官俘获时，因勇敢前进而暴露目标，被敌机扫射阵亡；第六十师三六〇团团长张巩率部攻击仙姑殿，几番肉搏冲锋，虽身负重伤，仍裹伤力战。其他各级军官参与肉搏，奋勇杀敌者尚有多人，不能一一枚举。唯敌机肆虐，战斗激烈，伤亡重大，共负伤官长42人，阵亡28人；负伤士兵536人，阵亡248人。

此役胜利后，军事委员会委员长蒋介石传令嘉奖本军，并对有功人员分别叙奖。司令长官薛岳对本军作战有功人员亦传令嘉奖，并赏银洋5万元。

郝梦龄

余牺牲亦有荣，为军人者，对国际战亡，死可谓得其所矣。

- 1898 年 2 月 18 日生，字锡九，河北藁城人。
- 1937 年 7 月，卢沟桥事变爆发时，自重庆返回部队，请求北上抗日。
- 1937 年 10 月 11 日，忻口保卫战打响，亲临第一线指挥作战。
- 1937 年 10 月 12 日，南怀化主阵地被日军攻破，第九军与日军在忻口西北、南怀化东北的 204 高地上展开激烈的拉锯战。
- 1937 年 10 月 16 日，亲自到前线督战，反攻大军分数路扑向日军阵地，连克敌人几个山头。不幸的是，在通过一段隘路时，被敌人的机枪子弹打中，壮烈牺牲。

忻口阵中日记

郝梦龄

10 月 1 日［星期五，气候晴，温度 70（华氏，下同）］

早起电话孔旅长[①]及闻师部到石家庄附近，准备今夜登车。饭后乘马到窦妪车站，因无车，至高迁李团长处，并约王旅长[②]同登车到石庄。而令李明日到大乡村登车。12 时到石庄，仍住慎新饭店。到石门中学访张春生，据云，卫□□[③]部亦开山西。又到阎司令处。复到石门谒林厅长[④]，据云，委座以山西重要，令阎部援晋，商部守平山、尝城线[⑤]，将来孙[⑥]部守娘子关。临行，林面谕今夜开出兵车八列，而后运输后部。归来有多数乡亲逃出来找，无法为力。原定今夜返家一行，因无汽车作罢。11 时 30 分登车，到 12 时 30 分始开车。正太系初次走，今夜入山西境。两月来行军，经过六省。

---

① 孔旅长系第九军第五十四师第一六一旅旅长孔繁瀛。

② 王旅长系第九军第五十四师第一六二旅旅长王晋。

③ 卫□□系第十四集团军总司令卫立煌，下同。

④ 林厅长系林蔚。

⑤ 商系商震，平山、尝城线，疑为平山、藁城线之误。

⑥ 孙系第二集团军总司令孙连仲。

10 月 2 日（星期六，气候晴，温度 70）

早 7 时到阳泉。此处产大煤，名冠全球，并有铁矿。停车 30 分，士兵买熟给养，一元五斤馒首。12 时到榆次。途中接到警报，停车树林内。午后 2 时始抵太原。平常票车 9 时余，兵车行 14 小时。下车住山西饭店，当谒陈云轩院长，老友魏郁周来陪，对晋方一切情形甚熟。午后 7 时到绥署谒朱参谋长[①]、贾秘书长[②]、阎司令长官[③]。而后又与徐子忱通电话，闻石庄今日敌机轰炸甚重，三二四团已开去，师部各处勉强通车，给养被炸，伤兵二名，留石医治。午后老友刘律初来谈此次晋北失利，李慕颜[④]被扣经过，今夜朱参谋长来催，先开三列车至原平。

10 月 3 日（星期日，气候晴，温度 65）

早起与陈团在车站谈话，又到东关街与孔旅官长训话，大意谓：此次战争为民族存亡之战争，只有牺牲，如再退却，到黄河边，兵即无存，哪有官长。此谓我死国活我活国死，定要实行连坐法。完毕，敌机来袭，即就近在空地内躲散。12 时在孔旅部午饭，与老友王飞鹏谈晋军情形，归来刘师长[⑤]已率师部人员到，决定今夜北上督战。又率刘、王等到绥署与前方王旅长电话，知已到忻县前方，姜旅[⑥]守原平，又发现敌情，就开车到忻口镇下车，而后再徒步前进。又谒阎、朱，要求官兵棉衣及毯子。

10 月 4 日（星期一，气候晴，温度 65）

今上午 0 点 30 分，到正太车站登车，转同蒲路车站，魏、刘送行。至上午 4 时始开出站。至高村因上坡机车力小不能行，留下三辆。而后

---

① 朱参谋长系第二战区参谋长朱绶光，亦为太原绥署参谋长。

② 贾秘书长系第二战区秘书长贾景德。

③ 阎司令长官即阎锡山。

④ 第六十一军军长李服膺，字慕颜。

⑤ 刘师长系第九军第五十四师师长刘家麒。

⑥ 姜旅系第三十四军姜玉贞第一九六旅。

将到平社，敌机八架又来袭太原。过平社车站，曾停数列车，未掷炸弹，当在此地下车躲避，并令官兵做饭。至午后4时30分始开车，6时到忻。下车有杨军长[①]派参谋等候，即赴该军部。8时与杨军长谈，据云：前方战况甚佳，又借电话与绥署朱参谋长报告军队到达位置，及王旅李团便衣队在平地泉与敌使衣队接触，伤三名。9时开车，机车又坏，连换两三次始开出，夜12时到忻口，与王旅长谈前方情形。

10月5日（星期二，气候晴，温度60。早冷午热暖夜凉，一日有四时之气候）

早3时，戴团长来。6时孔旅长来。在忻县车站领棉军衣5100套，官长300余套，驴子120匹，平分两旅及师部各处。7时，同刘师长各旅、团长到忻口西北高地看阵地，又过河到二团团部。据云：今晨之炮，系该部自放之炮。午后1时归，□总司令派来高级参谋视察。据云：□□师已到太原，今日由太原步行出发，明夜或可到忻县。到齐后，以备出击。接□总司令来电云：崞县之敌，有向后撤退之模样，按各处情况判断，不确。午后4时，敌又以大炮坦克车及飞机轰炸之下，仍攻原平甚急，并敌骑一部，到我阵前，十余次警戒及侦察。棉军衣已发足，驴子尚差半数，如取齐，而后行动较便。

10月6日（星期三，气候晴，温度65）

早6时起床，拟迁入洞内办公，沿河视察地形，见官兵作工多不得要领。到界河铺。敌机侦察之后，轰炸原平。自晨至午，敌攻原平西北方甚激烈。午间电话不通。雁门关援队到此，因等候弹药，直至7时始出发。接阎司令长官及刘书霖[②]电话，□□军接右翼阵地，□□□师接奇村镇。9时30分与姜旅副官长通电话，据云：仍固守土围，因西北两关，较城内地势高，恐不易守，希望我师派队夹击。当派李团长率兵两营，送崔

① 杨军长系第三十四军军长杨澄源。

② 第十五军军长刘茂恩字书霖，当时系忻口正面战场右翼兵团指挥官。

团进城，及保护弹药事。回忆援助蔚县晋军守城之围，平安解除，此次仍可援助，及解此围。前者系内城，此次系国际战，较有功于国多多矣。或因李服膺枪决，晋高级将领早具决死之心。

10月7日（星期四，气候晴，温度60）

早起王参谋长[①]由并[②]归来，据云：在并参加军事会议，部拟朱□、卫□□、杨□□分任三路总司令[③]，候集中完毕后，开始向当面之敌攻击。今晨与原平姜旅送弹药10车，未送完，敌来袭，又失去半数，并丢汽车五辆。□军战败过来，胆小如鼠，如中央军不到，恐敌已到太原矣。刘书霖已到宏道镇取得联络。午间到孔旅长处，相距甚远。晚饭同乡靳□□来，彼任阳明堡飞机场站长，此次亦丢汽油2000箱。原平之米，又被敌食，因粮与敌，军家所忌，闻保定易州亦如是也。6时与王团官长训话。今日拨到晋山炮□□，中央平射炮□□到忻口。

10月8日（星期五，气候晴，温度65）

早起拟与刘军长同赴太原，接郭寄峤电话云：卫日内进驻忻县，不必前来。早饭后同刘师长沿河边经界河铺、官村[④]、南怀化、赵家庄、刘家庄、张家窑、金山铺巡视一周，约45里。归来接王师长[⑤]通报，8日早3时，敌入崞县城内，该部因伤亡过半，已退出城外，在河东岸□□。7时，山野炮约10门退至河东岸。拟令明晨过河。将此情形转电阎司令长官、朱参谋长，电云：原定集中完毕，即行进攻，刻崞县又失，改先取守势，将工事及阵地内通讯先后设备好。接阎作战命令，左翼友

---

① 王参谋长为第九军参谋长王冠。

② 并为太原简称。

③ 朱德任右翼集团军总司令，卫立煌任中央集团军总司令，杨爱源任左翼军总司令，是第二战区于10月1日策定的，是整个第二战区的军事部署。

④ 官村应为关子村，下同。

⑤ 王师长为第七十师师长王靖国。第七十师于战前改称第十九军，10月1日奉命守崞县，8日撤出。

军□□□师，以奇村、永兴为界，右翼友军□□□师以滹沱河为界。

10 月 9 日（星期六，寒露，气候晴，温度 65）

早 6 时同刘师长、王旅长、王参谋长，到河东岸看阵地，见阵地正面过宽，右翼□□联络亦不确实，拟将陈团长再率□营过河，不过左翼友军，尚未取得联络。10 时据某团附到此云：□军长[①]率部□□□人已到河东大慕村，当将此情形转朱参谋长矣。午后接到□总司令令，本师担任之正面缩小，令陈团长率步炮各□营，到河东岸，以巩固忻口镇正面。据通报崞县到有敌万余人，并在东关架桥。午后 5 时□军□炮□门过河，因上午敌机在渡口投弹四枚，伤□炮连班长一人。又接□令，□炮兵□□团归余指挥，（略）下令，以 1/2 人数，进入阵地，严加戒备，防敌再犯也。

10 月 10 日（星期日，气候早晴午后阴，温度 65）

今日为国庆 26 周年纪念日，回忆先烈缔造国家之艰难，到现在华北将沦落日人之手，我们太无出息，太不争气了。夜 2 时 30 分接报告，我阵地已到敌装甲车及坦克车数辆，幸已有准备，将小桥拆断。车停桥上，派兵□□出击，将该桥上汽车烧毁，余车退去。8 时敌派重炮猛攻原平，此时又接□令，姜旅留余指挥，如早日出动，绝无此事。午间接□部长途电话，令与姜联络。后午 6 时，□总司令来忻口，到□□看阵地，归来到部，谈甚久，而后回忻县。候装甲车到，拟明早派王营沿公路游击，并与姜旅联络，炮兵今日皆进入阵地。

10 月 11 日（星期一，气候阴多风，温度 60）

昨夜风雨交起。2 时 30 分接□总司令令，派有力部队，驱逐原平以南之敌，解姜旅之围。即令□团长率兵两营，3 时出发。装甲车未到。王营拂晓到平地泉，闻原平炮甚烈。9 时有溃兵出城，恐此时城亦不保。

---

① □军长即第十九军军长王靖国。

午间接郭寄峤[1]电话，姜旅仍固守东半城，士气亦壮，决定今晚攻击。部署以三团分两路前进，六团跟进，五团俟到原平后再跟进。见烧毁之敌装甲车，载有飞机汽车多数零件。午后3时，接王团长报告，我装甲车过小官道，在北三泉之敌，用轻重机枪射击，并坦克车10余辆及小炮向我射击。晚饭后即开始动作。接郭寄峤电，□到并请示阎长官，□□□□，有改战略之意。

10月12日（星期二，气候晴，温度52）

早饭后到阵地，时有飞机来扰。归来下令确实进入阵地。午后6时据炮兵团长报告，敌分三纵队用坦克车10余辆掩护步兵，由原平分二路向我阵地前进，又一纵队炮兵一营向永兴村前进。7时到前方，正敌机向我射击甚烈，当令沉着应战，非有命令不退。9时归来，炮兵团长报，恐石庄不保，孙（连仲）退娘子关。如此，祖墓已沦亡矣，痛心已极。恐明晨敌拂晓攻击，除与前线孔旅补充弹药外，令□□□师一团，明早进至界河铺，陈团到桥边，以便支援王团，准备出击。又原平姜旅崔团长到，悉姜旅长已阵亡，实为可惜。该旅伤兵等，代为收容。与朱参谋长报告今日午后情况，又与刘军长通话。

10月13日（星期三，气候晴，温度52）

昨日正在前方督战，归来见有受伤官长，始悉南怀化□□□团阵地已突破，即令李师[2]派兵一团由金山铺往援，另将界河铺之预备队增援，并同李师长督战，将□□□团收容训话，仍继续抗战，将原阵地稍向后撤，归来向□报告，想设法补救，请先将傅□□[3]拨一旅，以便明晨拂晓攻击。是夜陈军长□[4]来此间会商此事，派于旅同往，直至夜间3时始到，

① 郭为第十四集团军参谋长，郝梦龄于10月16日殉国后，接任第九军军长。

② 李师为李仙洲第二十一师，李仙洲师长于14日负伤。

③ 傅□□即第七集团军总司令兼第三十五军军长傅作义。

④ 陈军长□即第六十一军军长陈长捷。

即向西方高地布置。至5时到，即向南怀化出击。连日昼夜炮战甚烈，5日来已伤团长一员，营长5员，连长20员，士兵数百名。

10月14日（星期四，气候晴，温度50）

早3时上山，5时开始向南怀化、新练庄出击。□□□团在前，晋军在后，限三小时攻下，1时后即到达目的地，因伤亡过重，两翼未动，故仍在原阵地。1300高地，亦到有敌人，令□□师恢复。今日督战，李师长负伤，戴团长负伤，官兵受伤过多。往日见伤兵多爱惜，此次专为国牺牲，乃应当之事。午后4时返部，与陈军长商定晋军四团，明日出击。闻1300高地有失去说。右翼刘书霖，亦有战事，今日敌机亦见10余架。3时将阵地分配完毕下山。李□□今日到晋。

10月15日（星期五，气候晴，温度52）

一夜炮声未止，我晋军由前进阵地出击，亦未成功，又退回阵地，兵有溃样。1300高地之情况，仍如昨日，早饭后仍在第一线督战。

抗日殉国的郝梦龄将军

剧纫秋

今年（1982年）10月16日，是我的丈夫郝梦龄殉国45周年。我怀着十分沉痛的心情深深地悼念，并嘱身边女儿慧英、女婿及孙辈去武昌洪山卓刀泉祭扫墓地。让他们也不忘先辈在伟大的抗日战争中是怎样为祖国而英勇献身的。

郝梦龄是在1937年卢沟桥事变后平津沦陷，冀察失守，晋北又告急之时，以身许国，请缨北上前线杀敌。行前给家人写下了遗嘱。自日寇侵华开战以来，以军长亲赴前线，身先士卒，英勇血战，牺牲之烈，成仁之勇，使敌军丧胆者，郝梦龄为第一人。

毛泽东主席在1938年3月12日延安追悼抗敌阵亡将士大会上，给了郝梦龄很高的评价。

由农民到军长

郝梦龄，字锡九，系河北省藁城县庄合村人，生于1898年2月18日，家中世代务农。因家境贫寒，仅读三年私塾，就随父务农。14岁时，父亲郝瑞枫送他到正定县一家广货店当学徒，因忍受不了老板的虐待，投奔到东北魏益三部下当兵。魏是奉军三十军军长，系郝家亲戚，看他勤奋向上，既学文化，又练武艺，认为是有用之材，送他进陆军军官小学学习。后又考入保定军官学校第六期，毕业后因病返家务农。1921 年病愈又投奔沈阳魏益三部下任营长。当时郭松龄是奉军第十军（配备有大炮、坦克的奉军主力）军长，魏益三是郭的参谋长，又是东北炮兵司令。第一次直奉战争起，郭松龄率领奉军进关，打到保定。冯玉祥派熊斌等人秘密联络郭松龄倒戈打出关外，许他为国民军总司令，共辖四个军。郭回师占领锦州，魏益三驻山海关。张作霖加紧勾结日本军头目，迅速调集 20 万关东军协助抵抗郭松龄部队。日本关东军并派浦大佐由旅顺搭汽艇到秦皇岛登陆，向郭松龄提出最后通牒，不准郭部在南满铁路两侧有军事行动，违者解除武装。日本人对张作霖方面不加限制，并派一旅团在南满铁路阻止郭部前进，实行武装干涉。这是导致郭松龄失败的主要原因。

1925 年 12 月 23 日，郭松龄夫妇被张作霖杀害。当时郝梦龄是魏益三部的团长，继续在山海关阻止奉军与日军入关。后来冯玉祥派代表到山海关与魏益三联系，郝梦龄是魏益三方面的谈判代表。谈判结果，1926 年 1 月 3 日，魏益三担任冯部国民军第四军总司令，在山海关就职，郝梦龄升为旅长。在北伐战争中，郝升为国民革命军第四军第二师师长。北伐部队开到郑州改编，为陆军五十四师师长。1930 年中原大战结束后，兼郑州警备司令，以后升为第九军军长。

要抗日，不愿打内战

梦龄多次参加军阀混战，见“人民遭殃、流血千里”，深为忏悔和痛恨。1935 年蒋介石率领军队进江西“围剿”时，他请求解甲归田，未得批准。同年被调到贵阳负责修筑川黔、川滇公路。1937 年 5 月，再度请求归田，上级批示调他到四川山洞陆大将官班学习。行到重庆，得知卢沟桥事变发生，对我说："我是军人，半生光打内战，对国家毫无利益，日寇侵占东北，人民无不义愤填膺。现在日寇要灭亡中国，我们国家已到生死存亡的最后关头。我应该去抗战，我应该去与敌人拼。"他毅然放弃去陆大学习，立即返回部队，要求北上抗日。但未如愿，而被指调到庐山受训。他又上书请缨。军事当局见其报国心切，前线战事又吃紧，同意他率领部队北上抗日。因此，他往武汉与家人告别后，未去庐山而径奔石家庄前线。

立下遗书，决心拼死在疆场

梦龄和我一向住在武汉。1937 年他由贵阳率部队北上抗日过武汉，与我和儿女最后一次告别时，抚着儿女说："我爱你们，但更爱我的国家。现在敌人天天在屠杀我们的同胞，大家都应该去杀敌人，如果国家亡了，你们也没有好日子过了。"他写下遗书，封好交给大女儿慧英，叫待他走了三天以后再拆开看，念给我听。13 岁的慧英当时硬要拆开看，他不忍心看到行前我们全家哭哭啼啼，就在与女儿对抢中撕毁了，说以后再写一份寄回来。

当年双十节，梦龄由山西忻口寄给我的家信是最后遗书，原函云："余自汉出发时，留有遗嘱与诸子女等，此次抗战乃民族国家生存之最后关头，抱定牺牲决心，不能成功即成仁，为争取最后胜利，使中华民族永存世界上，故成功不必在我，我先牺牲，我即牺牲后，只要国家存在，诸子教育当然不成问题，别无所念，所念者中华民国及我们最高领袖蒋委员长。倘吾牺牲后，望汝好好孝顺吾老母及教育子女，对于兄弟妹妹等亦要照拂。故余牺牲亦有荣，为军人者，对国际战亡，死可谓得其所矣。书与纫秋贤内助，拙夫龄字。双十节于忻口。"

尽忠报国，浩气长存

梦龄率部开赴前线，兼程北上，到石家庄一带集结。面对的敌人是世界上自夸常胜不败的最野蛮的强盗，空中及地面上的火力均占绝对优势。梦龄誓死报国，毫不畏缩，鼓励部属说："报国的时机到了，守土杀敌，抵御外侮是军人的天职，决不能让国土在我们面前丢失一寸。"由于他的慷慨激昂，士气益加振奋，牺牲虽大，阵地巍然未动。

嗣后，晋北战事紧张，梦龄又奉命率部从石家庄一带到忻口镇，支援在那里日夜血战的晋军姜玉贞旅，在忻口镇红沟一带布防。

自 10 月 12 日起，敌人以飞机、大炮、坦克发起猛攻十数次，由于梦龄和他的部下抱定牺牲决心，坚决阻击，敌人终不得逞。至 15 日夜，第十四集团军总司令卫立煌曾亲临阵地嘉勉备至，并增加七个旅交梦龄指挥，由正面向敌人袭击，左右翼同时出击策应，期收夹击之敌。

夜 2 时，梦龄亲临前线，身先士卒，挥兵前进，突袭敌阵，连克数山头。迄 5 时，天已微明，他恐天明后我新阵地受敌飞机、大炮、坦克的火力威胁而不能巩固（当时前线制空权属于敌人），不如乘胜追击，将残敌歼灭于俄顷，以期决战决胜。遂继续挥兵奋进，敌势纷乱，乃以机枪榴弹掩护后退，此时梦龄在上官村身临散兵之前，距敌 200 余米，身中敌机枪弹数枚倒卧，犹挥兵前进，待特务连士兵抢上前去，救护出阵，已魂归天上，光荣殉国。

参加了忻口战役的梦龄部下连长秦福臻回忆说："我团旋即开到忻口，又以轻装强行军的步伐向原平镇前进，支援在那里与日寇血战的晋军姜玉贞旅，中途即知原平已失守，姜旅长在力战中光荣殉国，全旅官兵无一还者。我团遂即折回忻口，进入山上阵地，与日寇板垣师团接战。

敌方空中及地面上的火力均占绝对优势，我团战况十分严重，团长立即组织一个百余人自告奋勇的奋斗队（牛坤山为队长），向敌方某高地发动奇袭，数十分钟就夺取一个山头……当我从战场上被背回裹伤所时，正听到郝将军在所前的阵地对我团归来的剩余士兵百余人讲话。他以气壮山河的悲壮语调说道：‘我们这100多人编成一个连。先前我们一团人守这一个阵地，现在我们剩一连人还是守这个阵地，就是剩一个人，也要守这个阵地。我们一天不死，抗日的责任就不算完。我出发前已在家里写下遗嘱，不打败日寇决不生还。现在同你们一起，坚守这块阵地，决不先退。我若先退，你们不论是谁都可以枪毙我，你们不论是谁只要后退一步，我立刻枪毙他。’将军接着又大声补问一句：‘你们大家敢陪我在此坚守阵地吗？’全体士兵都像雷鸣一般齐声答道：‘誓死坚守阵地！’将军这一壮举，深深感动人心，40余年我印象犹新，终生也不会磨灭……两军在忻口对峙月余，日寇始终未能越雷池一步，乃一再增兵向我阵地猛扑，郝将军始终亲临前线应战。独立第五旅邓旅长阵亡。将军委李团长为代旅长，当日亦战死。翌日战斗特别激烈，郝梦龄将军遂亦光荣殉国，同日殉国者尚有刘家麒师长。”

梦龄于1937年10月16日阵亡在晋北之大白水，越8日于10月24日灵柩由太原起运来武汉，当时武汉各界素车白马恭迎忠骸于火车站达4000余人。武汉各界举行公祭，并下半旗志哀，由何成濬以武汉行营主任代表蒋介石主祭。献花圈读祭文，数千人轸念忠烈，均为之涔涔下泪。后以国葬仪式安葬于武昌卓刀泉，参加葬礼各界人士达万余人。当年国家为纪念烈士的功勋，在汉口改日租界的北小路为郝梦龄路（今吉林路）。

张　轸

4月3日夜，我武术大队以梭镖大刀冲入韩庄车站，杀敌数十人，曾一度占领韩庄，给敌军以有力打击。

- 1894年4月15日生，字翼三，河南罗山人。
- 1937年5月，调任豫北师管区司令。卢沟桥事变后，在豫北举办游击训练班。
- 1938年，率一一〇师参加台儿庄战役，受到最高统帅部传令嘉奖，晋升为第十三军军长。6月初，率十三军参加武汉外围保卫战。同年秋，任桐柏山区游击总指挥。
- 1939年5月，率部参加随枣战役，获宝鼎勋章。
- 1941年底，任第十一集团军副总司令兼第六十六军军长。
- 1942年4月，赴缅甸抗击日军。
- 1981年7月28日，病逝于郑州。

阳新作战日记片断

张　轸

8 月 26 日

武汉外围作战，总司令系第九战区司令长官陈诚，参加作战部队有第十八军、第十三军、第八十五军、第五十二军，以及孙桐萱、王陵基部队（即第三十集团军）。

本军（即第十三军）奉令由通山出发，当晚宿营阳新附近。

8 月 28 日

渡阳新之富水，至金鸡岭。当即命令欧阳师长占领牛角泉、大岭山、石头嘴一带阵地。

本日王陵基将鲤鱼山、笔架山失去；第五师将磨山失去。情况异常紧急，余赶到石乌街附近侯镜如第二十一师师部，晤谈甚欢。

8 月 29 日

孙桐萱将阳新失守。

8 月 30 日

夜敌攻我虾蟆岭，乃集合第三十五师营长以上军官，讲山地战要领，主要是讲占领制高点。前边这一个山头非常重要，占领这个山头，对于整个阵地，完全在控制之下。其次需要占领制高点两旁的山头，以便发生侧击之效。如仅占领这个山头，而不同时占领这两个高地，如人失去左右手一样，就不能应用自如也。讲罢了，大家一致高兴。

9 月 12 日

王师长（王劲哉）报告：昨夜 12 时至 1 点 30 分，敌攻笔架山甚急，以步炮联合之敌千余人，向我右翼进攻。我当以第一营全部，奋勇还击，激战 3 小时，将其击退。敌又反复冲杀，卒未得逞，我军乘胜奋勇冲杀，将敌击退，我方追击三华里以外，才停止追击。

是夜敌攻周庄、泉岩周甚急，集结步炮 2000 余人，向我第八十九师左翼冲击，我方将机枪集中扫射 30 分钟后，敌攻势顿挫，微向后退，我乃猛力追射。及拂晓前，敌又增加步炮联合之敌 2000 余人，攻势激烈，遂将周庄、泉岩周陷落。第八十九师伤亡甚大。该师失陷周庄、泉岩周后，随即令第二十三师参加纱帽岭之线，以掩护第八十九师右侧翼，该师第一一三旅之雷营长带领本营三次向敌冲锋，掩护第八十九师，其功亦伟矣。

同时王基脑、罗成山之守备欧阳师长，并未致力，致整个战局陷于不利。

9 月 24 日

拂晓，步炮联合之敌 3000 余人，向我太阳岩、瓜坑进攻。

9 月 28 日

敌以大量飞机大炮向牛下排集中攻击。第三十五师只守半日，将瓜坑、太阳岩完全失守。瓜坑关系整个战局甚大，瓜坑失陷，敌可出入自由，我亦无控制余地。

这次作战，最高统帅部拟定 10 月 1 日放弃武汉，所以作战要领系节节抵抗，节节退却，后退即可。

南洛、金陵寺、八里屯之战

张　轸

第一一〇师的成立和指挥系统

第一一〇师的前身为补充第二师，由鲍刚的独立第四十六旅，东北谭自新的骑兵旅和豫北师管区的五个新兵营，于 1938 年 1 月在焦作混合编成，同年 2 月开赴孝义训练，即改编为一一〇师，归汤恩伯指挥。

当时副师长为王晓民，师参谋长为秦鼎新，第三二八旅旅长为鲍刚旧部辛少亭，第三三〇旅旅长为谭自新旧部李世�，第六五五团团长鲍汝澧，第六五六团团长廖运周，第六五九团团长王振淮，第六六〇团团长张继烈（雪平）。师直属部队有工兵营、骑兵连、通信连、特务连、武术大队、军士队和战地服务队。全师官兵共为 11340 人，马 389 匹，破旧步枪 7100 多支，轻机枪 124 挺，重机枪 38 挺，迫击炮 14 门，另外武术大队有梭镖 200 杆，大刀 200 把，装备之劣，训练之差，为当时台儿庄抗日部队所没有的。

张　轸

开赴鲁南担任运河南岸的防务

1938年3月18日奉令由临汝出发，到许昌以火车输送徐州，25日到达。当见李宗仁司令长官后，即拨归孙连仲指挥。28日接关麟征由万年闸至韩庄运河南岸防务，由台儿庄至万年闸30华里，归孙连仲部担任，由万年闸至韩庄30华里归第一一〇师担任。韩庄车站为敌前进据点，随时有渡河威胁徐州的危险。本师未经严格之训练而装备又差，居然担负如此重任，所恃者，拨归我指挥的有15生的榴弹炮及75生的野炮各一营，每日向韩庄车站及敌人重点发射，并不时以小部队出击。官兵有旺盛的士气，都抱同仇敌忾的决心，所以由3月28日至4月5日的八天运河的防御中，虽经过许多艰苦，卒能完成任务。4月1日夜敌由韩庄渡河，向我守军阵地袭击，激战四小时将敌击退。4月3日夜，我武术大队以梭镖大刀冲入韩庄车站，杀敌数十人，曾一度占领韩庄，给敌军以有力打击。

夜渡运河攻占南洛及追击敌人

1936年我在豫北曾办军官军士训练班，有100名青年男女学生参加，我任班主任，秦鼎新为副主任，聘请第一战区八路军联络参谋朱瑞、唐天际为游击战术教官，讲授政治要领和敌后活动的游击战术。

现值日军矶谷、板垣两师团的主力向台儿庄正面进攻，孙连仲部池峰城师奋勇抗敌，坚守不退，虽经各路援军陆续参加，终不能将敌击退。与此同时，孙、汤两部转移攻势，第一一〇师也奉命于4月5日由得胜口夜渡运河。在台儿庄至枣庄以西，韩庄至临城以东，运河以北的广大地区，战地服务团的男女学生，开富人仓库救济穷人，组织侦探队、担架队、运输队。6日拂晓前占领獐山，威胁泥沟，我师配合孙连仲、汤恩伯的主力军，于6日夜令李世勣旅长带兵一营佯攻峄县，令王振淮团长带兵一营佯攻泥沟，令袁国贤营长率本营佯攻北洛，我率辛少亭全旅及张继烈的第六六〇团猛攻南洛，由夜间10时开始，各按原计划进攻，南洛之敌被我南北西三面包围，我以迫击炮八门、重机枪八挺集中向村庄西端猛射，使坚守该村庄之敌死伤惨重，救援不及，遂于7日拂晓前廖运周团完全占领南洛。台儿庄前线之敌与后方联络线被截断，全线退却。

4月7日拂晓，向敌猛追。午后3时，追至白山西，遇敌反扑，廖运周第六五六团占领白山阵地与敌对抗。是日敌无大规模行动，仅以小部队阻止我军追击而已。

8日拂晓，敌先以飞机三架两次轰炸白山西村落，继以大炮向我白山阵地集中射击，由拂晓至黄昏，敌发射炮弹一万余发，尤以下午3时后为最烈。午后6时前，敌以两营兵力向我白山左翼山头猛烈进攻，先以优势火力制压住我方火力后，即向我方阵地猛冲，守白山山头的鲍汝锐营长带全营由山腰向下反冲锋，展开了激烈的肉搏战，遂将敌人击退，我鲍营长亦壮烈牺牲。柏得福营长亦负重伤，官兵共伤亡900余人。

是夜我转移至金陵寺望仙山一线阵地，连夜构筑工事，准备坚决抵抗。

我军占领南洛以后，立即报告孙连仲及李宗仁司令长官。

4月9日午后3时，孙连仲始派黄樵松的第二十七师、吴鹏举的独立第四十四旅前来支援，我当时把金陵寺望仙山一带防务交给该部。是夜我部就进占八里屯，并驱逐敌军监视部队，占领老虎山卧虎寨，控制有利地形，瞰制峄县之敌。

敌反攻八里屯之战斗

我军占领老虎山卧虎寨之后，使敌军感到极大威胁，敌遂乘机向我进攻。八里屯距峄县城只八华里，为700余户的大村落，屯北群山中之最高峰老虎山卧虎寨又为我师占领，地形于我极为有利，师部设魏楼，距第一线之八里屯卧虎寨为四华里，每日遭到敌炮轰击，故终日除巡视阵地外，均在掩蔽部中指挥作战。4月12日8时起，敌反攻八里屯，敌以大炮集中射击，毁我两个碉楼，遂以坦克车四辆，后随步兵两连向我军进攻，我张庚寅营之王连避开当面阵地，隐蔽右侧森林中，猛烈侧射，将敌击退。第二次，敌又发射燃烧弹10余发，将村落房屋几乎全部焚毁，又用步、炮连合一营以上的兵力，向我右翼包围进攻，亦被我军击退。第三次敌于午后4时，以两营以上兵力三路进犯，猛烈进攻，反复突击，我以迫击炮两门重机枪三挺密置于卧虎岩山麓，待敌人接近时猛烈侧击，又以预备队两营由第六五五团长鲍汝澧率领，切断敌左翼联络线，向敌侧射，守八里屯张庚寅全营同时奋勇逆袭，遂将该敌击退，并追出五华里之外。自此以后，敌军有20余日不敢轻犯。

奉令北进截断枣临交通扰敌后方

4月15日至26日的10余日间，在敌后大量展开活动，派王振淮的第六五九团深入敌后，威胁临城。该团毕连长于4月18日焚毁张店附近大桥，截断枣庄与峄县交通，我袁国贤营屡向敌部袭击，并于4月20日协同群众200余人扒断临城至韩庄间铁路四华里。在这期间，敌猛攻台儿庄右翼的胡山、禹王山一带阵地，致卢汉优良装备的第六十军损失极大。该军损失后，孙连仲的正面同时紧张，4 月 23 日将黄樵松、吴鹏举东调增援，我师奉令接替金陵寺望仙山防务，对于老虎山、卧虎岩、八里屯一带，只留少数部队，于敌后从事游击活动，而以卜集村马山为第一线阵地，以金陵寺望仙山、铁角山为主阵地，东西 30 里的重大防务由一一〇师担任，旬日以来，以徐清心为首的战地服务队，配合活跃。

敌军大举反攻我艰苦奋战的经过

在这 10 余日当中，敌我形成对峙局面。数日来，我军左翼方面之敌在韩庄增兵一部，枣庄约增两个联队，并有向峄县移动模样。敌整个部署，即以山东主力向济宁一带移动，更由淮南调集大军，已开始向永城集结，企图断我陇海路交通，以与济宁南下之敌会合。同时由兰封渡河威胁开封，并与东面之敌遥相呼应，对徐州已形成战略包围。

4 月 20 日前后，敌进攻台儿庄右翼，除卢汉的第六十军遭受损失外，汤恩伯军团顿时吃紧，张自忠的第五十九军虽曾以一部由汤恩伯右翼侧击敌寇，终未收夹击之效。

4 月 29 日，敌军向我师大举进攻，我第六六〇团张继烈之戴忠信营守备白庙、卜集村第一线。白庙失陷后，戴营坚守卜集村，由晨至午激战五小时，戴忠信营全部官兵壮烈牺牲，卜集村随之沦陷。敌又继攻马山及马山套，曾营和钟营勉强支持至黄昏，将敌击退。

4 月 30 日拂晓，敌以飞机大炮轰炸马山后又以大部兵力包围马山，马山失陷，敌遂攻我铁角山主阵地，该阵地为第六五九团王振淮之两个营防御，以该团战斗力薄弱，支持不到三小时即为敌占领，我望仙山主阵地随之大受威胁，遂与敌军激战终日，我官兵死伤 1100 余名。黄昏后，退守南庄子。敌军进攻，我两天连向孙连仲请援的电话、电报不下 10 余次，而援兵不到，至为焦灼。

5 月 1 日晨，敌又大举进犯我金陵寺，鲍汝澧团长带着张庚寅全营奋勇抵御，将敌击溃，敌军又大增援兵，反复冲锋，该营连、排长几伤亡殆尽，副营长王毓衡亦于此役牺牲。

金陵寺既失陷，南庄子势不能守，渴望援军犹未到达。至 5 月 2 日始将王长海的第一三二师归我指挥，当即协同反攻金陵寺南庄子。攻了一天未能奏效，第一三二师损失兵力一营以上，王师长负重伤，我师亦伤亡官兵 500 余人。当敌军反攻正烈时，营长钟 ×× 不战而退，立即将其枪决。同时我右侧后张金照的三十师所守的张庄、朱庄及白山西一线阵地，也被敌军攻陷，形势极为紧张。

5 月 3 日，敌又大举进攻我卜落村第一三二师阵地。我将临时归我指挥的野炮 8 门、山炮 12 门参加战斗，集中火力向敌侧击，使敌三次进攻均未得逞。5 月 5 日，师部移驻大荒。其后数日来未参加大的战斗。

第一一〇师自 3 月 28 日接替运河防务，至 5 月 5 日参加近 40 天的战斗，共伤亡官兵 4310 人，原来四个团，现只编四个营。敌军大举进攻时，将金陵寺、望仙山的阵地失守，台儿庄左翼大受威胁，除呈请将第三三〇旅李旅长及其两个团长同受撤职查办处分以外，我应负指挥失当之责，也同时自请处分。

5 月 14 日我以第十三军军长名义，参加运河南站的高级军事会议，到会者有李司令长官，白崇禧部长，徐永昌参谋长，林蔚次长，刘斐厅长，孙连仲、于学忠二总司令，汤恩伯、张自忠二军长等。

统帅部的作战原案，系以主力攻击永城之敌，掩护徐州左侧翼，维护陇海路交通，如不奏效，即行总退却。

徐州总退却

5月16日奉急令开赴徐州增援，17日乘车急行，早8时前赶到徐州，看到全市被炸几成焦土，不禁惨然。当至长官部，先见刘斐厅长，继见林蔚次长，后见李、白二长官，立令开至段庄，掩护徐州退却。当即迅速率领本部，不顾飞机轰炸，急向段庄布防。是日形势严重，敌炮竟向我城内不断发射，当晚全线总退却。本师奉令归还第二十军团建制，并掩护第十团重炮10门及第六团野炮一营，夜行军通过淝河，脱离危险地带。

黄　维

官兵前赴后继，愈战愈勇，出现了一寸山河一寸血的激烈战斗场面。

- 1904年2月28日生，号悟我，江西贵溪人。
- 1937年，奉命赴德国深造，因抗日战争爆发，被提前召回国。
- 1937年9月下旬，接任第十八军第六十七师师长职，率部参加淞沪抗战。
- 1938年，升调第十八军军长，参加了武汉会战。
- 1940年，调任第五十四军军长，从广西入广南、富宁等滇越边境抗击日军入侵。
- 1989年3月20日，病逝于北京。

一寸山河一寸血的淞沪战争

黄 维

1931年日本军国主义者在我国东北发动九一八事变，武装侵占我东北三省以来，我国军民为了救亡图存，要求对日抗战的热潮，日益高涨。我原任国民党陆军第十八军第十一师师长，为了提高个人的军事素质，准备进行抗日战争，于1936年请准赴德国考察和研究军事。几经周折，于1937年2月由上海乘船赴德。是年7月，日本侵略军在北平卢沟桥发动七七事变，向我国当地驻军大举进攻。我军英勇抵抗，战局急剧扩大。在日本侵略军疯狂进攻面前，我国实现了国共第二次合作，从而展开了举国一致的抗日战争。

这时，我应召回国参加抗战，于八一三事变的那天，由柏林起程回国。当时，获悉日本侵略军又在上海向我国发动进攻，使我心急如焚，恨不能缩地有术，此时，只能照原定旅程，经热那亚搭乘“康特罗梭”号邮轮回国，船到香港，已不能驶往上海，而改由火车经广九路、粤汉路、浙赣路、沪杭路转赴上海。在杭州到上海的火车上，遭到日机空袭，走走停停，9月下旬，我才抵达上海前线。

一寸山河一寸血的激烈战斗

我到上海后，立即到第十八军军部，向军长罗卓英报到。罗军长指示我到罗店附近我军阵地，视察战况。此时，第十八军的主力正在罗庙以南，与日军对峙，时有步机枪声划破长空的静寂。经过几天的调查，我了解了一些情况：

八一三事变爆发后，在吴淞方面，我第八十八师第二六四旅旅长黄梅兴，于指挥攻击日海军陆战队所占据的持志大学的坚固据点时，在激烈的战斗中，英勇牺牲了。黄梅兴是八一三淞沪战争中，最先牺牲的将领。在沪西罗店方面，我第十八军的第九十八师姚子青营，死守宝山城，在日军的强大攻击下，营长姚子青及全营官兵壮烈殉国。第十八军的第十一师和第六十七师，在沪西与日军为争夺罗店进行拉锯战，鏖战逾月，战况激烈，为淞沪战场所仅有，敌我伤亡惨重，第十一师团长韩应斌阵亡，官兵伤亡累累。第六十七师师长李树森负伤，团长傅锡章负重伤，旅长蔡炳炎、团长李维藩均阵亡，其以下官兵伤亡极大。在反复争夺罗店的过程中，官兵前赴后继，愈战愈勇，出现了一寸山河一寸血的激烈战斗场面。我亲自看到这些部队，经过这么大的激烈战斗之后，正在继续抗击日军，士气甚盛。

现在回顾：淞沪抗日战争，迫使日本侵略军在淞沪地区，使用十几个师团的兵力，作战三个多月，使日军受到沉重的打击，陷入泥沼，无法自拔，并使疯狂一时的日本侵略军，付出无比高昂的代价，达不到侵略的目的。

赤心报国，罗店鏖战

我到达上海前线才三四天，便接任第十八军第六十七师师长职务。这时，该师已在罗店与日军进行拉锯战，坚持了大约一月，伤亡惨重，特别是干部伤亡更大，已逐步后撤至接近罗店的金家宅既设阵地之线，与日军阵地对峙中。时有小规模的战斗，白天是日机在阵地上空盘旋侦察和小部队的进攻。我们的部队白天烧饭冒烟，便会招来敌机的扫射轰炸，由于制空权完全为敌方所掌握，所以我们很被动，但一到夜间，便是我军调动部队和向敌搜索骚扰的时候，而敌军一般都在夜间龟缩不动。这样比较沉寂的状况，大致延续了个把星期，我们预感到日军在向我正面增加兵力，将对我发起大规模的进攻。

当我接任第六十七师师长后，军长罗卓英转到太仓方面指挥。第十八军的其他各师均调走了。仅第六十七师改归第十九集团军总司令薛岳指挥，仍在原阵地与据守罗店的日军阵地相对峙，时有局部战斗。我回到师后的大约三四天吧，就在拂晓时，日军开始炮击，向我阵地发动全线进攻，其主攻的重点在我右翼的第七十四师方面。对我师的进攻并不猛烈，对我攻击之敌，被我火力所拒止，双方对战。此时，罗店全镇毁于炮火，成为一片焦土。我军经常趁敌机不能活动的晚间，发动夜战以夺回白天丧失的阵地，有时进行肉搏战，双方伤亡都很大，第六十七师伤亡过半。这时，我接到命令，上级指示于夜间主动后撤到南翔集结。我师在友军的掩护下，安全撤出阵地。这是我罗店方面作战部队的一次主动后撤行动。

由于第六十七师参加沪西罗店方面的作战，经过长时间的苦战，部队建制残破不全。后撤到南翔后，一面担任构筑工事的任务，一面进行休整补充。幸而，陈诚总司令和军长罗卓英，早已抽调驻防在后方的第九十九师等部队的官兵3000多人开到战地，及时补充。还有各团均派出多数得力官兵，到后方和医院动员组织大量本师和其他师的伤病愈归队士兵，一并调整补充。所损耗的武器、弹药、装具也得到及时的补充。这时，我们抓紧一切时间，在全师进行了作战检讨、战斗训练和精神教育，团结军心，激励士气，做了很多工作。在一个月的时间内，把部队整补完成，基本上恢复了战斗力。

四天五夜的北新泾战斗

10月上旬以来，日军使用新增援的强大兵力，由蕴藻浜北岸强行渡河，向南岸猛烈进攻。我防守部队，乘其渡河，予以反击，累挫凶锋。但日军不顾牺牲，继续增加兵力，扩大地盘，使我军在该方面陷于苦战。

11月5日，我第六十七师奉令由南翔附近增援苏州河南岸的作战。当夜以第四〇二团、第四〇一团、第三九九团接替北新泾方面厅头，我第八十七师（师长王敬久）及其以东第三师（师长李玉堂）的阵地。以第三九八团控制于八字桥为师预备队。师指挥所设地虹桥飞机场东北角独立家屋。我左翼的邻接部队为占领姚家宅阵地的第四十六师（师长戴嗣夏）。6日拂晓，日军把主攻指向我师，发动猛攻，用系留气球升高在我阵地上空，指导炮兵向我阵地射击，敌飞机助威滥炸，并以战车掩护步兵向我猛烈进攻。当时，我官兵沉着应战，双方伤亡惨重。

与此同时，我占领姚家宅之第四十六师在日军攻击压迫下溃退。使日军直插厅头第四〇二团左侧阵地，包围该团。此时，我在八字桥之第三九八团，措手不及，不得已在原处应战。与第四〇二团几乎成一个90度的拐角，形成向西的作战正面，势甚危殆。幸而作战的第二天即7日，广东部队巫剑雄师到达增援，但该师不是向敌军外翼反包围，而是对向西正面延伸，老老实实地在那里挨打。

战斗的第三天，第四〇二团仍坚守厅头，逐屋争夺，团长赵天民负伤，以后成残。中校团附叶迪负重伤，少校团附王家骏阵亡，营长连长基本上伤亡殆尽，士兵前赴后继，伤亡更为惨重。但到最后仍有部队死守厅头的一角，屹然不动，直到作战的第五夜，才把阵地移交给教导总队接替。

在八字桥之第三九八团团长曹振铎负伤后，仍带伤坚持指挥作战。第四〇一团连接第四〇二团右翼，受其影响，曾一度动摇。作战的第三天下午，一时电话中断，我很担心出问题，立即率工兵营向该团增援。当我们接近第四〇一团阵地时，见到该团团长朱志席和零星部队向后转移。当他们看见我亲自率部到前线时，该团立即稳定下来，转危为安，继续激烈的战斗。我军官兵就是在这样的激烈战斗中坚持下来，使敌人的攻势徘徊不前，再衰三竭，这次战斗坚持了四天五夜，才由教导总队（总队长桂永清，这个总队比一个师的实力还强）接替我第六十七师的全部阵地，由他们继续阻击日军进攻。

扼守苏州河上泗江口公路大桥

9 日夜间，第六十七师把阵地移交完毕后，于 10 日凌晨前开向七宝镇休整。部队开到七宝镇，只休息了一天，当夜接到薛岳的命令，限第六十七师务必于11日到达安亭车站附近，扼守苏州河上泗江口公路大桥，掩护全军总退却。

我接到命令时，的确感到部队已经打得七零八落，筋疲力尽。如何完成这一重大任务？当时为了应急，决心把四个团的战斗兵集中编到第三九八团和第三九九团，每团编足两个营，以便投入战斗，归第一九九旅旅长胡琏指挥。而把其余所有的勤杂人员，编为第四〇一团和第四〇二团两团的营底，归旅长杨勃率领，立即开赴后方接领新兵。11 日上午，部队编配调整完毕，即分头行动。

我率第一九九旅实则是四个营的兵力，于11日傍晚到达安亭火车站附近，在泗江口公路大桥的苏州河北岸占领掩护阵地。此时，公路大桥已由第十九集团军的工兵部队装好炸药，只要一按电钮，便可将公路桥彻底炸毁。当时，安亭以西所有村落房舍，俱已有部队宿营，非常混乱。师部和旅部在一起，都在距离泗江口公路大桥以西相当远的小河边的村落宿营。入暮以后，由东而来，由南而来，向西退却的大军，漫山遍野，争先恐后，如潮涌一般向西急行，部队混乱不堪言状。

师部很快与在济公桥的第十九集团军指挥所架通了电话。我与薛岳总司令通了话，我向薛总司令报告当前情况，告诉他，我师只有四个营的兵力，在这里掩护，我师以东以西都没有联系到掩护部队。薛总司令告诉我，他已命令巫剑雄师在我师右翼担任掩护。于是我派人四处寻找巫剑雄师部，最后终于找到了，与巫剑雄取得了联系。但是，巫剑雄与所属部队失去了联络，对部队失去了掌握，无法将部队配置于掩护位置，以遂行任务，因而误了大事。

当日深夜，日军挺进队在泗江口以西十几里的地方，偷渡过苏州河，骚扰和袭击我退却部队，造成了我军更大的混乱，以致有自相践踏等现象。当夜，我正在电话中向薛岳总司令报告情况，突然在电话中听到了枪声，薛总司令在和我讲话时，惊慌失措地中断了电话。当时，我判断集团军总部可能遭到袭击，事后听说，日军的挺进队是夜间由泗江口以西10余里的两棵树渡口，混在退却部队中渡过苏州河，向我混乱的退却部队袭击，同时也袭击了薛岳总司令的指挥所。在这一情况下，我即转移到泗江口，直接掌握部队，为应付情况的变化。出乎意外的是泗江口公路大桥方面平安无事。快天亮时，退却部队已通过完毕，公路大桥也已由负责的工兵部队炸毁。于是我指挥所部向北进入丘陵地带，经无锡、宜兴、广德、誓节渡、宁国达到皖南山区，进行保卫南京的外围作战。我师在宣城附近与日军相持。

王应尊

我军官兵具有同仇敌忾，不怕牺牲，誓与阵地共存亡的决心。

● 1907年生，山西阳高人。

● 1937年，任国民党第一军第一师第一团上校团长，参加淞沪会战。

● 1944年，任第九十军二十八师少将师长。

● 1945年，指挥第二十八师参加豫西西峡口战役，在友军的协同下，经过连续四个月艰苦战斗，歼灭日军一三九联队，之后被调任为二十七军中将军长。

血溅杨行、刘行记

王应尊

1937年春季，胡宗南的第一军由甘肃开至江苏徐州，接替了郑洞国第二师在徐州和归德一带的防务。八一三上海抗战爆发前夕，派第一师第一旅旅长刘超寰辖第一、第二两个团接替黄杰税警总团在海州连云港和赣榆一带的防务。各部队一面担任防务，一面积极备战。

7月17日，蒋介石在庐山发表谈话，确定了准备抗战的方针。在上述情况下，胡宗南部的第一军官兵抗日热情沸腾，积极要求开往前线，与日本侵略军决一死战。

开办抗日将校训练班

胡宗南在徐州将第一军团营长以上干部集中学习，专门派第七十八师参谋长吴允周到陆军大学聘请了几位教官，如伍培英、曾继远等前来训练班讲授抗日战术。在学习中，以日军为作战对象，根据我军的实际情况，研究对敌战术，特别是对付海陆空联合作战的敌人的战术。在学习中，不但学习战术原理和图上作业，而且频繁地进行了大规模陆空联合作战的实兵演习，提高将校的指挥能力和士兵的作战能力。这一学习一直进行到八一三淞沪抗战前夕，胡宗南从庐山开会回来才结束。在学习班毕业典礼上，胡宗南传达了庐山会议的情况和对日本侵略军进行坚决抵抗的决定，希望大家迅速回部队，鼓励全体官兵积极完成一切作战准备，随时准备开往前线，参加抗日救国战争。这实际上是对全军下了动员令，学员们受到极大的鼓舞，感到无比的高兴。

第一军同仇敌忾，奋勇抗敌

所谓胡宗南部，实际上在当时就是第一军，胡宗南任军长。该军辖两个师，第一师（师长李铁军）和第七十八师（师长李文），每师两个旅，每旅两个团。当时我是第一师第一旅第一团团长。

1937 年 8 月底，八一三淞沪抗战打得十分激烈时，第一军奉命从防地用火车输送到上海附近的昆山和南翔一带。由于日本空军白天不断空袭，我军活动异常困难，只能利用夜间行动。9 月初，始陆续到达刘行、杨行一带。原来的任务是增援在宝山作战的第六师。当我团到达刘行附近时，宝山已经失守，第六师残余官兵被日本空军低空追逐扫射，溃不成军。我因无法前进，当即就地占领阵地，阻击日军，以掩护我军主力的到达。在这种情况下，全军奉命担任杨行、蕴藻浜和纪家桥之线防御，与右翼罗卓英的第十八军取得联系。各部队利用黄昏和夜间到达指定地点，连夜构筑工事。

翌日拂晓，日军先是用空军轮番侦察和轰炸，又以黄浦江的军舰猛烈炮击，接着以步兵进攻。日军虽是陆海空联合作战，火力比我强大，但我军官兵具有同仇敌忾，不怕牺牲，誓与阵地共存亡的决心。战斗不断发展，形成了艰苦的阵地战，几乎每一阵地都经过反复的争夺，使日军付出巨大的代价。但我军由于防地狭窄，又无既设工事，而日军陆海空的联合作战，特别是黄浦江敌舰的炮火对我军的威胁太大，经过几昼夜的激烈战斗，我军第一师和第七十八师遭受了重大伤亡。据我所知，仅第一师李铁军部伤第一旅旅长刘超寰和我二人，第二团团长杨杰和第四团团长李友梅二人阵亡，营长以下军官和士兵伤亡约达 80%。第七十八师官兵的伤亡基本上与第一师差不多，严映皋就是当时第七十八师仅存的一个老营长，后来提升为团长的。

根据这种情况，为了减轻日本海军的威胁，我军奉命撤到刘行、顾家宅和罗店之线，继续作战。战线虽然后撤了一些，但仍没有脱离日海军火力的威胁。随着战争的激烈进行，我军的伤亡日益增加，战斗力大减，继续坚持下去显然是有很大困难的，于是由陶峙岳的第八师接替了我军防务。第一军开到昆山附近进行第一次补充。在补充的同时，胡宗南部奉命扩编为第十七军团，胡宗南任军团长，所属部队除原第一军两个师外，增加了陶峙岳的第八师，共三个师。

勠力同心，浴血抗战

在昆山附近整补和扩编以后，即奉命到蕴藻浜、陈行、大场之线。这次战斗较前更加激烈，经过几天的战斗，全军官兵伤亡竟达 80% 以上。这次战斗，因为吸取了前次的经验教训，重要指挥官伤亡比较少些，团长阵亡二人，文于一就是这次负伤的。但营连长以下的干部所剩无几，士兵更不用说。后由广西部队接防（事后听说广西部队接防后，打了三天就打光了），第一军又调至黄渡附近进行第二次补充。这两次补充，官兵的素质比较好，都是从后方未参战部队中自愿要求上前方抗日的官兵中调来的。因此，补充之后，不仅能作战，而且都很勇敢，很快恢复了部队的元气，增强了部队的战斗力。例如贾亦斌就是第十军组成的参战营的营长，整营补充到第一军的。这个营官兵非常勇敢坚强，给敌以重创，贾亦斌负伤不下火线受到表扬，后调为旅参谋主任。这是胡宗南集团在上海抗战中之所以能够从9月上旬一直坚持到全面撤退的主要原因。

10月中旬第一军又调至苏州河南岸继续作战，担任南纪家桥、北新泾之线的防守任务。这次作战没有前几次激烈，伤亡也不太严重，一直坚持到11月初，由于日军从金山卫登陆，严重地威胁到我军侧背，不得已我军从上海全线撤退，胡宗南第十七军团奉命经南京转到汉口。

陈安宝

为抗日而生，生当作人杰，为抗日而死，死亦为鬼雄。

- 1892年生，字善夫，浙江黄岩人。
- 1937年7月，卢沟桥事变爆发，多次请缨上阵杀敌。10月，率部参加淞沪会战，在独山、虎啸桥、广陈镇一线与日军展开激烈的战斗。
- 1938年7月，升任第二十九军军长兼第七十九师师长。
- 1939年5月6日，在南昌会战中激战日军，不幸中弹，壮烈牺牲。
- 1940年7月7日，被国民政府追赠为陆军上将。

回忆陈安宝将军

周小莲

陈安宝将军，字善夫，生于1892年，浙江省黄岩县横街乡马院村人。他天资聪颖，胸怀大志，在小学念书时，深受校长、老师的器重。因家境贫寒，小学未毕业就辍学了。当时还是清末，他感于国弱民穷，立志图强。1911年到南京考入伍生队，后转到湖北省陆军预备学校，毕业后，考入保定军校第三期，1916年毕业，担任浙江陆军第二师排长、连长。

1926年，国民革命军进入浙江，他看到了曙光，毅然参加了国民革命军，担任国民革命军第二十六军营长。参加了浙、苏、皖、鲁、冀、豫、鄂等省的北伐和西征各大战役，先后参战40余次，屡建战功，升任团长和旅长。1935年，升任师长。

1937年七七卢沟桥事变，陈将军部队在潼关、渭南、高陵一带驻防。同年10月，第九军军长郝梦龄在山西忻口对日军作战中不幸壮烈牺牲，灵柩运到潼关，我与善夫都参加了追悼会，并送了挽联。我想起以往与郝军长夫妇的亲密情谊，而今郝军长为抗击日本侵略者已英勇捐躯，不复相见，感到万分悲痛！善夫心里更加难过，他扶柩痛哭，仰天长叹道："国破山河碎，这是军人的奇耻大辱。郝军长为雪国耻，热血洒在疆场上，我们应该像他那样，为抗日而生，生当作人杰，为抗日而死，死亦为鬼雄。"

1937年11月，陈将军部队奉命开赴淞沪一带后，他率领部队从嘉兴连夜急行军赶到平湖以西布防，分兵据守独山、虎啸桥、广陈镇等战略要地，防线曲折80余里，与日军激战十昼夜，打退了敌人的进攻，坚守了阵地。1938年2月，又奉命率领部队从诸暨渡富春江，向余杭敌人进攻。他采用“围城打援”的战术，伏击从杭州方面来援的敌军，与日军激战一昼夜，打得敌人尸横遍野。敌人用了20多辆载重汽车把尸体拖了回去。他经常对官兵说：“我们是中华儿女，不能让小日本鬼子欺侮，只要我有一口气，一定要与敌人血战到底！”由于陈将军英勇善战，运筹帷幄，图立战功，深受上级的信任和嘉奖、部属的爱戴，人们赞誉他是常胜将军。但在我脑子里永世难忘的，是他那颗热爱祖国、忠于祖国、为国杀敌、不惜牺牲的赤子之心。

随着抗战日益激烈，前方战事，日趋紧张，我心里对陈将军也日益记挂。部队在诸暨时，我事先未告知就到部队去探望他。他见到我时，既严肃又很惊异地说：“在这战火纷飞的时刻，你怎么到前线来？”当天便劝我回老家上饶。后见我有点不愉快，就说：“我也很想家，想念你和孩子。国事，家事，孰轻孰重？你是明理人，不用我多说。现在，将士们都说‘日本侵略者未灭，何以家为？’平日我们虽然恩爱，国难当头，怎能儿女情长？望你速急回家，好好抚养孩子。万一我在前线有个三长两短，你也不要过分悲伤，要教育孩子，继承父志。”我听了很是不安，也很感动。从此以后，我每次写信都说我和孩子身体都很好，劝他不要惦念，鼓励他奋勇杀敌，早日光复国土。

不久，陈将军奉命转入杭、嘉、湖沦陷区，开展敌后游击战。他在敌后进行深入的政治宣传工作，安抚在敌人铁蹄下幸存的民众，收编当地青壮年和在杭州嘉兴等沦陷城市潜伏人员，组织力量，进行暴动。其间击毙敌人、缴获枪支、炸毁车辆、击沉船艇，其数甚多。

1938年8月，陈将军以战功晋升为第二十九军中将军长，仍兼第七十九师师长，部队转入江西东乡一带驻防。当时南浔线正面形势严重，陈将军亲率第七十九师星夜进占德安以北阵地，掩护友军安全转移。为了战斗需要，他奉命接替友军阵地，在隘口与日军第一〇一师团激战，敌人凭借鄱阳湖船艇和陆空军优越武器，向我军阵地进攻，陈将军昼夜不息，奋勇督战，坚持了 31 个昼夜。后因部队伤亡过重，才撤回后方休整补充。

1939 年 3 月，日军越过修河，进犯南昌。4 月，陈将军奉命率第七十九师从浮梁兼程奔赴东乡，在抚河和鄱阳湖滨布防。敌人在我军攻击下，处境困难，利用其空军和炮兵优势，进行轰炸和炮击，同时调遣部队增援。5 月 3 日，陈将军奉命指挥预备第五师、第二十六师和第七十九师等部反攻南昌，限五日到达目的地。因时间紧迫，他未等部队全部到齐，就带领幕僚，先行奔赴庄港指挥。因渡河工具缺少，部队行动迟缓，5 日下午才到达沙窝章村，先头部队遭到敌人袭击，军、师后面的通讯连、辎重排和两个团，也被高坂的敌人拦腰截断。他当机立断，亲率师长刘雨卿、军参谋长徐志勖，带领身边的特务排（即警卫排）向敌人反攻，很快地夺回了被敌人侵占的桐树庙的西北高地。敌机六架，轮番轰炸，炮火密集攻击，左翼龙里张方面，敌我已处于混战状态。陈将军留下的预备队，已经用光，他就带领随从官兵，冒着敌人的猛烈炮火赶往督战，激战中，师长刘雨卿负伤，陈将军仍然沉着指挥战斗，侍卫劝他从壕沟中转移，他坚决不干，誓与官兵共存亡。5 月 6 日下午 5 时 15 分，陈将军不幸中了敌弹，伤及心脏，壮烈殉国，时年 48 岁。他终于实践了自己的报国誓言，对于他的牺牲，我万分悲痛！事后，国民政府追赠为陆军上将，明令褒扬。中国共产党对抗日阵亡将士，也甚为悼念，1940 年 10 月 7 日，在延安中央大礼堂，为张自忠、陈安宝等将领举行了追悼会。会场上高悬毛主席挽词“尽忠报国”，朱总司令挽词“取义成仁”，周恩来副主席挽词“为国捐躯”。朱总司令在追悼会上讲了话，号召“全国军人要一不怕死，二不要钱，要为国家民族而牺牲奋斗”。最后，大会通过了致诸抗日阵亡将领家属的慰问电。

陈安宝将军是为抗击日本侵略者而牺牲的，是无上光荣的。作为他的妻子，我感到骄傲和自豪。

陈将军牺牲之时，我才29岁，40多年来，我历尽了人生坎坷，饱经忧患，但晚年还好。1983年12月，中华人民共和国民政部正式追认陈安宝将军为烈士，黄岩县人民政府为他竖立了墓碑。1984年4月，恢复以他名字命名的黄岩县“安宝小学”校名。上饶市人民政府给了我烈属待遇，把我儿子调到上饶市工作，照顾我安度晚年。现在我的孙儿、孙女都已走上工作岗位，我的心情已大为舒畅。陈安宝将军在天之灵，也可感到安慰了。

叶佩高

腾冲战役的胜利，是霍总司令指挥有方，全体官兵英勇效命，腾冲人民鼎力协助，我仅尽其天职而已。

- 1902年生，海南文昌人。
- 1937年，任第十一师三十三旅少将旅长。同年5月，被正式授予陆军少将军衔。8月，参加了淞沪会战。
- 1938年元旦，被授予云麾勋章和干城奖章各一枚，因在淞沪会战中的优异表现而被提升为第十一师副师长。
- 1939年5月，正式接任第十一师师长。
- 1940年10月，任第五十四军参谋长。
- 1945年8月，代表战胜方在海南岛上接受日军的投降。
- 1987年8月31日，病逝于美国。

忆叶佩高将军在腾抗战事迹片断

叶奋平

抗日战争反攻腾冲部队为二十集团军，下辖五十三军和五十四军。五十三军下辖一一六师和一三〇师。五十四军下辖一九八师、预备二师和三十六师。当时我在一九八师师部特务连，跟随中将师长叶佩高在前线作战，对其作战思想、指挥方法、顾全大局、关心群众等，知之较多且详，略书片断如下。

灰坡和北斋公房之战

1944 年 5 月 11 日黄昏，一九八师奉命由栗柴坝强渡怒江反攻腾冲。翌晨攻灰坡敌据点，是时叶师长一反常态，脱下粗布军衣，穿上毛呢戎装，雄赳赳气昂昂地赴前线指挥。我暗想：师长穿着一身整齐特别军装，不是容易被敌人发现，很危险吗？迨至战斗开始，敌人据险固守，以逸待劳；我军跋山涉水甫到，地形敌情尚欠了解，战斗一时失利，部队退将下来，看见戎装整肃的师长，岿然挺立在前面，马上停止脚步。师长一声令下："踅回去，往前冲。"全体官兵立即转向敌人，再次发起进攻。我始领悟叶师长严装上阵的思想和用意：一是抱定不成功便成仁的决心；二是肃军纪鼓士气以克敌制胜。灰坡是北斋公房敌人的前沿阵地，要攻北斋公房，必须先夺取灰坡。敌守我攻拼命搏斗，激战经旬，占领该地。

敌人败退北斋公房，据险顽抗。我军进出灰坡，越过韭菜地，沿着冷水沟一路扫荡攻击前进。北斋公房，地势险峻，荆棘丛生，无路可循，运动困难；气候恶劣，终日雨雾，寒风刺骨；况敌早已凭险设防，构筑坚强工事，尤其在北斋公房附近通过高黎贡山顶路旁的敌垒最为坚固，用合抱粗的大树构成二层，尽管大炮轰击、飞机投弹轰炸了上层，下层仍安然无事，而且居高临下，非常难攻。一九八师五九二团上校团长覃子斌和数百名官兵就是在进攻北斋公房敌堡垒阵亡的。五九二团的官兵用血肉、用不怕牺牲的拼搏精神，数次血战，终于攻开了敌军堡垒，扼守的日寇除一人活着外，其余全部被歼。北斋公房的险要地势加上坚固的堡垒，实有一夫当关、万夫难攻之势。在攻北斋公房的同时，师部派遣五九三团迂回奇袭桥头、马面关之敌，策应北斋公房正面作战。在我军猛攻下，敌军不支，将全部被歼之际，突然援军到来，猛烈反扑，我军抖擞精神，迎击敌援，一鼓作气，歼其半数，人仰马翻，敌军不敢恋战，遗尸遍野，狼狈溃逃。至此腾北咽喉之北斋公房，为我攻占，部队则超越险峻艰难之山顶隘口，跟迹追击败退之敌，桥头之敌又凭所筑据点顽强抵抗。我主攻部队和迂回部队会合后，发起强大攻势，血战二旬余，敌终不支，溃退南逃，我尾追到护珠寺油灯庄一线后，进驻上下马场。

西门和拐角楼之战

一九八师五九三团自大佛寺、老草坡追敌前进，占领玉泉村，将至西门，敌出大队猛扑，在玉泉村大路两旁稻田中，我军阵亡官兵少校营长郭振楚等三四百人，尸压禾稻，遍地横竖，血染田水，处处鲜红。然而，我军不怕牺牲，前仆后继，再接再厉，狠击顽敌，誓歼日寇，以复国仇，寸土逼近，占领西城，敌寇终成瓮中之鳖。

我军攻占来凤山和肃清城外之敌后，8 月 2 日由南面入城，分三路向北进攻，敌人节节败退，龟缩到北城墙、拐角楼和饮马水河一带负隅顽抗。我军采用内外夹攻战术，重新部署兵力，五十四军的一九八师、预备二师和三十六师合击拐角楼，策应五十三军城内作战。敌在拐角楼城墙上构筑的工事，固若金汤；北城墙上设置的火网，万条火舌密集，进攻、占领，更增困难。更出人意料的是，在北城墙附近一棵枝叶茂密的大树上，狡猾的敌人借密叶遮蔽架设着机枪监视着外围，当我军前进到射程内时，突然，敌人的机枪猛烈扫射下来，我官兵猝不及防，伤亡惨重。一个连继一个连的官兵倒下去，更增加了我军对敌人的愤恨，杀敌之志更切。大树上的敌人架设的机枪被发现了，集中火力，猛轰猛扫一阵，狡敌如落崖的死猪，掼落树下。众战士一拥而进，硝烟石块，泥土横飞，不辨东西南北，亦不顾火烧弹射，打烂了金汤暗堡，击破了拐角铜墙，如猛兽闯进城内，横扫土主庙，围攻县政府，生擒汉奸县长钟镜秋，斩头示众，人心大快。此战对攻城的胜利具有决定性的作用，一周之后，龟缩在城东北隅和饮马水河之敌，悉被歼灭，宣告全城克复。

来凤山和攻城之战

我军陆续攻占飞凤山、宝峰山、老草坡等地的敌军据点，敌失去了东西北三面屏障，龟缩城内，借坚厚的石城墙和最后唯一屏障——来凤山，顽强抵抗。我欲攻城，必先夺来凤山。来凤山上日军之堡垒是日军入侵中国构筑的最坚固的工事之一，共构筑有五个堡垒群，仅次于龙陵松山。7 月 26 日，五十四军和五十三军以排山倒海之势，同时发起进攻。预备二师主攻来凤山顶敌垒，一九八师、三十六师和一一六师（属五十三军），侧击来凤寺、海关、验货厅、白衣阁、小团坡，在空军配合下，血战竟日，一一攻占。是时一九八师已移驻和顺乡。

敌退入城内，与城内守敌合并，编为一个混成联队。四门紧闭，深沟高垒，企图固守待援。8月2日，我利用空军轰炸的城墙缺口，由南面紧逼进城，先把城墙上之敌人一一肃清，后从东西南三面攻入市区，展开巷战。敌凭借坚固的暗堡工事和改造的街市房屋、挖掘的暗道，冷枪暗弹，飞蝗射来，我军虽然伤亡惨重，而战士们必死不胜的决心，是阻止不了的。匍匐摸索，或顶尸前进，喊杀震天，与敌拼搏。历时40余昼夜，至9月14日，将敌全部歼灭。边疆重镇，复见天日，军民同欢，举城共庆。一九八师各团伤亡惨重，攻城时战斗力不足，叶师长派遣特务连参战，连长传达命令时，士气高昂，各个争先报名杀敌，挑选其中60名，编成混合排，进城参战。迨至全歼日寇，战争结束，该排阵亡过半。叶师长这种顾全大局、不计个人安危的高贵品质，令人敬佩。

重光不言功

反攻腾冲战役，自1944年5月11日渡怒江起，至9月14日克复腾冲城止，历时127天，自夏至秋大小战斗10余战。共生俘敌军官四员，士兵60余名，营妓18名，毙敌军官100余员，士兵6000余名。我军伤亡官佐1234员，士兵17075名。其中一九八师阵亡官佐126员，士兵1335名。一九八师师长叶佩高，每战必亲临前线指挥，对鼓舞士气，及时决策，克敌制胜，起的作用极大。腾冲战役最为剧烈，战果也极辉煌，是抗日战局的转折点，开全面反攻胜利全部歼敌的先声，驰名遐迩，誉满中外，震慑敌寇。11个月后，1945年8月15日，日本无条件投降，我国抗日战争全面胜利，腾冲光复，叶师长晋升五十四军副军长。他谦虚地说："腾冲战役的胜利，是霍总司令指挥有方，全体官兵英勇效命，腾冲人民鼎力协助，我仅尽其天职而已。"腾冲失而复得，损失惨重，以城内言，断垣残壁，无一完屋，秃树焦木，遍地灰烬，弹痕累累，瓦砾塞路。叶副军长目睹此状，殊深怜惜，遂与刘楚湘、张问德等地方士绅开会磋商，创办一所学校，由地方供校址和一部分经费，由叶副军长修建校舍和聘请教师。磋商停当，留一九八师政治部副主任罗履仁和我筹划建校事宜，叶为校长，罗为代校长，我为总务主任兼教师，另从昆明、贵阳聘来一批教师。校址选在大盈江畔的毗卢寺，校名定为腾冲大同职业学校。1945 年春开学上课，腾冲重光，首次听到弦诵之声。开学不久，叶副军长奉命北上抗日。后来，学校因经费困难，于 1946 年秋在李根源老先生主持下，大同职业学校与其子李希泌办的商科学校合并为腾冲县立职业学校。新中国成立后，腾冲职校又与女中、腾越中学合并为现在的云南省腾冲第一中学。叶佩高副军长既是英勇善战、功勋卓著的武将，又是热心教育、关心学子的文士，博得腾冲人民赞扬永志不忘。当时的云贵监察使、反攻滇西作战部队督导李根源有诗云："海南有猛将，重光不言功（腾冲以 9 月 14 日为重光节）。止戈思讲艺，黉舍启大同。"

阙汉骞

战场是军人人格之极致表现的地方。

- 1902年生，字拨云，湖南宁远人。
- 1937年，任陆军第十四师步兵第四十旅少将旅长。8月，率部参战淞沪战役，在罗店等地与敌激战。
- 1939年夏，任陆军第十四师少将师长，参加长沙战役和昆仑关战役。
- 1944年春，升任陆军第五十四军副军长，7月升任第五十四军中将军长，反攻滇西，攻克滇西重镇腾冲，嗣与友军连克龙陵、芒市、畹町。
- 1945年元旦，获三等云麾勋章，后协同新一军接收广州。
- 1972年11月11日，病逝于台北。

阙汉骞将军与腾冲歼灭战

李生纬

我参加过“剿赤”、抗战、“戡乱”诸役，但在脑海中，印象最深仍以腾冲之役为最。在对日抗战的环境中，由于滇西地理环境的特殊，我方武器装备不够理想，敌人工事之坚固、抵抗之顽强，使这场战斗进行得惨烈非常，其情其景，至今历历在目。许多可歌可泣的事迹，永远值得我们怀念。

一位前在石牌实践学社受训的学长告诉我，有位日本教官上课时问学员：“中国最成功的歼灭战是何战役？”有人答以“赤壁之战”。日本教官说：“赤壁之战曹操和几位大将都逃回去了，我看腾冲之役才是中国最成功的歼灭战，因为日本军队全军覆灭，一个也没有跑掉。”听到这话，我心中感到无限快慰，因为我们已为国家创下了一个成功的歼灭战例。同时怀念我的老长官阙汉骞将军，由于他卓越的领导，使得这场振奋人心、增强“抗战必胜”信念的一战得以完成。

阙汉骞将军身材魁梧，声如洪钟，讲话斩钉截铁，令出如山，他的气魄，真是巍巍乎如山如岳，令人由衷地起敬，每当战事激烈之时，他总是神态从容，指挥若定，真有名副其实的大将风范。他不苟言笑，纪律极严，对部属提拔照顾，爱民如子，有机会追随他的人，都能在他严肃的表情之外，体察慈祥而纯真的感情，但到了战场上，则是军纪严明，丝毫不得宽贷的。

中国远征军反攻腾冲之役，我们遭遇到了河川战、山地战、攻城战。眼见弟兄们无视于敌人的存在，仰攻山峰时，奋不顾身，累死而上。在山头狭道上，伴着枪炮声响，血肉齐飞而毫无惧色。在山缘绝壁一步一步攀登，从不稍作迟疑。在枪林弹雨中强行登城，置生死于度外。在城内反攻肉搏，虽伤犹战的情景，皆是震撼人心的史画，这种战斗精神，有赖平时革命思想的熏陶、军纪的严明，以及主帅坚定的意志。阙将军常对部属说“战场是军人人格之极致表现的地方”，“打仗就是打人格”。当年将士用命，以忠勇爱国的情操表现其人格。我常想，腾冲之战，真是革命军人人格的最佳表现，也是主帅人格表现之极致。我军视死如归，不计牺牲地歼灭凶残顽寇，正是中国人人格的表现，那些遇难的弟兄正是中国国魂之所系。

兹将腾冲歼灭战之经过分段说明，供史学家参考，并纪念阙汉骞将军。

滇缅战场敌我形势

民国31年，日寇五十六师团等沿密支那、腊戌、畹町、龙陵、芒市的滇缅公路长驱直入，进窥滇西。其后，龙陵之敌越惠通桥，强渡怒江，进据桥头。时三十六师击溃来犯之敌，阻敌于西岸，粉碎日寇会师昆明之迷梦。此后，我军与日军隔江对峙。日寇时相侵扰。

五十四军原辖十四师、五十师、一九八师共三师，驻防云南文山，入侵日军震于五十四军声威，皆不敢犯我滇南。

民国32年敌由印缅侵入麻厄岐河流域，盟军告急，中枢令五十四军十四、五十两师由副军长阙汉骞将军率领，自云南祥云起飞，越过喜马拉雅山圣母峰，到达印度解盟军之危。该两师留驻印度，编入新一军和新六军，皆有辉煌战绩。阙将军仍返回云南坐镇。嗣后，中枢决定由滇西发动反攻，三十六师、预二师编入五十四军，军长由副总司令方天兼任，副军长阙将军仍任之（民国32年7月25日升任军长）。一九八师师长为叶佩高将军，三十六师师长为李志鹏将军，预二师师长为顾葆裕将军。

滇西反攻　强渡怒江

民国33年春，国军发动滇西总反攻。反攻滇西，必须攻克滇西重镇腾冲，要进攻腾冲必须越过怒江和高黎贡山。这一山一水是敌人在腾冲的最佳防线，却是我军的极大障碍。

五十四军奉命为攻击第一线部队，民国33年4月，部队陆续运动抵达怒江东岸，完成渡江攻击准备。有人说长江界限南北，战时犹如一道天堑，而怒江之险则有过之。怒江的狂流是由西康高原经高黎贡山直泻而下，入缅甸则为萨尔温江，两岸皆千尺悬崖，水势湍急，流速每分钟在120米以上，雨季则增至300米。百余里间除栗柴坝、猛古等渡口可利用特制渡船勉强通过外，其余地方都不能行舟。每年雨季，河幅往往增加为200多米，渡河则更加困难，因此，这对于敌人对抗我军是很有利的。而此时正值雨季。

我军由于渡江工具非常缺乏，只可利用少数特制的民用渡船和少数美制橡皮艇。更令人忧虑的是，我军并未接受过特种训练，并不熟练操舟和登陆要领，以致困难重重，其危险性自不待言，然而我们终于奇迹般地登陆于彼岸。

这是民国33年5月间的事，“五月孤军入不毛，月明泸水瘴烟高”。千余年前诸葛武侯南征时的艰苦，我们现在又作着新的尝试，当时我们都相信这是求生存之道，是成功复国之路，凭着这信心我们要强渡怒江，杀敌于彼岸。然而就在这时，日寇却低估了我军的能力，他们滥用了“后退配备”的河川防御战术。此法就是防御部队将其主力放在后方，只安置少数部队在河边，对方渡河之时，监视部队稍作后撤，等对方兵渡一半时，方转取攻势。由于此时对方兵力分散在河之西岸，很容易将其击破歼灭。

这种“后退配备”战术便是孙子所说的“半渡而击之”。这原本是正确的，可是“人算不如天算”，日寇岂能料到我军有着“人定胜天”的本领，我军有着革命精神与斗志，在上述恶劣的气候、地形、装备与缺乏训练的情况下，能顺利地取得胜利，现在想来似乎真有神助。

在于敌有利的情况下，敌人本可阻我渡江，或击我于半渡的，然而，我们都能安然全军渡河，并建立了坚强的滩头阵地，这不是奇迹么？阙将军说：“这是由于准备秘密而周到，加上我军作战力之坚韧，所以粉碎了敌人‘后退配备’河川防御的企图。”

五十四军于5月11日下午7时起，趁着黑夜在栗柴坝、猛古渡、水井、康郎、缅戛、大沙坝六处开始渡江，到12日拂晓止，只用了10小时光景便渡过怒江到达西岸，虽然遭到日军的攻击，但位处优势的日军反而为我所击退，记得克劳塞维茨曾说：“河川是好的防御，但如遇强攻，河川便是弱者的防御了。”此番我军强渡成功，正可印证他的理论，也证明了唯有向最危险的道路前进，才是成功之道。

寒雨险越高黎贡山

军队强渡怒江之后，面临的就是高山险阻。高黎贡山横踞怒江西岸，其地形是由北向南蜿蜒而下，沿怒江进入滇西，再折向缅甸，绵延数百里，形成天然屏障，最高的山峰海拔6000余米，矗入云霄，陡峻险阻。山中的森林都是原始的，丛叶密布，蔽日遮天。山中可以通行骡马的道路只有南斋公房、北斋公房两个垭口，陡峻而急倾，下雨的时候就很难通过，虽有两三条羊肠小道可以横过山脉，但都是经溪流侵蚀而成的谷道，崎岖危险，攀登的人稍有不慎，就会坠崖而死。在雨季时间，6月至10月间，山上隘路有些变成了山溪，有些泥泞深可及膝，滑得站不住脚，人们的鞋上经常拖着几寸厚的泥，同时因为山谷中的空气流通困难，瘴气及毒蚊随时都能侵害人的生命，而我们的士兵连蚊帐、雨衣都没有。盘踞高黎贡山的敌军，曾以一个联队的工兵，费时半年，使用现代筑城材料，在战术要点上筑有碉堡式的据点、鼠穴式的散兵壕、鸟巢式的树上工事、蟹洞式的掩蔽体。其后又不断地加强整修，使每一个据点能够互相支援，连贯编成大规模堡垒群的坚固阵地，构成数重火网，具备近代永久筑成的优越性能。高黎贡山有着上述险阻的工事，再加上敌人刻意为战事经营，可以说是天衣无缝的工事，已足以令攻击者却步。另外还有一件令我军困扰的事，就是气候的恶劣。高黎贡山山顶的气候寒冷异常，作战时有时要派人在前面扫雪，部队方能推进；山麓的气候却又是酷热的夏天，使人闷热不堪，这对作战有很大的影响。怒江之战初期胜利的原因之一是日寇想不到我军会在雨季开始时发动那样大的攻势作战。但是雨季在后来也确实为我们带来行动上的困难，严寒的天气，士兵们缺乏御寒的被服，也没有雨衣，身上背着武器弹药和七天的粮食，头上淋雨，脚上沾泥，体内还在流汗，很容易生病。山上气压又低，氧气不足，稍不留意，坐下去就站不起来，常常就这样死去，同伴们自顾不暇，也无力相救，单单三十六师冷水沟一役，沿途冻毙者便达300余人（但到达冷水沟后挟优势炮火，两小时便将敌阵摧毁）。牲口骡马一旦陷入泥中便挣扎不出，死亡亦以数千计。由于高黎贡山地势高峻，经常云雾笼罩，空军固然失其作用，炮兵也通视困难，一定要等到正午云消雾散时才能活动，可视时间只有两三个小时，因此，攻击在气候上受到很大限制。

我军渡江后，第一个攻击目标是大尖山和唐习山，它是怒江西岸第一个要点，是高黎贡山的锁钥，敌军每一据点由上而下，射击较易命中，又有俯瞰展望之利，加之敌方守备大尖山、唐习山者，系以前在北海道所训练之“黑风队”，乃著名的山岳兵团最有力之一部。我军处在这种一切利于防守，而不大利于进攻的情况下，又遇到顽强的对手，我们只能凭借旺盛的士气和坚定不移的必胜信心，以精神战胜物质、战胜环境、战胜敌人。我们的战士喘息在险峻的羊肠小道上，攀登爬行，铲除隘路上的障碍，随时都冒着受敌机袭击或各个击破的危险，尤其是我们缺乏山地作战装备，炮兵和步兵的重兵器都没有背负装备，以致行动上更受到阻碍，火力也相对减少，我军是攻击者，必须在山中日夜不停地作战，但本身携带弹药、粮秣皆极其有限，后方运输能力又极薄弱，时因补给不够而影响战况进展，所以问题十分严重。尤其山中有时虽见一村，但食料饮料皆非常缺乏，不能就地取得。由于重炮不能前来参加战斗，飞机亦因草木云雾不能找到正确目标，所以我军唯有始终保持高度牺牲精神，发挥我中华民族既坚且韧的特性，与敌拼斗，每至机关枪与迫击炮相奏，山鸣谷应之际，我军战斗勇士无不裹伤再战，无视于生死，在火网中冲刺，踏着弟兄们的血迹向目标迈进，而在与凶顽敌人拼命搏斗之同时，还要抵抗饥饿、疲劳、严寒酷暑与疾病。虽然我们的运动缓慢而艰苦，但我们终于冲上峻峭的山峰，当然牺牲也极为重大。此后小沟头、灰坡的夺取，冷水沟之战斗，南北斋公房的占领，马面关、朝阳地之反复激战，桥头两度攻下，瓦甸之克敌，均甚艰苦，其牺牲也与大尖山、唐习山的激战情形类似，现仅略述高黎贡山最重要据点北斋公房之战情形如下。

北斋公房之日军凭借工事之坚固，据险顽抗，一九八师为减少伤亡，以小部监视，主力却由北斋公房之南北侧绕越，向桥头、马面关攻击。在炮、空火力支援下，将北斋公房日军与后方的主要交通线完全切断，

5月21日开始攻击北斋公房，激战近月，终在预二师一部及三十六师支援下，击退增援日军，于6月16日攻克北斋公房。是役毙敌大队长以下300余人；我五九四团覃子斌团长不幸阵亡。日军因后援早为我所断，已沦至割食同胞尸肉之景况。战至6月21日，高黎贡山阻我西进之敌已大致肃清，我军主力乃在龙川江东岸略事整顿，至6月底，各师皆越过龙川江准备对腾冲展开攻击。此时我军兵力已大量耗损，有的团兵力已不及一个营，战斗进行之惨烈可想而知。参加过新几尼亚岛上的欧文史丹莱山脉作战的美国军官和战地记者都认为高黎贡山的作战比欧文史丹莱山要艰难多了，而他们更佩服我们，只靠一点简单的饭菜便能越过这种地形，并达到硕大战果。

腾城外围据点战斗

日军自龙川江东岸撤退后，因我军不断追击，几无喘息余暇，迄6月25日，概已退守腾城附近，期凭借城墙外围，拼死抵抗。而腾冲城郊东有飞凤山，南有来凤山、芭蕉关、文笔坡、营盘坡、文笔塔等要点，以及飞凤山侧的娘娘庙、董库，大盈江岸的龙光台、毗卢寺、白衣阁、小团坡，城北的观音塘等重要据点。这些据点都有三道铁丝网，三道外壕之工事。攻城必须先攻下城外各据点。我军于6月27日展开攻势，首日占领南北宝峰山，继而芭蕉关、飞凤山、娘娘庙及董库也相继占领。至7月5日腾城向北道路，已完全为我控制。各师损失皆重，如三十六师一〇八团第一营编制800余人，攻下飞凤山据点后只剩100余人。

展开攻势的这一天，即6月27日，我和顺乡的处境，正遭遇到最危险的一天，鬼子们大批人马由县城绕道金银堆，约正午12时先抵达水碓，进入和顺乡，再遍布到各巷道，及围起中天寺（寺内，乡人在里面暗设办理接洽国军、供应粮秣等事务处），敌人全副武装，还携带汽油，意欲抢掠物资，拿去囤积城里，然后放火烧屋，使国军不能用此作据点。这是千钧一发的危险时间啊！乡人一时慌乱，东躲西窜狼狈之极。尤其中天寺里的办事人员，更难设想，忙于逃命！和顺乡夙负敦淳的美德名气，犹如神灵感召，这时，恰巧国军的攻势正抵达芭蕉关土锅铺一带，闻鬼子下乡，当即发炮过来，枪弹声一时轰隆，骇得鬼子们措手不及匆忙逃奔城里。至下午5时左右，国军前锋预备二师罗营长带队陆续进入和顺，乡人方得安定下来，得免于这场大灾难。一直到光复后，房屋整齐无损，乡人都认为乃罗营长的功劳。这位营长，因与乡人相处融洽，战后，安家于李家巷寸家。这场经过，是和顺人记忆最深刻的“六二七”大事。复原瓦城后，同乡人于是日举行聚餐以纪念之。6日我军进占陈家巷、何家寨、田心坝。7日晚预二师向老草坡攻击，激战至8日午夜，始行攻克。9日续攻龙光台、毗卢寺，敌退大盈江北岸，形成隔江对峙。

16日霍揆彰总司令召集攻城部队师长以上诸指挥官于护珠寺商讨攻城部署，乃决定各师积极准备，20日再行攻击。结果因连日大雨，攻击未能如期展开。

7月25日，奉电令：方天将军专任副总司令，五十四军军长由阙汉骞将军升任，当日交接完毕。两位将军各具特殊性格，在领导统御方面皆有天生禀赋。

26日久雨放晴，碧空如洗，阙将军在张家坝指挥所召集各师师长，面授攻击来凤山要旨，12时许，各师在我空军轰炸后开始攻击，下午营盘坡、文笔坡相继攻克，入夜敌军数次夜袭均予击退，次日晨2时，敌行决死反攻，我军奋力与敌肉搏，战至拂晓，终将来犯之敌全部歼灭，并续行攻击，近午攻占象鼻子，13时半攻下文笔塔。至此，日寇称为要塞的来凤山遂全入我手。是役，敌遗尸200余具，虏获轻重武器极多。三十六师与预二师攻占来凤山之翌日，亦将小团坡、白衣阁、叠水河等坚固据点先后攻克。敌之主力被迫退入城内。

此时五十四军指挥所，已由张家坝迁到和顺乡上庄，继而总司令霍揆彰亦迁住和顺图书馆内，预二师驻扎张家坡张家宗堂，其他部队，分扎于绮罗、大董、董库等地。和顺乡民房建筑多为三房一照壁，宽敞整齐，能容纳的部队较多，大部分房屋都驻有国军，成为军民一体，辅助作战。恢复国土，国军所需粮秣肉食，各家只剩下一小点外，一概献出供给，全乡所养的猪、牛，每日轮流宰杀，前后千条以上。为着争取胜利，与前方战士合力杀敌，乡人义勇热烈乐而为之。住在我家的方诚团长对我说，他经历过的战场不少，像和顺乡，这样处于枪林弹雨回罩之下，村民不顾危险，守护家园，更齐心地协助国军作战，不惜人力物力，支持应付，诚属少见，令人佩服。我回答说："国家兴亡，匹夫有责。"团长莞尔笑之。

阙将军再任军长，获此胜仗，欣喜之余，特骑爱马至来凤山顶拍照留念。其时战马长啸三声，更壮威仪，将军吻马面后返回和顺乡指挥所，是日加菜进餐，并加发马夫 20 元。

围攻腾冲　血染古城

城郊的飞凤山、老草坡、龙光台、毗卢寺、来凤山等高地相继为我军攻占后，敌主力遁入城中，并以一部扼守东城外税务司署、帮办衙门、白马庙，北城外饮马水河及拐角楼，西城外西林寺及英领事馆等据点。

腾冲古城，建于明正统时期，为我国标准式之城墙，内分东南西北四区，有如"田"字，高约八米，厚约六米，城垣之构筑，下为巨石，上为砖砌，城上有城垛，外有城壕。内驻日军五十六师团一四八联队及十八师团一一四联队等，除部分于高黎贡山战死，城中敌人在万人左右，当日军退守城内时，即决心死守，便将百姓全部赶出城外。腾城经日军两载经营，工事极为强固，城南为来凤山，东、西、北三面地形开阔，阡陌交错，河流纵横，接近困难，为易守难攻之地。

7月28日，阙将军率重要幕僚登来凤山前线视察，并于和顺乡对各师、团长指示机宜，翌日决定攻城，部署如下：

（一）三十六师以小部控制小山脚、和顺乡，主力展开于东营以南之线；以一〇六团（团长谷宾）对南门城墙，以一〇七团（团长麦劲东）对西门城脚。

（二）一九八师以一部守备尹家湾及董库，主力展开于陈家巷、何家寨、饮马水河；以五九二团（团长廖定藩）对拐角楼；以五九三团（团长陶达纲）对饮马水河，准备攻击。

（三）预二师守备来凤山。

围攻期间，前进指挥所设在来凤山顶侧方，阙将军每天率两位作战参谋在该处指挥作战。来凤山标高不大，但攻腾冲城之战争的进行及日军在城内的活动，在望远镜中皆一览无余。

8月2日，一切准备就绪，下午1时，三十六师、一九八师南北同时发起攻击，三十六师一〇七团几位弟兄攻至城脚无法返回，乃于城壕中向内挖掘，忽闻人语，乃于夜间加派人手，果挖至城内，遂以第二连兵力强入，虽连长刘恩宪上尉阵亡，仍占得西南城脚据点，但因敌火猛烈，后续部队无法进入。一九八师在北，因地形开阔，火网浓密，接近困难，乃于距城200米处构工事暂停。我攻城时，离城稍远，日军便不开枪，及至离城百米左右，日军万枪齐发，发则必有死伤，无奈地势如此，除了往前硬冲亦无其他办法。

挖掘地道　九次荡决

一连数日，我军以炮火掩护，用云梯爬城，前仆后继，死伤极重，然皆未能成功。因日军除守备城垛外，并在城根及城墙腰部设有枪眼，一旦接近，即为射杀。直至7日，以一九八师佯攻北城，牵制敌人，由三十六师挖掘地道，分别以工兵用炸药破坏南城及西南城角，再以步兵强行突入，美空军亦助我对城俯冲轰炸，炸开城墙数处。但举凡城墙有一缺口，日军便在两侧以机枪封锁，并于缺口后配置掷弹筒，不啻为死亡陷阱，然我官兵全无惧色，在炮火弹幕掩护下强行攻入，虽死伤累累，终能攻入城中。

入城后，因敌工事坚固，扩展不易，遂就地构筑工事，暂行固守，入夜，敌拼死反攻九次，均为我击退，战况极为惨烈。此后每夜，敌皆利用夜间，向我占领之城墙和饮马水河攻击，幸我官兵沉着应战，占领之阵地得以巩固。敌城既为我突破，阙将军为迅速歼灭敌人，乃重新部署，令守备来凤山之预二师亦加入攻击。

15日晨4时，各师开始攻击，预二师攻占南城墙缺口，再以兵力向南门城楼攻击时，受敌侧击，未能成功；三十六师向英领事馆攻击，对方工事坚固，进展困难，鏖战竟日，仅占领碉堡一座；一九八师一度攻入拐角楼，终因伤亡重大，乃就大盈江北岸与敌对峙。

当此之时，为向南城方面扩张战果，阙将军乃令一九八师以一部担任饮马水河及大盈江通西门大道一线警戒，主力转于叠水河水碓间地区，向南城攻击。

8月19日拂晓，阙将军下令开始攻击。各师进展顺利，至21日间，预二师首先下城，攻击东岳庙、电报局、玄天宫及督办公署；一九八师攻占南门城楼西侧缺口，并向右扩张，与预二师取得联系后，以五九三、五九四团（团长董铎）两团突入城中，进抵田家巷；三十六师则攻下英领事馆，一〇八团（团长李定陆）攻占西城墙缺口三个，并向北延伸300米。21日奉总司令命令，规定西半城为五十四军作战地区（东城为一一六师攻击）。

各师随即继续攻击，一九八师攻下高等学堂，预二师攻下女中及县党部，三十六师攻占西城数处缺口。各师日有进展，日寇亦全力反击，敌我逐屋逐巷血肉相搏，战斗激烈，至8月31日全军已进抵西门街一线。

9月5日，一九八师五九三团攻下文星楼；7日，五九三团攻抵距北城百余米处，五九四团攻占县政府及北城墙；预二师以吴、李两团（吴心庄、李颐）由南向北，以方团由北向南，与一九八师协力将县政府、极乐庙及北城墙完全占领；同日，三十六师攻克拐角楼。此时，西半城已完全克复，任务完成。

五十四军完成任务后，当夜奉总司令命令，以三十六师开腾龙桥附近警戒，阻敌增援。这一夜间，我们和顺乡曾做出突出而记忆价值的一段事，就是上述三十六师有急令马上要开拔，全腾各乡镇此时已无余粮可分负担，最后结果，和顺乡火速地拼凑得几千斤米，当时得以应付急需。这件事曾得到长官的赞扬："和顺乡出力大，办事有为。"并以一九八师向右回旋，由西向东协助一一六师攻击，翌日预二师抵财神庙，一九八师攻下北门并东进百余米，时一九八师叶佩高师长调升，由刘金奎将军升任师长。

在攻击中，东门城防空洞中获日本全部侵华计划共两册，当即送军政部。

9日两师冒雨进攻，激战竟日，一九八师和预二师进抵财神庙东端，完成总司令交付任务。同日，三十六师亦到达指定位置布防。

是日国军俘敌四人，其中有一人据供称系台湾籍，名白炳璜，曾毕业于台湾农业大学，随军到腾冲任指挥部书记（人称他白师爷），愿供陈紧要消息："10日将有日机来腾上空助战。"我空军经布设准备，果然第二天，敌轰炸机架、战斗机六架飞临腾冲上空，即遭我机迎击，激烈空战，不几分钟，敌机被击四架，余向西逃遁。该消息证实正确后，该俘不但生命幸免，而且加以另待。战争结束仍住在和顺乡，与乡人相处较好，还给他在土锅铺农场经营数年，后闻返回台湾。

10日，敌空军飞临腾冲助战，被我空军击落四架，一架坠落来凤山，离指挥部仅数米。这架坠机的残骸，事后几天张本鸿约着我上山顶去看，他还拆下一两样小零件带回来。当晚预二师攻克龙王庙、李家塘。是日，美军联络组一少尉联络官阵亡，军长深表痛惜。敌机共来两次，两次均被击落，之后遂未再来。

翌日，两师再度猛攻，进展颇多，已攻抵东北城角，并向南推进150米。

12日，两师于完成任务后，奉命重新部署，第二度回旋，由北向南攻击。当日一九八师进展七八十米，五九三团攻占饮马水河。翌日，预二师攻占龙王庙东侧民房，战斗激烈，建功殊多的李颐团长不幸于是役殉国。

顽敌勇猛　寸土寸尸

9月14日拂晓，我军协同一一六师进击残敌，肉搏血战至9时许，除南城角一部日军数十人向南溃逃，余均被歼（十余人）或自杀，代理指挥官太白大尉战至最后焚旗自杀，在逃者数十人，经派队追杀，亦全数就歼，腾城内已找不到一个日本活人或伤兵，腾冲之战，至此终结，除十余俘虏外，日军全数就歼。

据幸存之营妓称，日人在大势已去时，便将营妓（多为韩国及中国台湾籍）集体射杀而后自杀，东北城角坑道内的堆堆白骨，即为集体屠杀之营妓。战事终结后，第二天李祖和我们几人去城内游看，曾目睹这些堆尸。又据俘虏供称：日军指挥官藏重康美大佐某日开会，适逢我空军大轰炸，指挥官及重要干部多人遂被活埋于坑道内，故由太白大尉代理。

日军虽然尽遭歼灭，其侵略必败，亦固属罪有应得，但其战斗精神，亦令人钦佩，日军皆有与阵地共存亡的决心，自始至终未闻有投降者，负伤三次以上仍继续战斗者比比皆是。相对的也可想见，腾冲的收复是我们的战士寸土必争地踏着自己弟兄和敌人尸体争回来的，我军之惨重牺牲无不在日军之下，真是“一寸河山，一寸血！”

战后腾冲满目疮痍，实已“片瓦无存”，在城中巡视，已无法分开何处是街道，更无论住户之门开向何方，只剩下一片颓垣，只有尸臭和城外跑来的野犬，凄凉景象，非身历其境，实难以想象。有一位一九八师的营长形容是：“没有一片树叶没有两个以上的弹孔，没有一幢房子，可供人临时避雨之用。”据正式的统计：“城内屋宇尽成粉碎，夷为平地，一片瓦砾，计毁学校、公署、庙宇 20 余所……”我想那些统计数字和战前腾冲房舍的统计数字应该是一样的。受苦两载的腾冲百姓，虽然房舍尽毁，仍兴奋非常，因为只要国土重光，家园是不难重建的。

美军顾问拍成电影

当时的美军顾问史塔尔将军（后曾任美国陆军部长、印第安那大学校长），特将攻城经过情形，补拍成电影，带美国宣扬我军之英勇。史塔尔将军后来在我国时，不论公私场合，都一再表示他们对阙将军的崇敬。他之所以对阙将军如此推崇，就是因为他目睹了腾冲战场上阙将军的卓越指挥及领导才能。

继腾冲大捷之后，五十四军挟胜利之余威，续以破竹之势，远征军各友军连下龙陵、遮放、芒市、畹町、南坎。民国 34 年 1 月，远征军与驻印军会师，中印公路遂告打通，外援物资以源源引进，抗战胜利之基础于焉奠立。

勒石纪事　名将千古

由战争性质来看，从5月开始，首先是雨季星夜敌前渡河，是为“河川战”；接着仰攻高黎贡山，是为“山地战”；山中茂林参天，有严寒、酷暑、毒蚊、瘴气，又是人与自然之争的“丛林战”；敌退守城中，我军奋力攻城是为“攻城战”，入城后白刃相接，是惊心动魄的“肉搏战”；最后杀得日寇片甲不留，总结则是光耀史册的“歼灭战”。我五十四军健儿在这一连串的激烈战斗中，壮烈成仁者成千上万，但在这关系民族存亡的战斗中牺牲，身去功成，死又何憾！为纪念腾冲大捷殉国的英勇将士，阙将军特于来凤山上勒石存纪，碑文如下：

曾同甘苦好兄弟，身去功成起我悲。
畴昔英风回想象，只今剑气凛须眉。
一抔埋骨真吾土，万口传名为尔碑。
手酹清浆酬国土，临风不觉泪交垂。
重泪何堪慰国土，吹笳重着祖生鞭。
扶桑东下八千里，航海南行四五天。
魂助声威来飒爽，寇将溃败急戈铤。
云开白日堂堂见，照尔精忠入简编。

回顾自渡怒江以后，五十四军在攻城之前，便已有重大牺牲，在攻高黎贡山时，在崎岖山道上，冻毙、病死、阵亡者皆难以数计，至腾冲攻城时，按理应已是强弩之末，日军则以逸待劳据城防守，而我军仍能在兵疲马困之余奋勇杀敌，创下震惊国际的腾冲大捷，无非官兵受领袖感召，深切体认此役关系抗战之成败、民族之存亡，加上阙将军英明的领导，卓越的指挥，终能将士用命，以鲜血凝铸惊天地泣鬼神的腾冲歼灭战。阙汉骞将军与五十四军自是蜚声中外，名垂青史，政府为表扬五十四军功勋，特颁荣誉旗一面，阙将军获颁云麾勋章一座。阙将军毕业于黄埔四期，转战南北，功勋彪炳。除战功外，将军于书法上自成一家，有高深造诣，印有《四体千字文》传代，当代名书法家于右任等皆曾予极高之评价。

1972年阙将军逝世时，某一文学家综述其生平有云："报国有百姓，传世有不朽之书法。"至今匆匆已十年矣，笔者不敏，仅能依五十四军军部《滇西作战日志》等史料，并访问旧时长官袍泽，共忆往事，略记腾冲之战始末，以为纪念，并悼念壮烈成仁的英勇将士。

方　靖

官兵不能擅自后退，只有拼死与阵地共存亡。

- 1900 年生，字海濂，江苏江都人。
- 1937 年，抗战爆发后，参加淞沪会战。
- 1938 年春，任第七十九军七十六师副师长，7 月任第七十五军十三师师长，参加武汉会战。
- 1939 年，率部驻鄂北，参加冬季攻势作战。
- 1942 年 3 月，升任第十八军副军长，12 月任暂编第九军军长。
- 1943 年 10 月，改任第六十六军军长，参加鄂西、常德会战。
- 1944 年 9 月，任第七十九军军长，驻防四川内江。
- 1990 年 7 月，因病逝于北京。

虬江、宝山、月浦、广福血战记

方　靖

战前敌我双方的情况

八一三淞沪抗战前，第七十九军第九十八师原驻武汉，8 月 11 日奉命轮运南京担任卫戍。于 12 日乘轮东下，13 日午后抵南京下关时，得知日军已在上海方面发动侵略战争，企图占领上海，形势紧张。我师于 14 日下午奉命车运上海，15 日拂晓前到达南翔车站下车。天明后，敌机 40 余架对南翔车站大肆轰炸，幸而我军已提前向四郊疏散，未受大的损失。

第九十八师编制是两个旅（每旅两个团）及直属部队炮、工、辎重各营。师长夏楚中，副师长王甲本，参谋长罗广文。第二九二旅旅长吕国铨，副旅长陈集辉，第五八三团团长路景荣，第五八四团团长胡一。第二九四旅旅长方靖，副旅长龚传文，第五八七团团长侯思明，第五八八团团长向敏思。师的装备是以国产装备为主，每团三个步兵营，每营有重机枪一个连；每团有八二迫击炮一个连；每步兵连有捷克轻机枪六挺；师炮兵营有江南造七五厘米山炮六门。

方　靖

第九十八师在淞沪抗战的经过

虬江码头战斗

8月15日晚，第九十八师第二九四旅奉命由南翔车站进至新市区马玉山路，接替第八十七师沈发藻旅在马玉山路虬江码头向公大纱厂之攻击准备位置。第二九二旅亦须进至马玉山路以西地区结集，暂归第八十七师师长王敬久指挥。我当天夜间到虬江码头，经交通壕进到趸船上，见有市政府的武装警察一个连担任守备，同时看到三四百米远处的黄浦江内有日本兵舰两艘，没有灯光。我当时看到阵地防御工事太薄弱，担心易被登陆之敌攻破，必须增构钢筋水泥工事。

8月16日，敌机数架从早到晚对我不断轮番轰炸扫射，因制空权在敌手，致使我军部队日间行动大受限制，只能在黄昏后开始活动。8月16日至20日，每晚协同第八十七师向马玉山路公大纱厂一带敌人阵地进攻，因无重火器，皆未能奏效。我空军在日间偶尔出动两三架飞机，如遇到敌高射炮射击即行飞避，不起丝毫作用，从20日以后，不再见到我飞机。

宝山、月浦战斗

8月20日，日增援部队盐泽师团一部由宝山狮子林登陆，侵入罗店，向我第十一师进攻。当晚，第九十八师奉令调到宝山月浦方面，归第十五集团军总司令罗卓英指挥。当时师的部署以第二九二旅第五八三团守备宝山及狮子林炮台之线，阻敌登陆；第二九四旅在月浦以东地区占领阵地，构成村落防御，拒止敌人。因此时我后续部队尚未到达，必须固守阵地待援。

8月25日，日军在狮子林炮台及宝山之间大举登陆，首先攻占狮子林炮台。至8月底，我第五八三团第一营（营长姚子青）固守宝山县城，被敌攻破，全营官兵壮烈牺牲。此时日军约有两个联队向我第二九四旅月浦阵地展开攻势，利用海军炮击我阵地，每分钟发射炮弹百余，并用系留气球升空观测，命中效力相当准确。但敌步兵前进缓慢，每进一小段必构筑机枪掩体工事。敌以步炮空联合作战，而我则以步枪、机枪、迫击炮应战。有时派出逆袭部队与敌激战，利用村落构成据点工事，逐村防守，约坚持一星期之久，所有村落阵地多被敌机敌炮击毁，我官兵伤亡很大，但士气很旺盛。后改变以村落房屋为据点的办法，在村落阵地前缘百米的空地构成阵地坚固工事，拒止敌人，因此伤亡日渐减少。

某日正在激战中，接到保安总队吉章简电话，传来消息说，国共两党现已真诚合作，共同抗日，共产党承认孙中山先生的三民主义为中国今日之必需，愿为促其实现而努力。当时全战场官兵感到无比欢欣，士气更加旺盛，认为这是中国人民团结抗日无比坚强的力量，胜利一定属于我国人民。

9月初旬，已形成阵地战，每天都有相当大的伤亡。因在战争初期缺乏经验，所构筑的工事太薄弱，不能抵抗15厘米榴炮弹，因此有许多人员武器被敌炮击埋葬在掩蔽工事内。全师官兵伤亡达4960人，阵亡团长一人，伤团长一人，阵亡连营排长200余人。经过三四次补充，所补的官兵都是由后方部队中抽调而来，随时补入连队，发给武器，立即开上火线，加入战斗。有的刚上去就负伤，送入医院，他还不知自己所在部队番号。每天每营、连要增补几个营、连长，因为当时防御工事不坚固，官兵不能擅自后退，只有拼死与阵地共存亡。

9月10日晚，第九十八师将阵地移交给胡宗南部第一师接替，后撤至嘉定县城及其外围，一面整补，一面构筑预备阵地。

据我所知，在9月10日前后，我军已有十几个师先后到达上海战场，陆续加入南翔南北之线阵地。先后投入战场的计有第八十七师、八十八师、九十八师、十一师、十四师、六十七师、三十六师、一师、九师、六十师、九十师、五十九师、三十二师、十三师、六师以及两广部队、川滇部队等，还有些不知道番号的部队。此时蒋介石为了鼓舞士气，已明令发表胡宗南为第一军军长，李延年为第二军军长，王敬久为第二十五军军长，宋希濂为第七十八军军长，夏楚中为第七十九军军长。

广福战斗

第九十八师经过一个月的整补以及构筑预备工事，复于10月20日晚进驻广福镇方面第一线阵地，接替第十三师防务，与敌激战。当晚广东部队第一六〇师，协同第九十八师、第二九二旅由广福镇阵地正面向敌阵地猛攻，已陷入敌火网内，直至21日天明未能奏效，我进攻部队后撤整理。此役我第九十八师第二九二旅四个营自营长以下官兵皆壮烈牺牲。

21日晨，我第二九四旅接替第十三师广福镇阵地后，继续与敌战斗。此时阵地形势是由罗店西北向南沿徐行、罗店间，经刘行、广福、老陆宅至公共租界西侧之线。敌我双方皆构成坚固工事，形成阵地战，我方阵地工事掩体系用铁路的钢轨作横梁支柱，能抗15厘米榴弹炮弹，异常坚固。同时奉指示说，国联正在开会，要我们官兵尽力固守阵地。这是幻想国联开会，强令日军撤出中国。

此时，第九十八师的阵地正面，不足一公里，敌我对峙，每天伤亡不多。我阵地左翼是第九师第十八军部队，右翼是广东部队第一六〇师，再右是第六师周岩部及第三十二师等部。

相持至11月初，整个战场情况起了变化，因敌军增援部队由杭州湾金山卫登陆，向我右侧背大迂回。此时作战中心已移到松江、青浦县朱家角方面。因此全军即于11月12日晚间放弃上海战场全部阵地，全线向常熟、昆山方面撤退。当时官兵思想，认为常熟、昆山有国防永久坚固工事，能作持久抗战，待机反攻，因此在撤退时并不气馁。

11月12日晚10时，我第九十八师由广福镇阵地撤至嘉定城预备阵地，担任掩护右翼友军安全撤退。13日晚间，经嘉定向太仓、常熟撤退时，有十几个师的部队拥挤在一条公路上，争先恐后，遇到敌人的飞机在上空投照明弹，不断轰炸扫射，致使秩序大乱。尤其在太仓县分路口，原定第十五集团军第九十八师与第二十一集团军广西部队皆向右往常熟，其他各部队皆向左往昆山。此时混乱不堪，有的应向昆山的，却向常熟，有的应往常熟的，却向昆山走。

国防工事近似虚设

11月15日拂晓，第九十八师刚抵常熟，即命第二九四旅迅速占领城东既设阵地，第二九二旅任城防守备，迅速进入阵地工事。当时发现既没有现地工事位置图，找不到工事位置，亦找不到钥匙。据当地老百姓说，工事位置图和钥匙是由保长保管的，而保长早就逃跑了。

我官兵随即按方向寻找工事位置。所谓国防工事，钢筋水泥机枪掩体在公路大道两旁南北三四百米之线，仅有十几处像坟堆的土包一样，当时掘开上层，有的是机枪掩体，没有钥匙打不开，只有立即钻开。有的扒开了是棺材，不是水泥工事。再向三四百米以外去找寻，就找不到水泥的掩体工事了。我们只有急急忙忙地占领阵地，构筑临时工事。阵地前面隔着一道十余米的小河，对岸的树木房子很多，从前没有扫清射界。我们正在占领阵地时，而敌人也到小河沟对面占领阵地，开始战斗。我所占领的掩体工事皆没有联络交通壕，每个掩体工事仅能容一班兵、一挺轻机枪，在日间不能联络，后方粮弹也送不上来，只有在夜间补给。我官兵以为退守到国防工事线上定能持久抗战，现在看到公路南北两侧二三里处，仅有十几座水泥掩体工事，如再往远处就没有工事了。至于湖内湖边上，皆没有防御设备，使官兵大失所望。

本日下午，有敌机20余架对常熟城轮番轰炸，同时有日军一个中队从我两个集团军的间隙，如入无人之境，窜入常熟城北能俯瞰全城之虞山（当时罗卓英第十五集团军同廖磊的第二十一集团军之间有八华里的空隙）。

16日，在虞山上的敌人增到一个大队以上兵力，以机枪和轻榴弹炮火力控制常熟城。17日、18日、19日，罗卓英亲自指挥第十八军第十一师（师长彭善）反攻虞山，曾一度将虞山夺回，毙敌甚众。经过反复争夺，并于18日增加第四十四师协同进攻虞山之敌，敌人由浒浦镇方面登陆，向常熟城郊进攻。我第九十八师在常熟城沿北门、东门至大悲桥以南之线，与敌激战。直至19日下午，奉命同第十八军第十一师、第二十一集团军（广西部队）及第四十四师，撤出常熟阵地，强行通过被敌炮火封锁的第二十四号桥。20日下午，又同各友军先后退到无锡市。22日，第九十八师奉命随同第十八军向皖南广德方面撤退，第二十一集团军向浙西方面撤退，其他部队向常州方面撤退。

第六十六军宜都、松滋作战经过

方　靖

作战前敌我态势

1943 年 10 月，沙市方面之敌约一个联队，在沙市南岸太平口、黄金口一带。宜昌方面之敌第三十九师团主力，仍在当阳及宜昌南津关一带；一部在宜昌南岸二流坡以及古老背、董市等处。

我第二十九集团军王缵绪部第四十四军的四个师，在临澧、常德间；第七十四军王耀武部两个师在石门、慈利，另一个师（第五十七师）在常德；第十集团军王敬久部第七十九军在公安、藕池口，第六十六军在松滋、枝江、宜都沿江守备；江防军（总司令吴奇伟）在三斗坪；第三十军（军长池峰城）在宜昌以西下红溪、平善坝与宜昌之敌对峙；第十八军罗广文部在三斗坪、石牌附近。

第六十六军的部署和作战经过

第六十六军（军长方靖、副军长宋瑞珂、参谋长王靖之）辖第一八五师、第一九九师，6 月 10 日前后奉命开赴松滋刘家场、茶园寺附近，以第一八五师接替第九十四军第一二一师，任松滋、枝江、宜都一带沿江守备；以第一九九师在渔洋关、仁和坪抢筑预备阵地工事；军部驻在刘家场。

1943 年 11 月 1 日，沙市方面敌约一个联队，由松滋方面渡河西犯，同时，宜昌方面敌约一个旅团渡过长江，进占宜都，企图西犯。

我第十集团军预定作战计划，是采取后退配置，准备占领子良坪、仁和坪、聂家河间之线，阻止敌人。

第一八五师主力部队，已撤至朝阳、聂家河之间，阻敌西犯，并留一部（约一个营）在敌后机动打击敌人，以及侦察敌之行动，随时具报。

3 日，当面之敌由公安、黄金口、宜都方面全线向西进犯。上午敌人便衣队进扰西斋、茶园寺。第七十九军准备黄昏后，由暖水街后撤至子良坪南北地区之线占领阵地，阻止敌人。

第六十六军遵照集团军总司令部作战计划，部署如下：

（一）第一八五师着于本日黄昏后开始后撤至聂家河南仁和坪间占领阵地，左与聂家河西北第九十四军第一二一师取得联系，右与第一九九师相衔接，阻敌西进。仍派一个营留在茶园寺、洋溪、朝阳、王家畈地区机动打击敌人，并侦察敌之行动随时具报。

（二）第一九九师（缺第五九七团）着于本日黄昏后开始后撤至仁和坪占领既设阵地拒止敌人，左与第一八五师衔接，右与子良坪方面第七十九军阵地相联系。该师第五九七团（团长黄坤山）以第一营占领刘家场以东一带山地，准备在敌后机动打击敌人，并搜集情报随时具报。团主力部队潜伏在刘家场通向仁和坪大道两侧山地内，打击敌人后方补给联络线，并侦察敌后情况随时用无线电具报。该团（缺一营）于本日午后先在刘家场西端通向仁和坪大道两侧占领阵地掩护，等待军部及直属部队通过后，再逐步向西后撤，执行指定任务。

（三）军部及直属部队在第一九九师（欠第五九七团）后尾行进。

4日上午8时，部队在行进途中遭受敌机两架轰炸扫射，未受损失，于午后全部到达仁和坪南北地区指定位置。

集团军总司令部转来战区司令长官部命令：“已调第八十六军第十三师（师长靳力三）暂归第六十六军指挥作战。”

第六十六军又作了部署：

（一）我当面之敌现已由刘家场向仁和坪前进，其兵力不详。

（二）第一九九师（欠第五九七团）着在仁和坪进入既设阵地，右与子良坪方面第七十九军取得联系，左与第一八五师相衔接。第五九七团仍服前任务。第一八五师在仁和坪以北至聂家河间占领阵地（聂家河不含），右与第一九九师衔接，左与聂家河以西第九十四军第一二一师联系。

（三）第十三师暂在渔洋关集结待命。

（四）军部位置于仁和坪。

7日，敌人约一个联队，突破我第七十九军子良坪、卸甲坪防御阵地，该方面战况不明。刘家场方面敌约一个旅团，正向我仁和坪方面攻击前进，其先头部队已逐步逼近仁和坪，正与我第五九七团阻击部队激战中。我右翼卸甲坪方面之敌约一个大队，已窜到我仁和坪以南地区。我第一九九师当夜放弃仁和坪，退守渔洋关。

9日，敌人约一个联队，侵入仁和坪后，续向渔洋关进犯，我当即命第十三师猛力反击。激战一天，该敌退回仁和坪转取守势顽抗，我第十三师对仁和坪之敌进行包围反击；第一九九师即由仁和坪、卸甲坪之间突入敌人后方，打击敌人由仁和坪、刘家场之间增援的部队；第一八五师在仁和坪西北地区集结待命。

10日以后，我第十三师（属第八十六军）、第一九九师连日反攻仁和坪，虽与该敌多次进行阵地争夺战，并付出较大伤亡，但进展不大，形成阵地战。敌飞机两架不断在上空盘旋掩护侦察，防我进攻，守敌每日白天在民房内休息睡眠，夜间则聚集在山坡上防我袭击。敌派出小部队向我阵地骚扰袭击，均被我守备部队击退或击毙。

我第一九九师第五九七团在仁和坪、刘家场之间不断截获敌人的辎重粮弹及少数马匹等，造成敌人补给困难。

11月中旬有几夜，敌人夜袭第十三师师部，形势紧张，师长靳力三要求将其师部位置向后移动。我当时对该师长在电话中说："在夜间无论如何紧张，决不能移动，以免影响士气，造成混乱。"结果撑过去了。

我的军部位置距第十三师师部指挥所不足一公里，夜间经常紧张得不能休息。有一夜，我在电话中向集团军总司令王敬久请求说："军部指挥所位置太接近第一线了，请求拟于明日向后移动一段。"王答复："决不能移动，以免影响部队士气；如遇到敌人袭击，一定要拼死抵抗。"

11月下旬，我第十八军罗广文部由聂家河、刘家场间渗入刘家场、暖水街、西斋敌后，破坏敌人由太平口至津市间的交通补给线。该部不断破坏敌人的临时公路，击毁敌人汽车多辆，使敌人补给增援大感困难。第十八军当时没有携带这一地区的五万分之一地图，以致行动迟滞，后由第六战区司令长官部参谋处命驻恩施中美空军混合部队派飞机空投了所要的地图。第九战区司令长官薛岳为策应六战区作战，派方先觉第十军由益阳向占领常德之敌攻击，进至沅水南岸德山附近，该军预备第十师师长孙明瑾阵亡，部队与敌隔水对峙，未能渡河。

12月4日，奉命派第一八五师参加反攻石门的战斗，同时我第十三师、第一九九师对仁和坪之敌进行猛力攻击。侵入石门、子良坪、卸甲坪、仁和坪、聂家河一线之敌，不敢深入西犯，在这一线与我相持到12月13日（先后计43天），开始全线总退却。我第一八五师派在聂家河以东敌后游击的一个营劫获敌机投下的通信袋，内容是总退却的作战命令，令各部即日退守宜昌、沙市原防。通信袋由我游击营指派便衣排长由敌后绕道送到军部，我虽立即转报总司令部、司令长官部、军事委员会，但已延误了四天时间，致使我军失去了向敌进攻的良机。如果部队的通信设备完善一点，能给该游击营配备无线电发报机，就不致贻误戎机了。

14 日夜间，当面盘踞仁和坪之敌开始向东撤退。我第十三师即于 15 日拂晓前向王家畈、枝江方向追击前进，第一九九师即于是日早上 6 时向刘家场、茶园寺、洋溪方面追击前进。15 日以后，敌退守宜昌、沙市原阵地。第七十九军恢复公安、藕池口阵地，第六十六军于 12 月 22 日恢复松滋、枝江原守备线，战役结束。第六十六军在这次战役中共伤亡官兵 850 余人。

宋瑞珂

我们是为中华民族争生存而战斗，敌强我弱，牺牲是不可避免的。

- 1908 年生，山东青岛人。
- 1937 年，率部参加淞沪会战。
- 1940 年 6 月，升任第一九九师师长，参加枣宜会战。6 月参加宜昌战役，与敌人激战十多天。
- 1943 年春，升任第六十六军副军长。5 月，参加鄂西会战，至 6 月上旬，取得大捷。同年 11 月，参加常德会战。
- 1944 年 9 月，获五等云麾勋章，并升任第六十六军中将军长。
- 1945 年 2 月，被授予少将军衔。
- 1995 年，在上海逝世。

保卫大武汉会战纪略

宋瑞珂

在捍卫中华民族尊严的抗日战争中，我亲身经历了多次战斗，而保卫大武汉的会战，尤其使我终生难忘，现将见闻所及，简要分述如后。

武汉——抗战初期的实际首都

1937 年 7 月 7 日，日本侵略者制造卢沟桥事变，对我发动进一步大规模进攻，我军将士忍无可忍，奋起反击，全面抗战开始。在北平、天津、太原相继沦陷后，上海亦经激战撤退，12 月 13 日首都南京随告弃守，国民政府迁都重庆。国民党主要党军政首脑蒋介石、冯玉祥、孔祥熙、张群、何应钦、陈诚、白崇禧、陈立夫，国民党中央党部、军事委员会以及外交、财政、内政等部都集中在武汉。

此时，在中国共产党的倡议下，国共两党已实行第二次合作，一致对外。八路军武汉办事处由南京迁来武汉，中共领导人周恩来、董必武、叶剑英组成的代表团和中共中央长江局陈绍禹（王明）等人都住在八路军办事处内，叶挺、项英也在这里设置新四军办事处。作为国共合作的一个实体的军委会政治部，由陈诚任部长，周恩来任副部长；以郭沫若为厅长的政治部第三厅，罗致了大批著名的文化界人士，开展了波澜壮阔的抗日救亡宣传工作。许多爱国知名人士如沈钧儒、邹韬奋、史良、沙千里、章伯钧等齐集这里。

国民党中央召开了全国代表大会，制定了《抗战建国纲领》，通过了中国共产党提出的《抗日救国十大纲领》和组织《国民参政会案》。国民参政会也作为一个民主、民意机构登上历史舞台，便于共产党人和各界领袖讨论抗日救亡的主张。一个团结一致、齐心抗战的局面，从表面上涌现出来，武汉已成了全国抗战的实际首都。

日寇要占领中国，一定要夺取武汉，中国军民要坚持抗战，一定要倾注全力保卫武汉，武汉会战不可避免。

军事地理及敌我部署

从军事上看，武汉周围湖沼密布，港汊纵横，南抚洞庭，东扼鄱阳，南倚五岭山脉，东屏幕阜山、大别山，蜿蜒环抱而交于长江，形成向东之门户，北倚大别山及大洪、桐柏等山脉，西以大巴、大娄等山脉，与川黔相邻，群山环绕，中成一沼泽之平原，形成天然壁垒，有利于持久防御作战，以补助我军武器装备训练上之缺陷。

日军在徐州战役后，不但未能达到歼灭我野战军的目的，而且为我军消耗其兵力极大。西进受阻后，必须溯江而上，始可进窥武汉。我军乃利用武汉外围的有利地形，南以庐山山系，北以大别山系，构成野战阵地。日军为贯彻其武力决战的目的，乃积极调集兵力，转用于长江方面，企图深入武汉，以消灭我野战军，占领我军事、政治、商业的腹心要地。以达其摧毁我抗战意志，达到其速战速决、灭亡我国的狂妄野心。

1938 年 6 月以来，日军由畑俊六大将统率、冈村宁次和稔彦王指挥的第一〇一、第一〇六、第六、第三、第十三、第十、第十六、第九、第二十七、近卫等师团及波田支队，先后集中于南京、合肥地区，溯长江向安庆、九江进击；占领九江后，分五路向西进犯。在长江以南：一路沿南浔铁路南进，一路沿瑞武公路西犯；在长江以北：一路沿大别山南麓趋黄陂；在大别山以北，一路沿霍山出麻城，一路沿六安、固始、潢川趋信阳，迂回武汉之北，另一路以波田支队舰队，溯江西上，陆战队沿江到处登陆。采取分进合击的战法，以达其侵占武汉的目的。

我军为阻止敌之企图，以第一、第二两兵团，在庐山、九宫山、幕阜山等山脉，以第三、第四两兵团，在大别山、富金山等山脉，预筑坚固阵地，并利用江河湖沼等地隙构成多线防御阵地；在马当、湖口、武穴、田家镇构筑江防要塞，布设机雷，阻止敌人深入，给予逐次的打击。

日军分途进攻，长江两岸激战

在安庆、望江一线

我军自陇海线西撤后，日军主力向开封、郑州进犯，嗣为黄汛所阻，乃转移其主力向津浦路方面向合肥以北地区西进，先后于6月初，犯涡阳、凤台、寿县、正阳等地，并联系合肥之敌西犯。长江方面，也向大通进出。这时，我廖磊四十八军、冯治安七十七军，转进到阜阳河西岸，南到霍邱之线，阻止敌之西进，同时在合肥西北附近的徐源泉第十军，也向六安附近转进。我安庆守备及巢湖沿江之防务，则由杨森的二十军担任。1938年6月6日起，敌由合肥南犯大关，长江敌舰也在蠢动。12日凌晨，敌舰数艘，在安庆下游各处，以猛烈的炮火，掩护敌军2000余登陆，我军抱与阵地共存亡的决心，迭次击退敌之攻击，激战至午，敌舰增至20余艘，驶近安庆，向城内猛烈轰击，入夜后，敌由安庆下游登陆江北之一部，也到达北郊，经我军阻击，敌受重创，我军乘夜向潜山转进，安庆遂陷敌手。

合肥之敌，自6月8日起，即向我杨森所部之大关阵地进犯，激战至11日，我即转移到原潭铺附近，又与敌激战之后，于13日转移至潜山附近，继续抵抗，战斗激烈，相持四日之久，敌虽集中其猛烈炮火向我强攻，我军仍屹然未动。18日，敌继续增援猛犯，我军乃撤至小池驿及太湖附近，继续阻敌西进。26日，我徐源泉部第十军由霍山方面，对太湖之敌侧上，鏖战至29日，敌死伤惨重，大部向望江，一部向潜山撤退。

这时，我为阻敌西进，即以杨森集团军占领望江、太湖之线，以徐源泉集团军占领潜山以西山地，五家牌楼亘天柱山之线，侧击潜山，太湖西进之敌，另以韦云淞三十一军部署于太湖附近，策应徐军之作战。7月上旬至中旬之间，敌以其第六师团之一部及台湾军佐藤旅团牵制我军，而将主力转用于长江北岸，我各部对当面之敌猛攻，以牵制其转用兵力。并于7月中旬，以主力占领广济、大河铺、二郎河及太湖、潜山西北之线，侧击西进之敌；一部守备宿松、黄梅、田家镇附近沿江各要点，拒止敌之登陆。7月下旬，小池口、望江等处江面之敌舰，渐次增多。25日，敌舰20艘炮击小池口刘汝明六十八军阵地，同时以飞机70余架结队轰炸，掩护其陆战队四次登陆，均被我军击退。但小池口已为敌机炮轰炸成废墟。26日，敌继续猛攻，我守军伤亡殆尽，该地遂告陷落。我军于27日，对敌猛烈反攻，该地又告克复。同时潜山方面之敌千余人，已经小池驿陷太湖，南向宿松进犯。望江方面，敌一部千余西进徐家桥。29日，进占凉亭，我韦云淞军撤至二郎河。8月2日，二郎河失守，敌直趋宿松，以猛烈的炮火掩护其步兵冲入城内。同时敌以两个联队，进迫黄梅城，与刘汝明部激战三日后，黄梅被陷。并进至黄梅以西之金钟铺南北之线，企图协同向九江进击之敌，准备攻略武汉。

鄂东新的部署

这时，第五战区司令长官李宗仁，因牙病住在武昌东湖疗养院。蒋介石于7月16日，命副参谋总长白崇禧代理其职务（到会战末期，李病愈回到长官部，白返武汉仍供旧职）。7月28日白将长官部，由河南商城移驻鄂东宋埠，以便与江南的第九战区司令长官陈诚取得密切联系。

8月7日，白崇禧到浠水，召集军事会议，根据李品仙、廖磊等的敌情报告，制定作战方针和兵团区分。于8月16日，下达了命令要旨如下：

左翼军团李品仙，辖第三十一军、六十八军、八十四军、八十七军、二十六军、五十五军，以大别山南麓为根据地，对长江北岸向我进犯之敌，预期将他们消灭于右翼港湾错杂的地区。

中央军团廖磊辖第七军（张淦）、四十八军（张义纯）、第十军（徐源泉）、豫皖边区的游击队，以及安徽省的保安团队。

由廖磊接替李宗仁所兼任的安徽省主席。预定将廖磊留守大别山区，所以将游击部队和地方团队，均归其指挥。中央军团固守大别山东麓各要口，阻敌窜入。在大别山游击根据地囤积粮弹，组织民众，建筑工事，以期长期阻击敌人。

左翼军团孙连仲辖第三十军（池峰城）、四十二军（冯安邦）、五十一军（于学忠）、五十九军（张自忠）、七十一军（宋希濂）、七十七军（冯治安）。左翼军团逐渐诱敌西进，并集结兵力于叶家集、河口镇以东阵地，击破敌人。

九江以东的战斗

安庆方面敌军企图击破我长江封锁线，于6月24日，以陆海空军联合西犯。长江南岸我李韫珩十六军五十三师与敌在黄山、香山等地作激烈的争夺战。黄山、香山，旋得旋失。敌军虽联合陆海空军猛烈强攻，但我守备马当要塞核心部队，仍不惜牺牲与敌白刃搏斗。迄26日午，要塞之一部被敌突破，但我增援部队连同核心守备部队，连续向敌猛攻，予敌以极大损害。敌乃于29日，以装甲汽艇载陆战队800余人，冒险越我封锁线，在彭泽附近之将军庙强行登陆，攻占我彭泽，我军乃停止对马当敌之攻击，占领其以东阵地，继续抵抗[①]。

7月3日占据彭泽之敌，继续西犯，与我军激战于流斯桥以东。同时敌以波田支队，乘装甲汽艇向湖口强行登陆，鏖战两昼夜，我炮台守兵，奋战击敌，伤亡殆尽。我二十六师利用湖口城与敌激战，反复逆袭至7月5日，终因敌众我寡，湖口陷于敌手。旋以十一师、十六师增援，向湖口之敌猛攻，自5日至8日，迭予敌以重创，并封镇沿江地区，惜我军缺乏重火器，射程不及，以致未能将敌军击灭于江中。

7月9日，敌自湖口向鄱阳湖扫雷，中旬以后，并逐次以飞机轰炸扫射。23日凌晨，敌利用暗夜，在姑塘（九江东南）附近登陆，与我关麟征军团之一部作激烈之战斗。旋又继续增援，与我守军在九江东南高地附近发生激战。我以李觉的七十军增援反攻，将敌击溃，并乘夜暗收复塔顶山、普泉山之线。24日拂晓，敌更以海空军协同作战，炮火猛烈，我军攻击被迫停止。午后，我李玉堂第八军续向北进之敌攻击，激战至翌晨，我雅雀山阵地被敌突破。

同时九江方面，敌机炮猛烈向我九江市内轰击，并各以一部在九江和马厂湖附近登陆，我因伤亡过重，以致无力拒止，这天晚上，向南昌铺、沙河之线以南转进。九江遂于7月26日失陷。敌以一部由姑塘南方向沙河附近截断南浔路，遂于长江以南取得向武汉进击的据点。

庐山附近苦战

日军占据九江后，为掩护其南侧翼之安全，即分向南浔铁路和瑞（昌）武（宁）公路前进。我守备瑞昌附近第三集团军孙桐萱十二军，在瑞昌以东高地严阵以待。8月上旬以来，敌常向我阵地扰乱，均被我击退，迄8月8日，敌以一部，于瑞昌东北之港口登陆，当被我军击退，至10日又有敌400余人，在该处登陆，占领望夫山、平顶山。我孙军展开攻击，

---

① 第十六军军长李韫珩失守马当被撤职查办。第一六七师（陕西部队）师长薛蔚英（黄埔军校一期）失守彭泽，被判处极刑。

将敌击退，敌再举增援，并以舰炮掩护攻击，又将两山攻占。15日，敌另一部利用舰炮掩护，在徐家湾江岸登陆，与我军经两周之苦战，仍坚持在原阵线。到8月下旬，这方面之敌，大举增援，于24日攻陷瑞昌。同时敌舰以鄱阳湖之鞋山为根据地大肆活动。

8月20日，敌机对星子县城施行轰炸，敌舰20余艘，向星子炮击。敌一〇一师团（和田直孝）一部，向我猛攻，经我军竭力抵抗，予以重创，为避免地势不利，我军转守东孤岭阵地，阻敌再进。24日，敌又由东屎墩登陆，企图与星子之敌，夹击我东孤岭阵地，经分途阻击，即成对峙之势。

9月4日，敌挟其海陆空军之威力，猛攻我东孤岭，第五十二师（冷欣）阵地，激战终日，我阵地守军伤亡甚重，但日军较我伤亡尤多。终因敌炮火过猛，即转移阵地继续抵抗。10日敌分三路向我西孤岭第一九〇师进攻。11日，更向我烂泥塘、鸡笼山六十六军叶肇所部一六〇师攻击，均经我奋勇猛击，予以消耗后转移阵地。旋敌于9月26日，以步炮联合，向我胡思祖师金轮峰阵地猛攻，我与敌激战后，再转移于隘口阵地，继续抵抗。日军为避免正面攻击损失大，乃以一部由柏树垅、望岭小道，攻击隘口阵地我军的右侧背，我第十九师苦战之余，继续奋战，终因敌我火力悬殊，隘口于10月9日被攻陷。敌遂沿德（安）星（子）公路，迫我军于郑家桥、象山、白马山阵地。

瑞昌方面之敌，第九师团一部，于8月25日，向我王陵基所部七十二军鲤鱼山、笔架山进攻，我军予以迎头痛击后，乃向南转移。旋敌继续增援反扑，我辛潭铺、岷山、大屋李等要点相继不守。南浔路遂受威胁。

万家岭我获大捷

8月底，我军增援反攻，敌不顾损失，与我作殊死战。9月2日，敌复增兵一个联队，向马回岭突进，我以俞济时七十四军，协同黄维十八军及第四军欧震的九十师向该敌夹击。激战竟日，为保持后方之联络，乃于2日晚，将马回岭放弃，向南转移。我南浔路方面的正面部队，亦向马回岭以南对敌形成严重的威胁，因此打破敌南下德安的企图。9月21日，敌二十七师团，沿瑞武公路向西进犯，企图攻占武宁，以威胁我德安。我王陵基、李汉魂（六十四军）两部协力反攻，将敌击溃，歼敌千余。27日，敌复以一部南窜层岭，我七十四军五十八师（冯圣法）予以迎击，同时第四军欧震派队由大岭头南下夹击，另以宣铁吾九十一师和预备第六师各一部向东侧击，对敌形成包围。唯箬溪方面王陵基部失利于白水街，向修水南岸撤退，我向东侧击之九十一师和预六师各一部，亦被迫于10月2日向西转移，致包围敌军目的未能达成。敌亦增援，凭山地村落固守。此时，德星、瑞武两公路之敌，采分途击破手段，而以盘踞层岭、万孤岭（万家岭）、孤古山一带之敌，居中策应，我军为歼灭该敌，于10月6日调集第六十六军增援，协同第四军、第七十四军等军猛力围攻，争夺激烈，敌借据点工事死守，激战至10月10日，我将该敌歼灭约四个联队之众。

9月26日，我王陵基部反攻麒麟峰阵地奏功，歼敌甚多。10月1日，又全线向王家铺之敌反攻，也获得进展。2日晨起，战斗愈趋激烈。3日，敌不顾死伤，将我罗盘山阵地一部突破，我军乃转移至修水南岸。日军以近卫师团一部附炮10余门，战车10余辆，自10月11日起，猛攻我杨家洼、杨家山阵地，激战至15日，工事全毁，阵地被陷。我万孤岭以西各部队，相继后撤。16日，右翼敌军突破我第五十二、第一九〇师之象山、大岭头、青石桥一带阵地，同时，左翼第四、第六十六、第七十四军，退守马鞍山、郭背山至鲤鱼山之线整理。我中央及右翼各部队，乃转移至德安河（博阳河）右岸，于小竹山、虎山、金鸡山、德安至尖咀壁之线占领阵地，联系五十一师（王耀武）之烟包山、永丰桥阵地，拒止敌人。10月20日，步炮联合之敌千余，又向我左翼鲤鱼山阵地猛攻，当被我击退。25日，敌大举于德安附近之心佛寺强渡，经反复争夺，敌以猛烈炮火向我轰击，我第一九〇师伤亡过重，德安于10月28日，陷于敌手。10月30日，我军全部转守修水南岸高地，与敌形成对峙态势。

瑞昌阳新全线争夺激烈

日军第九师团及一〇六师团主力（一部分向七十二军进攻）于8月27日西进，向我关麟征五十二军磨山、白龙泉、望人山、武山之线阵地猛攻。同时长江敌舰40余艘，向我霍揆彰五十四军马头镇阵地炮击，我军伤亡虽大，而阵地屹立如故。同日因鲤鱼山、笔架山阵地被突破，即以汤恩伯军团的十三军占领牛角泉、大岭山、仙女池之线，以掩护关麟征军团之右侧。8月28日以来，日军迭向关麟征军团阵地攻击，均被我击败，激战至9月7日，关军团之洪山、磨山、乌石街阵地被突破，经我军奋勇反攻，终被我击退，敌死伤遍野。此时长江敌舰，集中新洲附近，屡图破坏我武穴附近之封锁线，并炮击我马头镇阵地，经我要塞炮还击，敌损失奇重，未敢前进。9月11日，我军调整部署，将正面阵地移至雷鼓山、金鸡铺、太阳寨之线。14日，敌利用其优势的炮空威力，向我五十四军马头镇阵地轰击，经激战后，终以火力不济而陷落。9月24日，敌军冲破我武穴的封锁线，直趋富池口。汤集团军以左侧要点尽失，乃逐次转移至富水（阳新境内）南岸，拒敌直进。此时，我军万福麟（五十三军）、周岩（七十五军）、甘丽初（九十三师后编成第六军）等部，在阳新、半壁山、大冶、黄颡口、石灰窑、黄石港一带，担任湖防及江防之守备，对西犯之敌军，屡予重创。敌终利用其炮空之优势，先后于10月中旬之间，攻陷我半壁山、阳新、大冶等地。

此一作战，据日本军阀兴亡史中所述，日军颇受打击，其一〇六师团在马鞍山受到包围，补给中断，陷于穷境，苦战之中干部军官丧失甚多，依空中与地面的援助，始告脱险。8月下旬开始，日军以其第二军和十一军齐向武汉攻击，在庐山为轴的山岳地带，反复实施肉搏突击，屡次展开激烈战斗。在战斗中，一〇一师团伤亡最大，战力丧失大半。

饭塚师团长战死，其牺牲之大，是中日战争中最大的一次。因我军敌忾同仇，奋勇战斗。堡垒天成，苦战40多天，至10月9日，始渐攻占隘口，日军陷于持久作战之中。

太湖黄梅我军反攻

长江北岸，我军以萧之楚二十六军守备茶山、大佛寺之间；刘汝明六十八军、覃连芳八十四军担任大金铺、团山河、苦竹口、渡河桥之线，为南部的守势地区。另以韦云淞三十一军、周祖晃第七军、徐源泉第十军及川军之一部，控制于隘口坝、天庙、马王庙，以及太湖、潜山西北攻势地区。预计诱敌深入时，即由山区出而侧击，以压迫敌军于湖沼地区而歼灭之，俾能尽利用大别山区居高临下，与长江湖沼之地隙，陷敌于死地。8月26日，我军开始反攻太湖、潜山，当即将敌击溃。敌向东南溃退，并转变其后方联络线于小池口，盖为便于长江之补给。28日、29日两日，我军开始向黄梅之敌反攻。彼此激烈战斗，敌军伤亡甚众。战至8月30日到9月1日，敌增加兵力，向我反击，终以其炮火猛烈，我伤亡甚大，乃于2日晚间，撤到团山河、田家寨、生金寨之线。连日激战后，敌军遗尸遍野，我军死伤亦重。乃于9月6日，向广济西北高地转进，并以二十六军协助田家镇第二军之作战。敌在广济方面，大量施放毒气，我军为避免伤亡，乃放弃广济。9月8日，我第三十一军反攻广济，一举攻克，获敌辎重颇多。9日，敌增援反击，广济再陷敌手。

田家镇守军喋血

9月上旬，长江的敌舰，一面攻击南岸的马头镇，7日即以猛烈炮火向我武穴轰击，企图攻我长江北岸的田家镇要塞。此时已攻陷广济之敌，也转用兵力协攻要塞。9月18日，敌复联合海空军的火力，猛攻武穴，因兵力悬殊，武穴于18日失陷。我为策应要塞作战，乃于19日，以广济附近的二十六军、四十八军和八十六军，侧击南进之敌。激战至9月下旬，敌死伤颇众。9月28日，由武穴西进之敌，联合飞机70余架，大小炮百余门，不断轰炸田家镇，阵地几被全毁，守军伤亡殆尽，29日晚，放弃田家镇。我军乃守广济两北山地，拒止敌之西犯。另以一部担任下巴河至蕲春间江防。10月初以来，敌军主力转用于豫南方面。当面敌情，转趋沉寂。迄至10月3日，有敌小部队，在蕲春附近登陆。10日，蕲春守军一营与城偕亡。我军乃以主力占领浠水沿河之线，一部占领东西界岭，对敌作持久的抵抗。

大别山北麓鏖战

由长江南北沿岸西犯之敌，被我军节节抵抗，遭受巨创。日军为策应该方面的作战，于8月中旬集结第十、第十三、第十六等师团5万余人在合肥、桃溪镇，企图由豫南地区绕攻武汉。8月27日开始，敌以一路进犯霍山，我军冯治安七十七军阵地于29日晚被突破，该军退守西城，另以一路，于27日向六安进犯，我于学忠五十一军甫到该处，部署未定，激战一昼夜后，撤至淠河西岸，8月28日午后，六安被陷。我军为打破敌之阴谋，乃以第二集团军孙连仲部的一个师，开往商城，主力向麻城小界岭集结。张自忠二十七军团开往潢川集结。以韦云淞三十一军的一个师开往流波疃策应冯治安军，并担任立煌（今金寨）之守备。宋希濂七十一军防守富金山，预计与敌在商城以东决战。9月2日，敌十三师团一部，进攻富金山阵地，经我军予以很大打击，毙伤敌5000余人，阵亡联队长二员。但我伤亡亦大。由六安西进之敌，9月6日陷固始，威胁我富金山阵地之侧背，我遂于11日放弃富金山阵地。16日，商城陷于敌手。时我新四军第四支队高敬亭部开进敌后展开游击战，多方面打击敌人。

寿县方面之敌，沿淮河西犯，9月7日经乌龙集（今淮滨县）乘汽艇向潢川西进，与由固始西犯之敌，进迫潢川，我张自忠部于春河集附近，予敌痛击后，转进至潢川县附近，激战一周。敌第十师团（藤田进）以及伪军3000余，炮兵两个联队，重炮兵两个大队，骑兵一个联队向潢川进犯，除以空军轰炸、炮兵猛击外，并施放毒气。我军官兵中毒颇多，但仍不怕牺牲，奋力苦战。至9月19日，潢川城终于失陷。当敌攻潢川之际，另以有力部队，越过潢川西犯，21日陷罗山城，进至栏杆铺附近。我胡宗南十七军团予以痛击，毙伤敌五六千人，迫敌退回罗山城。旋敌以第三师团之一旅团增援，并力反攻，血战亘两昼夜，我胡宗南部以消耗之目的既达，乃退守信阳附近。敌更以一部进犯信阳以南之柳林南北地区，以牵制信阳之作战。我军为保持尔后的机动，于10月12日，放弃信阳，胡军撤至信阳西北山地，其刘安祺七十八师扼守淮河北岸长台关、明港等地。另以第三十一军及吴良琛的第十三师（归武汉卫戍总部直辖）等部扼守武胜关、鸡公山，阻敌南下。

猛攻商城之敌，于9月16日后，沿商（城）麻（城）公路南犯，企图略取麻城，被孙连仲、宋希濂两部痛击于打船店、沙窝之线及大别山之间，将敌第三、第十六师团歼灭过半，相持经旬。

武汉撤守

10月中旬，长江南岸之敌，除对南浔路取守势外，主力陷我阳新、大冶后，分三路积极西进，一路由箬溪、辛潭铺向通山大道；一路沿三溪口、高桥、咸宁，以截断粤汉路；一路沿大冶、鄂城会合沿长江部队，直趋武昌。长江敌舰复突破我封锁线，向武汉急进。长江北岸，自10月19日，我李品仙集团军退守浠水后，我团风、阳逻等处的江防，则以曹福林的五十五军，萧之楚的二十六军担任。敌旋在兰溪登陆约3000人向下巴河进攻，我全线退守巴河沿线，与敌恶战达两昼夜，敌我伤亡均大，巴河阵地又被偷渡突破。团风、阳逻方面，敌以巨型军舰十余艘，掩护敌兵登陆。10月24日突破仓子埠阵地，转向黄陂攻击。

进占信阳之敌，直趋平靖关、应山县，企图截断我襄（阳）花（园）

公路。

总计自日军6月12日在安庆登陆起，到10月25日进占武汉止，历时四个半月，大小战斗数百次，其所使用十二个师团竟补充五六次之多。敌之损失20万人，我军伤亡倍之。

同时，自10月12日由广东大亚湾登陆之敌，21日侵入广州。我武汉作战基地的性质亦有所改变，业已先期将附近物资撤退，乃于10月25日，自动将武汉空城放弃，人民亦向后方转移。江北部队向平汉线以西随县亘天门南北之线撤退；江南我张发奎兵团，亦逐次沿粤汉路南撤。11月10日，通城失陷，11日溯长江西进之敌，登陆城陵矶，12日攻占岳阳。我军乃转守通城、岳阳以南九岭亘新墙河之线，与敌对峙，武汉保卫战就此结束。中国军民的抗日战争，也由战略防御转入战略相持阶段。

陈颐鼎

奔赴淞沪战场，决心报仇雪耻。

- 1906年生，字文新，江苏宿迁人。
- 1937年12月，担任第八十七师二六一旅旅长，参加了南京保卫战。
- 1940年3月，调升第六十七师少将师长。
- 1942年5月，率部参加浙赣会战。7月，升任第八十六军少将副军长兼第六十七师师长。
- 1943年12月，调任第七十军少将副军长。
- 1945年6月，升任第七十军中将军长。
- 1994年，病逝于南京。

杨树浦、蕴藻浜战斗

陈颐鼎

构筑锡澄、吴福线国防工事

第八十七师是1935年秋参加句容、溧阳地区大演习后，调到江阴驻防的。当时军事当局对形势分析，认为日本帝国主义自从1931年侵占我东北三省后，又在1933年侵占了热河省，整个华北岌岌可危，全国人民要求抗日救国，中日双方不免一战，不能不做某些抗战准备工作。

1935年12月，为了迅速完成京沪杭三角洲地带战备，乃派第三十六师、第八十七师、第八十八师三个师和几个独立工兵团，先完成海盐、嘉兴、平望、无锡至江阴线永久性阵地工事构筑，再推进到乍浦、嘉善、苏州、常熟至长江边福山镇线，继续构筑工事。

第八十七师先承担锡（无锡）、澄（江阴）线构筑任务，于1936年9月完成。10月间推进到苏州、常熟地区承担吴（苏州）、福（常熟县福山镇）线部分构筑任务。这两线永久性工事设施，是根据地形特点，假想敌人的行动，从我军现有装备和可能投入兵力的实际情况出发构筑的，有轻重机枪掩体和观察哨、通信枢纽、指挥所等，全部为钢筋混凝土结构，射击孔、展望孔、出入口皆有钢板门窗，并有密封防毒设备，一旦战事发生，只需挖掘交通壕将掩蔽部连贯起来，即可形成整体防御，迎击来犯之敌。可惜在八一三抗战中，因指挥不当，两线国防阵地，丝毫没有起到阻止敌人前进的作用。

潜入上海市区，实施现地侦察

由于日中关系日趋紧张，难免一战，为了准确掌握日军部署情况，第八十七师呈准上级，安排连长以上军官，身着便装，分批潜入上海市区进行实地侦察，对日军所建地堡、街垒，按自右至左的顺序，统一编号，标志在五千分之一的地图上，每个据点的通道、射向、兵力、可能配置的武器，均另册登记，除呈报上级外，每个步兵团印发一本备用。战斗打响后，我方能把敌人重要据点围困起来，挺进至黄浦江岸，在很大程度上得力于事先准备比较充分。

奔赴淞沪战场，决心报仇雪耻

卢沟桥事变后，8 月 9 日，日军在上海挑起虹桥机场事件，使局势更趋紧张。11 日，第八十七师奉命征用苏、澄地区 300 多辆汽车，连夜装载部队奔赴上海，但规定未遭到敌方攻击前，不得先行开火。第二五九旅车运到新市区，在虬江码头地区待命；第二六一旅第五二二团到淞沪线张华浜火车站附近待命；我率第二六一旅第五二一团在蕴藻浜火车站、吴淞镇、炮台湾地区待命。

12 日，天将破晓，全师各部皆已到达指定地点。当时市面平静，男女工人照常上班，黄浦江上日本的巡逻炮艇，在汇山码头到吴淞口间不断来回逡巡，我们则按预先规定，迅速构筑工事，清扫射界，完成战前准备。当天下午师长王敬久来吴淞镇视察，我以一个步兵团兵力承担自蕴藻浜火车站到炮台湾数十华里正面防御，地境过宽，曾要求调整，接着陪王同去炮台湾视察。此时炮台湾的炮台，根据1932年中日淞沪停战协定，已被拆除，仅残留炮座痕迹。举目向吴淞口外望去，有日本战舰十余艘。我对王说，如炮台还在，不论火力如何，日舰绝不敢在我要塞前如此放肆。王也很有感慨地说："国家受人凌辱到如此地步，我们军人要承担主要责任。这次民族大决战，正是我辈军人报仇雪耻的时刻，为国家牺牲要从我们身上做起。"

受命加入突击队，进攻敌重要据点

13日下午3点多钟，忽然听到江湾方向炮声大作，经询问乃知日海军陆战队向第八十八师八字桥阵地发动进攻，八一三淞沪战役爆发。

战斗打响后，逡巡在黄浦江中的日军舰艇即向沿江我军阵地猛烈炮击，吴淞镇是炮火集中攻击的目标。次日上午8点多钟飞来三架敌机狂轰滥炸，吴淞镇及同济大学成为一片火海，但未见敌军登陆。

16日夜，第六十一师开到吴淞地区接我团防务，我团集中到师部新市区叶家花园附近，受命加入突击队，向北四川路敌心脏地区进攻。这支突击队由两个轻装步兵营、一个工兵爆破队、一个三七加农平射炮连和一个通讯班组成。每人携带两日干粮，步兵连、营长皆配有步机枪一挺。我们向日军攻击，全凭战前熟悉路线，遇到敌火力封锁则穿墙破壁，或在房上架桥通过，力求隐蔽接近敌人主要据点，一举攻克。

17日拂晓，突击队开始行动，当天打下敌人地堡约10个，敌人龟缩在较大据点内，连头都不敢露出，突击队之一部挺进到黄浦江岸。上级指挥这次突击非常慎重，规定每占领一处据点，必须及时上交门牌证实。18日突击无收获，原因是我们武器太差，啃不动敌重点工事，特别是公大纱厂，围攻两天未奏效。18日夜间，我团奉命撤出这一地区，转移到蕴藻浜车站西侧的黑桥宅、陆家桥宅至蕴藻浜一线设防。

黑桥宅、陆家桥宅战斗

23日拂晓，日军增援部队在长江口岸狮子林、川沙口和蕴藻浜附近的黄浦江沿岸登陆，其中一部向我团黑桥宅、陆家桥宅防地迫近。黑桥宅距敌登陆地点只有2000米左右，该处河面上的大木桥，为敌必经之处，在我火力控制之下。当日军以密集队形通过大木桥时，我们集中10多挺重机枪和其他武器向敌猛烈扫射，打得敌人纷纷滚下河去。我们在此阵地坚持了13天，击退了敌人多次进攻。但该地区处在敌海陆空协同作战地带，敌人每发动一次进攻，必先进行10—20分钟的炮火袭击，第一线的简易工事多被击塌，其战斗之激烈、官兵之奋勇，实属罕见，表现了我军同仇敌忾、顽强作战的精神。这次战斗使我方损失重大，营长以下各级干部非死即伤，战士伤亡近千人。后来，我们采取两线配置，每线相距300—400米，第一线留置个别干部负责观察，余下人员全部在第二线阵地待命，听到视察人员哨音，即循交通壕返回第一线岗位投入战斗。经实践证明，确实减少了伤亡，有效地打击了敌人。

大场战斗

10月11日，敌突破蕴藻浜我军阵地，大场方面吃紧，第八十七师奉命增援。此时，我已接任第二六一旅旅长。某日清晨，天气转凉，大雾迷漫，正当我部集结时，听到坦克轰轰声自北而来，不一会儿10多辆敌坦克驶到面前。敌人因大雾而视野不远，每辆坦克都打开炮塔，站立一人用手旗指挥行动，但未发现我军所在位置，我待坦克驶过后，立即令向凤武团到大场东占领阵地，阻止由江湾方面来的敌军，令唐德团长选择有利地形，准备迎击尾随坦克的敌步兵。当时浓雾未散，敌军步炮协同不灵，经过两个多小时激战，将敌击溃。

当晚，上级命江苏省孙天放保安团补充我军。按当时规定，凡属补充部队，原则上士兵全部接收，各级干部任听去留。孙团长是黄埔军校一期同学，要求保全原有建制，经协商任他为副旅长，所率部队以营为单位拨补给团。我将保安团集合在一片竹林内，向他们介绍情况，话音未落，即闻大场正东阵地被敌突破，情况紧急，我下令该团立即投入战斗，向敌军左侧背突击，该团官兵奋勇争先，几经肉搏，终于夺回阵地。事后点检该团，幸存官兵不到 500 人，他们作战之英勇、牺牲之壮烈，给我留下了永不磨灭的印象。

北新泾之战

10 月 26 日，日军占领大场。第八十七师撤到苏州河南岸，以北新泾为中心沿河据守，敌军曾多次强渡，均被击退。11 月初，敌军集中火炮和飞机沿河滥施轰炸，弹如雨下，企图掩护步兵强渡。我旅在北新泾外围占领阵地，阻止敌军深入，相持多日。旋因日军在金山卫登陆，陷松江，趋青浦，我大军侧背受到威胁，第八十七师奉命于 11 月 9 日夜向昆山方向撤退。道路阻塞，秩序混乱，造成许多不必要的损失。

第八十七师自 8 月 13 日开战到 11 月 9 日撤出上海，整整三个月，无日不战，其间补充兵力四次，每次都是二三千人，共伤亡官兵 1.6 万多人。激战中，团、旅长不亲临第一线部属共同作战，阵地就不易守住。我自己就曾两次投过手榴弹，开过轻重机枪，可见战况之激烈。那时我们的武器装备落后，但官兵士气旺盛，浴血奋战三个月，以巨大牺牲打破了日军速战速决的迷梦，写下了抗战史上可歌可泣的一页。

陈明仁

凡是其他部队拿不下的任务，都由七十一军来担任。

- 1903 年生，号子良，湖南醴陵人。
- 1938 年 6 月，调任预备第二师师长，随后移驻湖南。
- 1939 年秋，移驻湖北松滋、枝江。同年冬，率部赴广西参加桂南会战。
- 1940 年春，亲率官兵血战昆仑关，夺取了 324 高地。
- 1941 年冬，改任第七十一军副军长。
- 1943 年冬，指挥七十一军，主攻龙陵，经过大小几十次激烈战斗，龙陵守敌大部分被歼。战后，接任第七十一军军长。
- 1945 年 1 月，率部主攻回龙山，歼守敌 800 多人。随后，协助友军攻克了中缅边界重镇畹町。日军投降后，陈明仁部被调往无锡，接受日军渡边师团的投降。
- 1974 年 5 月 21 日，病逝于北京。

我的主要经历

陈明仁

惠州之役

我于1924年在黄埔军校毕业后，在东莞、惠州等战役中屡立战功，一年之内，由见习排长而节节升任排长、连长，以至营长。

1925年9月，一天晚上，由虎门向东莞出发作战，那时营长和副营长都因我有病，要我留在后方，但我自己坚决要求去，拂晓攻击开始了。这时第一营接受攻山任务，我们第三连本是作预备队的，但首先望见东莞东门的一个山头，有很多敌人在企图抢山。营长当时便要我们第三连首先占此山，而连长竟下令派我第一排去攻占，我当时认为自己病得不能动，而他偏要我首当其冲，这是故意与我为难。我气愤之下，忘记了痛苦，一个人身先士卒，爬上此山，指挥部队将山头占领，并一鼓作气，趁敌人未攻之前，先行攻击，带领全排勇猛冲入敌阵，猛打猛冲，结果缴了敌人一营人的枪。缴获数目之大，以我排为最。团长认为我战功卓著，一面到黄埔报功，一面将我升为本连连长，而将原来的连长调开。

1925年，广东政府第一次东征，久攻惠州不下，到了第二次东征的时候，对于惠州乃采取监视政策，并无再攻之意，但我所在的第四团团长刘尧震自告奋勇，愿以所带的第四团攻打惠州，自信一攻必克，而当时负指挥之责的蒋介石，也就寄希望于刘尧震，把攻惠州的任务交给了他。当部队由东莞向惠州进发时，我病已经转剧，多人劝我回后方休息，而我仍然不肯示弱，坚持要去参加战斗。

开始攻惠州的日子定在10月12日，首先挑选奋勇队，我这连被挑了20余人，以杜从戎为奋勇队长。当时的兵力部署是：第一、第二两营担任攻击，由北门进攻；第三营监视西门。这天早上开始攻击，一接触便死伤很多。第一营营长，第一、第二连连长都负了伤。因而攻击任务，未能达成。下午团长命令我带第三连增援，我接受命令后，立即准备攻击，惠州城四面皆水，要跨过一座桥，才能达到城边，地势极为险要。我受命后率领全连的兵力，冒着炽烈的炮火，先抢过了桥，离城已经很近了。但因预备的一些爬城用的梯子，都放在桥那边，抢过桥时没携带，没有梯子无法上城，又只得到桥那边将梯子搬来。在桥上一来一往过了很久，敌人用密集火力射击，我连死伤很大，结果只搬过来八张梯子，当梯子搬过来时，团长刘尧震到达我连的位置。他知道已搬过来八张梯子，就命令我准备赶快爬城，就在他吩咐我的一刹那，忽然敌弹飞来，中了他的要害，他马上阵亡了，我不禁悲愤交加，不顾一切，带着一连兵力，冲锋前进。但因梯子搬不上，仍是无法上城，这时，天色已晚，阵地上的士兵，在敌人火力的监视之下，根本不能再动，茶饭也都没有，我只好冒险来回行走于阵地上，亲自送茶饭给每一个士兵，并把阵亡人员所遗下的枪支收拾，交给伙夫带回后方。团长死后，由副团长黄庚镬和一少校团附负责指挥。这天晚上，副团长接到何应钦的命令，无论如何要限当晚将惠州城拿下，否则军法从事。副团长接命令后，马上找我去接受攻击使命。我当时坚持当晚不能攻击，理由是兵散无人掌握，加之官长多负伤阵亡了，力量不能集中，梯子也背不上去了，即令能攻入城内，晚上无法清扫敌人，也是不能坚守的。但副团长懦弱无能，毫无办法，他对我的主张又不敢呈复，要我自己写报告复何。我便把不能当晚攻击的理由，写了一个报告由副团长转给何应钦。何接到我的报告后，随即来令要我指挥第一、第二两个营，于明日拂晓攻击。我接令后，立即准备收集队伍，并拟以一夜之力，把梯子搬靠城边。但经过通宵的努力，一、二两营能收集的士兵不足 150 人，八张梯子也只搬了一张靠近城边，其余七张因城上炮火激烈，使人寸步难移，未能搬去。同时，原来规定拂晓攻击的信号为打 10 发炮弹，在打到第三发炮弹时，便开始冲锋，可是届时一直没有听到炮声响，不知究竟是什么原因，等了一会儿，接何应钦的命令，说要重新布置，并要把监视西门的第三营调来，同时发表第三营营长惠东升为代理团长，我接到这个命令之后，马上松了一口气，以为攻击惠州城的任务是第三营的了。可是事实不然，惠东升代理团长以后，却仍然给我命令，要我指挥，将第一、第二两个营，编成七个队，每连一队，我连人数多一点，便编成两队，每队带一梯子，并指定攻击目标。到时，各队向攻击目标冲锋前进，时间为下午 1 时，仍听炮声三响为信号。届时我一切准备妥帖了，炮声一响，我便带了七个队，冲锋前进。这时，眼看到凡属前进的都倒下了，再也不能抬头，我心里很着急，于是只带着一个号兵，手中拿着一面旗子，吹着冲锋号，猛向前冲，但是回头一看，部队并未行动，这时我军已经完全暴露在敌人视线之下，前后左右，都是死的伤的，号兵也死了。我在这万分紧张之际，仍拿着旗子向城下跑，经过几段跃进，到达了头天晚上放梯子的位置。这位置处在死角，比较安全。当时，城楼已经被打垮，城墙出现了缺口，机枪步枪对城下射击还是很密，不过敌人打不着我。我站了约半小时，一直看不见我们部队的一个人。过了一会儿，才陆续来了两个士兵，是第一连的，我把他们叫到面前，商量爬城计划。于是，由我领头，他们两人跟着我前进。当时，我身上带了一支驳壳枪、四个手榴弹，手里仍然拿着一面旗子，当梯子刚竖起来，我便拿着旗子沿梯而上。等到梯子靠到城墙，我已跃上了城墙顶。到顶上后，首先以手枪向敌人射击，接着抛掷手榴弹，敌人猝不及防，立即四散。等我继续抛掷两个手榴弹时，旗子已插上城头，并眼见敌人开始溃退。我们城下的队伍，也蜂拥而上，惠州城终于被我们占领了，这是10月18日下午4时的事，第三天，蒋介石、何应钦偕苏联顾问鲍罗廷等，在惠州集合全体部队，由蒋介石亲发口令，吹三番号向我敬礼，并宣布命令，升任我为第三营营长。

九江会战和预二师

1938年春，我在陆军大学毕业后，由于何应钦的关系，被派到军政部当部附。在此期间，曾一度被派为点验主任，负责点验湘、赣、浙三省的部队，6月底发表我为第二预备师师长。

原来第二预备师是由贵州保安团队编成的，师长为贵州人冯剑飞。部队由贵州开到岳阳时，才装备武器。装备后，又由岳阳开到咸宁。这时冯剑飞去见蒋介石，蒋问这个部队能否作战，冯答："没有把握。"蒋一怒将冯撤职，冯被撤职后，何应钦推荐我继任师长，我接到任命之后，是在某一天的早晨至咸宁接事的，而在当天下午便奉命率部队赴九江作战，这时部队已发了枪，但都未经过射击训练，干部也是没有作过战的，尤其大部分负责人，在出发之际，都怕上前线而纷纷逃跑，司令部六个处长逃了五个，整个部队都很乱。当部队开拔经过汉口的时候，我见到了何应钦，何得知这支部队要开往九江作战，为之愕然，认为这个部队在目前，无论如何不能参加战斗，并向蒋介石建议，把这个师的任务变更。蒋介石当然也认为他的建议是对的，所以我这个师开到九江后，开始受张发奎指挥，并直接受李汉魂节制。一到九江，便加紧训练，我自己在晚上训练营以上干部，天亮前训练排连干部，白天便由干部训练士兵，一星期后，部队大有进步，作战才有了点把握。当敌人在九江发起进攻时，蒋介石特别电告张发奎、李汉魂，不要将预二师投入战斗，而调到瑞昌整训。但张发奎、李汉魂还是命令我师参加了战斗。九江会战的结果，八个师都被打垮了，只有预二师非但未被打垮，反而完成了任务。当时蒋介石、何应钦都很嘉奖我这个部队。不久，便发表命令，令预二师与四十四师合并，我当四十四师师长。本来四十四师是由税警团改编的，装备是新式武器，但是归军长俞济时指挥。我担心在他的指挥下，不能如同预二师一样独立自主，因而由瑞昌跑到汉口去找何应钦，表示不愿意接受这个命令。我的理由是：预二师本来是一个不能作战，而且不必参加作战的部队，可是结果在战斗中完成了任务，并未溃逃，比任何老部队都要好些，上级也曾奖励，现在反而又将它的番号撤销，这仿佛成了一种处罚。但何应钦极力解释说明，这是由预备师改为正规师，并且变为一个有很好装备的部队，这自然是赏的意思。而我则坚决表示，这非赏而是罚，同时说明预二师的官兵多系贵州子弟，四十四师的干部都很齐全。将来一旦人事异动，干部都会被淘汰的。他们在九江作战有功，我不忍坐视他们将来流离失所，我只好和他们同进退。当时，何应钦认为我的理由也对，但又说命令既下，很难收回，要我直接向蒋介石去请求收回成命。我当时拒绝去见蒋，因为这是军政部长的事，何可以处理，无须去向蒋介石请求。僵持的结果，我终于胜利了，逼得何应钦向蒋介石要求，把成命收回了，这样，我才带了预二师开到岳州报到，后来陈诚知道我得到何应钦的支持，保留了预二师，大为不满，便向蒋介石建议，仍然坚持要把预二师撤销。撤销后的部队开到江西，拨给第八军节制。蒋介石采纳了陈诚的建议，便下了命令，当我接到命令后，马上就准备移交，不再去找何应钦了。我不再找何应钦的理由是：原来上面要取消预二师，发表我当四十四师师长的时候，我去争执乃是为了全体官兵，而非为我自己。这次发表命令，则只有对部队的处理，没有对我本人的安排。如果再去争执，显然是争地位了。所以我接到命令后，便将部队送至江西武宁，交第八军补充，表示个人无所留恋，交代清楚后，我打电报向何应钦请示处理。何复电要我回军政部待命。这时，陈诚到了武宁，当我去见他时，他要我留在武宁，担任第八军副军长，我答复他因为何部长要我回军政部，不能留部队工作。他听了马上变色，表示不满，认为我是属于何一派的。从此以后，陈诚始终把我看作是眼中钉，一直不放心我，其实是我当时说话没有留心，太直率了，而并非自己真的存了什么派系观念。我离开武宁之后，回到汉口，何应钦又决定从四川补充三个团，恢复为一个师，并改换为正规番号给我率领，但是由于我的坚决要求，这个部队仍然保持了预二师的名义，这个部队成立后，便调到长沙，拨归张治中指挥，以便附带担任长沙的警备责任。当部队由岳州向长沙开拔之中，长沙警备司令丁炳权被调率部抗日，警备司令改由酆悌接充，我当时得了这个消息，很是不满，认为我的部队开到长沙，长沙警备司令应归我来担任，为什么给别人呢？因为怀此成见，所以部队一开到长沙，便立即渡河驻扎在白箬铺一带，表示我既不任警备司令，则部队便不担任警备任务，后来张治中要我调一部担任警备，我答复他我的部队在长沙的任务是整训，除整训方面的事我愿意接受指挥外，其余概不接受，而张治中对我也无可奈何。从此，我便在长沙一心整训了。不久，长沙大火，我在11月12日大火之时，还曾由河西渡河进城，想找张治中问问我的部队应该如何行动，但到长沙后，不知张的去向，13日、14日两日我们仍然在岳麓山等着，总希望上面有所指示，结果等了两天，没有消息，这时，我才独断地把部队向湘西开动，一直开到经过沅陵的时候，才接到上级一电，发表我兼任芷江警备司令。不久，预二师被编入第六军，移驻衡山，我改兼湘潭、株洲警备司令。以后，又再扩大范围，兼任衡山、衡阳、耒阳警备司令。

1939年秋，我部调归第五战区李宗仁指挥，并到湖北松滋、枝江一带驻防。1940年春又由松滋调入广西参加桂南会战。桂南会战时，总司令是徐庭瑶。他当时有一打算，准备在支持不住的时候，将部队撤退，留在广西境内打游击。他的打算竟通知了各部队的高级军官，我接到这个通知，认为非常不妥。后来由于这个打算，一到紧急关头，便都准备打游击，各自撤退，不顾一切，造成全战场14个师的大溃败。可是，我这个师没有执行这个通知，一直在前线坚持到底，等待命令，大约坚持了一个星期之久。那时各方面的敌人，都来围攻，我部死伤7000多人，战斗部队牺牲殆尽，直到奉了命令要我撤退，我才撤下火线，我这一次作战，取得了蒋介石、何应钦、白崇禧等进一步的信任。不久，蒋介石在柳州召开检讨会议，各部队将领都受到处分。没有受处分的只有我一个人。因此，尽先给我补充部队。补充后，一直驻在武鸣一带担任防守。1940年冬，开到贵州，在黔西大定、毕节一带整训。到达防区后，我颇以整顿社会风气的责任自居，除了整理部队外，并干涉地方行政，禁毒、禁赌很严。我严格执行命令，在黔西枪决过一个贩卖鸦片的保长、一个勾引妇女的司令和一个为群众所痛恨而又神通广大的恶霸。1941年夏，部队开入四川，奉令去川南接周成虎的防务。周成虎是四川军阀刘湘手下的一个师长，在川南霸占几县，军队专门贩卖毒品，不听调遣，过去国民党政府几次派人接防，都因武装冲突，不能实现，因而蒋介石便把这个艰巨的任务加到我的身上。首先，我到重庆去见蒋介石，他要我在既不冲突又能接好防务的原则下，完成这个任务。我接到命令后，一面准备部队行动，一面派人先到川南了解情况。了解的结果，是周成虎无意交接，准备和我作战。但我想如用武力解决，不能达到目的，不如改用政治手腕好些。因此，我决定亲自到泸州去，直接找周成虎商谈接防问题。同时，还利用洪帮关系和周成虎联系。及到泸州，为了表示诚意，还特别住在他的家里，两人混得很相契了。于是隔阂化除了，无话不讲了。一天，他先向我表示："中央要我交出八县，由中央派人接防，在过去任何人来接防，我都是不交的，今天交给你我很愿意，而且欢迎你的人早日来接防。”这时，我才问他准备什么时候交。他说：“我马上可以下令，将部队调走，让你来接。”不久，他实现了诺言，我很顺利地接防了，我接防后驻在叙永，兼任了第八区的“清乡”司令，此时八县归我管辖，更得到了直接参与地方政治的机会，对于执行国民党政府的“清乡”政策，我特别卖力。例如清剿惯匪、禁烟、禁毒等，都皆认真进行，而且在出巡清理积案时，杀了八个著名的土匪头子。川南八县的人民，认为确实是替地方除了大害，尤其禁烟严厉，使云南、四川间经常贩卖烟毒的人，根本不能在境内通过，这也算是一点特殊的成绩。

在滇西战场

1943 年冬，日军开始向滇西攻击，渡过怒江，前方非常吃紧。我认为自己平常不管事，打仗时候到了，便应该出来负责。于是离开干训团回到部队去。1944 年春，我军开始反攻，七十一军奉命围攻松山、龙陵，在此战役中，我在七十一军中起了很大作用，几次战斗危急，足以影响整个战局，都是我来挽救的。例如，当我军围攻松山、龙陵之时，有一次日军将腾冲方面部队集中攻打龙陵，以解松山之围。我七十一军八十七师作战不力，节节败退，已退到黄草坝了。师长张少勋认为再无办法抵抗，要变更阵地，开放公路。如果这样做，则日军松山之围可解。松山之围既解，则他们一直可以攻到怒江，打到昆明，我认为这样关系太大，坚决要八十七师一定守住，不准再退，我在电话中严厉警告张师长说：“你如果违反了我的命令，你只好自己提头来见吧。”张师长在这个时候，知道情势不对，在两小时后便自杀了（未死）。这事发生以后，我便另派师长将战局挽回。自此，八十七师再没有打过败仗了。

我接任七十一军军长后，对于作战特别认真，当时，凡是其他部队拿不下的任务，都由七十一军来担任，例如芒市附近的三台山、囊佐寺、回龙山等，都是七十一军攻克的。而攻克回龙山一役，不但挽回了当时的战局，而且提高了我个人在国内，乃至国际上的声誉，我自己也公然认为这是我生平的又一得意之作。

吴绍周

此身一息尚存，报国之志，决不稍懈。

- 1902年生，字子斌，贵州天柱人。
- 1937年，奉命开赴抗日前线，保卫南口，后任第八十九师二六九旅旅长。
- 1938年，始任第一一〇师副师长，继任师长，在山东省峄县、枣庄、台儿庄一带阻击日寇，参与了台儿庄战役。
- 1939年，奉调河南邓县，11月中旬参加邓县、枣阳、随县战役。
- 1940年春，高城失陷，再度率师进攻高城，一举击溃日寇第三师团主力，收复高城。继又进攻长岭岗日寇坚固据点，激战五昼夜，夺取长岭岗，以战功炳耀，荣获国民党中央军委会三等云麾勋章。
- 1945年4月，任第九集团军副总司令，参加豫西会战，在西峡口消灭日军第三支队，击毙支队司令。
- 1966年5月10日，病逝于长沙。

韩庄、泥沟、峄县之战

吴绍周

1937 年春，汤恩伯的第二十军团在阜阳一带集结，次年春开徐州，参加台儿庄战役，汤恩伯到达徐州后，出席李、白所召集的军事会议，在会上发言强调运动战和游击战的优越性。实际是汤自参加太原、子洪口等战役，通过同八路军并肩作战所得经验，对游击战术亦确有体会，后李、白即就汤自己的建议，决定第二十军团为机动部队，划定台儿庄东北地区归他负责指挥，更基本的经验是扼守运河，巩固徐州。当时以这样庞大的正规军投入运动战，台儿庄这次战役究竟多大，曾引起好些将领的疑议。

台儿庄西面、北面几次较大的战斗是：韩庄、泥沟、峄县、枣庄、临城。汤的军团司令部驻运河南岸郾庄寨，张轸军部亦驻该寨北边村子里，我率第一一〇师驻杨楼，军委会所配属的重炮连亦布置在杨楼附近，归第一一〇师掩护，第八十五军、骑兵师及其他各部均散布在这个区域的运河北岸。汤部第一次战斗是支援腾县，时敌军与川军王铭章部激战，呼援甚急，汤恩伯令王仲廉率第四师、八十九师驰援，出发前，军团部第一次在郾庄寨召开师长以上主管作战会议，军团参谋长万建藩主张直扑滕县敌阵，王仲廉判断在枣庄的敌人兵力较弱，坚持先攻枣庄，以牵制敌人对滕县的攻势。但当王仲廉在枣庄展开围攻时，王铭章在滕城阵亡，所属部队向南撤退，第八十五军的一部在兴隆庄受敌一次猛烈的袭击，军部被敌人骑兵冲入，王仲廉由水沟逃出。

滕县沦陷后，敌紧随王铭章残部向南追击，并侵占韩庄，该庄在第一一〇师驻地的杨楼正北面，逼近运河，铁桥除时常有我游击部队出入外，无固定军队驻守，被敌人盘踞后，对运河南北岸交通威胁很大，汤恩伯乃决定从周岩的第六师北进监视滕城之敌，并策应枣庄，令我率第一一〇师配合炮兵攻取韩庄。在韩庄作战的10天左右，先对守护铁桥兵力再增加一个连，掩护进攻部队让返过河，利用敌人不敢夜战的弱点，经常是夜间出击，白天隐伏，除韩庄西边微山湖无战斗以外，其余三面每晚均有激战。这里值得一提的，是张轸先任第一一〇师师长时，由豫西带来红枪会的一个梭镖队，并配有大刀、板斧和手枪等武器，他们各有一套神话，带有迷信色彩，勇于夜袭，一到展开肉搏，个个拼死不要命，确使敌人无法招架，为之胆寒。他们有时是在步炮兵进攻以后，再打进庄内，有时偃旗息鼓，单由他们秘密袭击，在连续约10天的搏斗中，被梭镖队刺死、刺伤及活捉的敌人不少。不久，枣庄为王仲廉攻下三个碉堡，一个水楼，而韩庄仅一个中队的敌人却始终顽抗不退，同时峄县、泥沟也相继沦陷，周岩在滕县附近又无作为，汤恩伯又召集第二次作战会议，开展运动战。时战地形势是：台儿庄为池峰城的第三十一师驻守，几经激战始终屹立未动；其余滕县、峄县、泥沟、韩庄均在敌人手中，与围攻台儿庄之敌互为犄角；由临城通枣庄的铁路支线点被敌军侵占，但这一区域的广大乡村则均为我军活动范围。汤恩伯针对这一形势，决定作战方针大致是：占领各沦陷据点的外围村庄，不让敌人有活动机会；以部分兵力深入敌后，展开游击战；白天由各师自派小部队四出搜索，主力是昼伏夜动，相机对敌猛袭。具体做法虽与共产党所领导的人民武装不可同日而语，但所搬用的却是游击战术中“敌进我退，敌退我追”

等方针。汤恩伯嘴里经常说“既是运动战，又是游击战”。至于部队作战地区，无固定分配，大致是第十三军靠近运河北岸，第八十五军进入临城枣庄附近，第六师及骑兵师之一部出入峄县、泥沟间，其余第二师、二十五师在兰陵地区。关麟征曾在抱犊崮驻守很久，作战情况不明。在王仲廉率第八十九师由峨山向台儿庄移动时，郑洞国亦率第二师从右侧面齐头并进，在整个晚上的行军中，突于拂晓与敌人骑兵遭遇，当即以两个师的兵力将敌骑围困在一个村子里，并予以全部歼灭。

汤部依据上述的战术指导，经过约两个月昼伏夜动的东奔西跑，占用兵力达 8 万人以上，除迫使敌人龟缩在所盘踞的城镇没有猖狂进攻外，一大片战场却始终处在胶着状态，对台儿庄整个战局不起积极作用，当时的紧急任务是支援台儿庄的战斗，汤恩伯始决定同第一一〇师攻取泥沟，再集中兵力对峄县展开攻势，经他召集张轸和我等研究后，提出“明攻峄县，暗取泥沟”的计策。第一一〇师出发时，先令廖运周的第五五六团在白天前进（平日大部队均夜间行动），并直趋峄县，我率主力晚上出发，张轸亦率骑兵一个营参加指挥。廖运周到达峄县东南面，与原在该县周围的第六师联络，提前在下午对峄县佯攻，主要是集中炮兵猛烈轰击，夜间设疑兵，到处纵火，我到晚上按预定部署向泥沟展开围攻，经过一整晚的冲杀，迫使敌人向峄县溃退。泥沟克复的当晚，我发现台儿庄外围之敌亦有撤退模样，因电话时常中断，对军团部无法联络，乃派员驰赴台儿庄通知池峰城，并告继续进攻峄县，池得到通知后才发现他周围的敌人亦乘夜间时向峄县撤退。

接着的任务是仍由张轸率第六师、一一〇师攻取峄县，该县敌军约一个大队，加上由泥沟退却之敌和炮兵部队，亦不足两大队人。其指挥官为一白须着道服的老头，在居民和士兵中间流传不少神话。先是第四师两次进攻，不克；在台儿庄解围和泥沟收复以后，汤恩伯乘敌人动摇及我军士气稍振机会，责令张轸限期攻克。我们的兵力部署是：第六师攻东南门，并负责攻天柱山敌炮兵阵地；第一一〇师攻西北门，罗芳珪团攻东北门，另配合骑兵为机动部队。在部队开始集结时，第六师所属陈团被敌炮火轰散，陈团长中弹阵亡。周岩要求张轸将原定的总攻时间延缓一天。我们连续攻击两个整夜，伤亡惨重，敌军在其优势的炮兵掩护下，继续顽抗。第三天，张轸召集团长以上部队长临时开会，责令第六师以足够兵力提前在下午先将天柱山敌炮兵阵地摧毁，攻城部队亦将夜战时间提早，争取在限期已届的当晚克复峄县。会后，罗芳珪回到团部，与副团长李友益查阅地图，竟被敌炮弹击中，两人同时殉职。是晚各部队继续战斗，天柱山在战斗不久为第六师攻下。

韩庄之敌，由第一一〇师分出部分兵力配合红枪会的梭镖队监视未动，其他各部队仍同以前一样，白天避战，晚上游击，目的在于扰敌诱敌，相机聚歼，每晚出发，无计划，无目标，形成了盲目行动。

台儿庄大战是抗日以来支持较久的一仗。后汤恩伯军团奉命向许昌转移，我率第一一〇师掩护重炮部队撤退，在河南行军途中看到各地祝捷标语，才知台儿庄大捷的影响是颇大的。

豫西南抗战的回忆

吴绍周

抗日战争中，日军侵略河南到达的最后地点，是内乡、淅川山区的西峡口、重阳店和荆紫关。我当时任第八十五军军长，曾在那里指挥部队抵抗日军的进攻，了解当时的情况，现就回忆所及，简述如下。

1944 年，第一战区正副司令长官蒋鼎文、汤恩伯，因在河南指挥作战不力，被蒋介石撤职调走。由陈诚兼任第一战区司令长官，胡宗南任副司令长官，郭寄峤任参谋长。当时我国军队仍部署在伏牛山区、秦岭以东及潼关以西地区。胡宗南所部的第一军、第九十军、第二十七军在潼关；第四集团军的张耀明第三十八军在卢氏；刘茂恩的第十五军在朱阳关；第三十一集团军王仲廉所指挥的第八十五军在嵩县以西的潭头、合峪及卢氏庙子（今均属栾川县），监视鲁山、嵩县城内之敌，固守伏牛山要点；第七十八军赖汝雄所部在淅川西坪（今属西峡县）、陕西商南清油河整补；黄永瓒师在荆紫关、鲍汝澧师在淅川县城整补。我军没有出击的计划。

1945 年 1 月，陈诚回重庆以后，胡宗南任代司令长官。前方军队部署，仍与以前一样，没有变更。

南阳、老河口属于第五战区，司令长官原是李宗仁，后为刘峙，兵力部属不详知。只知道刘汝明集团军在南阳，孙震集团军在老河口，并闻贺粹之的十二军在邓县、新野一带。

1945年3月间，我与赖汝雄随同王仲廉到西安向胡宗南请示今后伏牛山区作战事宜。胡要我将现有兵力部署在沙盘上讲给他听，又要王仲廉在沙盘上讲如何作战。我们讲了依靠山间隘路正面阻击、两面侧击敌人，截断敌后，实行尾击的计划；没有讲如何反攻，收复南阳、鲁山、嵩县，截断平汉路。胡也没提反攻的事。第二天，胡宗南用电话催我们连夜乘汽车赶回前方，说据鲁山、南阳方面的情报，日军有向西进犯的企图。当天下午，在西安乘汽车，我回到西坪，王仲廉、赖汝雄回到清油河。

3月25日，我接前方情报，说日军已绕过南阳进犯镇平县城。下午，我即到西峡口，召集各师、团长会议，决定第二十三师张振坤的第六十八团由西峡口推进到内乡，阻滞日军行动；以黄子华的第二十三师主力在西峡口西南高地构筑工事；电令驻伏牛山北麓卢氏县庙子的唐夔甫团占领老界岭，准备向南出击。

3月28日，日军侵入内乡城，然后继续西犯，冲破我第六十八团的阻击。29日，日军战车部队和步兵向我西峡口城及附近高地进攻，与我李守正师的一部及黄子华师的第六十九团反复激战。31日，日军攻占西峡口及城南的马头山高地，在城北杨岗至吕家营一线与我军形成对峙。此时，我第二十一集团军在西坪及重阳店一带的赖汝雄军业已就绪，乃按照王仲廉总司令的原定计划，实行后退包围，撤至西峡口以西20公里的重阳店决战。重阳店及其以西山地有赖汝雄军的黄国书师占领，李守正的暂编第五十五师撤退到重阳店以北山地埋伏，黄子华的第二十三师撤退到重阳店以南山地埋伏。4月1日夜间，我第八十五军开始行动，由西峡口沿河西公路向重阳店南北山地转进。军部在西坪东边一村庄设指挥所，并派军参谋处长张钧铸与黄国书联络，架通了电话。王仲廉又令廖运周的第一一〇师由伏牛山北麓向丁河店、西峡口转移，准备断敌后路。

4月4日，日军战车和步兵部队由西峡口向重阳店进犯，企图经西坪、清油河、龙驹寨、秦岭进入陕西。敌先头战车和骑兵进抵重阳店以西的隘道，即被黄国书师阻击，损失惨重。5日下午4时以后，我黄子华师和李守正师分别由南北两面向重阳店出击，激战至7日早晨，日军遗尸300多具，退至丁河店，又遭我廖运周师伏击。敌我双方在丁河店、奎文关、半川一带反复争夺拼杀，迫使日军于15日撤离半川，与我军在奎文关南北一线形成对峙状态。

重阳店、丁河店之战，我暂编第五十五师第三团袁峙山团长负重伤，官兵伤亡数百人；第二十三师于西峡口、重阳店两次作战，官兵伤亡1/3，调到荆紫关、西坪两地整补，以赖汝雄军接替我军的防务。

从3月底日军侵入淅川境内，4月1日县城失守，到8月中旬日本投降的几个月中，我鲍汝澧暂编第六十二师和陈舜德第六纵队协同作战，与日军进行了大小几十次战斗，毙敌甚众，牵制了日军的部分兵力，减轻了西峡口友军的压力。为巩固淅川、荆紫关之间的既设阵地及维护西坪、郧县县城的后方交通线，王仲廉令第八十五军控制于淅川的卧龙岗，以主力支援鲍汝澧师作战。他亲自指挥赖汝雄军及廖运周师反攻西峡口。

西峡口作战期间，胡宗南派来一个山炮（苏联造）连，并配属一个美国空军中队和一部对空联络电台。另外，王仲廉还令黄永瓒师归我指挥，协同廖运周师向西峡口反攻。几次袭击，都因日军由南阳方面增援，未能成功。以后，西峡口成为敌我双方争夺的要点，形成拉锯状态，一直到8月15日日本投降。

孙立人

面对在质量上数量上强大之敌，只要发挥我军的优势，战胜敌人是完全可能的。

- 1900年生，字抚民，号仲能，安徽庐江人。
- 1932年，调财政部税警总团任第二支队上校司令兼第四团团长，参与"一·二八"抗战，战功卓著。
- 1937年9月，税警总团奔赴淞沪会战前线，成功阻击日军橡皮艇七次渡河。
- 1941年，晋任为新编第三十八师少将师长。
- 1942年4月，孙立人率新三十八师抵达缅甸，参加曼德勒会战。
- 1944年，中国驻印军攻克密支那后，部队进行休整扩编，由新一军入缅作战，孙立人任新一军中将军长。
- 1945年9月7日，率军进入广州，接受日军第二十三军投降。
- 1990年11月19日，病逝于台中。

淞沪抗战中的孙立人

郑殿起

七七事变之前，孙立人将军是财政部税警总团（总团长黄杰）第二支队（相当于旅，支队司令官王公亮，辖第四、第五、第六团）第四团上校团长，驻在江苏东海县的新浦镇（即现在的连云港市）。七七事变后，黄杰升为第八军军长仍兼税警总团长，第八军的参谋长是周学海，我由总司令部少校参谋调为第二支队司令部少校参谋。

八一三淞沪抗战开始，税警总团于9月28日由海州调到上海参战，先后参加蕴藻浜和大场两次战斗。在战斗中，敌我双方伤亡均大。孙立人的第四团在这两个战斗中，阵亡营长一员，少校团附郑宗周（山东人，东北讲武堂第十期毕业）负重伤。由于孙立人指挥有方，沉着应战，在税警总团的六个团中，第四团的战绩最佳，受到上级的嘉奖，特别是受到宋子文和孔祥熙的嘉奖。

孙立人指挥作战的特点是：在任何情况下，他手中都掌握部分预备队，增援战况最紧急的方面。在大场战斗中，他曾两次亲带预备队去增援被敌人突破的第一营阵地。由于团长亲到第一线指挥，很快将突入阵地的日军击退。在大场战斗后，税警总团的两个支队司令官何绍周（何应钦之侄）和王公亮均因指挥无方而被免职。第一支队的第六团团长钟宝胜（是桂永清的同乡，1936 年初，黄杰由第二师师长调为税警总团团长时，由桂介绍给黄杰的）也因作战不力而被撤职，独有孙立人升为第二支队少将司令官，仍兼第四团团长。

孙立人任第二支队司令官后，因第六团伤亡较大，将残余的官兵拨补第四、第五两团，将第六团番号暂时取消。10 月 18 日，我军退守苏州河南岸，孙立人的第二支队担任紧靠沪西租界的周家桥一带的防御任务。从 10 月 20 日起到 11 月 3 日止，敌我隔苏州河战斗将近两周，很激烈，只在晚 9 时以后至翌日拂晓前，战斗较缓，我军才能生火造饭。因为我空军处于劣势，白天敌机不断在战场上空轰炸扫射，发现地面上有炊烟处即行轰炸，所以不论军民白天都不敢生火做饭。每天在拂晓前后和日暮之后，孙立人则带我和两名卫士到第一线视察，白天有时战斗激烈，则带我到战斗最吃紧的前线指挥督战。

10 月 27 日晨，日军趁涨潮和晨雾之际，用事先连接好的小型橡皮舟作浮桥，偷渡到南岸四五十人，隐蔽在岸下，岸高约两三米，中有间隔不等的储煤洞，日军躲藏在洞内。孙立人得报后，亲到第一线指挥第四团的两名班长，在岸边竖起四块厚钢板当护墙，连续投了 100 多枚手榴弹，将敌军的橡皮舟浮桥炸断。然后将十几捆用汽油浸透的棉花包点燃后，推到岸下滚到储煤洞里，将大部日兵烧死。残存者因浮桥已断，进退无路，被我军打死。用了两个多小时，便将偷渡到南岸的日军全部消灭。

从 11 月 3 日拂晓起，战斗异常激烈，日军趁晨雾之际，先后将我左翼第一支队的阵地突破，第五团（在第四团之左）当面之敌，也正在利用橡皮舟连接的浮桥向南岸强渡。晨 6 时许，蒋介石在南京直接用电话指示黄杰，速将侵到南岸之敌歼灭。于是黄杰带中校参谋李则尧赶到第二支队司令部指挥所（距第一线约 200 米）指挥督战，孙立人则偕少校参谋龚至黄赶到第五团团部指挥所（距第一线约 100 米）指挥。因中校参谋主任谢慕庄临时有病，我留在支队司令部指挥所，记录战报和与各方的联系。这天终日战斗激烈，第五团团长丘之纪（广东人，黄埔三期毕业，也是桂永清介绍给黄杰的）阵亡，第一营营长（云南人，姓名已忘记）负重伤。

下午 6 时，军部转来第十七军团胡宗南的命令，第二支队的防御阵地由第三十六师接替，限当日晚 9 时以前交接完毕，但周家桥西端有一小红楼（两层楼）在入夜时被 20 余名日军侵入，第五团第一营虽几次攻至楼下，但日军在楼上顽抗，因此接防部队以上级命令中未说南岸有敌兵为理由而拒不接防，当时孙立人仍在第五团指挥所。他说："好吧，等我们将侵入小红楼的日军消灭后，再把阵地交给你们。"于是他打电话给我，令我要求军部速送 20 个地雷来，准备用地雷将小红楼炸毁。于是我给军参谋长周学海打电话，报告前方的情况，并要求速送 20 个地雷到第五团。不久，军部派参谋处长米致一到第二支队司令部指挥所来协助消灭小红楼的日军，因军部没有地雷，得向上级请领，我和米致一数次向军部打电话催要。于 4 日凌晨 3 时许，军部才将地雷用汽车送到第五团指挥所，此时日军已开始拂晓进攻前的炮击。孙立人知道地雷已送到，很高兴，立即走出指挥所掩蔽部，弯腰低头用手电筒看地雷，这时一颗榴霰弹在他的上空爆炸，将孙立人的背部、臀部及两个上臂炸伤十几处，有八九块弹片进入体内，幸好因戴着钢盔，正低着头，所以头部未受大伤，即将他抬到掩蔽部内。当时他满身是血，军医抢救裹伤，但他仍坚持令第四团第二营营长张在平代理第四团团长，并负责用地雷将小红楼炸毁，消灭侵入的日军。然后孙立人则由军部派汽车送到上海租界拉斐德路宋子文临时所设的医院治疗。在孙立人由周家桥赴上海市内的途中，军长黄杰赶到看望，慰问了他。4 日上午，第二支队的阵地全部交给第三十六师接替，支队司令部率第四、第五两团撤至徐家汇附近休整。

11 月 6 日，我和龚至黄到上海市内看望孙立人，问明他住在二楼的单人病房内。我俩到二楼后，先向护士说明进来看孙立人司令官的，我俩是他的参谋（当时我俩都穿便服，因为当时规定穿军服的不能进入上海租界），护士说，宋部长有手令贴在孙司令官的病房门外，不准任何人探视。我俩又找护士长，说明孙司令官负伤时，我们在一起，现在特意来看望他的。于是护士长领我俩到孙立人病房的门外，果然看到有宋子文写的不准任何人探视的手令贴在门上。护士长告诉我俩在门外等一等，她则进到病房内报告孙立人。不久，护士开门招手请我俩进入病房，孙立人侧卧着身体，面向外，我俩向他敬礼后，他向我俩点头还礼，他面色苍白，上身及头部均裹着绷带，但精神还好。他先问部队驻在什么地方，然后说："你俩在上海休息几天再回去。"我说："今天报纸上登了，登陆日军已到松江方面，我俩今天即须回到防地。"他说："情况紧急，你俩就赶快回去吧。"还送了我俩每人 50 元钱，我俩就辞别回到部队。

1938 年 7 月初，我随黄杰将军在汉口编写第八军在归德战斗的战斗详报时，正赶上孙立人伤愈由上海经香港转到汉口。这时原税警总团在上海抗战中人员伤亡过多，武器损失严重，而孔祥熙不给补充（原税警总团的经费由财政部支付），乃由第三战区司令官顾祝同建议，于当年初改编为第四十师，脱离了财政部。孙立人到汉口后，孔祥熙将原税警总团存在财政部仓库的可装备一个师的武器装备交给孙立人，重新成立税警总队，孙立人任少将总队长，辖三个步兵团和炮、工、通、辎各一营，在贵州都匀训练。1941 年改编为新三十八师，孙立人任师长，归杜聿明指挥入缅作战，后又转到印度北部，扩编为新一军，孙立人任军长。1945 年初，该军配合远征军，打通了滇缅路后回国。

廖运泽

暂和日本法西斯血战到底，为阵亡将士报仇。

- 1903 年 7 月生，字汇川，安徽寿县人。
- 1937 年，抗日战争爆发后，任第九十二军二十一师副师长。
- 1938 年 5 月，任第二十一师师长兼阜阳警备司令。
- 1939 年秋，随九十二军由湘西调往湘北，参加鄂西会战。
- 1943 年 7 月，任骑兵第二军军长。
- 1944 年 5 月，参加阜阳保卫战，取得胜利。
- 1945 年 8 月，奉命率骑二军到徐州接受日军投降。
- 1987 年 9 月 27 日，病逝于南京。

阜阳保卫战

廖运泽

1944年春，日军为了打通平汉线进军西南，从郑州沿平汉线向南采取了一次规模很大的行动，开始了豫、湘、桂战役。我军密切地注视着这一动向。据我深入敌后侦察的参谋报告：日军第六十五师团的太田米雄所部、骑兵第四旅团滕田所部[①]、汪伪花其望部，配备有炮兵、骑兵、空军等数千人，在沿淮的田家庵、寿县一带集结，有进犯阜阳占领皖北的企图，目的可能是牵制汤恩伯部对徐州、郑州的增援。于是我骑兵第二军立即改变部署，放弃涡河防线，集中主力于阜阳附近地区，面向东南布置阵地，做好保卫阜阳的准备。

当时的具体安排是这样：（一）暂编第十四师以三十里铺为界，确保阜阳。阜阳城内街口巷尾构筑工事，准备和敌人巷战。在敌军必经之渡口三里湾布上一个加强营，充实装备，阻敌强渡。河东布雷至三十里铺，沿公路挖深沟，阻敌前进。（二）军特务团迅速开往颍上，占领前沿阵

① 据《河南会战》，日军骑兵第四旅团（旅团长藤田茂）于4月25日由郑州以北黄河铁桥渡过黄河，至6月上旬，一直在豫中、豫西地区作战。

地，尽量与敌人保持接触，逐次抵抗，诱敌深入[①]。（三）第一一七师撤离涡河防线，进驻沙河东岸，保障暂十四师左翼安全，并抽一部分兵力找机会袭击敌人水上运输船只[②]。（四）骑八师撤离涡河防线，进驻阜阳城西南，控制三十里铺至颍上西南地区，保持机动，随时听令出击。（五）骑兵第三师仍以主力控制太和地区，负责对涡阳、蒙城方面的警戒，阻止日军从东北方向增援，掩护全军后方安全[③]。军指挥所移驻阜阳西北十余里的泉河北岸。这一方案报鲁苏豫皖边区总指挥部批准后，总部负责安徽战事的陈大庆又下令把暂编第九军的第十三师（师长洪显成）临时拨归我指挥[④]。我把他们安排在阜阳城下进行合围，以优势兵力全歼来犯之敌。

4月底5月初，我军刚布置完毕，日军数千人在空军掩护下果然由寿县、正阳关向我颍上前沿阵地发起猛攻[⑤]。战斗打响后，在前沿阵地的军特务团按计划且战且退，每撤离一个地方就将电线杆砍倒，不给敌人利用。日军误认我军败退，骄狂至极，遂以担任左翼的骑兵尾随我军，长驱直入。这样，敌人的左翼就暴露出来了，我立即命令骑八师全部出动，给孤军深入的敌人以迎头痛击。骑兵第八师是青海军队中的一支劲旅，不仅训练有素、马术精湛，而且久经沙场，有丰富的作战经验。全师5000多人，每人配一骑、一枪、一刀，官兵性格强悍，勇猛无比。师

① 据《第十五集团军中原会战平汉路东地区战役战斗详报》，在颍上一带与日军作战的是骑兵第二军补充团。

② 据《第三十一集团军中原会战战斗详报》，第一一七师（师长刘漫天）属石觉第十三军建制，当时在临汝一带。

③ 据《第十五集团军中原会战平汉路东地区战役战斗详报》，骑兵第三师当时控置于汝南、正阳、新蔡间地区，为总预备队。

④ 据《第十九集团军策应中原会战诸役战斗详报》，4月26日，陈大庆令暂编第九军之暂编第三十师归骑兵第二军廖军长指挥。

⑤ 据《第十五集团军中原会战平汉路东地区战役战斗详报》，日军于4月20日发起进攻。

长马彪（鸿达，回族人）[①]虽已是花甲之人，仍亲临前线拼杀。日本骑兵照惯例是下马作战，我方决定乘敌人下马之际发起冲击。当骑兵第八师在颍上境内的十八里铺附近与日军前哨部队遭遇时，乘敌人下马尚未集结之机，旋风般冲向敌阵，居高临下马踏刀砍，日骑兵来不及还击就成了刀下之鬼。敌200多人，死里逃生者仅20余骑，遗尸枕藉，而我骑八师几乎没有伤亡。日军大炮是用马驮的，遭到骑八师的袭击后，死伤了很多马匹，只好靠人拉着大炮走，十分狼狈。我军初战告捷，大大挫伤了敌人的锐气。

气疯了的日军立即组织反扑，在三架飞机和数门大炮的掩护下，向我军发动猛烈进攻。我前沿部队放弃了颍上，且战且退，尽量消耗敌人的兵力。日军怕再遭到我骑兵第八师的袭击，就加强了左右两翼的兵力，以便在颍上六十里铺地区包围骑兵第八师主力。这时驻守在六十里铺阵地右翼的阜阳县的三个自卫中队贪生怕死，在中队长带领下临阵脱逃，擅自撤离阵地，致使我军右翼空虚。日军乘机集中兵力将骑兵第八师包围，疯狂地对骑兵第八师进行报复。陷入日军包围中的骑八师毫不畏惧，组织力量反复冲杀，战斗十分激烈。该师副师长卢广伟在战斗中壮烈牺牲[②]。我命令已撤到阜阳尤家花园的军特务团火速回师参战；命令作为军预备队的暂编第十三师的一个团紧急驰援。日军的兵力被分散，骑兵第八师就从左翼突破包围撤出阵地。这一场厮杀，我军付出了不小的代价。敌人欺我既没有空军，也没有对空射击武器，肆无忌惮地对我阵地进行低空扫射，狂轰滥炸。愤怒已极的我军战士端起轻机枪、步枪对空还击。在六十里铺的战斗中，一架低空飞行的敌机油箱被打中起火，坠

① 据《第十九集团军策应中原会战诸役战斗详报》，当时骑兵第八师师长是马步康。

② 据《第十九集团军策应中原会战诸役战斗详报》，5月5日上午10时，敌机一架袭击四十里铺骑兵第八师司令部，副师长卢广伟殉职。

毁在中岗村附近。六名机组人员跳伞降落后，被我当地驻军和老百姓包围。穷凶极恶的敌人伏在坟堆上顽抗，被我军民全部击毙。由于我官兵奋勇抗击，消耗了敌人的大量有生力量，从而迟缓了日军向阜阳进犯的时间，日军从颍上边境之六十里铺，又打了五天才推进到距阜阳10余里的地方。此时，我阜阳军民和调集来的各路军队早已严阵以待，准备在阜阳城下和日军决一死战。同时，为了严肃军纪，我一方面命令将三个临阵脱逃的自卫队队长就地正法，一方面对英勇杀敌、不畏牺牲的骑兵第八师进行表彰。当我前去骑兵第八师慰问时，全师官兵正因为卢副师长和许多弟兄在反包围中英勇牺牲而沉浸在一片悲痛之中，带去的许多蛋、禽、粮食等慰问品无人下咽。马师长见到我不禁老泪纵横。我也止不住潸然泪下，随即勉励大家化悲痛为力量，誓和日本法西斯血战到底，为阵亡将士报仇；并传令全军学习骑兵第八师，奋勇杀敌。

正当我军调集兵力打算聚歼敌人之际，5月7日，进入阜阳十八里铺的日军突然在炮火掩护下向后撤退[①]。我命令骑八师、军特务团紧紧跟上，追击退却之敌[②]。5月10日下午7时我军收复颍上、正阳关等地，敌人只好舍弃皖北向寿县方向遁去。直到日本无条件投降后，我在徐州受降时才知道当时日军退兵的原因：一是日军师团参谋长被我警戒部队击毙；二是我军云集，拉开了决战姿态，而当时欧战激烈，轴心国军事失势，日军已无兵力补充；三是平汉线会战已结束，日军没有必要再牵制汤恩伯的兵力。

---

① 据《第十九集团军策应中原会战诸役战斗详报》，5月7日，日军由四十里铺攻占五十里铺，并向六十里铺包围猛扑。经我军反击，日军退回四十里铺。

② 据《第十九集团军策应中原会战诸役战斗详报》，奉命追击退却之敌并克复颍上的是暂编第十四师部队。另外，骑兵第二军补充团因损伤颇大于4月27日撤至十八里铺附近整理，骑兵第八师于5月5日控制于公路以西保持机动。

郑洞国

为了避免第一线部队过度疲乏，乃以营为单位，二十四小时轮换一次，使士气始终饱满。

- 1903 年生，字桂庭，湖南石门人。
- 1937 年，率第二师参加了保定防守战。
- 1938 年 3 月，率部参加台儿庄战役。7 月，参加武汉会战。
- 1939 年初，任九十五军副军长。12 月，参加昆仑关战役，取得胜利，升任新编第十一军中将军长。
- 1940 年 5 月，率部参加枣宜战役。
- 1943 年春，担任新一军军长，参加收复缅北要地密支那攻坚战。
- 1991 年 1 月 27 日，病逝于北京。

昆仑关攻坚战亲历记

郑洞国　郑庭笈

一

1939年冬，国民党军第五军奉命协同友军对侵犯南宁的日军作战，担负昆仑关攻坚战的主攻部队。

第五军是抗日战争时期新成立的第一个机械化部队，直辖第二〇〇师、荣誉第一师、新编第二十二师。军直属队有两个步兵补充团、两个战车团、装甲车搜索团、重炮兵团、汽车兵团、工兵团、辎重兵团，并有苏联顾问帮助教育训练。军长杜聿明。第二〇〇师师长戴安澜，该师是杜聿明从装甲兵团扩编的，是该军基本部队；荣誉第一师师长郑洞国兼，该师是由从抗日战争中伤愈的官兵编成的，因此，加上“荣誉”二字，官兵勇敢善战，经过训练后，士气更加旺盛；新编第二十二师师长邱清泉，该师是由新兵成立的部队。军部及军直属团队，第二〇〇师在广西全州；新编第二十二师在湖南东安；荣誉第一师在湖南零陵地区整训。重庆军事委员会校阅全国各军教练训练，第五军被评为全国第一。1939年秋季第五军在广西界首举行大规模各兵种联合攻、防、追、退演习，历时1月之久，更打下了第五军的战斗基础。

二

当时抗日战争形势：1938年10月南京国民政府搬到重庆后，敌人占领武汉，切断粤汉、平汉南北铁路和公路交通线。接着又占领了广州，控制华南沿海海岸线，对外联络线亦被切断。仅广西与越南，海防的国际交通线还保持畅通。重庆统帅部根据敌人在南海地区军队调动频繁，判断敌人有切断我华南国际交通线、实行封锁政策、直接威胁重庆之企图，遂命第五军在界首演习完毕后，各回原防，进行战备，待命行动。

不久，荣誉第一师从零陵开往衡山，准备参加长沙会战。

三

1939年11月15日，敌军在我国南海北部湾钦州龙门港登陆后，进占钦州、防城。于11月24日沿邕钦公路北犯，侵占南宁。据报这次侵占南宁之敌，有两个半师团。其番号就是第五师团、第十八师团之一部和台湾旅团等。

第五军奉命派第二〇〇师第六〇〇团，由广西全州用汽车输送向南宁前进，阻止敌人北犯，掩护我军主力集中。11月24日，该团在团长邵一之的指挥下，到达南宁城郊二塘，与敌遭遇，展开了血战。敌人在飞机和优势的炮火掩护下，对我第六〇〇团进行猛击。我军沉着应战，一次又一次把敌人击退，阵地失而复得，得而复失。进入夜晚，战场双方进入停战状态。26日拂晓，敌人向第六〇〇团阵地迂回，包围我军，切断退路，邵团长命令各营坚守阵地，他亲自指挥步兵第一连，向敌迂回部队反击。邵团长身中两弹，仍继续指挥部队，向敌猛击，敌我双方正处于激烈的肉搏战中，邵团长坚持指挥作战，不肯退下战场，不幸又中第三颗子弹，壮烈殉国。副团长文模、团附吴其升和全团官兵知悉团长牺牲了，悲愤异常，士气更加高昂，誓为团长报仇，继续顽强战斗，打退敌迂回包围部队，并夺回团长遗体。这时团附吴其升牺牲，副团长文模亦负伤。由第一营长大伟代团长职务，利用夜间逐步撤回思陇附近归还建制。敌人跟后前进，12月4日进占昆仑关地区。

据第六〇〇团在战场上获得的文件表明，与该团激战的敌人是第五师团第二十一旅团第二十一和四十二联队。

四

1939年11月24日，敌侵占南宁，25日在二塘同我第二〇〇师第六〇〇团激战后，12月4日进占昆仑关，第五军各师从衡山、东安、全州向迁江、宾阳清水河和红水河间之邹圩、石陵圩地区集结待命。

各师集中完毕后，12月16日，军长杜聿明在迁江附近召开团长以上的军事会议，我们参加了会议。会场设在一个地洞里，周围树林茂盛，非常掩遮，容易防空。会场里用横木挂上一张桂南五万分之一军用地图，图上用红蓝纸标志敌我态势。军长杜聿明介绍了当前敌我的形势。据我方情报探悉，这次侵犯桂南进占南宁的敌人兵力共有两个半师团，即第五师团、第十八师团一部分和台湾旅团。第五师团有第九旅团，辖第十一、四十一联队；第二十一旅团，辖第二十一、四十二联队；每联队有官兵3000余人。敌人称第五师团为“钢军”，因为是台儿庄战役板垣征四郎旧部，在侵华战争中参加过南口、山西忻口、太原、鲁南台儿庄、华南广州等战役。在开辟华南战场前，经过两个月山地作战训练，官兵多系日本山口县人，禀性彪悍，长期受武士道训练，侵华战争两年多，战斗攻守经验丰富，成为这次进犯部队的主力。敌人攻占南宁的战略企图是：第一，切断我西南交通，首先是越桂公路，威胁越滇铁路；第二，侵占广西，威慑云南、贵州，扰乱我抗战大后方，给重庆方面以致命的打击，力求达到以军事上手段配合其政治上“逼和”的战略目的；第三，威胁英、法，使之感觉越南、缅甸危险，屈服于日本。并对重庆方面实行国际交通上封锁，以进一步巩固和加强日本在亚洲的地位。

接着杜聿明介绍了昆仑关的形势：敌军在邕武路占领高峰隘南地区，邕宾路占领昆仑关至九塘间高地，日夜修筑工事。昆仑关是西南国际交通上控制着邕宾公路的扼要雄关，它的四周，重峦万壑，绵亘相偎，由公路进入了这个地区，不但是迂回曲折，而且正覆压在公路的中腰，其地势的险要，实可比食道的咽喉，所谓“一夫当关，万夫莫敌”的古战场，是兵家必争之地。它是南宁外围的重要据点，敌军以重兵扼守，还在昆仑关北的仙女山、老毛岭、同兴堡、四四一、六五三、六〇〇、罗塘南高地、界首等高地，赶筑据点式的堡垒工事，外围有数道铁丝网和鹿砦等障碍物，构成拱卫昆仑关的坚固防线，并以轻重武器编成火网，各阵地以火力互相支援。日军阵地伪装非常好，阵地和枪口都不容易发现，敌兵在掩体里休息，高山上观察不到目标，同时，附有炮兵、机械化部队来加强防守。这次同我第六〇〇团在二塘激战的敌人，就是第五师团的第二十一旅团，直辖第二十一、第四十二两个联队。缴获敌的作战部署图，获悉第五师团司令部及第九旅团两个联队在南宁。第二十一旅团两个联队守昆仑关、九塘、八塘至南宁之线。杜聿明讲到友军位置和本军作战部署时说，我最高统帅部集中四个集团军的兵力来同敌军决战。蔡廷锴第二十六集团军在敌后邕钦公路游击，负破坏公路、桥梁，阻击敌增援部队及后方输送粮、弹补给的任务；夏威第十六集团军，指挥第三十一军、第四十六军；叶肇第三十七集团军，指挥第六十六军担任邕武路高峰隘南的对敌攻击；徐庭瑶第三十八集团军，指挥第五军担任邕宾路上对昆仑关攻坚战的主力部队。

接着杜聿明谈第五军作战部署：采取战略上迂回，战术上包围，“关门打虎”的方针。其部署如下：（一）荣誉第一师、第二〇〇师为正面主攻部队，以公路为界，公路线上属第二〇〇师，军重炮兵团、战车兵团、装甲兵搜索团、工兵团，协助主攻部队作战，按战况需要由军部指挥，按命令行动，以完成战斗任务。（二）新编第二十二师为军右翼迂回支队，由原地出发，超过昆仑关，选小路进占五塘、六塘，切断南宁至昆仑关之间公路、桥梁交通要道，堵击敌增援部队北上。（三）第二〇〇师副师长彭璧生指挥两个补充团编为军左翼迂回支队。由原地出发，经过岭圩、甘棠、长安圩，向八塘大迂回，进占七塘、八塘，策应正面主攻部队对昆仑关的攻击。（四）汽车兵团、辎重兵团，归兵站指挥，担任后方粮弹补给及伤病人员向后方输送。（五）通讯联络以有、无线电为主，传骑为辅。（六）军指挥所设在第一线部队的后方，跟随第一线部队行动。（七）攻击时间为 12 月 18 日拂晓。

最后杜聿明说，这次战役胜负，关系到抗日战争的前途，也关系到本军创建军的前途，是国家民族存亡的关键。第五军是抗日战争中新建立的第一个机械化部队。我相信全军将士一定能勇敢善战，胜利完成这次攻坚战斗任务，一定要抱“不成功必成仁”的决心，歼灭日军，收复失地，以慰革命先烈在天之灵。

会上，大家一致举手宣誓一定完成这次攻坚任务。宣布散会已进入黄昏，各乘车返回部队。各部队接战斗任务后，按指定的路线利用夜行军进入准备位置。

五

第五军军部前方指挥所，设在正面主攻部队第二〇〇师和荣誉第一师分界线的公路边一个高山的地洞里，山顶地势很高，又掩遮，瞭望前方方便，山顶和山洞里都架设有线电话编成通信网。山顶上架设炮兵用的远程观测镜，对前方阵地、地形、敌我的行动，看得清清楚楚。杜聿明日日夜夜在山顶上观测镜和电话机旁，观察前方战况，并同各部队长通话，交换战况。同重炮兵团团长朱茂臻通话，要求对前方敌阵地进行测量，规定各目标的距离；又同战车兵团长胡献群通话，要该团选测战车攻击准备位置，同步兵协同各种记号。敌机不时在指挥所上空盘旋，对公路后方车辆进行扫射和轰炸，杜聿明规定公路上哨兵站岗，有警报时，用红旗指挥车辆进行掩遮，因此，空袭时车辆没受损失。敌人炮弹纷纷落在指挥所附近，在他身边爆炸，但他极为镇定，从容指挥战斗。

12 月 18 日凌晨，我军重炮兵团和师的山炮兵营，集中炮兵的火力向昆仑关及周围阵地进行炮击。双方进行炮战，在我远射程的重炮火力压迫下，敌炮兵中断向我射击。随即我第一线攻击部队第二〇〇师、荣誉第一师发动攻击，在战车和我轻重武器的火力掩护下，向敌阵地运动。敌机在我军阵地上空盘旋，企图空袭我步兵，但遭到我军高射炮火猛烈射击，致使敌机不敢低飞。待我步兵接近敌阵地后，敌机再不敢在阵地前扫射和投弹，仅在我后方交通补给线上狂轰滥炸。荣誉第一师官兵久经战阵，作战机智勇敢，该师第一团在团长吴啸亚的指挥下，先把仙女山敌人击退，占领了仙女山，当晚利用夜袭占领了老毛岭、万福村、441 高地。第二〇〇师第五九八团在团长高吉人的指挥下，攻占 653、600 高地。该师第五九九团在团长柳树人的指挥下，在战车掩护下沿公路长驱直入，占领了昆仑关。荣誉第一师第二团在团长汪波指挥下，占领了罗塘高地。

19 日午后，敌大批飞机出动掩护反攻，昆仑关口被敌人夺去。我军占领各据点，反复争夺战，得而复失，失而复得。我新编第二十二师右翼迂回支队，占领了五塘、六塘。后来五塘又被敌反攻夺去，我军坚守六塘，阻敌增援，收效很大。我彭璧生左翼迂回支队，亦将七塘、八塘占领，切断敌后退路。增援八塘的敌人，在八塘附近被我军包围，打了一昼夜，敌死伤极众，残部攀山越岭，向南逃窜，汽车几十辆被我军炮火烧成了灰。我右翼支队占领六塘后，日军台湾混成旅团由南宁向五塘增援，反攻六塘。师长邱清泉命令刘建章团死守六塘，邓军林团、熊笑三团将主力埋伏公路两侧高地，仅留小部队于五塘至六塘之间，引敌深入，且战且退，当日下午4时，熊笑三团一部与敌援军激战。入晚敌坦克车、装甲车向六塘街道推进，邱清泉亲率主力向敌反击，命令工兵部队破坏公路和桥梁。战斗激烈，敌坦克车被我军战车防御炮击中两辆，邱师各团四处猛击，敌军大乱，纷纷向公路南侧高地溃逃，敌遗弃卡车、坦克车、装甲车，多被我军炮火打毁。这时，杜聿明为加紧在战术上围歼昆仑关敌人，命令荣誉第一师派一个加强步兵团从右翼包围九塘。

郑洞国得命令后，立刻派该师第三团在郑庭笈指挥下，利用夜行军从右翼高地袭击九塘阵地。该团占领九塘西侧高地，是下午4时左右，郑庭笈用望远镜观察九塘敌阵地，发现九塘公路边的大草坪里有敌军官集合讲话，遂命令第一营在高地上占领阵地，命令迫击炮连、重机关枪连集中炮火向敌猛击，瞬间，迫击炮打中了目标，敌军军官纷纷向九塘逃窜。收复昆仑关后，在缴获日军的日记中有记载："第二十一旅团长中村正雄少将在九塘被中国军队炮火击毙。"随后，昆仑关第二次被我军收复，但不久被敌军在关口四周的炮火侧击，我军伤亡很大，又被敌军夺去。

杜聿明研究两得两失的原因，是敌人在关口的两侧高地有坚固的堡垒式工事，配备轻重武器，组成交叉火网，互相支援，兼地形优势，可以保护着关口的安全，以火网来封锁我军对关口的进攻，如果不首先消灭敌军在昆仑关四周的高山据点，光是攻占关口，是无法立足的。因此，杜聿明在电话上同各师师长研究，更变原来作战方针，采用要塞式攻击法，将各据点分配给第一线师各团负责，同时攻击，逐次攻克，缩小包围圈，同吃饭一样，一口一口地吃。要军部参谋长黄翔下达命令将新编第二十二师主力调为主攻部队的总预备队。留少数兵力在五塘、六塘扰敌后方，荣誉第一师第三团建制，负担主攻据点的战斗任务。这时，敌人最困难的是饮水和弹药、粮食、医药补给困难，不得不用飞机输送，有些投入我军的阵地里。第二〇〇师、荣誉第一师调整攻击部署，12月25日荣誉第一师第二团在团长汪波的指挥下，再次攻克罗塘南高地。这时师长郑洞国正在第二团指挥所，将攻克罗塘高地的战况向杜聿明报告，杜当时对汪团传令嘉奖。郑洞国命令汪团继续向老毛岭、441高地进攻，在441高地进行了反复争夺，最后将敌人全部歼灭。第二团的伤亡很大，阵地在我军稳固的控制之中，从而给昆仑关守敌致命的打击，但敌仍坚持固守中。这时，敌机虽在上空盘旋，因敌我在近战对峙中，不敢向阵地扫射和轰炸，敌炮兵在我重炮压制下，不敢向我阵地炮击。第二〇〇师第五九八团在高吉人团长的指挥下，两次攻克同兴堡敌据点阵地，第六〇〇团在刘少峰团长指挥下，攻克600高地，该师伤亡很大。

界首高地位于昆仑关北，是保关口的敌坚固据点，是属第二〇〇师战斗境内的，因该师担负不了对界首攻坚任务，杜聿明命令郑洞国派该师第三团归戴安澜师长指挥，于28日晚对界首攻击。敌机在上空盘旋，该团士气旺盛、对界首进行强攻，在敌火力侧击下，伤亡很大，组织爆破手，用手榴弹从敌据点枪口投入，多次都失败。入夜12时，敌我正在对峙中，该团九个步兵连，有七个连长伤亡，郑庭笈身边的司号长李均也中弹阵亡。杜聿明要郑庭笈不顾重大牺牲的代价，一定要攻克界首阵地，利用夜间调整部署，选突击队，编成突击组。29日早晨，军部重炮兵开始对界首阵地猛击，炮弹均命中阵地上，这时各突击队分别向界首阵地匍匐前进，在三小时的激战中，界首阵地被我军攻克，这时杜聿明通令全军对第三团传令嘉奖。昆仑关各据点均被我主攻部队各师占领，界首阵地移交新编二十二师派兵接替，第三团归还建制。30日新编第二十二师邓军林团第三次收复了昆仑关。

六

第五军在战斗中共击毙敌第五师团第二十一旅团长中村正雄少将，第四十二联队长坂田元一、二十一联队三木吉之助、副队长生田滕一，第一大队长杵平作、第二大队长官本得、第三大队长森本宫，班长以上军85%以上，士兵有4000余人死亡。这是日本战后公布在昆仑关同中国第五军作战死亡的数目。生俘士兵102人、战马79匹、山炮10门、野炮12门、战防炮10门、轻机枪102挺、重机枪80挺、步枪2000余支，其他军用品和弹药等堆积如山，拍成照片。这是第五军在柳州、桂林、全州开展览会公布的数目，各师未上缴的数目尚未在内。

裴昌会

我们第二战区国共两党的军队，不仅在忻口共洒一腔血，以后的几年也一直合作得很好。

- 1896 年 10 月 23 日生，字同野，山东潍坊人。
- 1937 年 7 月，卢沟桥事变后，任第九军第四十七师师长，率部参加太原保卫战。9 月，任第九军副军长，兼任第四十七师师长，率部参加忻口会战。
- 1939 年 1 月下旬，率四十七师在洪洞、古县一带阻击敌人。
- 1940 年 7 月，升任第九军军长，率第九军向太原以东转进，到王屋山、太行山，长期驻豫北济源一带，同八路军配合打击敌人。
- 1992 年 3 月 23 日，病逝于重庆。

国共合作在忻口战役中

裴昌会

1937年抗战开始时，我任第九军副军长兼第四十七师师长，驻在湖北。8月初，奉命开赴抗日前线的河北涿县白沟河地区，协同第三十军作战。当时由津入侵华北平原的日军装备精良，我们固守阵地很困难，苦战一周，即转移保定城关，继续移至元氏县城及其以西高地，逐次抗拒日军南进。之后，奉调晋北归建，经平阳关、太原、忻县，参加忻口南怀化防御战。

忻口是晋北通往太原的门户。七七事变后，日酋曾扬言三个月内要中国当局屈膝。它的关东军一部和板垣师团入侵山西，分两路自大同和平型关会师雁门关，向忻口袭来，企图一举攻陷太原。面对敌人的进攻，我方及时组织了忻口会战，阻击敌人。第十四集团军总司令卫立煌奉第二战区司令长官阎锡山的命令，率部自河北赶来晋北前线，并担任前敌总指挥。当时的部署是：忻口正面阵地，分为中央和左、右两翼三个兵团。以第十五军军长刘茂恩为右翼兵团指挥官，指挥第十五军、第十七军；以第九军军长郝梦龄和第十九军军长王靖国先后为中央兵团指挥官，指挥第九军、第十九军、第三十五军、第二十一师、独立第五旅和晋军第六十一师；以第十四军军长李默庵为左翼兵团指挥官，指挥第十四军，晋军第六十、第六十六师；以第八十五师陈铁部为总预备队。第三十军孙连仲部和邓锡侯的川军，赵寿山、冯钦哉的陕军守备娘子关，由黄绍竑指挥。

八路军为了配合忻口会战，由朱德总司令、彭德怀副总司令率领第一一五师、第一二〇师、第一二九师由陕北开往山西抗日前线（按照国共合作的战斗序列，改称第十八集团军）。国共双方在忻口地区的部队协力指向进攻忻口的日军。

忻口会战是从1937年10月13日揭开战斗序幕的。日军集中兵力，利用大炮、坦克、飞机立体战的优势，向忻口阵地猛攻。我们中央兵团第九军及配属部队首当其冲。敌机从晋北代县阳明堡机场分批飞来，从早到晚轮番轰炸助战。第九军装备差，又缺乏防空训练和武器，战斗十分艰苦。我率领的第四十七师，由于行军中沿途军民南撤拥塞阻挡，又担负掩护老百姓安全撤退的任务，当部队赶到忻口县城时，忻口守军已西撤，我即率部掩护第九军直属及配属部队向忻县以南地区转移。到忻县时，据第五十四师参谋长孔繁瀛汇报前线战况：10月15日下午，双方为争夺忻口以北之南怀化及其迤南的204制高点，日军三易酋首。在这一场战斗中，中央兵团将士伤亡7000多人。郝梦龄军长、第五十四师刘家麒师长、独立第五旅郑廷珍旅长壮烈殉国，第二十一师李仙洲师长胸部负伤。在忻口前线部队正与日军酣战的同时，娘子关阵地也被日军突破，晋东晋北同时告急。

忻口会战开始后，八路军积极协同忻口正面部队作战。林彪的第一一五师主力由五台山地区南移，与刘伯承的第一二九师会合，夹击自平型关西进之敌。贺龙的第一二〇师活动于朔县、神池、宁武至忻口地带，向日军侧背猛烈袭击，斩断其补给线。10月18日，第一二〇师在雁门关以南伏击，烧毁日军输送粮、弹汽车500余辆，并收复了雁门关。在23天的战斗中，八路军将代县、平型关、灵丘、广灵至张家口和崞县、雁门关至大同的交通要道完全破坏，并肃清了这两条主要交通线上的敌人。这不仅给日军补给造成极大困难，也振奋了前线我军的士气。

在此同时，八路军总部还令第一二九师摧毁了代县西南阳明堡敌人的临时机场。该师所属第三八五旅第七六九团团长陈锡联率第三营于10月19日夜间奇袭阳明堡机场，焚毁敌机24架，击毙敌人数百，夺获一批航空器材。第三营赵宗德营长身先战士勇猛进袭敌踞堡垒，壮烈牺牲。后来卫立煌总指挥在太原见到中共中央军委副主席周恩来时说："八路军把敌人几条补给线都截断，并摧毁了阳明堡机场，对我们忻口作战部队帮了大忙，我代表在山西的全体将士向八路军表示衷心的敬意和亲切的慰问。"

经过国共两党军队的阵地阻击和敌后猛袭的配合打击，日军伤亡惨重，凶锋大挫，前进缓慢。但在10月26日以后，我太原以北部队两面受敌，而应援部队又不能及时赶到。在此情势下，最高统帅部遂决定调整部署，其要旨是：（一）傅作义部（配附五个炮兵团）守太原城关既设阵地；其他晋军转移到黄河迤西的吕梁山区固守要隘，并随时派部队策应傅作义部的作战（当时阎锡山长官司令部驻黄河东西河槽内，预先挖有大批窑洞）。（二）第十八集团军主力控制在五台山区和五台县，随时派部队袭击破坏日军在附近地区的补给线，并以有力的一部南下，向进攻太原敌人的后方进行袭击，支援傅作义部的作战。（三）卫立煌前敌总指挥部及其所属部队，除以一部西移吕梁山区，并随时支援守备太原友军作战外，主力转移至中条山区。以上调整的具体部署由卫立煌总指挥区处。

卫立煌根据上述决定，下达如下命令：刘茂恩的第十五军（辖第六十四、第六十五两个师）主力西移吕梁山区，第六十四师（欠一个团）留在太原城关以西，配合傅作义部作战；李默庵的第十四军和第八十五师在榆次、平定以南，沁源、长治县以北地区，向北、向西铁路交通线袭击；第五十四师、第二十一师、独立第五旅调黄河南、洛阳以西地区整补；第四十七师的一个团担任卫立煌前敌总指挥部警卫，移垣曲县南某村；第四十七师（欠一个团）主力位置在横岭关，一部监视踞守绛县城的日军。在当时敌人全面进攻的情势下，国共两党的部队都能服从统一安排，协同作战。

忻口会战后，我们第九军向太原以南转进，先到中条山，后经王屋山到太行山，长期驻豫北济源一带，同八路军配合打击敌人，一直坚持到1942年。1938年春天，我们第二战区的各个师都指派了一部分营团级军官到晋北五台县附近八路军驻地学习游击战术。陈赓的部队在中条山区坚持敌后斗争，条件十分艰苦。有时派到敌后的小分队到我们防区，要求作短暂休整，我们都热情接待；缺粮食、弹药我们都予以调整补给。他们行动敏捷，搜集情报及时准确，我们经常互相交换情报。

回忆抗日战争期间，为了打击共同的敌人，在我们第二战区国共两党的军队，不仅在忻口共洒一腔血，以后的几年中也一直合作得很好，这是取得抗战胜利的重要因素。

覃异之

马首悬明月，三军气若虹。
夜寒茶当酒，星斗落杯中。

- 1907 年 7 月 7 日生，广西宜山人。
- 1933 年 3 月，率部参加长城古北口抗战，任一四九团团长。
- 1937 年 9 月，奉命参加平汉路北段对日作战，在保定保卫战中胸部中弹负伤。
- 1938 年 3 月，任第五十二军二十五师少将参谋长，参加台儿庄战役。4 月，任该师第七十三旅少将旅长。7 月，参加了武汉会战。
- 1943 年春，升任第五十二军副军长。
- 1944 年，参加衡阳战役。
- 1995 年 9 月 17 日，在北京逝世。

漳河之战

覃异之　姚国俊

1937 年 10 月中旬，日军沿平汉铁路南犯，豫北告急。13 日，第二十军团（军团长汤恩伯）第五十二军（军长关麟征）奉命开往林县古城、涉县一带集结待命。17 日，部队在行进途中两次接到改变行进路线的命令，于 18 日晚到达安阳以西的观台、水冶，与安阳以东的商震第二十集团军（辖第三十二军一个军）共同守卫漳河防线。部队到达指定位置后，关麟征当即进行部署：以第二十五师主力占领西保障以西漳河南岸的高地，一个团占领河北岸高地；第二师骑兵连在漳河南岸之东、西保障至东、西清流之间担任警戒，主力控制于水冶。

19 日，日军猛烈炮击漳河南岸，特别是平汉铁路漳河铁桥附近，其便衣混入我友军南撤部队和难民中陆续到达南岸，骑兵也不断进行强渡。至 20 日上午，东、西保障附近的高地陷入敌手。关麟征令第二十五师派一个步兵团协助第二师骑兵连攻击该敌。由于日军占据有利地形，后续部队源源不断南渡，我军虽反复攻击，但未能收复高地。

21 日拂晓，关麟征亲赴前线督战，指挥两个师的主力同时对漳河南岸之敌发起攻击。我军虽一度攻占东、西保障附近的高地，将日军驱逐至漳河南岸的河滩上，但该敌在后续渡河部队的策应下反将我军包围。敌我双方遂展开反复激烈的争夺战和白刃战，战况至为惨烈。激战至深夜，双方在伦掌以北至漳河南岸之间形成对峙。一天的战斗中，第二十五师第一五〇团团长曾谦阵亡，全军共伤亡校官18员、尉官近百员、士兵3000余名。当夜，汤恩伯令第五十二军停止攻击。22日，第一战区司令长官程潜下令调整部署，第五十二军奉命守卫水冶及其以南地区。此后，日军因伤亡严重，后方空虚，退回漳河北岸。

10月底，晋东重镇娘子关告急，第二十军团奉命驰援。第五十二军的任务是由林县绕至涉县附近，以涉县为根据地，进出彭城、武安等处，向邯郸、磁县附近之敌不断进行昼夜袭击。我军在当地农民掩护下，行动机密主动。敌人死守邯郸、磁县城内，完全陷于被动。城外飞机场有敌机十余架和汽油库等，周围设铁丝网工事，日军一个步兵中队守卫。关麟征由第二十五师选出一位机智勇敢的营长梁智伟，先带少数便衣官兵到机场附近农村侦察，组织农民配合行动，将附近农村所有的狗都管制起来，以便夜间秘密行动，然后将全营官兵分为突击队、放火队，乘夜暗潜伏。11月中旬的一个夜晚，该营乘敌不备，突击队突破了敌人飞机场周围的障碍设置，包围攻击敌守兵营房；放火队乘机冲入机场内，放火焚烧敌飞机、油库等。敌守兵被我突击队包围攻击，无法救火，一时间火光冲天，爆炸声音雷鸣，邯郸城内的敌人仅以枪炮盲目射击，不敢出城。我梁智伟营烧毁敌人飞机后，安全撤退。第一战区司令长官程潜立即传令嘉奖，提升梁智伟为第二十五师的团长，并给全营官兵发了奖金。

12月初，第二十军团归还第一战区建制。关麟征奉令率第五十二军先开郑州附近休息一周，又开漯河附近整理补充。第五十二军在休整三个月当中，总结了古北口抗战以来的经验教训，加强了部队的战斗训练以及爱国主义教育，树立抗战必胜的坚强信念和决心。各级指挥官也加强作战指挥的学习。关麟征本人在督促部队教育训练期间也抽时间阅读陆军大学课本战史、战斗纲要、战术作业以及古代兵法等。经过短短三个月的教育训练、整顿补充，大大提高了部队的政治素质和战斗力。

“比家山千秋不朽，福临铺一战成功”

覃异之

一

1938年10月武汉沦陷后，关麟征的基本部队第五十二军由武汉外围转移到湘北，奉命在岳阳南边的新墙河南岸建立防线。这期间我先任军参谋长，后任第一九五师师长。湘北属第九战区，关麟征由第五十二军军长升任第十五集团军代总司令，负责指挥湘北战场。集团军总司令部驻金井镇东南的贺家大屋（后移至福临铺）。该集团军辖三个军，即第三十七军（军长陈沛）、第五十二军（军长张耀明）、第七十九军（军长夏楚中）。湘北防线的兵力部署如下：

第七十九军为右翼，军部在平江县城附近，该军第八十二师（师长罗启疆）驻詹家桥，与第一九五师连接，其他各师位置不详。第五十二军为左翼，军部在金井西南将军坝。第三十七军除第九十五师（师长罗奇）在营田（洞庭湖与湘江连接处）担任江防外，其余为机动部队，集结在汨罗江沿岸。

当时在湘北与第五十二军对峙的是日军第六师团。第五十二军的兵力部署如下：

第一九五师（师长覃异之）为右翼，担任守备东自詹家桥（不含），西至新墙（含）之阵地；第二师（师长赵公武）为左翼，担任守备东起新墙（不含），西至洞庭湖滨的鹿角之阵地；第二十五师（师长张汉初）为预备队，集结于军部附近。

第一九五师兵力部署情况是：

第五六六旅（旅长刘一华）为右地区守备队，守备詹家桥（不含）至杨林街东端某高地（含）之阵地；第五六五旅（旅长刘平）为左地区守备队，守备杨林街东端某高地（不含）至新墙（含）之阵地；补充团（团长武希良）为预备队，在师司令部（金井东北步仙桥）附近集结；炮兵营在杨林街南端占领阵地。

师之防御作战指导要领：右翼依托幕阜山，防守重点为杨林街。右翼守备队须集结一个团的兵力，准备策应杨林街之战斗。根据战斗的发展，师主力相机从右翼出击，歼灭敌人于新墙河南岸。

1939 年上半年，湘北战场没有什么战斗，第五十二军各师都在加强练兵活动。下半年开始，第一九五师奉命派出部队深入敌后，破坏敌人之交通线，袭击敌人的小据点及巡逻队，保护临湘、岳阳两个县政府在敌后开展农村工作。当时第一九五师第五六六旅派出一个团（团长黄建墉），以临湘县的大云山为根据地，在当地政府及民兵的配合下，多次破坏粤汉铁路羊楼司、羊楼洞一带的交通，并袭击敌之小据点。同时第七十九军方面也派部队深入鄂南之通城、崇阳境内，开展敌后游击活动。

二

1939 年 9 月 18 日，日军全面袭击第五十二军新墙河北岸据点，彻夜炮声隆隆，日军首先突破第二师第六旅第十二团的荣家湾（粤汉铁路线上）前沿阵地。同时，第一九五师杨林街北岸比家山前进据点也遭受猛烈袭击，战况甚为激烈。杨林街受到猛烈炮击，而杨林街以东第五六六旅的阵地只受到零星炮击，北岸也只有日军少数部队在作威力侦察。因为这个地区是幕阜山脉，地形复杂，不利于大部队及陆空联合行动。我与参谋长韩梅村、参谋处主任尹先甲共同分析当面敌情，根据前线情况判断，杨林街正面之敌估计是一个加强联队（不超过一个旅团）。韩参谋长建议：杨林街以东的阵地留一个营监视敌人；第五六六旅的主力集结起来，准备向敌侧背出击。尹参谋主任则主张该旅留一个团防守原阵地，以防万一，由该旅长率领一个团及师补充团作出击部队。我决定采纳参谋长的方案。我认为当面的敌情已基本明了，最大限度地集结兵力，既有利于防守，又有利于出击。比家山阵地战况很激烈，守该阵地的部队伤亡甚大，营长史思华阵亡，我决定拂晓前放弃该据点，利用夜间撤回南岸。

9月23日拂晓，敌以猛烈炮火轰击杨林街，步兵以疏散队形涉水向杨林街攻击，屡次被我军击退。此时接到张耀明军长电话：“第二师的阵地已被突破。敌人一支陆海军联合部队已在我军左后方的营田登陆，正与守备该地之第九十五师激战；我军奉命向汨罗江以南转进；着第一九五师掩护我军之右翼，逐步向汨罗江转进。”我立即命令补充团速到金井占领侧面阵地，掩护师之左侧背。因敌人飞机不断巡回轰炸，白天行动很不利，乃决定坚持到黄昏后开始转移，9月24日拂晓前到达汨罗江上游之浯口镇宿营。部队进入宿营地不久，即接到张耀明军长的电话：“敌人已进到汨罗江，正在与我掩护部队激战中。第一九五师立即以最快的速度开往福临铺占领阵地，师长即带必要人员速来福临铺当面接受指示。”我把以上情况告知参谋长，并指示通知各部队，立刻准备出发。我率两位旅长及参谋处主任先行，部队由参谋长率领，按第五六六旅、师部直属部队、补充团、第五六五旅之次序，以多纵队的疏开队形，迅速向福临铺前进。

福临铺已是十室十空。总司令部已经转移，军部已开始后撤。张耀明和军参谋长杨学房在等候我们。张军长指着地图向我们说明情况并给我们下达作战命令，大意是：现在营田登陆之敌正与第九十五师激战中，湘阴方面之第七十军（军长李觉）正派部队增援营田，以迟滞敌人向湘江方面前进。第二师正向汨罗江以南转移。我集团军决心在长沙市以北地区与敌决战。第四军（军长欧震）归我集团军指挥。总司令的作战部署：第四军、第三十七军及第二十五师在长沙东北郊占领出击阵地，准备把敌人压迫于湘江而歼灭之；湘江方面有第七十军等。第一九五师的任务：在福临铺至上杉市（距长沙市30华里）之间迟滞敌人三天，以掩护我主力部队完成作战部署，尔后则在敌之侧背，配合主力歼灭进犯之敌。张耀明又对我说："长官部原计划在长沙以南与敌决战，理由是引敌更深入，以利于达到歼灭敌人之目的。总司令不同意在长沙以南决战，而主张在长沙以北决战。他考虑，在长沙以南打，我们要负放弃长沙之名，在长沙以北打，则有保卫长沙之名，同样牺牲，当然在长沙以北决战合算。因此，他向委员长建议在长沙以北决战，得到了委员长的批准。"后来关麟征同我谈起此事流露出得意情绪。很明显，在决战地点问题上，关与薛岳存在着不同的意见。战斗开始，薛的长官部就搬到耒阳。这是长沙以南决战的指挥位置。我根据张的指示，即带两位旅长及参谋人员视察福临铺的地形并选择防御阵地。

福临铺周围地形是起伏不大的波状地。无险要地点，便决定以村落防御为主，因时间紧迫，便依靠村落及附近高地挖工事。防御部署如下：

第五六八旅附搜索连，以福临铺为核心构成第一道防线；补充团在福星庙与福临铺之间构第二道防线；第五六五旅为预备队，集结于福星庙附近（在福临铺南约10华里）；师部驻福星庙。

28日下午2时许，各部队均已进入阵地。黄昏时分，敌之侦察部队与我搜索连在我阵地前方发生激战，我搜索连长金雄阵亡。敌军亦遭我军伏击、侧击，伤亡甚大。

29日上午，敌对我阵地猛烈炮击，敌机对福临铺侦察、轰炸，敌步兵在飞机及炮火掩护下向我阵地攻击，战况很激烈。福临铺外围两个村庄、一个高地，先后被敌攻占，几处阵地形成犬牙交错状态，到黄昏时候，我方已伤亡300多人。我与师部幕僚研究当时情况，一致认为：福临铺地形易攻难守，且无死守任务；如继续在原地抵抗，在敌之飞机及优势炮兵的压力下，第五六六旅可能支持不住，明天被迫白天撤退，势必遭到更大伤亡，这于我们迟滞敌人三天的任务不利；上杉市地形好，紧靠幕阜山脉，全力防守，再打两天不成问题。因此，决定当夜撤出福临铺，退守上杉市。命令第五六五旅（附补充团）即开往上杉市占领阵地，第五六六旅即向上杉市转进，在某村集结，作为师之预备队，师部移至上杉市东南某村庄。

9月30日上午，敌骑兵在我阵地前与我搜索连发生战斗，我主阵地用炮火支援，敌未敢前进。接着敌侦察机在上杉市上空盘旋。下午，敌机轰炸我阵地，敌之先头部队亦接近我阵地前沿作威力侦察。我判断敌人将于10月1日大举进攻，命令各部队加强防御工事，坚决守住上杉市。当夜张耀明、关麟征先后和我通电话。关责问我为什么不在福临铺多顶一天。我告诉他当时的情况及退守上杉市的理由，他要我在上杉市至少顶住两天。当夜在我阵地后方的第六十师（师长梁仲江）的旅长黄保德也来我师了解情况。看来集团军的主力正在紧张地准备着迎接未来的大决战。

10月1日上午，敌机照常来轰炸，步兵除零星炮击外，未有进攻的迹象。下午只有侦察机在上空盘旋。敌军的动向如何值得研究，我决定派侦察兵深入敌后摸清情况。10月2日上午，综合所有情报，证明敌人正在撤退，飞机轰炸是掩护撤退。我一面报告张军长，一面组织广正面的搜索部队跟踪搜索。2日夜间，我搜索部队已到达汨罗江沿岸。这时接到命令，要第一九五师广正面搜索，跟踪追击。我的追击部署如下：两旅并列前进，第五六五旅为左纵队，沿粤汉铁路搜索前进；第五六六旅为右纵队，沿福临铺、新市大道搜索前进；师部及直属部队补充团在右纵队后跟进。每旅派出两个营，分为两个搜索支队，在各纵队前并列搜索前进。10月3日夜间开始追击前进。一闻追击，人心振奋，士气高昂。这时正是农历八月二十一日，深夜月明星稀。行军休息时，我端一杯茶在喝，看见杯中闪烁着几颗星星，啊！“星斗落杯中”，这是一句好诗。继续前进，我骑在马上思考要完成这一首诗，抬头看见半轮明月，因而又得一句“马首悬明月”。于是便凑成：“马首悬明月，三军气若虹。夜寒茶当酒，星斗落杯中。”前人说：“得句犹如将成功！”对此我深有体会。10月6日，第一九五师占领了新墙河原来第五十二军的阵地。10月7日派出一个加强营渡新墙河，一直搜索到敌据点的外围，并监视敌人的行动。追击行动到此结束。沿途只有敌人遗留下来的电话线及一些罐头盒之类，此外岳阳县民兵从树林里搜出日军下士伤兵一名。

第一九五师奉命暂守新墙河阵地，等待第四军前来接防。这时第四军军长欧震打电话问我：“一九五师的位置在什么地方？”我把全师的布防（驻地）情况详细告诉他，解除他的疑虑。五六天以后，第四军才来接防。

会战结束后，第一九五师举行阵亡将士追悼大会时，我写了一副挽联：“比家山千秋不朽，福临铺一战成功。”

戴安澜

以鞠躬尽瘁、死而后已之决心，与敌作拼命战。

- 1904年11月25日生，字衍功，自号海鸥，安徽无为人。
- 1933年3月，率部参加古北口战役，战后荣获五等云麾勋章。
- 1937年8月，升任第二十五师七十三旅旅长。
- 1938年3月，在台儿庄战役中，智取朱庄，激战郭里集，迫使台儿庄之敌后撤。5月，在徐州会战中，因战功卓著，升任第八十九师副师长兼第三十一集团军总部干训班教育长。8月，率部投入武汉会战。
- 1939年1月，升任第二〇〇师少将师长。5月，率部参加抗击日军进犯的随枣之战。6月，晋升陆军少将。9月，参加长沙保卫战。11月，参加桂南昆仑关战役。
- 1941年12月，率第二〇〇师开赴缅甸协同英军作战。
- 1942年2月，参加东瓜保卫战。3月，参加同古保卫战。
- 1942年5月26日，第二〇〇师残部行至缅甸北部茅邦的克钦山寨，因伤重而牺牲。

戴安澜日记（节选）

戴安澜

1937 年 8 月 2 日

天气晴热，在室中和树荫下，都挥汗如雨。午后，集合全团官兵讲对日作战之注意事件，及对于平津问题之认识，其要旨如下：

一、中日是世仇，战争是长期，对日的敌忾志气，要保持到战斗结局，不要始勇终怯！

二、军队勇气之维持，首在保持战斗力，使人员少受损伤，故以利用地形地物为主要条件。对于地形地物之利用，谆嘱再三，并喊出“不隐蔽就是自杀”的口号，以为激励！

三、对射击要认清目标！并举出三不打以告诫士兵。即：“看不见不打”“瞄不准不打”“打不死不打”！

四、对平津问题的认识：一时的顿挫，不能悲观！我们唯有提起会师平津，驱逐日寇出中国领土的精神，以与日寇作持久坚强的战斗！我们生死存亡，完全操之于自己之手，敌人无能为也。努力吧！洗刷我国60 年来的宿耻！

8月4日

我现在总觉得时间太快，我们闲住在这里，实在是没有理由。因为自己的躁急，而抹杀当前一切环境，和政府的布置，这是感情支配理智了吧！

昨夜燥热，露宿庭院中，鸡鸣即醒，再睡不着。想着此次战争，关系于国家存亡，民族生死，稍一不慎，则浩劫随之。又想到日寇对我所用战术，恃其武器精良，常用“中央突破”，而寇敌换其名曰“楔入战术”，取锲而不舍之意。并另俗呼之为锥入，以示硬锥之意也。措辞刻薄，令人发指。又觉日寇长处在炮兵射击精准，其步兵并不高明。思索结果，想出战术两则：

一为起伏战术，专为打破日寇中央突破之用。其办法在敌步兵随其炮火指向我一点前进时，在该一点之部队，取隐伏与之对战。两翼部队，则起向敌攻击，迨敌人将攻击方向转移向我攻击部队，我攻击部队即变为隐伏防守。而我防守部队，而起而攻击。似此轮流隐伏，则敌捕捉我之目标困难，不怕其中央突破了。

二为潜入战术。挑选敢死之官兵，多在一排，少在一班，取其少而易活动。此种，队员须特别酬庸，付予任务，在两军对垒之先，使此潜入部队，由两翼潜入，以夜行昼伏行动，接近敌人炮兵，而向其扰乱，使其不能安心向我射击，而我步兵不受敌炮限制，胜算即多了。据以往经验，日寇对我所用之炮的口径，多为七生的五者，此种口径炮之射距离，为八九千米远，射距离既短，其阵地离步兵亦近，如能潜入，效果自大也。凡此见解，当于明日向上峰呈报之，能否采用，则非我所知，唯尽吾心耳。

8月7日

中日战事开始，已1月矣。迄今攻击动作，尚未开始，心中焦急之至！

早间，阅情报，知石友三到保，得悉其态度始终未变，并在北平激战，而救护廿九军实力不少，由张、石两氏之事证明，我国人心究竟未死。日本，你何必心劳日拙，来自寻苦吃！俗话说："回头是岸。"现在还是你们觉悟的时候！如果过了这宝贵的时间，你感到欲罢不能，则后悔已晚了。我中华民族立国5000余年，根基雄厚，你那爆发富的小国，哪能望其项背呢？你若执迷不悟，势非沉沦于此苦海不可。

下午出发，到大布村宿营。因午夜到达，倦极而睡。

9月18日

今日以"九一八"六周年，国难重重，悲愤已极！而现今军队，复有多数不肯战斗和不能战斗，更令人焦急！午后召驻地校长来谈：以我辈应作孤臣，人民应作孽子，不怨天，不尤人，不消极，不悲观，来挽救国家，复兴民族，并下一战斗指导命令，规定应办事项。

耳痛一日，未出考察，心甚烦懑！

10月25日

早因第一四五团全团官长班长回洛训练新兵，该团自民国20年成立迄今六年，余为该团团长亦六年。现甫离团两个月，在历次战争中，均负有最大使命，尤以长城及漕河漳河之战为最有价值。今因牺牲过重，致不能成团，奉命训练，余目击心伤，回思往事，不禁酸楚泪下。默祝第一四五团今后不再受厄运，而为国家建大功。或可慰我历次战死官兵之灵于地下也。遂即席召集该团官长、班长训话，以坚定抱负，努力工作，大意如下：

一、发扬第一五四团历史。

二、官兵训练之确定。

（一）对生命信念。

（二）对妻财信念。

（三）要有做好汉和勇士信念。

三、训练之注意。

（一）精神之锻炼和对国家之认识——今日不胜则死。

（二）所教与所用要联系一致。

（三）官长、班长指挥要按程序——搜索、部署、实施、指导。

（四）士兵要确实利用地形、地物，及熟练射击——射击教育之程序——预行演习，空包射击，减药射击，基本射击，战斗射击。

（五）战斗演习时，步兵重火器，要以实弹发射，以免士兵到战时恐慌。

（六）注意联络和通讯。

夜阅《元史》完。

1942 年 3 月 22 日至 4 月 1 日合记

昨夜由上令死守孤城，援军根本不至，为了恪尽职责，准备战死于古，写遗嘱两通，饬车夫及副官先到安全地点等候，因决心死矣，故不作日记，自 29 日突围，遂将此中经过补记之。自 22 日起敌即进攻阿克春前进阵地，守该处者为吴营长志坚。赵团附立斌，激战两日，毙敌甚多，战绩极好。24 日敌以步骑炮断我北方后路。遂撤回阿克春谭吉宝前进阵地，专守同古。25 日夜敌大举进攻，是夜同古城不守，遂撤至城外街市与敌相持，激战至 28 日，阵地屹然不动，28 日夜敌以步与炮攻击会之指挥所，鏖战一夜，拂晓奉命转移阵地，余亲往河防指挥守城部队撤退，30 日到卡温江，31 日到达三滩河，一日仍在三街衙收容，堂堂之同古战役，遂告结束矣。所可憾者，本可打胜仗，而转为败仗耳，此役之教训有三：

甲、终日不见援军来。

乙、余之态度略欠稳定。

丙、官兵确愈战愈强。

至敌之战法，则推陈出新，应予补记，或专记之。

追念戴安澜将军

李以劻

中国八年抗日战争中，1938 年的鲁南台儿庄战役，1939 年 12 月至 1940 年 2 月的桂南昆仑关战役，1942 年 3 月的缅甸东瓜战役，是几次著名的歼敌战役。鲁南战役戴安澜任五十二军二十五师七十三旅旅长；桂南战役直到在缅甸为国捐躯，戴安澜任第五军第二〇〇师师长。在这些战役中，他屡建奇功，敌酋闻风丧胆。

鲁南台儿庄战役（1938 年 3 月下旬至 4 月下旬）

鲁南战役也称徐州会战。我方统帅是第五战区司令长官李宗仁。司令部设在徐州。

山东地区自韩复榘集团军退守鲁西后（国府以韩作战不力，已明正典刑），敌军步步南下，与南京失守后渡江北犯敌军，企图南北夹攻打通津浦线。敌军十师团矶谷廉介部，于占据滕县后以一部进占韩庄，而以濑谷旅团主力沿台枣支线推进，欲以迅雷之势，攻占台儿庄据点，作为进攻徐州的根据。此时适我第二集团军孙连仲部的三十军到达该处，予以迎头痛击。二十军团汤恩伯部之八十五军王仲廉部，此时仍在山东峄县与敌相持，五十二军关麟征部即向峄县以东挺进，会合王军准备攻击该敌。此时敌军逐次增加兵力，从3月24日起至4月3日止，矶谷师团主力全被我孙连仲集团三十军吸引于台儿庄附近。这时，台儿庄之争夺战极为猛烈。敌以全力并利用优势炮兵及机械化部队（计野炮70余门，重炮10余门，战车30余辆）猛烈围攻。我军孙部之三十一师（师长池峰城）抱定与台儿庄共存亡之决心，奋勇抵抗，反复肉搏，虽台儿庄城寨被敌占去3/4，我守军屹然未动，死力支持以待我机动兵团包围之成功。敌主力既被吸引于台儿庄附近，鲁南峄县方面仅存一部，汤军团在2月底（或3月上旬）向峄县之敌猛攻，关麟征之二十五师和戴安澜率七十三旅火攻陶墩，协同友军歼其一半；残部负隅顽抗。敌复由临城增援。关麟征乃令全军放弃攻击峄枣之计划，而以主力侧击台儿庄之敌的侧背。经过苦战，3月31日，台儿庄之敌已完全陷我军包围之中。此时戴安澜据报临沂方面敌第五师团板垣征四郎部及预备役之一〇四师团所编成之沂州支队，正苦战于临沂，攻我五十九军张自忠部、四十军庞炳勋部未能得逞。敌以台儿庄万分危急，乃将临沂方面之板本旅团、沂州支队，转用于爱曲方面，攻我汤恩伯军团之侧背，以解第七师团矶谷之围。汤军团长乃下令五十二军转用于对爱曲之敌，戴安澜旅长率所部协助友军迎击，大战两昼夜，伤亡颇大，所率新加入二十军团序列归汤军团长指挥之，后七十五军周岩部到达增援，始将此股敌人击破。在4月4日回头协攻台儿庄之敌而尽歼之，约达3万人，残余北遁至峄县，利用良好地形坚守城寨。台儿庄大捷威震中外，使敌寒胆。此役是诸军联合作战，戴安澜身为旅长，屡立战功，备受上峰嘉奖。

在台儿庄歼敌之后，我军追击残敌。该敌在峄县守敌掩护之下占据了獐山、龙山及税郭等要点。4月20日，我四十六军樊崧甫部、六十军卢汉部相继到达战场，加入禹王山及其以东地区之作战。敌军另由津浦路增援，以猛烈炮火向我反攻。5月13日以前，敌军第五、十、一〇三、一〇五、一一〇等师团各一部及山下兵团、酒井兵团各一部，与我军对峙于杨家集、艾山之线。日军进攻我艾山阵地，五十二军二十五师戴安澜率部守艾山，坚持四昼夜，敌多次进攻，终未得逞。戴以战功被上峰晋升为八十九师副师长。戴氏乃黄埔三期毕业生，在当时如非殊勋是升不到副师长职位的。据戴氏的回忆，他1938年5月离开七十三旅时，曾修函该旅官兵致慰，并引用了太平天国名将石达开名言“忍令上国衣冠沦于夷狄，相率中原豪杰还我河山”来互勉。

徐州会战，我军伤亡近10万人，但在台儿庄战场歼敌逾3万，在我国抗日史上开辟了光荣的一页。

桂南昆仑关战役（1939年12月到1940年2月）

1938年5月下旬，徐州会战结束后，二十军团改编为第三十一集团军，汤恩伯升任总司令。所属除十三、八十五、五十二军三个军外，原属四十六军之九十二师黄国梁部扩为三十七军，另加入五十四军霍揆彰部、九十二军李仙洲部，共计六个军归该集团军序列参加武汉会战，转战于鄂东南以至湘北地区。1939年1月，戴安澜调任第五军第二〇〇师师长。这个师是中国第一个机械化部队，乃首任师长杜聿明与机械化学校教育长徐庭瑶训练起来的一支新军（在苏联顾问帮助之下）。该师辖有两个摩托化步兵团，及两个战车团，开始创建于湖南湘潭。第五军（军长杜聿明）除辖二〇〇师外，尚有荣誉师（抗战负伤官兵愈后编成的），师长由副军长郑洞国兼，新编二十二师，师长邱清泉。桂南会战中，该军在攻守昆仑关中是负有盛名的。下面概述桂南会战经过。

日军于1939年10月中旬，以第五师团及台湾旅团，借舰艇掩护，于我南战场广东钦州湾登陆。15 日陷防城，16 日陷钦县，随即举全力沿钦邕公路北进，23 日强渡邕江占我南宁。在陷南宁后我军才进行调度兵力拒敌，部署反攻，其作战序列是：第四战区司令长官张发奎（先在曲江，后迁柳州），军委会另设柳州指挥所，由副总参谋长白崇禧主持，辖有三十八集团军徐庭瑶部（下辖第五军杜聿明、第六军甘丽初、九十九军傅仲芳）；三十六集团军叶肇部（基本部队粤系六十六军）；三十五集团军邓龙光部（基本部队六十四军、粤系）；十六集团军夏威部（参战部队有四十六军、新桂系）。

作战经过：第五军杜聿明部驻防在广西境内之全州，首先集中，从柳州向南开进，12 月 16 日开始攻击占领昆仑关之敌。随后跟进的第六军（辖四十九、九十三、预二等三个师），再次加入攻击的有九十九军（辖九十二、九十九两师），我空军第一路、第二路也参与反攻，协助地面部队作战。我军 12 月 18 日进攻昆仑关及九塘时，杜聿明以炮兵竟日轰击该关敌军阵地，令二〇〇师戴安澜部确保 412 高地，与阵地共存亡。该师经一日血战，终于完成任务，攻占该关附近山头，毙敌数百，虏获战车多辆及山炮多门。19 日，第五军继续攻克大高峰坳，继日又攻克五塘、六塘、七塘。20 日，敌军增援反攻，大高峰坳、昆仑关、九塘又重陷敌手。此后我集中兵力于邕（宁）宾（阳）之线，计五军、六军、六十六军和第二军之九师反复猛攻，卒于 12 月 31 日再克昆仑关，1940 年 1 月 4 日又进占九塘。敌军之五师团之十二旅团，旅团长中村正雄中将被我第五军击毙，该旅伤亡殆尽。我军进至八塘，残敌溃不成军。此役各军将士伤亡颇大，却立下了不朽的战绩。

广西省在战前，民团（地方武装）组织严密，敌自被我克复五塘之后，南宁之敌受到威胁，乃以汽车数百辆进占龙州，希图引我军于该方面，以策其背后安全，但被我民团迭次阻击而回窜，并于西长圩以西地区被我军歼其一部。1 月 15 日以后，南宁守敌恐慌，敌方乃从广东调回近卫第一旅团及十八师团、二十八师团各一部，向邕宾以北地区我军阵地正面攻击，并以一部进攻甘棠，直指宾阳，企图包围昆仑关正面之我军，予我以打击。此时我左翼部队兵力薄弱，1月21日，守军六十六军陈琦部作战不力，宾阳、思陇相继失陷，然我昆仑关正面部队五军、六军、九十九军并不因此退缩，乃在思陇以北山区与敌苦战六昼夜之久（1月30日至2月4日），予敌重创，敌军广播誉我第五军为劲敌（戴安澜师系机械化部队，威力强大，起重大作用），后因敌补给断绝，乃向上林撤退，其包围我军计划乃告失败。2月8日，我军后续部队业已到达，在外围侧击敌后之六十四军（陈公侠）、四十六军（何宣）均起到牵制作用。我军即发动攻势向贵县、宾阳之线侧击。我五军、六军、九十九军分别进占了六塘、七塘、八塘及昆仑关一带，敌军退守高峰坳、南宁城，其主力则纷纷南下钦州湾，上船撤退，自我军反攻以来，敌之损失在一师团以上，结果只占据南宁一城，其截断我西南国际交通线的目的并未达成。

兹将敌军退出九塘时，贴《璧还九塘》的布告一件写在下面，以了解这一战役双方伤亡的情况："此次作战的步骤，系我军派遣驻扎九塘之一部，受蒋军密集攻击，我军把握着这个时机，企图一大反击作战，经五旬半期间，驻扎该地之我军数大队，竟能与蒋军10余师周旋到底。在此地带之上，蒋军比任何方面空前的英勇，这是值得我军表示敬意的，至于在数量方面比较，极少数之我军，能坚韧地抵抗优势之蒋军，宣扬威武于中外的战功，更值得大家赞许！我军对于九塘以来粉碎蒋军之目的已达，璧还九塘于蒋军。最后我们扫祭九塘附近数万死伤之日华两军，赞其武勋，并祈冥福。"

桂南会战告一段落后，1940年2月下旬军委会召开柳州军事会议。蒋介石亲自出席。会议由军委副总参谋长白崇禧主持，总政治部长陈诚也出席，参战的部队师长以上均出席，会上表奖杜聿明军长及副军长兼荣誉师长郑洞国，师长戴安澜、邱清泉均记大功。对作战不力的三十六集团军总司令叶肇拘留查办；六十六军军长陈琦撤职；九十九军军长傅仲芳撤职留任。第二师师长郑作民阵亡，该师作战不力，改为无名师。九十七师师长姜亨敦撤职。这次会议，为今后战胜日寇起了重要作用。

缅甸战役东瓜之战（1942 年 3 月中旬至月底）

1942 年 2 月，日寇占领马来亚、新加坡以来，为彻底打击英军并切断我国际补给线，以十二、十八、三十三、三十五、五十五等师团十余万人，集结缅南、泰北地区，分三路北犯：以三十三师团沿伊洛瓦底江东岸进犯普罗美；以五十五师团沿仰光至曼德勒铁路附近地区北犯东瓜；其在泰国境内之十八师团，由泰西景迈向东进犯。我国应英军之请，即以驻滇之第五军杜聿明、第六军甘丽初、六十六军张轸三部进入缅甸，协助英军作战。随又组织远征军第一路司令长官部，以罗卓英任司令长官，杜聿明兼任副司令长官，另设一个军委会参谋团，在滇协助作战。

1942 年 3 月 8 日，敌陷仰光后，与英军相持于那瓦的附近地区，并积极准备继续北犯。敌三十三师团及五十五师团先后进出庇古，企图占东瓜。此际我入缅部队虽兼程赶进，但以交通工具缺乏以致运输迟缓。我第五军杜聿明部之先头部队二〇〇师戴安澜部乘汽车取道腊戍到达东瓜，一面备战，一面掩护军部及后续部队九十六师（师长余韶）、新二十二师（师长廖耀湘）之集结。敌 19 日开始进犯皮尤，我先头部队及军部骑兵团即行迎头痛击，持续了一天，敌未得逞。迨至 25 日，敌军迫近东瓜附近，戴安澜师长即召开军事会议，决定以该师步兵指挥官郑庭笈指挥步兵三个团固守东瓜城，戴安澜与副师长高吉人则设指挥所指挥直属部队，位置于城外，以便与军部取得联络。因郑庭笈任团长以来以勇敢著称，当时且兼任一个团长，加诸戴安澜对副师长高吉人信心不足，故乃作出这个决定的。二〇〇师系遵照军长杜聿明的命令，决心死守该城的，在开会时宣布师、团、营长阵亡的继承及接班人。该师自3月20日起在前哨战中击破敌军先头部队，掩护了英国军队的撤退。25日以后，敌军五十五师团即以炮火轰击全城，多次冲锋均被我二〇〇师所击退，从25日至29日血战四昼夜，敌我双方伤亡惨重。28日敌又发起向东瓜城东戴安澜的指挥所进犯，郑庭笈率队驰援，终将该敌击退。29日，城内部队与桥东指挥所失去联络，随即接到戴师长转达军部的手令放弃东瓜。敌连日除以飞机猛炸，战车纵横扫射外，还多次使用催泪性毒气。此役血战12昼夜，毙敌5000以上，击毙五十五师团联队长横田大校一名，迟滞了敌人北进企图，完成了战略任务。东瓜之战为中外所钦，戴安澜之名大震，全师官兵伤亡虽大，但血战异邦，士气异常旺盛。

日寇自3月29日攻陷东瓜以后，为减少侧背威胁，以其三十三师团于4月1日攻占普罗美，经英、印、缅军节节抵抗，敌军损失不少，但仍冒险北进，16日窜至玉彦南彦，该地盟军一部被敌包围，我军远征军第一路司令长官罗卓英以协同作战精神，即派第六军甘丽初部驰援（该军辖九十三、四十九、暂编五十五三个师）激战两昼夜，击退该敌，救出了英军数千人。25日，英军再向卡列瓦转进，我军亦向曼德勒转进以准备尔后之作战。4月2日，蒋介石由昆明飞抵梅谋与罗卓英接见戴安澜，戴向他们汇报了东瓜作战经过，蒋、罗俱表奖之！

普罗美被攻占之后，东瓜方面之敌即分路北进。一路以十二师团两个联队（团）及十八师团之一部为基干，沿同腊路猛犯，于毛奇、雅多及南色拉克等处与我军发生激烈战斗，24日敌军窜罗以考并继续猛进。我军为避免决战，逐次向北转进，计划于腊戌附近予敌以重大打击。28日，敌开始猛攻腊戌，并以飞机10余架、战车30余辆助战。

我军奋勇迎击，战至29日午后，双方伤亡甚重。我向畹町撤退。5月2日，敌再犯畹町，5日窜至怒江西岸惠通桥与我隔江对战。5月3日，英印缅军总司令魏菲尔下令撤退。中国战区参谋长史迪威在温藻车站了解此情况下，也决定退入印度。罗卓英、杜聿明率第五军直属部队及新二十二师，已知敌军已占八莫、密支那，于是率部入印度。时值雨季，山路险滑，人马通行困难。当时入缅部队计7万之众，处境艰难，而第五军的二〇〇师及九十六师在转进中未能集中，则分别向怒江东岸转进，戴安澜率部通过细泡至摩谷，在不见天日的密林中行进，于5月18日夜间被敌军五十六师团别动支队夜袭负重伤。因救治无方26日为国捐躯了。所部则由副师长高吉人、步兵指挥官郑庭笈率领回至云南。回忆台儿庄、昆仑关战役是诸军联合作战的，而缅甸东瓜之战乃戴安澜一个师歼敌致果的，并获得盟军授勋，中外瞩目，为国家民族争取了荣誉。

马革裹尸　千古如生

戴安澜阵亡后，遗体由工兵营制造一具木棺装殓，每日抬着行军，当渡过瑞丽江后，因遗体腐烂，乃于5月29日将棺木火化，捡出骨灰装入木箱内，以马驮载行军。这就是新时代的“马革裹尸”，能不伤心惨目耶？！6月2日抵达祖国大地，脱离缅甸。6月17日到达腾冲，7月中旬始将遗骸运抵昆明。抵昆明不久即行公祭，正是万人空巷，吊者垂泪。国民政府通令，由昆明运回广西全州，沿途各县设供路祭以慰英灵。7月27日运灵柩抵贵阳，省会军民郊迎数里，焚香祭拜。7月31日运抵广西全州。军委办公厅主任李济深上将主持追悼大会及安葬仪式。国共两党领导人均有挽联，世界各地华侨领袖也有挽联。其中概括戴安澜一生的是周恩来的“黄埔之英，民族之雄”八个字，表奖得非常适当，感人至深，备极哀荣，安澜九泉有知也应含笑。

追念前贤，特吟一诗以志感触，以示景仰：攘外丹心纪我公，丰功伟绩昭外中。卌载艰难怀宿将，海峡两岸泪痕同。

杨伯涛

我一生做人处事，扪心自问，俯仰无愧。

● 1909年4月19日生，湖南芷江人。

● 1937年8月，由十八军军长罗卓英委为营长，率部搏斗，后调任军部参谋，自淞沪战场转移至皖南广德战场。

● 1939年2月，任第九十四军一八五师五五三团团长，驻宜昌西岸。

● 1940年5月，参加枣宜会战。宜昌失陷后，随九十四军在大巴山高地守卫重庆门户，与日军对峙。

● 1941年，任一八五师参谋长，参加反攻宜昌之战。

● 1943年1月，任八十六军参谋长，参加鄂西战役。10月，参与策划常德会战，主管作战计划。

● 2000年2月20日，病逝于北京。

第十一师作战经过

杨伯涛

1945年初，日本侵略军在印、缅及太平洋战区处境日蹙，但侵华日军仍在作垂死挣扎，于4月调集兵力，发动了湘西雪峰山战役，历时两月，在我军打击下，大败而退。日军遭此打击，气焰顿挫，不敢再发动攻势，仅隔三个月即宣布无条件投降。

我第十八军（军长胡琏）原属第六战区序列，担任洞庭湖西岸的守备。该军辖杨伯涛第十一师，守备常德、汉寿地区；覃道善第十八师，守备益阳地区；戴朴第一一八师，随军部控制桃源附近地区。1944年冬，第十一师首先接受美械装备，在雪峰山会战前已经过一段训练。其他两个师因运输关系，未及改装即参加会战。1945年4月日军向雪峰山进攻，在战况紧急阶段，第十八军奉命改归第四方面军司令官王耀武指挥，南下参加会战。

会战前敌我态势

日军虽于1944年底打通了自北平至广州和自衡阳至越南的大陆交通线，但湘桂和粤汉两铁路不断受到我军袭击和破坏，未能通车。特别是在我芷江机场起飞的远程战略轰炸机的轰炸下，武汉至南京、上海的长江航运亦不能畅通，致使日军企图将我国东北、华北同东南亚地区联成一片的战略计划无法实现。因此，日军视芷江机场为其心腹大患。日军发动雪峰山会战，第一个目的就是捣毁芷江机场，占据这一战略要地；第二个目的是破坏我军调换美械装备、待机反攻的部署。日军自1945年3月起即开始调兵遣将，在长沙、衡阳、邵阳各要点，囤积粮弹，进行备战。

日军发动雪峰山战役得到了驻南京中国派遣军总司令部的批准，具体作战由第二十军司令官坂西一良指挥，参战的有内田银之助的第一一六师团，度边长的第四十七师团，伴健雄的第三十四师团，提三树男的第六十八师团一部，船引正元的第六十四师团一部及独立第八十六旅团等作战部队，加上后勤部队，约近10万之众。坂西一良指挥所进驻邵阳后，敌人的兵力部署态势为：

第六十四师团一部及伪和平军第二师，集结于宁乡、益阳附近地区；

第一一六师团、第四十七师团集结于邵阳、永丰间地区；

第三十四师团集结于广西全县、兴安间地区；

第六十八师团的一部之第五十八旅团集结于东安、零陵间地区。

我军方面担任湘西全面防守的部队是王耀武的第四方面军，所辖韩浚第七十三军，施中诚第七十四军，李天霞第一〇〇军，都正在接受美械，调整训练。当时各军的防守配备如下：

第七十四军主力置于雪峰山东麓，占据山口要隘有利地形，构筑决战主阵地，以确保芷江机场的安全，一部于武冈、石下江、洞口各要点构筑工事，准备逐点抵抗，消耗敌军兵力，阻滞敌军行动，赢得时间。对盘踞东安、邵阳之敌，以游击部队加强活动，严加监视。

第一〇〇军连接第七十四军左翼，配备于雪峰山东麓之山口、龙潭一线，构筑坚固工事，作为决战主阵地。一部于隆回、山门各要点构筑工事，逐点抵抗。对盘踞湘乡、邵东之敌加强侦察监视。

第七十三军主力占领新化县城，构筑工事。一部对宁乡、湘乡方面之敌保持接触。

这次会战最高指挥官为中国陆军总司令何应钦。在战况紧急时，何曾离开昆明总部设临时指挥所于距离芷江不远的安江。根据王耀武第四方面军所获情报，判断日军有发动夺取芷江机场的企图。第四方面军欲增强兵力，以确保这次会战的胜利，遂将在印度兰姆伽接受了全副美械装备，于 1945 年春打通了中印公路后回到昆明的廖耀湘的新编第六军，迅速空运芷江，作为总预备队。该军从 5 月初开始起运陆续到达芷江后，未及参战，我军即已告捷。

芷江机场驻有中美混合航空兵第五团，拥有各种战斗机群。日机曾来轰炸多次，在芷江上空与我空军发生过激烈空战，日机被击落多架，机场一直保持完整。唯芷江县城则遭到狂轰滥炸，人民的生命财产损失严重。以后中英空军混合第五团战斗力一再得到加强，逐渐居于绝对优势，在会战中掌握了制空权。

在黔桂边区的汤恩伯第三方面军，除以主力对付湘桂铁路之敌外，还抽派所属牟廷芳第九十四军进驻广西龙胜、湖南城步地区，向由全州西进之敌拦腰截击，胁迫敌左翼兵力，以配合第四方面军进行决战。

战斗经过

1945 年 4 月中旬，日军对我军攻击部署俱按预定计划完成后，开始分左、中、右三路向我第一线守军展开全面攻击。

日军集结在宁乡之第六十四师团一部为右翼攻击队，其任务为掩护日军在邵阳的主力部队——中央攻击队右侧背的安全，向益阳攻击前进。沅江之敌数千人亦南下向益阳北面攻击。我益阳守军在敌南北两面夹攻下，主动撤出，退据预设阵地，逐点予以阻击。敌侵占益阳后继续向桃花江（现桃江县）、安化西进，遭到我第七十三军顽强阻击。激战至5月初，日军前进至烟溪、新化之线。我新化守军固守城垣阵地，敌屡攻未能得逞，两军形成对阵，互无进展。

日军集结在零陵、全州之第六十八师团、第三十四师团为左翼攻击队，分两路向我军进犯，敌第三十四师团于攻占新宁后继续西犯，由武冈南侧直犯武阳。我第七十四军守备武阳的一个连，全部战死殉国。敌逐点攻击，于5月中旬前进至瓦屋塘、水口一线，向我第七十四军雪峰山主阵地展开猛攻。敌第六十八师团则沿新宁、武冈大道西犯，击破了我前进阵地，从三面包围了武冈县城。守备武冈的我第七十四军一部，在予敌重创后，转移至主阵地。

日军集结于邵阳附近的第一一六师团、第四十七师团为中央攻击队，是这次会战的日军主力。该敌利用湘黔公路运输的便利，附有坦克、炮兵部队，企图在左、右两翼攻击队的掩护下，以优势兵力迅速击破我第四方面军雪峰山主阵地，直取芷江机场。因而将其全部兵力投入战斗，分四路同时进攻。

敌第一路由邵阳循湘黔公路线西犯，窜至桃花坪我第七十四军前进阵地时，受到我军坚强阻击。敌两面包围攻击，我一部守军撤出桃花坪，敌跟踪追击，相继攻陷我高沙市、石下江、竹篱塘等阵地，直抵我七十四军洞口主阵地前，展开猛攻。我第七十四军第五十八师凭据山险有利地形和坚固工事，予敌重创，敌攻势顿挫，虽一再增加兵力攻击，俱未得逞，两军陷于胶着状态。

敌第二路沿邵阳洞口公路线北侧向西进犯。第七十四军第五十七师一部协同第一〇〇军一部，逐点予以阻击，敌疯狂钻隙而进，我军退守雪峰山东麓放洞既设阵地，奋力阻击，杀伤敌军甚多。

我第一〇〇军增调兵力投入战斗，对敌进行反包围，鏖战一周之久。敌无力再发起攻击，退据放洞周围，转取守势。

敌第三路由邵阳向西北进犯，攻击我石马江、巨口铺、顺水桥各既设阵地，我第七十三军逐点予以阻击，该敌全力西犯，击破山门镇我守备部队阵地，进抵龙潭、雪峰山我第一〇〇军主阵地。敌企图一举突破，未能实现。经数日激战，敌我阵线犬牙交错，我军坚守阵地毫不动摇。

敌第四路由邵阳北犯，击破我第七十三军一部守军，窜至新化、洋溪桥附近，经我第七十三军主力及第十八军第十八师一部增援，两部协力反击，战线遂稳定在新化东西地区一线。

日军自4月中旬发动全面攻势后，遭到了我军大纵深阵地阻击。敌人每前进一步都需要付出重大的代价，因此前进迟缓，费时两旬，始到达我第七十四军、第一〇〇军占领的雪峰山主阵地前沿，但敌军兵员粮弹大量损耗，已精疲力竭。

我军利用大纵深既设阵地逐步阻击，利用空间优势赢得充裕时间，以加强雪峰山主阵地的防御工事和调动增援部队，同时乘敌于正面仰攻、兵力分散、部队运动暴露之际，各部队在炮兵协力下，对敌进行猛烈攻击，并组织逆袭部队轮番向敌军反击，致使敌人穷于应付。

早在4月初，我空军中美混合团即加强了驻芷江机场的实力，日夜轰炸粤汉、湘桂铁路的交通运输，以迟滞敌军的集结和补给。战幕揭开后，空军全力支持前线战斗，随喊随到，协同地面部队联合作战。这时日本的空军在我国大陆上残留无几，不仅丧失了制空权，而且陆军的侦察、联络手段也丧失了。因此日军在会战过程中，表现钝拙，不像过去那样灵活敏捷了。在山门要隘争夺战斗中，几个山头上的日军企图阻我前进，我在摆好攻势后，命令一个营向山头攻击。在一架轰炸机配合下，这个营一直冲上了山头，用冲锋枪对准手端刺刀的日本兵一阵扫射，日本兵纷纷倒毙，少数日本兵弃阵逃跑，不到两小时，我军就全部占领了这几个山头。

过去和日军作战，我在战场上遭遇日军时，都要极力隐蔽身体，秘密窥视日军动态，若不慎被日军发现目标，就会招致日军炮兵和空军的轰击。这次作战就大不相同了，我率领师指挥人员和美国联络官司乐中校一行，到第一线观察地形、敌情时，发现对面700余米处，走来十几个日本兵，探头探脑，东张西望，似乎也在侦察情况。他们发现我们后，就钻进树林隐蔽起来，我们哈哈大笑，从从容容指挥部队向其进攻。

5月初，我军陆军总司令部开始部署反攻，决心动用精锐兵团歼灭当面之敌。于是命令在黔桂边区之汤恩伯第三方面军，以主力对湘桂铁路沿线之敌，另以所属牟廷芳的第九十四军自城步、绥宁疾进，向武冈西北我第七十四军对阵之敌左侧背展开攻击。被攻之敌不得不分兵抗拒，形成两面受敌态势。第九十四军经过激战，逐步进展至武冈、瓦屋塘一线，敌对雪峰山正面转而采取守势，我第七十四军乘机转移攻势，协同第九十四军合力围歼当面之敌。

早在4月末，最高统帅部将守备常德、桃源地区之胡琏第十八军拨归第四方面军指挥，向辰溪附近集结待命。胡琏命令全军克日登程，行军速度一日约40公里，赶赴湘西会战前线。芷江是我的家乡，这次战斗对我来说既是卫国又是保家，为了尽到神圣职责，我决心不避牺牲，奋勇杀敌，我师部分官兵也议论说："我们一定要保住师长的家乡，这一仗只能打胜，不能打败！千万不能让师长在家乡人民面前丢脸！"

何应钦与王耀武原定的作战计划是：乘日军攻势顿挫之际，将未参战的精锐部队第十八军用于雪峰山正面阵地作战，居高临下，对敌出击，给敌军以粉碎性打击，一举结束整个会战。后来第四方面军参谋长邱维达等建议：日军以夺取芷江机场为目的，主力部队用在雪峰山正面，企图直捣芷江，其两翼则是掩护和助攻部队，兵力较为薄弱。我军从正面出击，未避其锋，难操胜券，不如向敌侧面薄弱处出击，较有把握。最后采纳了此建议，决定以第十八军由溆浦南下，向日军右侧背新化山门之线发动攻势，断其退路。当时第十八军先头部队第十一师已通过辰溪、花桥、怀化，到达安江附近，奉命后立即掉头向溆浦前进，寻敌攻击。第一一八师由溆浦向东从新化南下。第十八师以一部向新化前进，协同第七十三军进击围攻新化之敌。

第十一师遵照上级命令，向日军侧背猛进，截断其后方联络，经过溆浦县城后，即以战备姿态向南搜索前进。预定第一攻击目标，指向敌右翼兵团之交通要隘山门镇；第二攻击目标指向敌中央兵团之主要交通动脉——邵阳至洞口的公路。师先头部队前进至山门正北15公里之马颈骨附近时，即遭遇日军迎面阻击，我即命令部队展开猛攻。激战方殷，适逢日军一个步兵联队和一个辎重联队经山门向龙潭雪峰山前线之敌增援补给，那个步兵联队即转援马颈骨之敌。我乘该敌展开运动之际，组织突击队迅速肃清当面之敌，而将锋芒指向该增援联队。这个联队尚未部署完毕，即遭我突袭，伤亡颇众，一度陷于混乱，惊魂稍定之后，才占据附近高地和村庄，进行抵抗。日军素以白刃战见长，这时日本兵都端着闪亮的刺刀向我军扑来。我师士兵已装备美式近战武器，用冲锋枪于数步之内向密集日军迎头扫射，卒将该联队歼灭，并缴获山炮两门、机枪多挺，生俘日军（含轻伤兵）60余名。随师美军官兵听说俘虏了60名日兵，都好奇地去观看。其中有一通讯少尉持枪欲将一名俘虏枪毙泄愤，被我阻止。战利品内有一堆日本钞票，美军以所带美钞兑换，作为纪念。次日，我师来不及清扫战场即向山门进攻。山门地当东西要道，为日军后方补给点，有一部日军防守。我师与日军接触后，日军兵力稍有增加。我即分兵一部从山门东北地形比较开阔之处迂回敌后攻击。在我两面夹攻下，残敌向南溃退。我即刻要副师长王元直指挥一个团追击，全歼敌辎重联队，缴获大洋马300余匹和许多武器装备。我师克复山门镇后，日军右翼侧背阵地开了一个大缺口，后方交通有被完全截断危险，形势对他们非常不利。日军在雪峰山前线的部队，立即抽调兵力向我反扑，意图夺路东窜。我师迅速调整部署，在山门北面高地占领侧面阵地，控制东西隘口严阵以待。日军向山门进攻时，摸不清我主阵地所在，盲目向山门乱轰一阵，即贸然进入山门。我师乘此良机各个阵地枪炮齐鸣，日军毫无还手之力，其先头部队几被全歼，后续部队只得觅路逃窜。我师以少数伤亡，获得全胜。

为彻底截断日军后方交通，协同友军全歼日军，我师继续向南攻击前进，以达到第二个攻击目标。这时日军向我雪峰山进攻部队，由于形势不利，已开始向东后撤，部队聚集在邵阳至洞口公路两侧，占据了所有山头和村庄，我师每前进一步，都遭到敌人的拼命抵抗。但我师已装备美械，火力较日军占优势，加上中美空军也积极协同作战（美军联络官司乐中校携带陆空联络电台，随我身边行动，在战场上向驾驶员指示射击和轰炸目标），敌遭受重创。日军飞机由于失去了制空权，只在拂晓时，以单机低空飞行，在我军阵地上空一掠而过，对我军根本没有什么威胁。故此我师能主宰战场，乘隙猛进，席卷敌阵。我以一个团兵力，在猛烈的炮火掩护下，攻占了湘黔公路要点石下江镇，完全截断了日军后方的交通线，形成了对日军四面包围的态势。我军左翼第一一八师亦前进到荷香桥附近，向邵阳迤西前进，敌顽强阻击，战斗甚烈。军长胡琏以第十八师一部从侧面增援，制压敌人的火力。

我南面战场第三方面军之第九十四军，经过激烈战斗，击溃了新宁、武冈之敌；左路敌军向东溃退，该军尾追，封锁了南部战场。

我据守雪峰山主阵地的第七十四军、第一〇〇军不失战机，全线发动反攻，不顾长期苦战的疲劳，奋勇直前，咬住敌人，毫不放松。日军在包围圈内越来越紧缩，濒临绝境。

我判断日军处此严峻关头，势必竭尽全力打开一条血路。因此，我准备好应付日军突围的大战，以师主力面对雪峰山拥来的日军，占领有利地形，构筑工事，加强封锁，迎击突围之敌。另以一个团的精锐一部占领石下江镇一处坚固建筑，卡住公路，断绝交通，成为阵地锁钥；该团主力以此为依托，占领公路两侧有利地形，迎击东窜之敌。第十一师正在秣马厉兵、严阵以待之际，忽然接到军长胡琏转来上级命令，要我将扼守在石下江镇的一个团全部撤离，集中全力向敌侧面攻击。这样一来，包围网就出了一个大口子。被围日军一见有路可逃，就不顾一切地一拥而出，我虽督队猛击，但斩获之数不大。随后我军亦全线乘胜追击，很快恢复了所有失地，恢复了会战前态势。湘西雪峰山会战于6月初胜利结束。

第十一师在这次会战中，共伤亡官兵400余人，大多是在山门战斗中阵亡。对此我极为悲痛。战后，我征得全师官兵的同意，派得力干部数人，在山门镇建立了“第十八军第十一师抗日阵亡将士纪念坊”一座，以寄托哀思。

廖运周

力功丁河店，围歼奎文关。

- 1903 年生，安徽淮南人。
- 1937 年 10 月，率部参加平汉路北段正定保卫战。
- 1938 年 2 月，廖部改编为第一一〇师第三二八旅第六五六团，廖运周任上校团长。三个月后，在台儿庄会战中身先士卒，率领所部屡立战功。
- 1938 年 10 月，参加了武汉会战。11 月，任三三〇旅旅长。
- 1943 年初，任第八十五军一一〇师师长。
- 1944 年，参加豫中会战。
- 1945 年 3 月，参加豫西鄂北会战。
- 1996 年 5 月 11 日，在北京逝世。

出敌不意　巧袭制敌

廖运周

1937年11月南京被围时，国民政府迁都重庆，军事委员会迁至武汉。武汉当时实际上成为中国的军事、政治、经济中心，是中国政府继续抗战的指挥核心所在。日本政府在徐州会战中，已制定了1938年秋以攻占武汉三镇为目标的作战计划，企图以霹雳之势，尽速结束战局。因此，徐州会战结束不久，自1938年6月12日，日军在安庆登陆起，武汉会战就拉开了序幕。

我所在的第一一〇师从徐州会战下来后，几经调转，开到永修，参加了瑞（昌）武（昌）公路保卫战。第一一〇师没有固定的防守阵地，任务是沿公路打运动仗。

瑞昌到龙港这一段公路正处江西、湖北交界处，两侧全是岛山。我军在山上布置了兵力，以图层层截击，阻敌沿公路前进。日军也把攻击重点放在抢占山头阵地。开始，双方争斗激烈，死伤均重。后来，敌依仗强大炮火，屡有得手，日军一占山头便停止轰炸，其后续部队就前进一段。中国军队不得不后退一步继续阻截。

我当时任第一一〇师第三二八旅第六五六团团长。起初两天，我们团在公路两侧抓机会打埋伏。敌人攻下山头，沿公路前进，我们就拣能够对付的一段打。由于敌人未料到山头阵地被攻下后，仍会在两侧碰到中国军队，因此几次都让我们捡了便宜。

在小寨贤，第三二八旅第六五五团一个营扼守在小山包的寨子里。日军一个全部由马队组成的辎重营要通过这里，不得不弃下马队去攻寨子，第六五五团居高临下，日军始终未能攻上去。就在他们攻寨的时候，我团和第六五五团另一个营从公路两侧包抄过来，袭击了兵力空虚的马队。上下夹攻，日军辎重营死伤惨重，马驮的大米、罐头、军毯也都成了我们的战利品。

茨芭山附近树丛茂密。我团正自北向南运动时，与另一日军辎重营相遇。这个辎重营有100多匹马，押运的日军约两个连，正沿着公路从东向西前进。我们借着树林的掩护，拦腰截击。战斗十分激烈，我们的士兵与敌人在公路上拼开了刺刀，我团一个副营长、一个连长都在战斗中光荣捐躯。这一仗我们又歼灭了几十个日军，缴获了许多枪支和弹药。

这两次战斗都大大鼓舞了士兵，并编了歌子歌唱这两次胜利。

第三天下午，我军忽然纷纷后撤。眼瞅着我团即将处在敌后，我带着第六五六团也只得尾随西撤，急行军二三十里后，约摸当晚6点多钟，来到了小坳。

小坳位于箬溪以西，是两山之间的一个坳口，再西进30里便是幕阜山，正处鄂赣交界处。公路在小坳这里形成一个“S”形的弯路，里侧是山，外侧为河，“S”形的中间是个十几米高的小高地。在这次战斗中，小坳属于预备阵地，我们赶到时，这里的守军早已逃得无影无踪，连小高地后面的一座弹药库也忘了上锁。我们打开库门，里面装的全是迫击炮弹，弹箱一摞一摞，足有上万发。

带着旅部人员先一步撤到小坳的第三二八旅旅长辛少亭，看见我团到了十分高兴，他第一句话就说：“廖团长，想不想在这里打一仗？”

小坳的有利地形和充足的炮弹储备已经让我心动，辛旅长的建议一下子使我的作战意图明确起来。我毫不犹豫地回答：“干，这么多炮弹留给敌人不是太可惜了！只要把道路堵死，迫击炮照样打坦克。”连日被作战和退却弄得精疲力竭的士兵，一听说要打一仗，立刻来了情绪，腰也挺起来了，劲头也有了，忙着搬运炮弹。

在这次瑞武公路之战开始之前，我曾随第一一〇师师长吴绍周到德安西边的一个小镇，面见第十八军军长黄维。黄维在知晓我是黄埔军校五期炮科毕业生后，又当面考问过用炮原则，郑重地将他的一个反坦克炮连（四门炮、七八十人）临时配属给我团，并反复叮嘱了打坦克的要领。

在即将开始的小坳阻击战中，为了充分发挥反坦克炮连的作用，我把这个连安排在小坳的山下，公路的正面。这里正好是坦克准备转第一个弯的地方。坦克前部钢板厚，火力强，侧面没有火力，反坦克炮连安排在这里，正面不受敌，打侧面最有效。只有反坦克炮连一战奏效，成功地将坦克打趴在这里，我们的迫击炮才能发挥出威力。在“S”形的第二个弯路处，小坳的山后面，架起了12门迫击炮。我团原有八门，辛旅长为了加强火力，又下令将撤退到我团前方左近的第六五五团的四门迫击炮调过来。12门大炮，炮口正对公路，由团附常海亭指挥。团指挥所就设在了中间的小高地上，以利两面的指挥。

黄昏以前，公路上开来了七八辆敌坦克。反坦克炮连一阵炮火打坏了两三辆，由于这里一侧靠山，一侧邻水，前面的堵住了道路，后面的也无法前进。天黑以后，日军的车辆陆续开来了。本来，日本人不在夜间行军，这次中国军队一撤，他们自以为一路太平，夜间也敢行车了，没想到复仇的炮口正在小坳等着他们。

这天晚上，月光明亮，公路上的情景看得一清二楚。日军的车辆越聚越多，由于不能通行，喇叭声、喧嚷声响成一片。就在这时，我下令开火，迫击炮把密集的炮弹泼向敌车队。这次阻击十分痛快，迫击炮只要对准公路方向，不用瞄准，几乎弹弹不空，炮弹也有的是，没有后“顾”之忧。

我们的炮火在纵深二里多长的公路上，到处可见敌兵车中弹后升起的火光，这一段公路上成了一片火海，火光把周围照得亮如白昼。

在约摸打出 5000 发炮弹后，我们停止了炮击，公路上死一般沉寂。下半夜，全团士兵放心地睡了一觉。

第二天天一亮，我们看到被打坏的 20 多辆坦克，无数日军的尸体趴在公路上，打坏敌运输车辆未加以细致统计。这时，小坳的上空出现了敌侦察机，附近的山头上也插上了膏药旗。我团当即从公路两侧的小路隐蔽地撤离。

这次阻击，我方无一伤亡，迫使日军停止前进一天，这是一次计划外的战斗，在当时引起了不小的震动。后来，我团受到了何应钦、徐庭瑶的电报嘉奖，电称这次战斗“战果辉煌”。

小坳阻击战后的第三天，我们赶到路口，接受了汤恩伯让我团掩护撤退的任务。任务完成后，我们与上级失掉了联系，便自己开路，拉上了幕阜山。

这一带，北侧的山很陡，南侧树林茂密，我们便隐蔽在公路南侧打埋伏。为了避免吃亏，我们专截日军的辎重车。日军的运输车辆，除了司机，一般只有两三个人押车，每次我们都大胜而归。前后五天，我们截击了日军二三十辆汽车。

小坳战斗后的第九天，我们来到九岭。九岭是幕阜山的制高点了。在这里，我们既不知道我军的一点消息，也没有碰到一个敌人，直到督战团来幕阜山找队伍，我们才知道中国军队已经退到湖南平江一带。嗣后，我团便奉命开到南江桥整顿。

台儿庄会战中的“翼”字军

廖运周

1938年，原国民党第一一〇师参加了台儿庄会战。由于该师师长张轸字翼三，全师官兵的左臂上都戴着蓝底白字的“翼”字臂章，所以，当时人们就把这支队伍叫作“翼”字军。会战中，“翼”字军主动出击，十分骁勇，在侧击、追击敌人，破坏敌人通讯联络，捣乱敌人后方，掩护我大部队转移的战斗中，发挥了重要作用，荣立了战功。

临战之前

第一一〇师是由国民党独立四十六旅、东北军骑兵旅和豫北师管区三支队伍，1938年1月在河南焦作合编而成。豫北师管区司令张轸任师长，王晓民（后为吴绍周）任副师长，秦鼎新任参谋长。该师辖第三二八、三三〇两个旅，四个团。第三二八旅是以原独立四十六旅为基础改编的，辛少亭任旅长，鲍汝澧任六五五团团长，我任六五六团团长。第三三〇旅是东北骑兵旅与豫北师管区合并的，旅长李世�，第六五九团团长王振淮，第六六〇团团长张雪平（继烈）。师部和直属部队由原师管区调充，还有汤恩伯从第十三军派来的两个营。

这个师的成分虽然比较复杂，却有着良好的传统和作风。独立旅的前身是抗日同盟军，骑兵旅在东北军时也曾参加过对日作战，第十三军来的两个营还参加过南口抗日。师管区的部队，曾在辉县组织集训队，宣传抗日战争的重要意义，讲授抗日游击战争的战略战术。在孝义集训干部时，张轸亲授抗日救国十大纲领。还成立了一个抗日救亡社，组织了有数百名男女青年参加的宣传队，这些队员和一批比较进步的官兵，成了部队的骨干力量。第一一〇师的军纪也比较严明，记得我们到达运河南岸进入守备阵地的时候，运输连一个班长掀开了群众的红薯窖，拿了红薯，引起群众不满。张轸师长知道后，尽管我们大家一再劝阻，他还是命令运输连严惩了这个班长。此事在当地群众中引起了很大震动，由此对“翼”字军更加热爱，军民、军政关系搞得不错。这些，为该师参加台儿庄会战打下了良好的基础。

1938 年 2 月，第一一〇师按照第二十军团司令汤恩伯的命令，由许昌开赴安徽蒙城作第五战区的机动部队，集结待命，准备参加保卫徐州的大会战。3 月初，日军沿津浦路南下，3 月下旬进攻津浦线上的韩庄和临、枣、台支线上的台儿庄，图谋包围徐州。3 月 15 日，第一一〇师奉汤恩伯的命令由蒙城经宿县开到了徐州北的贾汪、柳泉、利国驿地区待命。听说要打鬼子了，全师官兵摩拳擦掌，精神振奋。在利国驿、柳泉车站，补给了武器弹药和其他军需品等大量物资，尤其四川省给我们送去了很多榨菜等食品，这在市面上都很难买到。很多官兵领到手里激动得热泪盈眶，都表示：“如果我们不消灭日本侵略军，就对不起全国人民的关怀和期望，就无颜见家乡父老！”

贾汪会议

到达利国驿的当天夜里，全师团以上干部被召到设在贾汪的师部开会，师长张轸指着墙上的军用地图，分析了敌我双方的态势。

他说，3月以来，津浦路北段之敌已有夺取鲁南要地，进窥徐州之企图。自3月14日起，敌第十师团濑谷支队约两万人，从津浦路正面两下店向我第二十二集团军发起攻击，15日突破了该部正面界河和右翼香城之线。之后，该敌兵分两路，一路以步兵第十联队为主力，直趋滕县县城；一路为步兵第六十三联队，向南迂回绕过滕县。于16日到达沙河，继续向临沂、枣庄之线进犯，有攻占韩庄、台儿庄、运河之线，威胁徐州之企图。17日，我守滕县县城的师长王铭章率部与敌进行反复激烈的争夺战、巷战，18日该城陷敌，王师长殉国。敌第五师团坂本支队进犯临沂，于3月19日被我庞炳勋和张自忠两军合击，敌溃不成军，临沂大捷，从而粉碎了该敌南下增援敌第十师团之企图。

张师长又介绍说，我汤恩伯军团于3月15日由归德开往滕县增援，第八十五军先头部队于3月16日在河南沙河、官桥附近与敌遭遇，未及增援滕县。滕县失守后，敌军主力继续南犯。汤恩伯军团第五十二军扼守运河南岸，第八十五军在峄县与敌交战后，即转移到峄县附近山区。

他传达了战区的命令：（一）孙连仲第二集团军第三十一师渡过运河扼守台儿庄要点，另派一个师与张轸第一一〇师衔接，据守运河南岸；（二）汤恩伯军团第八十五军秘密向枣庄东北山区转移，准备从北面向敌侧背进攻。第五十二军将守运河南岸的任务移交给张轸的第一一〇师接替完毕，秘密向东过运河绕道北上，到枣庄以东郭里集与第八十五军配合，侧击南犯之敌；（三）张轸第一一〇师接替第五十二军守韩庄附近运河南岸的阵地，右翼与孙连仲部的守备部队衔接。

张轸师长命令我们：第三二八旅为第一梯队，20日接替韩庄附近运河南岸的防御阵地，以第六五五团为右翼队，我的六五六团为左翼队。第三三〇旅为第二梯队，控制在贾汪逈北高地前沿，构筑防御工事。

他还要求我们：限3月20日夜间接防完毕，接防前派小分队和侦察队监视敌人之行动；21日派谍报队深入临城、枣庄、峄县附近活动；黑夜加强防御工事，特别要增挖前后方的交通壕；密切注意韩庄车站敌之动态，组织火力消灭向韩庄增援之敌。

回头说几句，我师在蒙城的时候，曾与地方政府联合宣传抗日，动员参军；邀请该县知名人士钮玉书为师部秘书，参加政治部宣传工作；他发动地方武装500多人组织武工大队，配合部队进行打游击训练；还在地方组织了一支200多人的谍报队，他们当中有开饭馆的，有小商贩，有卖唱说书的妇女，甚至有青洪帮，三教九流，各色俱备。当时，这些人也抱有杀敌报国之志，又不容易被敌注意，在敌后活动频繁，战斗中为我师提供了许多意想不到的可贵的敌方资料和情报。

运河南岸

根据我们师的成分和装备情况，战区给我们的任务就是守备运河南岸。我们于3月20日夜间接守了韩庄附近运河南岸的阵地。天很黑，阵地上静悄悄的。友军第五十二军给我们每个营都派来了向导，带着我们先接替了运河北岸的警戒点，然后进入南岸的战壕。大家秩序井然，鸦雀无声，一直未被敌人发觉。战壕深、宽均为两米多，作战需要的设施齐备，掩蔽部也比较坚固。友军向我们介绍说，夜里阵地上严禁烟火，即使划一根火柴也会被对面敌人发现，前几天就因为有人吸烟被敌炮火打死打伤不下十多人。所以，我们更不能在战壕里做饭、烧水了，只得趁白天在后方山区把饭菜做好，夜间送到战壕里，送来一次够吃一两天。即使这样，有一天在利国驿通往我们团部的路上行走的我方掉队人员和车马，还是被敌人发现，引来了一阵炮火，被打死打伤十多人，我团部驻扎的村庄也被轰击了半个多小时。张轸师长亲临我团部询问情况，要求我们人马车辆白天不准在通往前沿及车站附近的开阔地上行走；连夜挖掘通往前沿的交通壕；速派谍报人员到临城、枣庄、峄县查清敌军番号、兵力及动向；各团均在运河上设两个渡河点，并加强火力掩护这些渡河点。

我们师并没满足于完成守备运河南岸的任务，站稳脚跟后就开始了主动出击。3 月 22 日，为了进一步摸清敌情，我派出一个加强连开到距运河北岸七八里的几个村庄进行火力侦察，驱逐了一些由临城到韩庄沿线据点出来捉鸡抢狗的零散之敌，掌握了敌人的一些动态。第二天，到峄县活动的谍报队员们也回来了。他们报告说，枣庄之敌被我第四师攻下了三个碉堡，炸毁了中兴公园的水塔。敌主力已向峄县集中，逼向台儿庄。因此，我第四师也向峄县活动。张轸命谍报人员继续与第四师保持经常联系。24 日，鲍汝澧的第六五五团奉命向獐山、北洛方向侦察，我带六五六团向临城附近的一个车站威力搜索，以便主动向敌人发起进攻。是夜，武工大队对韩庄车站发起围攻。他们只有两挺轻机枪，队员大都以红缨枪、大刀为武器，但每个人都有一套武功，而且不怕死。记得队员中有个姑娘女扮男装被我发现后，还让我保密，也参加了战斗。他们很快攻占了车站外围，迫使敌人钻进票房，又钻进车站地下室。那都是敌人的防御工事，非常坚固，除门窗等对外枪眼外，别无他孔可通。武工队就用红缨枪往门窗里捅，里边的敌人用马刀把红樱枪杆砍断。车站虽未攻下，但武工队却缴获了大批敌人的物资，于拂晓前回到了运河南岸，大大鼓舞了我军的斗志，大灭了敌人的威风。

廖运周

白山西战斗

3月24日，敌主力向台儿庄发起攻击，其后方峄县城内只有少数车辆运输弹药向前方补给。为了策应台儿庄作战，张轸师长命令我们第三二八旅抽调两个营，相机夺取獐山，截断敌后方之交通线，并派一个连到峄县截击敌之辎重车辆。

我们于黄昏后渡河，由旅长辛少亭亲自指挥向獐山秘密前进，于夜里11时到达了白山西庄。白山在獐山西北，是个椭圆状的孤山，东北接近峄、台支线。山的东北面是个缓坡，西面坡陡，山脚下有个百余户人家的村子，就是白山西庄。敌人只注意攻击台儿庄，在运河北岸特别是峄县附近未派部队警戒，所以，我们很顺利地到达了獐山附近山区进行侦察，熟悉地形，直到白山附近也未与敌人遭遇。天明后，敌辎重车马50多辆由峄县南向台儿庄运动，我们猛攻下去，敌弃车而逃。这时，北洛方面的敌人发现了我们，第一批200多人向我们发起攻击，双方展开了激烈的战斗，在山脚下的无名村庄反复争夺。

我正在指挥作战时，几位穿着整齐的草绿色军服的女青年来到团指挥所，齐刷刷地站在我的面前："报告团长，还认识我们吗？我们从孝义调到鲁山集训毕业啦！现奉命前来做战地服务工作。昨天我们见到了张师长，听说您这个团打得很漂亮，特来看您！"我一看，原来是曾在我们师搞过抗日救亡宣传工作的青年学生，她们一边唱《我的家在东北松花江上》，一边流泪的情景犹在眼前。我很高兴，却又批评她们不该到阵地上来。正说着，五六架敌机飞来投下了许多炸弹，指挥所被炸塌了，瓦砾纷纷落下。她们立即扑上来掩护我，并把电话机搬到了桌子底下，我就在桌下与各营通话联系。敌机轰炸后，前沿阵地仍在激烈地战斗。我到山上命令第三营派第九连占领制高点，掩护第二营正面的兵力向山腰撤退，占领第二线有利地形，诱敌前进，两翼部队分两侧疏散隐蔽。当敌人进到我阵地前，三方面同时合击，敌伤亡过半，畏缩不前。过了一会，敌在峄台公路上的炮兵向白山东坡倾泻过来密集的炮火，霎时山崩石裂，烟雾弥漫。接着，敌人又派出第二批步兵500多人向我猛攻，我团第二营营长鲍汝锐头部中弹阵亡，五连连长杨世忠、排长李树荣先后负伤。第九连据守的制高点阵地稳定，没有伤亡。我马上派第三连从左翼山北坡增援。敌人已到了山腰，我第三营立即向山腰敌人侧背冲去，敌人纷纷向南侧运动。我又派第三连从右翼山脚向敌后背集中射击，使敌前后受到夹击，死伤惨重。接着，第九连和第二营向敌出击，居高临下，投出了一批手榴弹，机枪更是拼命扫射，敌人已支持不住，弃尸大败而逃。我们缴获了十挺轻机枪，80多支步枪，13把战刀，手枪多支，这些都装备给了武工大队，队员们真是乐不可支。

这一阵拼杀真可谓惊心动魄。那几个青年学生见到在这样血肉横飞的时候，我一面沉着指挥作战，一面很坦然地与她们谈话，有的激动得流下泪来。黄昏，敌人全部撤退了，我派人把她们送回了师部。行前，她们戴上士兵们刚刚缴获的钢盔，一齐向我举手敬礼，十分英武可爱。没几天，她们就写了一篇报道，把我们团在这次战斗中的表现，大大褒扬了一番，“翼”字军的名声大震。回到运河南岸，张轸师长也给我们打来了电话表示嘉许，使我团官兵深受鼓舞。

由于我们这次主动出击，有力地配合了台儿庄方面我对敌作战，使敌分散了兵力，放缓了对台儿庄的进攻。我们在白山西还烧毁了敌人的弹药库，捣乱了敌人后方，给敌造成很大威胁。谍报人员回来说，敌人再也不敢小看“翼”字军了，说我们这支部队像只乌鸦，飞到哪里，哪里的“皇军”就倒霉，真是“不祥之鸟”。我们就是这样不断出击，几乎每天都有所获。台儿庄方面的友军说，我们在后面攻一攻，他们就会松一松，因而一再感谢我们。

峄县、枣庄运动战

3月27日至4月4日，台儿庄战事达到了白热化程度，我们在运河南岸的阵地距台儿庄不过十几公里，不断听到那边密集的枪炮声，夜晚还不时看到那边漫天的火光。一天，从临城和枣庄回来的谍报人员说，日军已攻占台儿庄大部地方，敌我连日进行巷战。敌方伤亡惨重，连非战斗人员都补充了上去，后方又没有增援的部队。如果我们出兵峄县，捣其后方，敌必定从台儿庄撤退。我向张轸师长提出了出击峄县的建议，以第三三〇旅接替第三二八旅守备运河南岸的任务，第三二八旅到运河以北相机攻击峄县和枣庄附近之敌。师长赞同我的意见。

4月1日，第三二八旅渡河占领了峄县西南面10多个山区村庄，日夜进行侦察，发现峄县城内只剩下接运尸体和运送弹药的百十辆马车，十分空虚。4月2日下午，敌人对我们进行了轰炸，但我们并未撤退。晚上，我派陈银贵连长、左虎排长带领50多人组成突击队，偷袭了峄县北门外的汽车站一个大院，把敌人的弹药库及装好弹药的车辆浇上汽油点燃，爆炸了两个多小时，一度中断了敌人由枣庄、峄县向台儿庄的弹药输送。记得张轸师长打电话跟我说，敌人整整一天没有补充上炮弹，几乎停止了对台儿庄的炮击。他下令对突击队员每人奖赏50元钱。

4月3日上午，我们抬着云梯向峄县县城发起了进攻，到达城南门附近还没打，城里的残敌就向城东北逃窜。中午，敌五六架飞机向我们扫射，北洛的敌军也向峄县增援，我们调转兵力迎了上去。鲍汝澧的第六五五团派出一个营击退了来敌，还破坏了敌人的通讯联络。接着，临城方面之敌又派出200多人，在空军的掩护下，分两路向我围攻。我派了两个连向枣庄附近佯攻，诱敌向东北方向转移兵力，又派第二营从左翼猛攻来敌，使敌猝不及防，大败而逃。枣庄之敌恐慌万状，不敢轻易外出。我们又一次取得了可喜的战果。

全线反攻和追击战

4月6日，张轸师长传达了战区命令要旨：进犯台儿庄之敌，经我英勇抗击，伤亡惨重，腹背受击，后无援军，弹药不济，有向枣庄、峄县地区撤退的动向。我军自6日起向敌全线反击。（一）命张轸第一一〇师和第三十军第三十师立即渡过运河，由西向敌背后的泥沟附近进攻，截断敌之后方联络线，乘胜追击；（二）汤恩伯军团主力从东威胁敌侧，向枣庄地区追击；（三）曹福林部从北面截击敌后方交通线。

我团于6日夜间，经白山、獐山之间，向泥沟猛攻。第一营攻占泥沟以北公路两侧的辛庄。天明后被敌发觉，獐山守敌向我打来密集炮火，并以坦克掩护步兵，向我第一营包围。营长王韵泉将主力撤守白山附近占领阵地，可是第一连的张明山班却被冲散了，与大队失去了联系。他们只带了一挺轻机枪，冲进了公路边的一个小寨子。寨内有座三层的碉堡，他们钻到里边。敌人用炮击，又派100多名步兵围攻，打了一天也没攻下这个碉堡。第二天上午，这个班弹尽粮绝，宁死不降，士兵全部战死，张明山最后自杀殉国。敌人见了，也十分感动，在那里立了一个牌子，上面写着："中国的英雄班。"这一班弟兄真是死得壮烈！

4月7日，战区司令长官李宗仁下达了向敌追击的命令。那时，台儿庄的敌人已退到了峄县、枣庄地区，在獐山、天柱山、黄山和峄县迤东地区重新组织力量，固守待援。我师追击敌人越过枣庄、峄县间的交通线，直至邹坞、枣庄东北山区，突破了敌人的封锁。这期间，我们曾攻下了敌人占据的一个山头，开始只靠步兵，攻到山腰就被敌人打了回来。我团常海亭副团长在东北军时当过炮兵连长，是个神炮手，他亲自用迫击炮轰击山上敌人占据的石寨子。我们终于攻下了这座山。4月10日，第三二八旅旅部和我团占领了峄县西南的一个小村子。敌坦克攻了过来，我们就用高粱秆裹上棉花，再浇上汽油点燃，阻敌前进。黄昏后，敌人用平射炮向我们射击，一发炮弹打进了指挥所，旅参谋主任魏琳的腿被打断，我的脚也被打伤，我们被敌人包围了。张轸师长马上命第三三〇旅旅长李世勋、参谋主任张大错组织一个连的敢死队前来营救，才使我们脱险。

在这半个月的时间里，敌我形成了对峙的局面，大批敌人从南北增援，东西会合，截断了陇海线，形成了包围徐州之势。面对这种局面，战区只好调整部署：（一）命孙连仲部主力附周岩第七十五军、张轸第一一〇师，在高皇庙、峄县迤南之线，占领纵深据点、阵地，持久抵抗，并控制有力的预备队于南洛、北洛附近；（二）孙震第二十二集团军守备韩庄南面的运河；（三）汤恩伯军团控制于大小良壁机动；（四）樊崧甫部集结于贾汪附近。

我师加强了对据点的守备，并派人深入枣庄、峄县附近，有的以白山为重点，在金陵寺望仙山迤东山地活动，与敌犬牙交错。张轸师长命令组成了爆破组、阻击组、游动炮兵组，常海亭副团长为神炮指挥官，协助步兵集中迫击炮轰敌在山头的石围子，摧毁了敌人五个小型据点。别动小组群专门利用夜间潜伏枣庄、峄县内部进行破坏，敌人有线通讯随时被我破坏，其交通已处于瘫痪状态。

尾声——九里山掩护战

由于我方配合不力，战局急转直下，我军本来在台儿庄获得大捷，结果还是以撤离徐州告终。5月12日，张轸师长参加了台儿庄会议回来介绍说，淮北蒙城之敌北窜永城，鲁西之敌分别攻陷丰县、沛县、砀山县，并向徐州南进；命汤恩伯军团主力在徐州迤西孤山集结部署，向淮北来犯之敌进行反攻；命张轸第一一〇师速过运河，经贾汪进驻徐州市内，占领九里山，掩护部队转移，交通要道由该师控制。

我团遵照张轸师长的指示，于13日拂晓前占领了九里山阵地。我视察了工事后深感痛心，所谓很完备的国防工事，不过只有几处钢筋水泥的机枪掩体，而且只有向北的射击孔，连步枪掩体和交通壕都没挖掘。临时构筑工事，山石难挖，我们只好占领制高点和其他有利地形，把部队控制在隐蔽的地方，避免敌机轰炸扫射。上午9时以后，几架敌机不间断地对我阵地扫射、投弹，部队未遭伤亡，徐州市内秩序尚好。几十万大军依次撤退，的确不易。黄昏时分，传来敌装甲车部队窜到陇海路上的黄口车站，李庄铁路已被破坏的消息，徐州市内一度混乱，但由于我们掩护得当，次日，撤退的秩序又稳定了下来。

5月17日，敌人向韩庄运河和台儿庄全线进攻。我师奉命在萧县、三浦附近集结，掩护机械化炮兵团经宿县、涡阳突围，向周家口、漯河转进，九里山阵地由孙连仲派部接替。我派钮玉书秘书带武工大队和搜索队，先到濉溪镇找宿县区长兼大队长王燮亚，请他协助侦察，架设桥梁，布置团队掩护炮兵团转移。我们还与蒙城、涡阳团队进行了联系。同日，敌机不间断地在萧县附近低空扫射，并继续沿着我们的行进路线向徐州增兵，我们幸未与敌人遭遇。炮团团长吕国桢与我是黄埔同学，担心炮车渡河困难，非常焦急。我让第一营挑选两个连负责掩护炮团，派工兵连跟炮团行进，逢河搭桥。敌人白天通过浍河、涡河时在河上搭设了铁板桥，而且晚间无人看守，我们就掩护炮团夜里在敌人搭设的铁板桥上，顺利地通过了这些河流，我师和炮团都没一点损失，还收容了不少失散的官兵和志愿参加抗日的青年学生。通过涡阳，武工大队离开我们回到蒙城地方政府去了。我师出色地完成了掩护机械化炮团转移的任务。军令部对我师官兵都分别记了战功，并发给了我们十万元钱的奖金。第一一〇师到达河南唐河整编时，只剩下一个旅的兵力，在这次会战中伤亡了5000余人。我们重整旗鼓，又投入了新的战斗。

西峡口抗战的回忆

廖运周

1945 年 3 月开始的豫西西峡口抗战，是八年抗战即将结束时的一次战役。主要战场在鄂、豫、陕三省交界，包括老河口、南阳、邓县、西峡口、西坪等地区，历时五个月，我方直接参战部队三个军 12 个师约 10 万人。这一战役有力地粉碎了日军进攻西安的企图。

中原会战失利后，陈诚一度兼任第一战区司令长官。1944 年在内乡一次会议上，陈诚指出，为了确保西安，巩固陕南，必须以伏牛山为根据地，固守潼关、朱阳关、西峡口、荆紫关各要点，控制住豫陕公路、荆（紫关）西（峡口）公路，协同第五战区准备反攻。为此，第一战区兵力以豫陕公路为中心，呈辐射状布置在各主要地点，准备阻击西犯之敌。

3 月 14 日，日军由南阳进犯镇平县城，西峡口战役的序幕从此拉开。第八十五军军长吴绍周在西峡口召集师、团长会议，部署迎敌措施，决定第二十三师主力占领西峡口及其以南高地，暂编第五十五师占领西峡口以西以北高地，阻击敌人。第二十三师派出第六十八团向内乡推进，迟滞敌人行动。我当时任第一一〇师师长，全师正在栾川整补。吴军长令我师先派一个团占领老界岭，准备向南出击。

日军于 3 月 20 日占领内乡后，继续西犯，于 30 日攻入西峡口，西峡口虽陷敌手，但在内乡到西峡口的公路和两侧高地上，日军却遭到了我军节节阻击。80里的路程，他们花去了10天时间。日军攻入西峡口后，我军仍利用有利地形，给予猛烈的炮击，致敌遭重大损伤。西峡口失陷，战局险恶，我师奉命由栾川驰援，正式参加了西峡口战役。

力攻丁河店　围歼奎文关

西峡口失陷后，日军继续向重阳店进犯，企图攻占西坪，进入陕西。面对紧急局势，我军决定以一部占领重阳店西北、西南既设阵地，主力由公路两侧实施包围，压迫日军于重阳店、丁河店之间，进而歼灭之。

我命第三二八团向丁河店进攻，切断了河店敌人与重阳店之间的公路；命第三三〇团进出大老虎沟，向丁河店及其以东河东村进攻，首先占领奎文关以西116小高地掩护我军左侧背之安全；第三二九团作为预备队，控制在大竹园以南，并派一部监视奎文关之敌。该团在小水与敌遭遇，激战半夜，副团长鲍允超、连长杜锡武壮烈牺牲。

为歼敌于不备，各团按照命令于4月4日夜间到达预定位置，次日早上4时向敌发起猛攻。第三二八团占领邪地村，向丁河店西侧、东侧，占领有利地形和村落，集中炮火向丁河店射击。敌人在三面被围的情况下，仓促应战，一片混乱，伤亡很重。

午后，敌人从西峡口增步兵500余，战车四辆，在行进中被第三三〇团隔河侧击，不敢贸然前进，又退回奎文关。不久，敌向116高地发起猛烈炮击。116高地位于奎文关前沿约1000米处，是敌前进阵地，战斗位置十分重要。欲截击西进之敌，必须首先攻夺此高地。我师得到这一高地后，敌人也企图拼力夺回。炮火从一开始便密如急雨，一块长仅百米的椭圆形山头阵地上，竟有2000多发炮弹倾注其上。小山头硝烟弥漫，土石飞扬，阵地三次被敌人摧毁，我们三次重新占领。就这块阵地上，我们伤亡了200名战士和八名军官。

是夜，第三二八团、第三三〇团适当调整了部署，各以一部构筑工事，防敌反攻；主力截击由奎文关、丁河店向重阳店增援和由重阳店、丁河店向西峡口撤退之敌。

4月6日凌晨1时，丁河店之敌分两路趁夜黑向重阳店运动，被我第三二八团发觉，予以猛烈袭击，敌人伤亡甚多，其步兵800余向半川逃跑。奎文关之敌看到丁河店炮火连天，不敢向前增援。天明，公路上的人马尸体到处可见，还有两门残炮歪倒在路旁水沟里。

这时，接到吴绍周军长命令：重阳店战斗激烈，第二十三师已攻占重阳店南部，着第一一〇师包围丁河店，控制公路，注意奎文关之敌。接到命令，我师即包围丁河店，并将奎文关增援之敌300余击退。至午夜，将丁河店全部占领，残敌不到百人向东南山地逃走。

在攻打丁河店的战斗中，我师受到了老百姓的热情支援。一天，当地小学校长率领学生手持彩旗来欢迎我军，我一看，校长竟是过去含美中学的同窗孟子厚。20年不见，却在他乡抗日前线遇故知，不禁惊喜交集。他同当地一位士绅主动承担起战地救援的组织工作，组织了有20多副担架的担架队。还组织百姓给士兵们送水、送饭，派向导协助我们作战。民众的支援，振奋了全师官兵的斗志。官兵们英勇杀敌，切断了敌人的交通和联系，支援了重阳店的战斗。在我军连续攻击下，7日午后，重阳店敌人攻势受挫，黄昏后被迫撤退。我第二十三师和第一一〇师追击撤退之敌，敌人除几十人逃到蒲塘外，其余全被打死打伤。

丁河店收复后，奎文关成了我军下一步必取之地。奎文关距丁河店直线距离为八里，横跨南（阳）、（西）坪公路，左边依山，右侧傍河，地势险要，易守难攻。奎文关之敌恃其有利位置和强大炮火，经常向丁河店及我第三三〇团阵地炮袭，我军行动受到很大威胁。同时，发现敌步兵向河南岸高地侦察，似有逃跑的企图。我师准备以第三二九团、第三三〇团歼灭该敌。

为了一举摧毁敌炮兵阵地，我们将全师的炮兵观测员组织起来，从东、北、西三面观测，集中炮火，拟从不同方位向敌人实施突然的炮击。并部署第三三〇团从西北、西南进攻，第三二九团沿公路两侧截击向西峡口退却之敌。

12日深夜，各项准备完毕。两小时后，红色信号弹飞向夜空，顿时，排炮齐发，声震陵谷，奎文关立时变成火海。我第三三〇团随即冲入关去，在喊杀声中，手榴弹、掷弹筒投向敌纵深处。敌人仓皇应战，不知所措，有的畏缩在战壕内，有的涉河逃命。200余步兵在敌战车掩护下沿公路东撤，我截击部队击毁战车，除少数敌人逃走外，余尽倒毙在火网之中。7时，我师完全占领了奎文关，缴获了许多武器弹药。这次战斗，我方有营长二人、连排长五人、士兵50余人伤亡。

蒲塘、豆腐店之战

我军在重阳店、丁河店、奎文关严重打击了进犯之敌，敌人在退却中又遭到我军追击和伏击，伤亡惨重。日军为了策应西峡口方面的作战，只得另派主力改由淅川县向荆紫关进攻，企图威胁西坪，截断我军后方郧阳城的交通线。我第八十五军奉命控制在淅川卧龙岗一带，第二十三师和暂编第五十五师阻击由淅川向荆紫关进犯之敌，支援鲍汝澧部、黄永瓒师及淅川陈舜德纵队作战，确保后方交通。第一一〇师同第七十八军在王仲廉指挥下反攻西峡口。

4月30日，敌上坂联队步兵炮兵千余人，由淅川县城经毛堂向鹰爪山进犯，攻占我老君台、石门观阵地。我第二十三师第六十八团被包围于鹰爪山，经我第二十三师、暂编第五十五师连日激战，终于打退了敌人，敌人转而向蒲塘方向侵袭。

蒲塘有三个自然村落，分别称为上蒲塘、中蒲塘、下蒲塘。5月2日，北退之敌到达上蒲塘，先头部队已进入中蒲塘。为了围歼这股日军，2日下午2时，我空军出动战斗机向蒲塘敌人轰炸扫射。自抗日以来，在我经历的战斗中，这是第一次有空军配合作战。空军的参战，使官兵士气大振。第七十八军从蒲塘西北山地，暂编第五十五师从黑沟、下蒲塘之线，我师第三二九团在中蒲塘东北1310.7高地，一起向敌人发动攻击。第三三〇团占领大苇园阵地后，即向中蒲塘冲进。中蒲塘敌人往东南逃跑，又遭到我师第三二八团的火力封锁。

中蒲塘是一个无险可守的盆地山村，村内只有一条像样的街道，村外芦苇、蒲草丛生。我师居高临下，炮火直接射击，弹无虚着，敌人死伤很多。我们冲入中蒲塘后，但见街道上、池塘里、废墙下，到处是日军尸体和抛掷的枪械，小小的乡公所里就有30多具烧焦的敌尸。

经过一天的激战，退入蒲塘一带的敌人伤亡过半，残敌逐步向豆腐店附近退缩，有依靠霸王寨以豆腐店为中心固守待援的态势。

5月3日，第三二九团占领乌鸦岭西南各高地，第三二八团与暂编第五十五师在豆腐店东南高地完成衔接，第二十八师占领了东北方面山顶上的寨子。4日，各部齐头并进，午后4时完成了对敌人的包围。

5日上午，第三十一集团军参谋长朱镇淮亲临阵地观察。日军陷于其中的这块谷地三面都是陡坡，只有三个各宽两三丈的沟口有盘旋小道容单人行走。看过地形，朱镇淮说："上坂联队是日军专门训练的山岳部队，善于山地作战。这次被我包围于山谷盆地，粮尽弹缺，我军应全力将其歼灭。"午后，我军对敌人进行了一次火力急袭，将谷中房屋打塌。敌人很狡猾，分布在山谷四周，在陡坡角下掏洞挖壕，我方火力虽猛，但对敌杀伤不大。是夜，我军又组织了突击队由沟上冲进，与敌展开近战肉搏，厮杀甚激烈。经过八次的反复争夺，我第一一〇师终于攻占了两个沟口。

6日，第三二九团集中炮火向对面陡坡角根直接射击，效果很好。第三二八团突击队由沟口逐步推进，使敌阵地逐渐缩小。午后3时，为援救豆腐店之敌的突围，霸王寨的日军700余人向母猪峡1240高地进攻，被我第三二八团协同暂编第五十五师予以猛击，致敌增援未逞，伤亡不小。黄昏前，庞家寨之敌二三百人进到第二十八师山坡阵地，亦被击退。

7日，我师突击队将我阵地前之敌歼灭，第三二八团由悬崖盘旋小道下到谷底，敌人被迫由崖角向东南转移，并利用地形地物攀登霸王寨西坡山脉上的陡崖，在隐蔽处构筑工事。

8日上午，空军侦察后，我军集中炮火向豆腐店谷地射击，敌人向东南角一条峡谷撤退。午后5时，突然从谷地发出巨响，15分钟剧烈炮火声之后，友军的山寨上出现了一面太阳旗，这是连日来敌人逐层秘密向山寨上运动，发起突然袭击的结果。是夜，百余名残敌以霸王寨和西坡山寨为掩护，由1240高地附近的峡谷逃走，丢下了大量尸体。

蒲塘、豆腐店两次战斗，我缴获敌武器、器材多件，俘虏敌伪军官53人。

反攻西峡口　激战大华山

日军上坂联队在豆腐店遭到惨败后，逃跑之残敌在霸王寨之敌掩护下又转回毛堂。西峡口守敌约500人、霸王寨及其附近山寨守敌约200人，都在运输粮弹，有固守待援的态势。我和第二十八师王应尊师长商量，决定肃清残敌，相机对西峡口之敌形成包围。迅速恢复地方行政机构，动员群众团结抗敌。

经过两天的战斗，我师对1240高地、母猪峡、河南湾、赶鸡沟一带残敌进行清扫；第二十八师利用其炮兵优势攻占庞家寨及霸王寨附近各高地，进展顺利。进而，我师与第二十八师配合，使西峡口、霸王寨的守敌陷于完全孤立。嗣后，我军三二八团派两个连，第三三〇团派一个连佯攻霸王寨，敌人由西峡口派兵增援，在运动中遭到我炮火拦截和第三三〇团的侧击，伤亡很大。夜间，我第三二九团又派出三个突击队，摸进西峡口，一队破坏了敌人的通讯线路，一队炸了弹药库，一队袭击了汽车站。几声巨响，几处火光，把敌人弄得不知所措。

6 月 15 日，我们接到吴绍周军长的命令，得悉近日敌人又派遣一个旅团沿荆（紫关）、淅（川）公路西犯，企图攻占荆紫关，截断我第一、第五两个战区的后方交通线。为消灭这股敌人，第一一〇师、第二十八师、鲍汝澧部、黄永瓒师和陈舜德纵队，统归吴绍周指挥。同时，为随时呼唤空军配合作战，军部和我师师部各配属了对空联络站一个。

6 月 22 日，据我空军侦察报告，在老君垭以南地区发现大量敌人向西运动。我命令第三三〇团立即经大流水村、将军寨向大华山前进，并与黄永瓒师取得联系。师指挥所、对空联络站和第三二九团取捷径到李家湾，沿荆淅公路到北大华山地区集结待命。第三二八团随第三二九团路线跟进，到老庄集结待命。

6 月 23 日，第三三〇团到达王滩、赵河附近，发现敌人小分队正在淇河东岸侦察。第三三〇团当即占领阵地，准备迎进渡河之敌，并派一个营迅速占领南大华山，以此为主阵地构筑工事。同时，第三二九团在北大华山占领阵地，并控制崖屋、罗坡等高地，与第三三〇团密切配合。

6 月 24 日，敌先头部队向我进攻，被击退，其主力向南移动，意在对我翼侧迂回，我集中火力封锁河床和黄连树附近的公路。空军对敌后续部队进行扫射轰炸，使其白天不敢活动。入夜，敌攻占南大华山南侧高地之后，继续向大华山偷袭，适值倾盆大雨，我阵地的西南角被敌突破。拂晓，乘敌立足未稳，我军又将已失阵地夺回。双方冒雨肉搏，均死伤严重。次日夜间，敌主力攻占赵河、王滩，向潘家沟进犯，被我空军轰炸扫射。

从此，围绕着大华山开始了一场拉锯战。大华山并不很高，分成两层台子，一度敌占领了第一层台子的大部，我便抢先登占了第二层台子。第二层台子上有两个小山包，台子又陡峭，依据这优势，我军打退了敌人的多次进攻，使敌人始终未能占据大华山。

师指挥所设在大华山西北的猴山。猴山海拔 900 多米，站在山上，四下白云缭绕，树木翠绿，周围情况尽在眼底。在战役的这一阶段，空军给了我们很大的支援。日军没有炮兵也无空军，攻击力与防守力都受影响。空军轰炸时，我方所占山头都亮出联络布板，没有联络信号的山头就成了轰击目标，打得敌人不敢在山间露头。

大约是 8 月 13 日，随同我师行动的两个美国顾问听了广播后手舞足蹈，十分兴奋。通过翻译，知道他们从收音机里听到了美国在日本扔了原子弹，日本天皇宣布无条件投降的消息。

8 月 15 日中午，王仲廉从西坪打来电话，把侵华日军投降的消息告诉了我，并命令我们撤出战斗，向西坪集结。就这样，我们在豫西与日军的对峙中，迎来了中国人民抗日战争的最后胜利。

邱行湘

第五师以“不怕死、不要钱、爱国家、爱百姓”为号召，纪律严明，官兵经过严格的政治、军事训练。

- 1908 年生，字辽峰，江苏溧阳人。
- 1937 年 1 月，任军政部补充一团团长，抗战爆发后任第十八军六十七师二〇一旅副旅长兼四〇二团团长，参加淞沪会战、南京保卫战。
- 1938 年，参加武汉会战。
- 1941 年冬，任第八军第五师少将副师长兼政治部主任。
- 1943 年 3 月，任中国远征军司令长官部副官处长。5 月，任第五师副师长兼政治部主任，参加鄂西会战。
- 1945 年 4 月，参加湘西会战，战后升任第五师师长。
- 1996 年 12 月 8 日，病逝于南京。

武阳歼灭战

邱行湘

湘西会战前第五师概况

第五师是大革命时期建立的，其前身是追随孙中山先生北伐的赣军。1941 年反攻宜昌战役后，第五师改隶第三十二军。先后调刘云瀚、李则芬接任第五师师长，邱行湘任少将副师长，姚葛民任参谋长。康步高任第十三团团长，罗莘求任第十四团团长，许颙任第十五团团长。

第五师以"不怕死、不要钱、爱国家、爱百姓"为号召，纪律严明，官兵经过严格的政治、军事训练，在 1943 年 5 月保卫石牌要塞的战役中得到过考验，为这次歼灭战打下了基础。

武阳战役经过

湘西会战前敌我态势

4 月 11 日以来，日军分三路向湘西进犯，其右翼兵团以第六十四师团由宁乡分向益阳进犯；其中央兵团以第一一六师团、第四十七师团由邵阳附近沿宝榆公路向安江进犯；其左翼兵团（即本军当面之敌）以第六十八师团主力及第三十四师团之一部由东安、新宁、武冈、武阳经洪江向芷江进犯。

4月15日，我陆军总司令何应钦命第三方面军以第九十四军于4月底以前集结通道、靖县地区准备向武冈以东地区，协力第四方面军击灭进犯湘西之敌。

我第三方面军即命第二十六军之第四十四师集结城步，担任第九十四军集中之掩护，并限第九十四军于28日前到达绥宁附近集中，完成作战准备。

第三方面军汤恩伯司令官命令：第九十四军归第二十七集团军李玉堂副总司令指挥，以第二十七集团军主力固守桂穗路及其两侧，拒敌于龙胜以南地区；第九十四军迅速向城步推进，求敌外翼而攻击之，并依情况之发展，以军主力向武冈东南地区进出，参加第四方面军之决战。

第三方面军与第四方面军，务必密切联系协同作战，不受三、四两方面军作战地境之限制，以达歼敌之目的。

第五师坚决贯彻执行上述作战指导。武阳之役，首战告捷，打断了敌人的左臂，使敌陷于被我围歼的境地。

战斗开始

根据第三方面军通报，步炮联合之敌3000余人，4月20日窜至新宁后，21日展开一部犯我武冈，主力约2000窜至新宁西30公里之后狮、七里山地区，企图经梅口、绥宁、会同与由放洞西犯之敌会合，进犯芷江。由东安西犯之敌，已越梅口，被我第四十四师各团阻击，遭重创。当时我第四方面军原在武冈、武阳的守军均已西撤，两军接合部已被敌军占领。

4月29日、30日两天，梅口之敌转趋关峡，我第四十四师第一三二团跟踪追击，于30日克复关峡。

我第五师于4月17日由贵州省三穗县长吉镇出发，经天柱、靖县，于28日全部到达靖县以东地区，奉牟廷芳军长电令参战。

武阳战役第一期战斗于5月1日开始。

军第一号作战命令要旨：

着第五师于卯艳集结于长铺子、绥宁间地区向梅口、武阳之敌搜索攻击；着第一二一师派出一个团卯艳集结鹅公岭附近，主力集结杨家寨、靖县以北地区；军指挥所向靖县推进。

这时我第九十四军处于分散状态，对当面敌情亦不明了，师遵命先向长铺子附近推进，并作渡河准备。30日到达长铺子，得知：梅口方面已无敌踪；武阳在敌手，详情不明，傅家坳附近，有敌警戒部队，万福桥集敌七八百；哨溪口、阳武店、毛店子各有我第一九三师之一部警戒。

师基于上述情况，决心即日向武阳附近之敌攻击前进。以第十三团为前卫，首先渡江（巫水）进出于黄东塘、若黎冲之线，掩护师主力之进出并搜索当面敌情。

5月1日，第十三团续向武阳攻击前进，师主力继续渡河，并以第十五团第二营经田心渡、大岸、茶溪向珠玉山前进，掩护师之侧背。16时许，第十三团先头驱逐敌少数警戒部队后攻占武阳。敌据守六王庙东西高地之线。

5月2日，师为搜索敌情，警戒我侧翼并相机袭击敌后方联络线，令第十三团（附第十五团第一营）以有力一部经茅柴岭、罗家铺向李滨桥附近挺进，主力向六王庙之敌攻击，师主力即推进于傅家坳附近。

两日来，武阳之敌增至七八百，附炮三门，其主力展开于武阳市街以北亘鸦雀桥西北高地之线。

敌据三里庄附近高地顽抗，攻击初期，我略有进展，占领马鞍山；迄晚敌续有增加，我进展困难，遂相持入夜。我虽毙敌中队长铃木中尉以下官兵30余人，但敌占制高点，且愈增愈多，我军缺乏炮兵掩护，对敌仰攻，伤亡太大，情况十分危急。

2日下午，我赶到傅家坳师指挥所，同李则芬师长、涂副师长、姚参谋长和康、罗、许三团长及师直属部队长等聚集研究。大家感到这个仗不好打，因敌火力强，又已占领制高点，我无炮兵，正面强攻，弊多利少。师决心正面采守势，另编一个有力的支队，对当面之敌进行远距离的包围攻击。我们遵照师长下列部署进行：

（一）第十五团（欠第二营）及第十三团第三营为挺进支队，归副师长邱行湘指挥，即由傅家坳经珠玉山、曾家桥、罗家铺、李溪桥迂回攻击曾家坊、万福桥之敌，以协助主力之战斗。

（二）第十三团（欠第三营）附第十五团第二营继续对当面之敌攻击并抑留之，待我迂回部队到达后，务将当面之敌于六王庙附近捕捉而歼灭之。

（三）第十四团（欠第二营）为左翼包围队，于3日开进欧溪桥东南地区，预定而后自西向六王庙攻击敌侧背。

（四）第十四团第二营为师预备队，位置于傅家坳附近，尔后随战况之进展向欧溪桥推进。

（五）指挥所在傅家坳。

（六）因须待挺进支队之进出，敌攻击开始之时间预定为4日拂晓。

我们是实行90里以外的180度大迂回，当时我对支队最主要的要求是秘密迅速，出敌不意，要使敌人在制高点上不能发现我军的任何征候。我们约定在敌后没有打响前，连无线电也不联系，以免泄密。我们全师官兵同心同德，做得很好，挺进队官兵连枪弹走火的事都没有发生过。

5月3日，第十三团正面之敌已增至1300人，拂晓，敌以一部与我争夺马鞍山，炮火猛烈。我守备该山之第十三团第五连（欠一排）因地形孤立，瞰制、应援不易，对敌炮无法制压，阵地全毁。该连伤亡过半，犹反复冲杀，拼战至午后3时，先后毙敌50余人，因众寡悬殊，马鞍山遂陷敌手。

邱支队拂晓开始行动，经90里强行军，酉刻到达李溪桥。5月3日午后9时师部继作下列部署：

（一）敌情无变化。

我第一二一师第三六二团明日（4日）可进出于杉水冲之线，该师主力控置于长铺子附近。

我第七十四军同时反攻。

（二）师于明日以有力一部挺进敌后，主力由右翼包围当面之敌，进出于万福桥东西高地之线，将敌捕捉而歼灭之。

（三）挺进支队（第十五团欠一营附第十三团第三营）于明日（4日）晨由李溪桥向曾家坊、万福桥、六王庙、龙烟山之敌攻击，截断敌之退路，协助主力之战斗。

（四）第十三团（欠第三营附第十五团第二营）为右翼队，继续攻击当面之敌，与第十四团取得联络。

（五）第十四团（欠第二营）为左翼队，由欧溪桥向连相冲、大河冲之敌攻击。奏功后向六王庙攻击，右与第十三团取得联系。

（六）两翼队应于明日（4日）拂晓前完成攻击准备，待命攻击。

（七）第十四团第三营为师预备队，位置于傅家坳附近，随攻击之进展向欧溪桥附近推进。

（八）工兵营（欠一连）在傅家坳待命。

（九）师长在傅家坳指挥部。

4日拂晓前，各部队概已准备完毕，旋即开始行动。右翼队经激烈战斗，于11时再度克复马鞍山。

正午，由罗家铺增来敌千余，附炮三门，分两路向我右翼队猛扑。其一部攻抵神仙坛附近，企图包围我之右翼队，当以右翼队之预备队迎击；其犯茅柴岭之一部，当被我第十四团第二营抑止于茅柴岭以北谷地，战斗激烈异常，我营长甘健民即于此役负伤。另敌一股约六七百人，自午迄戌，对我鲤鱼山第十五团第二营阵地一再猛扑，我各级官兵均抱与阵地共存亡之决心，誓死拼战，虽全营伤亡百余，我阵地屹立未动。

挺进支队以一部扼守李溪桥，防敌东窜，主力第十五团于戌刻前先后攻克曾家坊、万福桥、六王庙、龙烟山之线，敌大部退据附近山隘顽抗。是日毙敌400余人，我亦伤亡营长以下200余人。

其时判明与我对战之敌，除原有之第五十八旅团主力外，还有由罗家铺增来之第一一七大队（俘称）兵力不下3000余人。经我连日攻击，敌伤亡甚重，其重点及炮兵转移至神仙坛、茅柴岭、龙烟山间地区。师以合围之势，乘夜调整部署，继续围歼该敌。

师的部署：

（一）当面之敌经我连日攻击，伤亡甚重，其重点及炮兵，已转移至神仙坛、茅柴岭、龙烟山间地区。

（二）明日（5日）拂晓续行攻击，由两翼包围敌人而歼灭之，重点指向神仙坛。

（三）第十四团（欠第一营附第十三团第二营）为右翼队，展开于铁陂寨及神仙坛南端之线，攻击当面之敌，进出于茅柴岭附近，重点指向神仙坛。

（四）第十三团（欠第二、三营附十五团第二营）中央守备队，确保武阳东端至鸦雀桥北端高地之线，并以积极行动，协力两翼之攻击；以一部守备武阳市街。

（五）挺进支队之第十五团（欠第二营）及第十四团第一营为左翼队，向六王庙之敌攻击，重点指向龙烟山，奏功后由北向南攻击，协力右翼队之战斗。

支队抢守李溪桥之部队，仍续行前任务。

（六）战斗地境如在左 右翼队/中央队 } 军丛山（含）—茅柴岭（不含）之线，线上属左。

（七）各部队应于明日（5 日）拂晓前部署完毕，待命开始进攻。师指挥所在傅家坳。

4 日晚，适第一二一师第三六二团已到欧溪桥，请其以一部推进至棉溪附近，警戒师中央队与左翼队间由于兵力转用所生之空隙。

5 日拂晓，备部队开始攻击。10 时许，右翼队方面第十四团第二营攻占神仙坛之大部，敌凭险顽抗，数度增援，激战至烈。连长萧叔康身负两创，犹裹伤再战，士气益励。迄午，第三营主力加入攻击，反复冲杀，5 时顷将敌击破，完全占领神仙坛。敌向茅柴岭方面溃退，阵地遗尸数十具，我乘胜追击。

左翼队方面第十四团第一营拂晓与第十五团第一营、第三营第八连对六王庙附近之敌攻击，出敌不意，猛烈果敢，一举摧破敌之炮兵阵地，继而占领六王庙东北高地，总计毙敌 200 余，马 30 余匹，缴获山炮一门、迫击炮三门、收发报机两部，文件、地图等甚多，生俘敌兵两名。残敌 200 余东窜，当令第一营尾敌追击。

左翼队第十五团第三营数经激战，于拂晓前完全攻占龙烟山后，与第十四团第一营取得联络，夹击由六王庙附近向东败窜之敌，计毙敌 200 余，生俘四名，缴获军马 20 余匹，步枪及其他军用品甚多。第十五团第一营一部对北警戒，主力与由六王庙向北败窜之敌激战于万福桥东南高地，毙敌 200 余。敌折回东窜，我军于横溪冲附近获马 30 余匹、军用品甚多，俘敌二名。

5 日晨，由瓦屋塘方面窜来千余日军，抵李溪桥时，经第十三团第三营痛击，伤亡极重，折向花园市退去，第三营派队尾追，与其掩护部队发生激战。

自 4 日、5 日两日总攻以来，敌受我两翼夹击，伤亡惨重，遂开始溃退。唯龙烟山、横溪冲山地有敌第一一五大队残置之掩护 500 人，及茅柴岭、鲤鱼山附近地区也有敌 200 潜匿，我仍继续扫荡中。

5日晚，师遵军长牟廷芳电令，改变部署如次：

（一）当面之敌为我击溃后，主力已向东逃窜，其盘踞武阳附近之残敌500余人，潜匿龙烟山、横溪冲附近地区，另一股200余人潜匿于茅柴岭、鲤鱼山附近地区，企图向东潜窜。

（二）师以歼敌之目的，于明日（6日）向该敌围剿。

（三）进剿部队应于明日（6日）拂晓开始行动，务以勇敢果决之行动，绵密之部署，搜求残敌而歼灭之。

（四）东北方面堵剿部队应在各该部队现在位置附近封锁敌可能利用之道路，择要构筑工事，广派便探，务使该敌无法脱逃。

（五）西南方面堵剿部队应以一营位置于铁陂寨附近，另一营以一连扼守武阳市街，择要构筑工事，主力控置鸦雀桥西南方面高地，防止敌人脱逃。

6日拂晓，第十四团第二营排除当面敌微弱之抵抗，向罗家铺方面追击。侦知残敌约千人，携炮三四门于5日夜半通过罗家铺东溃，该营衔尾穷追，6日午后于黄羊坪附近将该敌追及。敌顽强抵抗，我略有斩获。入夜后，敌续向东窜，此时第一二一师第三六一团到达，跟踪追击。第十四团第二营即回罗家铺待命。

第十五团当面龙烟山、横溪冲间之残敌，经该团围攻，大部就歼，残部100余人，更换便衣，乘夜东窜，被我李溪桥第十三团第三营阻击，转窜湾头以南山地中。第十四团第三营经大竹山向北，协力第十五团搜剿，将敌大部击毙。敌残部三五成群，四散盲目奔逃，武器大都沉于水塘河潭中。被地方民众搜获及击毙的日军不下200人。到5月10日，武阳附近残敌始告肃清，第十五团旋即奉令开赴武冈参加主力作战。

武冈以北地区追击战

武阳附近之敌经我击溃后，师奉命留置第十五团欠第三营附第十四团第三营于李溪桥、万福桥间清扫残敌，对北警戒，主力经武冈东北地区向黄桥铺追击前进。9日开始行动，11日14时许，先头部队到达黄桥铺。主力进至花桥附近，得知黄桥铺方面无敌踪，冷水铺附近则有残敌千余被友军围攻。为防敌东窜，师部即令第十三团派队守备施家渡、茅益渡；第十四团派队守备柳山渡、田家渡及其以南徒涉场；第十五团第三营守备关家桥并于河西占领桥头阵地，以利尔后之进出。

是日23时许，敌五六百附山炮、迫击炮各二三门，向我关家桥桥头阵地攻击。第十五团第三营（欠一连）早已有备，沉着应战，先后击退敌四次突击，毙敌有余。敌以关家桥为东窜必经之路，誓死争夺，于拂晓前第五次向我桥头阵地密集冲锋，势在必得，战斗激烈空前。我第十五团第七连官兵伤亡殆尽，被迫转移到河东，死守桥梁。敌机在关家桥上空彻夜盘旋，敌突围东窜之企图至为鲜明。师为聚歼该敌，遂集结兵力，适我第一一八师一个团到达黄桥铺，师作如下处置：

（一）围困于关家桥、明月寨、冷水桥间地区之残敌约兵力2000人附有山炮一二门，马鞍石附近亦有敌一部2000余人，似已合股，并有待援东窜之企图。现我第十八军第一一八师由石马江、黄桥铺向南，第一二一师由刘家桥、高沙市向东对敌围攻中。

（二）师以协力友军歼灭该敌之目的，以一部扼守资水右岸，防敌东窜；主力即进出资水左岸，攻击该敌。

（三）第十五团为守备队，应以有力之一部占领关家桥东端要点，择要构筑工事，防止敌之东渡，并以一部于荆竹铺、癞坪岭各附近，对东对南占领阵地。

第十四团为出击部队，应由田家渡附近渡过资水，先进出于池塘、沙子冲之线，相机占领风神寨，掩护师主力之渡河，攻击开始时间由该团自行决定。

第十三团为预备部队，除以步兵一连派出于水浸坪附近及保坊庙附近并应派出斥候对东警戒外，主力应位置于花桥、大塘铺、紫山砦间地区，视出击部队之进展，适时进出于资水以左地区，以扩张既得之战果。

嗣以茶铺子、盐泉山发现敌情，军指示第五师以一部留置关家桥、花桥及其以北现位置，扼守资水东岸，阻止东窜之敌，主力转移于茶铺子及其以西至余家桥间，联系第一二一师向北攻击敌人。

师决心以第十五团（附第十团第一营）留置花桥，迄盐泉山间任沿河守备，因防线过宽，且到处都可徒涉，特饬该团重点应置荆竹铺附近。第十四团先以一部占领茶铺子东西高地掩护师主力之转移；其主力逐次由朱溪桥附近渡河，向西延伸，左翼衔接第一二一师向北攻击。第十三团先控置磴子铺、曾家冲附近。师命令即时开始行动。是夜敌乘我主力转移之际，猛攻关家桥，冲锋10余次。我第十五团第七连仅余连长刘旺等官兵三人，仍坚持至最后。13日拂晓，第十三、第十四两团概已到达磴子铺附近时，盐泉山方面由鲢鱼渡乘夜偷渡之敌增至五六百人，盐泉山成混战状态。经第十四团第三营及第十五团第二营各一部与敌互相争夺后，敌占据北端山顶，我占据南端山顶相对峙。此时，第十五团兵力分散，且受鲢鱼渡方面敌人之迂回。为避免被敌包围计，师乃命该团向癞坪岭方面稍事集结，即与茶铺子东西线之第十四团协力攻击敌人。迄午，该团第一营进出桐木塘侧击敌人。午后3时，配属本师之山炮兵一连到达朱溪桥附近，当即于先锋寨东侧占领阵地，协力第十四团攻击盐泉山之敌。经数度冲锋，于黄昏占领该地。是夜敌以有力一部与我争夺盐泉山，反复冲杀，战斗激烈。我军毙敌六七十，颇有斩获。我伤连长一员、排长二员、士兵 50 余人。14 日拂晓，始将该处残敌肃清。敌主力于先晚渡过资水，经花桥向东北退却，师遂以第十四团继续向北扫荡当面残敌，以第十三团主力及第十五团有力部队（第一营及第三营第八连编成的加强营）为追击队，经水浸坪向北追击，迄午通过桐木塘继续向北急进。第十四团第二营攻击紫山砦后，闻花桥方面枪声甚密，知第一二一师先头已到达该处，遂继续追击败退之敌，协力第一二一师第三六一团战斗。攻抵花桥附近之大山岭时，遇敌有力抵抗，战斗转激，毙敌 20 余人，生俘一名，缴获步枪一支，我亦伤亡排长以下 30 余人。

5 月 15 日，第十三团进抵天鹅山附近，敌扼要死守。师部接到军长命令，其要旨：

（一）当面之敌主力向桃花坪及其以南地区撤退，一部在芭蕉桥、烧纸铺间据险顽抗。

（二）军即超越追击，期于桃花坪以南地区包围歼灭之。

（三）第五师以第十三团（附第十五团第一营）对芭蕉桥、烧纸铺之敌攻击，尔后向栗山铺进出；第十四团即经谢家铺、朱山铺追击包围敌人；第十五团（欠一营）及师部位置于水浸坪。

（四）第一二一师经马坪街向石狮门、易家桥前进，并与第五师夹击芭蕉桥、栗山铺之敌。

师遵令部署，于 5 月 16 日正午 12 时开始行动。此时，第四十四师亦已进出邓家铺、水浸坪之线，与本师交叉重叠，指挥行动颇为不便。

5 月 17 日，我第十三团继续攻击当面之敌，占领 572 高地，敌遂向东北溃退。该团当即协同第一二一师第三六一团先头追至芭蕉桥、两路口，得第一二一师通报：部队将有新任务。遂在原地待命。

第十四团于辰刻通过邓家铺，正向栗山铺迈进，得第四十四师通报：该师奉命转移，敌乘其部队移动之际，突入刘家塘以南地区，激战甚烈。第十四团以一部截击敌人，支援友军，阻敌南窜。至申时，因新宁方面发生新情况，师奉命以一部继续追歼残敌，主力集结武冈西北地区待命。师当饬第十四团第三营续向资水西岸追击，师主力概于19日到达武冈石平桥间地区，任资水西岸之守备。

战斗总结

敌发动此次攻势以来，到处流窜，极力避免攻坚（战场多数要点敌皆未实施攻击），且强拉民夫，充分携带弹药，粮食则就地征掠，对后方联络线的安全，并不顾虑。这说明了敌人的战略意图是急取芷江。根据俘获的敌打马掌化铁炉装上马达即可使用并每匹马携带四副马掌装备的情况判断，敌人的战略目标是湘西多山的芷江。但敌人使用的改良马种仍不适用于山地。

综观敌我双方情况及在战斗中的表现，制胜的因素在我方。日军的长处是士兵体力好和射击技术优良，长于白刃战和狙击，对我军官兵造成很大伤亡。同时救护工作好，不轻弃尸体，突围时尚抬走百余伤兵。但是此时法西斯已穷途末路，进犯湘西的日军师老，士气不振，在空军处劣势的情况下，白天不敢活动，行动常在夜间，因地形不熟，官兵均以此为苦，士气更加低落。受到我军包围攻击时，跪地乞降者不少，自杀者尤多，日军军马多系改良种，不适应山地战。日军平时作战依靠步炮协同，无炮兵配合则行动怯懦。

第五师在武阳战役中，虽然未获空军支援，没有改换美械炮兵装备，口粮、医药和弹药等补给也跟不上，但官兵们上下一致，同仇敌忾，纪律严明，作战勇敢。我们的政工人员和士兵同在一个舞台上演戏，同在一个战壕里打仗，如连指导员张大震就为国捐躯。受伤不下火线形成风气，第十四团的连长萧叔康两次重伤，仍坚持作战，打退敌人。我军经过严格训练，如在湖北长阳进行冬季深山围猎和实弹对抗演习，射击技术有很大提高，且能节省弹药，对这次歼灭战起了不小作用。我们还能用缴获的敌人武器来打击敌人。清理战利品时，美军上校联络官狄南乐兴奋地说："我们美国军队在太平洋上逐岛攻击，从来没有缴获完整的大炮；你们自己还没有领到炮，能用敌人的炮来打敌人，真是难得！"

我们战胜日军是合情合理的。当时，国民政府最高当局和盟军对武阳之捷曾给予很高的评价。

（一）蒋介石电："敌犯湘西，该方面军以有力一部参战于梅口、武阳、高沙市，同心协力英勇作战，击破敌寇，首开本会战胜利先声，即传令嘉奖。"

（二）何应钦电："查此次敌犯湘西，贵总司令亲赴前方指挥，协同四方面军作战，督指有方，各军师长以下官兵忠勇效命，作战初起，即能拒止敌寇于绥宁、城步以东地区，继歼除武阳、武冈一带敌人，迭克数地，开胜利之基石，殊堪嘉慰。用特传令奖勉以资鼓励，并希我全体将士自勉，穷追残寇，以竟全功，有厚望焉。"

（三）汤恩伯电："我第五师在武阳附近痛歼顽敌并获战俘，殊堪嘉许，着先犒赏30万元，希将战斗经过及得力官兵查报饬奖。"

（四）第二十七集团军李玉堂副总司令战报："第五师行动之敏捷，攻势之勇猛，为击破左侧背之主要条件，开拓胜利之转折点。"

战后，我获国民政府颁发的云麾勋章和美国政府颁发的自由勋章。

萧叔康等获美国颁发的自由勋章。

这是英勇牺牲的烈士们的功劳，是中华民族的光荣。

贵池、青阳阻击日军航运战斗经过

邱行湘

1938年10月，第三战区为了截断长江水上交通，策应武汉会战，调集了三个炮兵群、部分海军、炮兵、布雷队及工兵两个营，以第二十三集团军为主力，沿长江东流、贵池、青阳、铜陵占领有利阵地。

其正面自东流、殷家汇、贵池、河口、铜陵之线，其左翼为第二十九军之第二十六师，右翼为第三十二集团军第一〇八师、第六十三师。

当时，第六十七师属第十八军，留在第三战区尚未归建，由第三战区司令长官顾祝同直接指挥。9月，配属第二十三集团军作战，由第二十三军军长陈万仞指挥，后归第五十军军长郭勋祺指挥，参加贵池至青阳沿江一带之作战。

第六十七师师长原为黄维，黄升任第十八军军长后调到江西作战，第六十七师师长由莫与硕升任。

9月下旬，第六十七师由安徽、绩溪经徽州、石埭、太平、青阳进到贵池附近之马牙桥地区，奉命占领贵池、青阳一带沿江阵地。

当时的战斗序列是：第三战区司令长官顾祝同辖第二十三集团军总司令唐式遵。第二十三集团军辖第二十三军军长陈万仞。第二十三军辖第六十七师（师长莫与硕）辖两个旅。第一九九旅旅长胡琏，辖第三九七团，团长覃道善；第三九八团，团长戴振球、陆静澄。第二〇一旅旅长杨勃，辖第四〇一团团长曹振铎，第四〇二团团长是我。

1938年7月1日第二十三集团军总司令唐式遵命令：第六十七师迅速接防，击攘毛冲及江家附近之敌，确实占领61.0及72.5高地，以掩护重炮射击。

我第六十七师决定第一九九旅10月1日拂晓前到达灵芝塔及马牙桥一带。第二〇一旅10月1日抵五溪桥及灵芝塔附近。3日四〇二团接替馒头山范子英部防务。

我第六十七师附炮兵第三群150榴弹炮、76.2野炮各一连，105榴弹炮、卜福斯山炮各两连，接替馒头山附近及上下江门、清溪间之守备，掩护江岸游动炮兵。

我六十七师第一次攻击任务是：

（一）师决于10月5日，以第一九九旅主力攻击72.5高地，亘67.0诸高地。以一部固守叶家山、流波矶、清溪之线，并固守上下江口，阻敌登陆。

（二）第二〇一旅四〇二团主力占领馒头山其前进阵地推进到煤炭厂、前江口之线，以掩护我馒头山炮兵之射击及施放漂雷。

（三）第二〇一旅第四〇一团为师预备队位置于马牙桥以北地区。

6日，敌百余名向我洪家冲阵地攻击，被我击退，毙敌数十名，获步枪三支。贵池上游第一四六师正面各点，敌不断登陆。同日，第二十三集团军部署如下：

（一）右翼兵团由第五十军军长郭勋祺担任兵团长。

1．右地区队第一四五师（欠四三三旅）附新四军第二支队守备清弋江、夫子阙、奎潭、峨桥、山桥之线；

2．中央地区队第一四四师（欠四三〇旅）守备横山桥西端、旧县、坝埂头一带地区。

3. 新七师（欠第二旅）守备坝埂头、铜陵、大通镇、林坂洲一带地区。

4. 炮兵第一群在铜陵、大通间占领阵地，腰击敌舰。

5. 预备队第四三〇旅位置于黄浒镇、孙村附近。新七师第二旅位置于丁家桥文庙附近。各队防务限10月8日接替完毕。

（二）左翼兵团由第二十三军军长陈万仞担任兵团长。

1. 右地区队第四三九旅附小炮第五十一团第十六连守备童埠、毛坦、观前一带，小炮任射击湖内活动之敌舰。

2. 中央地区队第六十七师炮兵第三群守备梅埂至清溪间一带地区，掩护炮兵射击敌舰。

3. 左地区队第一四六师附炮兵第二群守备池口、乌沙夹、李阳河、前江口至张溪镇地区。

4. 预备队第一四七师（欠第四三九旅）位置于马牙桥、童婆铺附近地区。

敌自贵池上游第一四六师正面登陆后，第二十三集团军预备队第四三三旅（欠两营）受左翼兵团长陈万仞指挥，担任童埠、观前之守备，使该兵团第一四七师全部策应左翼，并责成左翼兵面，迅速以主力肃清登陆之敌。

贵池附近战斗

第六十七师我团占领馒头山、煤炭厂及沿江阵地，掩护炮兵要击敌舰及施放漂雷。

我团以馒头山为主阵地，煤炭厂为前进阵地，我便衣侦察队担江清溪至梅埂沿江正面之侦察及警戒。我团以第一、二两营赴筑馒头山坚固阵地，并在馒头山设置能抗24公分以上炮击的掩体，作为团指挥所。第三营营长张楚南率该营进占煤炭厂抢筑坚固阵地。师属侦察部队推进到江边，协助工兵及海军部队利用黄昏或拂晓施放漂雷。

马牙桥是江边要冲，布雷队、运输队往往以此为塞。我军防空力量极为薄弱，附近只有一个苏鲁通（两公分）高射炮连。我第一九九旅旅部在马牙桥后山沟，第四〇二团归第一九九旅旅长胡琏指挥。10 月 6 日，我江岸炮兵共击伤敌舰 10 艘，其中一艘重伤。

贵池至梅埂沿江各处，敌不断以铁舟登陆，多次被我击退，毙敌 30 余人，缴获步枪 12 支，防毒面具数个。

6 日下午 2 时我第一九九旅以第三九七团为主力，协同炮兵向 72.5 高地攻击，下午 6 时我军一部突入阵地。敌即施放催泪性及窒息性毒气，我突入敌阵之全部官兵均牺牲。我军被毒气阻于阵地外，师令曹团进到石灰嘴亘华严庵、地藏庵之线加筑工事。是役我炮兵毙敌不下 300 人，我三九七团伤亡，中毒官兵约 115 名。

次日，我胡琏旅覃团继攻 72.5 高地阵地。敌因得增援部队及兵舰协助，并借坚固工事顽抗，激战至晚，我军仍无进展，我伤亡营附以下官兵 200 余名，暂固守现阵地，掩护炮兵向敌舰轰击。敌伤亡在 300 人以上。

8 日，敌第一一六师团青山联队的一个大队，在 20 余艘兵舰及敌机 10 余架掩护下，猛攻我煤炭厂阵地。激战至晚，敌不支退回敌舰。是役，我第三营营长张楚南率部拼死冲杀，迭挫凶锋，我机枪三连连长王少章英勇牺牲，伤亡官兵 50 余人。

为了策应武汉会战，陈万仞兵团长 10 月 8 日以第六十七师（附炮兵第三群）担任梅埂、馒头山至清溪之防务，相机攻击当面之敌外，并傍江面选择炮其阵地，努力攻击敌舰。

我奉命指挥第四〇二团推五一战防炮到江边攻击敌舰，五一炮破甲弹威力大，进出方便，战果显著。10 日晨，敌六七十名乘汽艇借海空军掩护由宝兴圩向麻埠潦强行登陆，经我守军血战一小时，将敌击退，毙敌 20 余名，缴获步枪两支。我伤 10 余人。下午敌百余人，再度登陆。

我军击毙敌三四十名，残敌多溺于水中，我伤10余名。次日拂晓敌增援二三百人，仍猛犯我麻埠潦、下江口阵地。我麻埠潦守军大部牺牲，我派兵增援，午后麻埠潦东端敌增至400余人，强筑工事，我派有力部队驱逐。

12日第三战区炮兵指挥官娄绍铠来电告："海军炮五门，使用于贵池方面。迄今为止，我沿江已敷设水雷80枚。"午前，在池口被我击伤焚烧之巨舰为三个烟囱之大型运输舰，满载弹药，至11时50分完全沉没。13日，我炮兵于叶家山、煤炭厂附近与馒头山西南等地，共击伤敌舰七艘，其中四艘重伤。

15日，第二十三军周师第四三八旅失守前江口。

16日，我横港、煤炭山等地炮兵共击伤敌运输舰五艘。近日敌畏惧我煤炭山炮兵封锁，所有敌舰利用夜暗时机经过该地。

18日以后，敌清水重喜师团及海军舰队，每天以20余架敌机向我第四〇二团阵地攻击。我军坚守煤炭山前进阵地及沿江前沿阵地，激战七昼夜，阵亡连长刘秉之、王国华、董祺平三员，阵亡及受伤排长以下官兵110余名，我馒头山阵地，屹立未动。

当面之敌又增志摩部队、坂口雅夫第一二〇联队向我攻击。经我团坚强抗击，我馒头山阵地，迄未动摇。后友军弃守贵池，我师于10月28日奉命转移至太白山、灵芝塔之线。

我团转移至灵芝塔附近，休整数日，继续担任对东西斗龙山之攻击。

斗龙山战斗

11月1日，敌机20余架先后在白洋、齐山、馒头山、观前、马牙桥、青阳附近及广教寺一带投弹百余枚，并以机枪扫射，我伤亡官兵30余名，高射炮亦被炸毁二门。敌第十七师团宏兴联队、秃和联队在贵池、前江口等地集中兵力企图攻占我沿江各重要据点。

我六十七师防守茶叶山、独龙山、童婆铺之线。11月7日，我团奉命向东西斗龙山、五指山攻击，我团第一三营先后攻占东西斗龙山。敌不断由梅埂登陆，向我斗龙山阵地反攻。8日敌千余人，炮五六门，分三路向斗龙山、五指山我团阵地猛攻，均被击退。9日晚，坝埂头泊敌舰20余艘向我炮击，敌机20余架先后在斗龙山、太白山一带侦炸。我师第三九八团团长戴振球在我左翼太白山阵地负伤。

连日来敌千余人三度猛犯斗龙山，均被我击退，我团伤亡甚大，第一营营长汪忠民、连长邵志远阵亡，我师伤亡官兵500余人。

青阳附近战斗

1938年12月初，我第六十七师调驻青阳地区稍事整补，即投入战斗。

第二十三集团军唐式遵总司令指示：“川军作战经年，未能补充完善，战斗力未免减退，贵师两月来屡挫敌锋，巩固阵线，颇著功绩。刻沿江登陆之敌，势尚猖獗，故以贵师集结青阳，以备策应江岸防御，部署调整，希统筹决定。”

12月11日，第六十七师归第五十军军长郭勋祺指挥，先令第一九九旅第三九七团覃道善部，恢复大成山，曹振锋第三九八团推到田里村附近，并扼守茶山亘牌坊山之线，派一营驻店门口附近。我团集结于青阳附近，为总预备队。

敌攻占大成山、大脚山后，窜至何家湾、了山镇、锅冲附近。我师覃团及范师一部、田师残部正向大成山、锅冲方面攻击。田师一部扼守五峰山、天坪山。

第三十二集团军通报：（一）由荻港、顺安侵入之敌不足两联队，一部进占何家湾，主力占木镇。（二）郭勋祺军现退守清弋江镇、南陵、娥岭镇、三里店至狮子山之线。第六十七师现在狮子山、茶山至童婆埠之线，与敌激战中。第五十军田师极度混乱，第一四四师扼守繁昌附近阵地，绵亘百余里，无法抽出部队转移攻势，且敌大举深入，无法牵阻，诚恐影响全局，现以清弋江、管家店、葛林桥、安山头、港桥，沿河经三里店、骡马店、陈家垄、合村、钱家桥、高家岭、木镇之线为新阵地线。限12日部署完毕，并以第五十军一团以上兵力及谭支队全部留置南繁要点，担任游击。第六十七师（欠一旅）占领合村、木镇、曾形山之线，掩护右翼兵团之转移，再图抽聚兵力，力图反攻。

11日，敌进至丁家桥附近与我田师一部及莫师覃团于狮子山、雷公山等地发生激战。何家湾、了山镇附近之敌也与我混战激烈，入暮木镇也窜入敌一小部。敌千余人，炮数门，攻我第一四五师（师长佟毅）曾团奎潭阵地，我伤亡甚大，退守河南。小钢窑附近之敌三四百人攻我老鼠石184高地，正激战中。

11日13时，木镇被陷，敌与我对峙于木镇以南约一公里之倪家冲一带，我师之第三九七团向其反攻，敌竟使用毒气，我军中毒300余人。木镇附近发现敌尸符号证明，该方面之敌为清水师团之石谷联队，顺安方面敌为松岛联队。

同日黄昏，木镇到敌三四百人，我团占领全村、钱家桥亘木镇之线，当派队驱逐木镇之敌，未克。

12日午，敌石谷联队获增援，猛攻我曹家塝、倪家冲阵地，被敌突破。我师曹团、覃团反攻，激战两小时，敌不支，即使用大量毒气，我官兵中毒200余名，仍在激战中。

12月14日，第五十军军长郭勋祺改变部署：敌五六千人，将我大成山、亮山、挂岭、鸦山岭、锅冲、殷家嘴、杨街等阵地攻占，并以一部绕袭木镇。情况紧急，决转移新阵地，部署如次：田师右接野猪冲亘高岭、木镇之线，占领阵地。莫师胡旅（陆团在内）应占领木镇（含）

亘茶山、牌坊山之线。

14日晨，敌500余人攻我汪祠、肥子垅（木镇西南四公里）一带阵地，在激战中。我师曹、覃两团主力续攻曹家塝、倪家冲之敌，将敌击溃，正乘胜追击。敌放大量毒瓦斯，我中毒三四百人，致使攻击顿挫。但我也毙敌百余名，并获步枪五支。午后，敌一部窜至匡北桥以北地区，入暮仍对峙中。

我师14日拂晓在木镇公路两侧，敌我均取攻势，战斗激烈，肉搏多时，敌以飞机五架助战，覃团因伤亡过重，左右发生空隙，遂被敌侵入，经我曹、邱两团由敌两侧夹右，毙敌甚众，敌我成相持中。本日敌伤亡约七八百人，我也伤亡官兵五六百名。

16日，唐总司令查敌约一个旅团以上兵力，向我六十七师青阳阵地猛犯，似有略取青阳之企图，为巩固青阳，击破敌军，决定以第五十军一部扼守原阵地，主力由该军长亲自率领立即向木镇、肥子龙、南冲一带之敌攻击。第六十七师附第四三三旅、第四四一旅，炮三团第二营及第五十一团之一个连，固守青阳，并以有力之一部协同第五十军向当面之敌攻击。郭军长亲自率领第一四四师四三二旅于15日拂晓向木镇、肥子龙、南冲之敌攻击。

15日，我师以章团固守公路两侧现阵，曹团占领水坞、尖山一带高地，侧击敌之侧背。陆团占领青山。邱团占领金鸡岭亘何家山之线。石旅守备燕窝山亘东蓉桥、孙家之线，戴旅任务如旧。

15日拂晓，敌向我青山、尖山攻击，被我军击退。晨，敌八九百向我东蓉桥进犯，经我师及第四四一旅击退，我军乘势反攻，将田里村之敌百余人包围歼灭。敌三四百人两度攻我程家大山，均被击退。9时敌200余人攻我老牛圈，激战至15时，也被击退。

战至12月17日，我沿江参战各军，因伤亡日增，战力锐减，唐总司令对青阳附近之作战，作如下之指示：各兵团须避免与敌决战。郭、莫两兵团应以主力在现阵地抢筑工事，迟滞敌之前进，并不时以小部队袭击敌之侧背，以牵制其攻击，以一部在青阳东南一带山地抢筑第二线阵地。不得已时，可适机转进于第二线阵地，唯青阳城附近应以一部占领前进阵地。

18日唐总司令为稳固青阳阵线，重行调整部署如下：（一）第五十军郭军长率所部并新四军之谭支队为右翼兵团，俟第一〇八师将清弋江、三里店防务接替后，以主力占领三里店（不含）合村、钱家桥、高家岭、小路口、南冲、观音洞之线，并以谭支队进入繁昌地区担任游击。（二）第六十七师莫师长率所部并指挥第一四五师及第一四七师之四四一旅，炮三团第二营之两个连、第五十一团之第十六连为中央兵团，应占领观音洞（不含）新田坂、杨美桥、东蓉桥、孙家、许家、焦家埠、老虎尖、底岭庵、河口、石门埠之线，青阳附近应构筑据点，油榨拐、百万江、乌龟山一带地区应构筑阵地。（三）第二十三军陈军长率所部指挥第一四六师为左翼兵团，应占领河口（不含）灵芝塔、雷鸣山、太白山、白洋、灌口、吴田铺、张溪镇、东流之线。（四）作战地境：右翼兵团与中央兵团为查村、花园吴、观音洞、官埠苏、陆家潭、五峰山相连之线；中央兵团与左翼兵团为南洋湾、牛角山、童家嘴、石门埠、老鸦尖、观前、梅埂相连之线线上属右。（五）各兵团限19日以前部署完毕。

唐总司令上述新的部署以后，已是12月下旬，1938年第三战区的冬季攻势已接近尾声。12月底，我六十七师奉命调绩溪附近整训。三个月的浴血抗战，我总计伤亡官兵3400余人。1982年秋，我由安庆经贵池到青阳，愧未上山，一吊烈士的忠魂。特写此文，作为我对已死的英雄的祭奠。

韩梅村

只要加筑工事，组织火网，是可以坚守的。

- 1901 年 12 月 8 日生，又名雪庵，湖南华容人。
- 1937 年 8 月，任第五十二军二十五师七十三旅一四五团团长，在平汉路北段阻击日军。
- 1938 年 4 月，任第五十二军二十五师少将参谋长。6 月，调任第五十二军第一九五师五六六旅少将旅长，参加武汉会战。
- 1939 年 7 月，任第五十三军一九五师参谋长，参加第一次长沙会战。
- 1945 年 5 月，任昆明防守司令部少将高参兼直属部队指挥官。
- 1996 年 11 月 27 日，因病逝世。

刘庄、税郭和虎皮山战斗

韩梅村

刘庄争夺战

在敌军矶谷师团进犯台儿庄时，第五战区司令长官李宗仁令汤恩伯军团之第八十五军由抱犊崮山区南下攻枣庄，第五十二军和第十三军攻峄县，威胁敌之左侧背。第五十二军奉命由兰陵镇附近经郭里集向峄县前进时，由于侦察不严密，失去耳目。当第二十五师先头队伍第七十五旅进至郭里集时，遭到炮楼上的敌军警戒部队突然袭击，使之伤亡近百人。当调来炮兵打垮炮楼后，少数敌人被击毙，多数逃跑了。接着敌以飞机、大炮轰击郭里集，第二十五师即向东撤退至山区。

3 月 29 日，敌军板垣师团从临沂以西窜来步、骑、炮联合兵种约 3000 人（这时临沂仍在庞炳勋、张自忠两部队固守中），侵入兰陵镇北面之向城，并派出一个加强中队约 200 人侵占向城西南面的刘庄。汤令关麟征负责消灭刘庄之敌。当时我是关军第二十五师第一四五团团长，由于我这个团在河北保定及河南漳河两次战斗中伤亡惨重，剩余老兵拨补了其他团，在洛阳接收新兵 2300 名，虽经过了三个多月的严格训练，但很需要实战锻炼。因而关麟征令我团附卜福式山炮一连，包围刘庄之敌而消灭之。

刘庄居民近 50 户，村外四周是麦田，地形开阔。我令第一营立即占领刘庄西北面的两个小村庄，向刘庄构成火网，防敌向西逃窜；令第二营向刘庄东南疏散前进，迫近刘庄；令山炮、迫击炮、苏罗通小炮位于刘庄南面约 700 米的两个小村，其余部队随团部位于炮兵阵地稍后的小村，团指挥所在炮兵阵地。3 月 30 日上午 7 时许，各营电话架通。炮兵开始向刘庄射击。由于刘庄有部分茅屋，在我炮击后成了火海（村里老百姓早已逃走）。中午前后，第二营之一个连，已冲进刘庄东北角房屋。据该连报告，敌人在刘庄外沿房屋墙壁上有枪眼，墙脚下挖洞，上盖门板，门板上盖土，守兵在洞里，因而我军接近时颇有伤亡。战斗至黄昏时，有 40 多个敌人向村西冲去，全被我第一营消灭。这时，我亲率第三营增援第二营，同时令第一营派出一个连突进村内。午后 8 时左右，第二、三营全部进村，战斗结束。俘敌 50 多名，内有伤兵 30 余名，其余全被打死。在清扫战场时，还有少数敌人躲在墙脚洞内不肯出来，顽强抵抗，均被打死。日军练兵，每班均带着写有“武运长久”的小白旗，每人都随身带有小刀，自杀者亦有。据说这是所谓“武士道精神”。从俘虏口供和缴获文件可知，敌是板垣师团以片野联队为基干的步骑炮联合支队，其任务是增援攻台儿庄的矶谷师团，掩护其主力南窜。

我团在这次战斗中，有两名排长阵亡，三名排长负伤，士兵伤亡 80 余人，而日军则死伤、被俘 180 多人。增强了我军与强敌作战可以取胜的信心，鼓舞了士气，锻炼了我团新兵。这次胜利，得力于炮兵，而敌人孤军无援，我又以多胜少。

这时敌矶谷师团之一部，仍在台儿庄城内与我军池峰城部队进行拉锯战，在得到庄野支队增援后，更为疯狂。孙连仲令第三十师师长张金照派出一个团归池师长指挥，接着又令第二十七师师长黄樵松率领敢死队20个组向侵占台儿庄城里东北角之敌进行突击，终于在4月6日将敌人逐出台儿庄，打了个胜仗。当时中外新闻记者云集徐州，从第五战区司令长官部得到了这一消息后，纷纷赶到台儿庄，也有几位记者到了我团，察看了对庄，报道了一些战斗胜利的消息。

向税郭进军

这时正是我军乘胜追击受挫之敌的好时机，李宗仁严令汤恩伯军团向峄县、枣庄之敌进行侧击。第八十五军绕道攻峄县，第五十二军攻枣庄。第二十五师于4月13日上午在第二师之右经陈岭、税郭之线，向枣庄攻击前进。第七十五旅第一五〇团团长高鹏知道税郭有敌军防守，他指挥各营前进到离税郭五里附近村庄停止不动，只派出一个连向税郭之敌警戒。我团在高团之后，前进到陈岭，驱逐了敌之军哨，占领了陈岭及其西北一个小村。上级用电台令我团速向枣庄东侧攻击前进。我令第三营（营长段培德）在陈岭及其西北小村作为团的预备队，并就地构筑工事。我率领第一、二两营及团直属两个炮兵连开始向枣庄东侧进攻。当第二营接近枣庄东南角一个小村时，突然遭受税郭之敌的侧击，该营虽抢占了这个小村，但伤亡了近百人。我带着第一营进入小村，由于受到税郭之敌的大炮轰击，第一营也有伤亡，第二连代理连长袁双亭牺牲了。我令第六连连长王存忠指挥第二营，在原地构筑工事，第一营也疏散在小村西南面的麦田里构筑工事，防止税郭及枣庄之敌向我攻击。就这样，我团攻击前进的态势一变而为防守。

下午3时左右，枣庄和税郭之敌果然向我反攻，敌之飞机、大炮也向我团阵地轰击，同时板垣师团也有一部向我右侧进攻，我打电话指挥第三营向右侧警戒，旅长戴安澜指挥第一四六团增援我右翼。就这样战况形成了胶着。当天黄昏后，我团奉命撤退。

韩梅村

虎皮山阻击战

敌军矶谷师团强攻台儿庄失败后，转移兵力，绕过台儿庄，企图经邳县南下。这时在临沂附近的板垣师团主力也南侵与矶谷师团会合。4月17日，第五十二军奉命由台儿庄东面撤退到邳县北面燕子河及其以西连防山、半步店子、虎皮山至艾山西之线筑阵防守，第二十五师在第二师左翼，阵地是连防山、半步店子、虎皮山至艾山西之线。我团奉命防守连防山。我带着三个营长和团直属单位的负责人先到连防山察看地形。连防山是约有200户居民的大村庄，四周有高约三米的土筑围墙，墙外是筑墙取土挖成的小河沟，沟外是麦田，平坦开阔，圩子里有街道、商店，树木成行。只要加筑工事，组织火网，是可以坚守的。在我团到达后正要构筑工事时，又奉命转移到半步店子、虎皮山，将连防山交第一五〇团防守。

半步店子在连防山西侧约500米，有20多户居民，再向西300米是虎皮山，此山高约20米，东西长约千米，山是光秃秃的石多土少的孤山，山的南面是艾山，艾山北坡有起伏不大的丘陵。我团的部署是：以第二营（第六连连长王存忠代理营长）防守半步店子及其以西至虎皮山东侧；以第三营防守虎皮山；团属苏罗通小炮连在虎皮山西侧，迫击炮在虎皮山东侧，其余部队随团部位于虎皮山后约千米的小村。各单位进入阵地后即抓紧时间构筑工事，准备迎接到来的战斗。团指挥所位于虎皮山后500多米处的小山丘上，离三营指挥所仅200米，可观察全阵地。

4月19日，敌飞机不断飞临第五十二军阵地上空侦察、投弹和扫射。20日凌晨，敌炮开始向我阵地轰击，并以坦克车掩护步兵向我虎皮山作试探性的进攻，均被我炮火阻止。我当时估计到敌人必以虎皮山作为重点攻击目标，因为占领了它可俯瞰我阵地的大部。敌军第一天向虎皮山进攻未得逞，21 日上午又向连防山进攻，连防山丢失。当天下午 2 时，第七十五旅旅长张汉初将第一五〇团收容完毕，准备以第一四九团（团长刘世懋）与高团协同反攻连防山，关麟征不同意，这时第二师的防守部队也丢失了一个小村庄，关说："谁失的阵地，就要谁负责反攻夺回来。"因而高鹏又集合部队于下午 3 时向连防山反攻。敌人用大炮猛烈射击，高鹏中弹阵亡。

在敌军侵占连防山的同时，半步店子受到敌之侧击，我第二营五连拼死抵抗，与敌逐屋争夺，形成胶着。4 月 21 日拂晓以后，敌炮射向虎皮山的炮弹在 200 发以上，我军虽筑有工事，仍伤亡近百人。随着我在一起的传令兵、通讯兵、警卫兵，有二人受伤，一人阵亡。在敌坦克车掩护下，进攻虎皮山的敌步兵，也因我炮兵和轻重机枪猛烈阻击，未能得逞。23 日，敌再猛攻。在坦克车掩护下的步兵成倍增加，被我苏罗通平射小炮击毁了几辆。此时王存忠代营长亲率第六连向敌接近虎皮山脚的步兵猛烈冲击，敌未及防，死伤很多。我第六连亦伤亡过半，王存忠代营长英勇牺牲。这时我又令第一营派出一个连由虎皮山左侧突击敌之右翼。这天的战斗敌人死伤很大，残敌逃窜。是夜，敌曾发动夜袭，因我方有周密防范，仍被我方打退。自后成胶着状态。虎皮山之战，我团坚守了五昼夜，伤亡官兵 300 多人，而敌军死伤 500 多人。由于敌以炮火掩护，离阵地稍远地段，不能清查，时值初夏，天气渐热，阵地前沿的敌尸臭气很大，而麦地的尸体，敌人也不敢掩埋。

第五十二军在邳县北面的防御战，与敌成相持状态。根据缴获文件，知道了进攻第二师阵地之敌，是板垣师团之板本旅团。进攻第二十五阵地之敌，是矶谷师团。

谢晋元

在未完全达成任务前，绝不轻率怠忽。成功成仁，计之熟矣。

● 1905年生，字中民，广东蕉岭人。

● 1930年，调入第十九路军蔡廷锴部，任少校营长、参谋等职。

● 1936年初，在国民革命军第八十八师二六二旅任旅部中校参谋主任，为准备抗击日本侵略，部队从四川万县调无锡一带驻防。

● 1937年，参加闸北八字桥战斗。后任五二四团团副，团长牺牲后接任团长，率部驻防闸北火车站，与日军激战两个多月。

● 1941年4月24日，被刺杀身亡。

谢晋元与八百壮士

孙元良

第八十八师孤军的由来

1937 年八一三上海抗日之役，国军坚强抗战，日军屡攻不逞，相持三月。10 月 26 日，我大场阵地失陷，迫得国军于当夜从第一线转移到沪西。11 月 12 日更向后总退却。

10 月 26 日早晨，上海战区国军最高指挥官顾祝同先生打电话给我：“委员长想要第八十八师留在闸北，死守上海。你的意见怎么样？”我略加思索，答：“我不同意。为什么呢？如果我们死一人，敌人也死一人，甚至我们死十人，敌人死一人，我就愿意留在闸北，死守上海。最可虑的是，我们孤立在这里，于激战之后，干部伤亡了，联络隔绝了，在组织解体、粮弹不继、混乱而无指挥的状态下，被敌军任意屠杀，那才不值，更不光荣啊！第八十八师的士气固然很高，并且表现了坚守闸北两个多月的战绩，但我们也经过五次的补充啊！新兵虽然一样忠勇爱国，但训练时间较短，缺乏各自为战的技能。——这是实际情形，所以我不同意。”

最后终于奉命留下一个团，死守闸北。——这就是“八百壮士”的由来。

孤军光荣达成任务

在全军退却沪西前，我请第五二四团的团附谢晋元中校和该团第一营营长杨瑞符少校两位同志到“四行仓库”（大陆、金城、盐业、中南四银行联营的仓库）我的司令部里，我亲自交给他们“死守上海最后阵地”的命令。

我向他们说：“你们最好把指挥所和核心部队布置在这里。这幢庞大的建筑物不只坚固易于防守，同时更易于掌握部队，我们的新兵实在太多啦。这里粮弹存储很多，为防自来水管被截断，饮水也有存储。有这样好的根据地，你们可以坚持下去，好好地打仗了。”他们很骄傲地接受了我的命令。后来果不负我所期，在抗战史上留一极壮烈的史迹。

坚守最后阵地三天后，晋元同志给我一封信：

元良师长钧鉴：窃职以牺牲的决心，谨遵钧座意旨，奋斗到底。在未完全达成任务前，绝不轻率怠忽。成功成仁，计之熟矣。工事经三日夜加强，业经达到预定程度。任敌来攻，定不得逞。27 日敌军再次来攻，结果，据瞭望哨兵报告，毙敌在 80 人以上。昨（28）晨 6 时许，职亲手狙击，毙敌一名。河南岸同胞望见，咸拍掌欢呼。现职决心待任务完成，作壮烈牺牲！一切祈释钧念。

职谢晋元上。29 日午前 10 时。于四行仓库。

我的回信：

谢团附、杨营长、暨我诸忠勇同志：余顷在沪西前线。余虽在沪西前线，余之心魂与诸同志同在闸北。

余奉命防御闸北轴心阵地，保我疆土。诸同志奋勇却敌，固守2月有半，倭敌终于未能越雷池一步，所以报国，幸不后人。近以一发之动，全线西移！本军亦奉令转移阵地，而以最后守卫闸北之责付托我忠勇之诸同志。

诸同志能服从命令，死守据点，誓与闸北共存亡！此种坚毅不拔、临危受命之精神，余与全军同志同致无上之敬意。

我中华民族自古多果敢赴难之士，岳家军屹然不动，戚公军剽悍却敌，以身许国，浩气长留天地间。我国民革命军赋此美德，重以最高统帅之教训，不吝牺牲，早抱成仁之决心。此次杀敌致果，实开震天动地之历史伟绩。我黄帝亿兆子孙，全世界千百万后世人，必以血诚读此史页。

诸同志孤守闸北已三日夜矣，敌之畏葸与我之勇敢已为举世所共见。沪上中外人士交口钦佩，民众奔走援助；咸负如可赎也，人百其身之愿。此诚中华民族之光荣，我中华民国之光荣，亦我国民革命军之光荣。

望继续奋斗，完成抗敌使命，流最后一滴血！我最高统帅于诸同志之壮烈牺牲，殊深嘉慰。余敬以转告。

10月29日，孙元良于沪西。

冒险献旗的41号女童子军

41号中国女童子军杨慧敏在10月28日中夜，冒着生命危险，冲过火线，向我四行仓库的英勇守军献送国旗。此一壮举和41的编号，立即由路透社传遍世界，在国际童子军史上写下辉煌的一页。

以下是杨慧敏女士的自述：

中华民国26年，抗战军兴，时局一天天地紧张。8月初，敌人的炮火已经迫近淞沪了。那时我才高中毕业不久，在美的糖果公司任职，此时已经停工。我像其他爱国青年一样，献身捍卫祖国的洪流，加入上海童子军战地服务团，对前后方军民展开广大而深入的服务工作。

经过三个多月的保卫战，上海终于失守了！我们童子军服务团有的随军队撤走，一部分随着难民撤进租界。我率领七个男女童军，在公共租界苏州河畔一个尼姑庵里为1000多难民服务。

这天（10月27日）夜里，沉寂的夜空忽然响起激烈的枪声，我悄悄地溜出尼姑庵去侦察。上海10月的夜是寒冷的，疏星几点，像往日一样还是那么懒洋洋地挂在天幕。远近的建筑物静静地罗列着。苏州河水默默地流着，没有半点声音。我听着自己胶鞋擦在柏油路面的单调脚步声。

沿着苏州河往西边的垃圾桥走，毫无目的地，我不知道枪声从哪里来，也不知道该往哪里走。走到垃圾桥，一排铁丝网挡住去路。我正在探望，想找一个空当钻过去，忽然“噗”的一声，星光下一把寒光闪闪的刺刀挡在我胸前。几个月来枪林弹雨的服务，我的胆子也磨大了；加上四周岑寂似水的夜空，使我的心情格外镇静，我一点也不害怕。我的眼光沿着刺刀往上移，朦胧星光下，隔铁丝网站着一个高大的英国兵。他用生硬的中国话问我："你是什么人？"我没有答他，只伸三个指头敬礼。他喊了一声，用英语说："Boy Scout。"

我告诉他，我要侦察枪声的来源。他见我说得轻松，态度又满不在乎，再加上我的装束是男童子军，说话却是娘娘腔，他找不出一句适当的中国话来问我，只好跟在我的后面走。我们过了垃圾桥，进入桥头的英国守兵碉堡，从枪眼中清楚看见仅隔开一条马路的四行仓库。

英国兵告诉我，四行仓库里的中国守军要死守，刚才的枪声正是与敌军在激战。我听得兴奋，心中升上一个念头——我要帮助我们勇敢的守军。

天已破晓，我只望见一座弹痕累累的四层楼大建筑物，看不见人。我又望见这大建筑物矗立在三方是太阳旗、一方是英国米字旗的中间，我心里产生一个迫切的祈求。为了鼓励上海市的人心，表现我中华民族的凛然正气，四行仓库的屋顶必须飘扬一面青天白日满地红的国旗。

回到住处，到了晚上，我脱下童子军制服，将一面大国旗紧紧地缠在身上，我再罩上制服。夜空是黝黑的，有英国兵走动的影子。马路对面的四行仓库像一个巨人，俯视着我。我观察了一下地形，若是溜过马路，势必要被左右的英国警戒兵发现，把我作为枪靶子。过了马路，四行仓库有重重铁丝网围着，只有沿着铁丝网工事爬到缺口处，再从窗子爬进去。终归是冒险的，我卧倒地上，爬过马路。我急跳的心刚稳定下来，忽然枪炮声大作。我以为我被敌人或是警戒兵发现了，忙伏在路旁的工事里不敢动。红绿的火舌在我头上飞舞。原来是敌人又向四行仓库进攻哩。不过敌人似乎不敢过分乱放枪炮，因为隔苏州河对岸英租界耸立一排大汽油坦克，一颗子弹飞错方向，全上海市民连日本人也不例外，都要遭受祸殃！

不久，枪炮声沉寂下去，我又开始慢慢爬，终于到了东侧的楼下。谢晋元团长、杨瑞符营长早有消息，知道我要来献旗，他们都在等候我。

我脱下外衣，将浸透了汗水的国旗呈献给他们，在朦胧的灯光下，这一群捍卫祖国的英雄都激动得流下泪来了！谢团长说："勇敢的同志，你给我们送来的岂仅仅是一面崇高的国旗，而是我们中华民族誓死不屈的坚毅精神！"

他立刻吩咐准备升旗。因为屋顶没有旗杆，临时用两根竹竿连接扎成旗杆。这时东方已现鱼肚白，曙色微茫中，平台上站了一二十个人，都庄重地举手向国旗敬礼。没有音乐，没有排场，只有一两声冷枪声，但那神圣而肃穆的气氛，单纯而悲壮的场面，却是感人至深的。我一辈子永远不会忘记。

谢团长带我参观各处，窗口和各种工事都就地利用仓库积存的整麻袋黄豆或麦子堆成，十分坚固。负伤的弟兄们躺在地上，有的在呻吟！我的热泪长流，我坚决要留下来替他们服务。但是谢团长硬把我送出门口，将我推出去。他喊："冲过马路，跳下河！"

我猛冲过去，跃下苏州河。头上枪声大作，我知道敌军发现了我，这时已是白天了。我平日练就的游泳技术救了我，我深潜水中，游至对河公共租界登岸。抬头一看，苏州河畔站满了人，纷纷向四行仓库屋顶迎着朝阳招展的美丽国旗招手欢呼！

最高统帅部下令孤军撤退

“八百壮士”在几天以后，奉到我统帅部的命令，于11月1日拂晓，退入上海公共租界。

先是英国军同情他们，认为孤守无益，劝他们退入租界。孤军感谢这种好意，但告以遵守命令，乐于杀敌，不同意随便撤退。这使英国军大大佩服。临到奉命退却时，英军指挥官马勒提少将不顾日军的抗议，亲自站在他警戒线上的重机关枪阵地上，掩护我孤军通过新垃圾桥。这本不是他的责任，也不是我孤军所需要的。——由于我孤军的英勇，激发起英国军人的侠义心肠。

这一役，孤军坚守最后阵地，力战四日夜，击退敌军六次围攻。敌军横尸四行仓库附近约200，伤者无算，并毁其战车两辆。我孤军仅伤亡37人，营长杨瑞符少校弹穿左胸，负重伤。

为什么一会儿要孤军死守，一会儿又要孤军撤退呢？晋元同志在一次谈话中有一段话说得很明白：

> 我等困守闸北四行仓库凡四日夜，击退敌军六次进攻。弹药的消耗不及1/10，至于给养，虽坚守三年亦无绝粮之虞。
>
> 我政府为维护世界和平，达成抗战神圣的目的，复兴中华民族，为千秋万世基业计，虽牺牲千万人之生命，亦无所悔恨！似此四百余之我等孤军，实沧海之一粟耳，何惜牺牲！且我等已有充分之弹药与给养，准备重创敌人，作光荣的战死！“借租界的庇护以保生命”，我等绝未作此想。
>
> 我等之撤退，系因第三者要求维护中立地区（公共租界）

之安全，请求我政府同意，而由我最高当局下令撤退者。

孤军退入上海公共租界后，在租界内所处的地位非常微妙。他们既不是俘虏，也不是要求庇护者。因此，他们以后的经历就十分复杂。

我国政府循上海中立人士的呼吁，为维护上海公共租界的安全，正式下令撤退孤军。孤军服从命令，全副武装整齐地退入公共租界。他们既不是被俘虏，也不是自动要求庇护，可说是公共租界邀请的客人。这是当日的事实。

更有事实足以证明孤军并非俘虏，不应长期被羁留，就是那时公共租界当局因为孤军不是俘虏，不肯供给伙食。临时借垫的少数款项，后来都向我政府索回了。孤军在最初两个月全靠上海爱国团体（刘鸿生等主持）供应给养，以后则由我政府按照国军待遇，源源接济，一直到太平洋战争发生，公共租界沦入日伪手中才停止。

上海公共租界当局对于真正溃逃租界、借保生命的日军完全放还，武器也一并送还，而对我孤军则不能作同样的处置！虽由环境使然，出于无奈；然而有强权、无公理，丑恶怯懦面目又在这般人身上再度显露一次啊！

孤军为国旗而流血

孤军羁旅上海公共租界四整年又一个月零 17 天（1937 年 11 月 1 日至 1941 年 12 月 18 日）。“此种长期奋斗，实较之前线官兵在炮火炸弹之下，浴血作战，慷慨牺牲，尤为艰苦卓绝，难能而可贵。”他们的生活是艰苦卓绝的，同时也是光辉灿烂的。晋元同志从 1938 年元旦起，直到他遇害前两天（1941 年 4 月 22 日）止，连续写了三年的日记。从他的日记中可以看到孤军在上海晋元路孤军营中出操、上课、工作、游戏，以及和上海租界内学生、工人、市民同胞等交往各种情形……

国军撤退后的上海，孤军营成为上海同胞唯一振奋和关切的对象。孤军的荣辱否泰，上海同胞都视为自己所身受的一样。有一段时期，孤军营未被限制普通人的出入，上海同胞可以随便和孤军接谈，所以晋元路上，每天人来人往，络绎不绝。好像信徒们拥向圣地。

1938 年 8 月，孤军为纪念“八一一”（1937 年 8 月 11 日第八十八师自无锡出师向上海抗日），向公共租界万国商团团长亨培交涉，悬旗三天。8 月 9 日，孤军营内竖起旗杆。亨培来干涉，先是不许悬旗，后要求将旗杆截短，俾与营内大礼堂屋顶相齐，避免日军看见，引起麻烦，使工部局为难。翌日，孤军“八一一”“八一三”两大纪念日将临，而悬旗问题尚未决定，不得已将旗杆砍去数尺，重新竖立起来。

11 日晨 6 时，举行升旗典礼，国旗飘扬于孤军营内。上海市同胞望见，无不感奋流泪！

四小时后，工部局派英格兰兵 300 名，包围孤军营房，派意大利兵 400 名，散布晋元路一带警戒；又派白俄一队向孤军营冲入！幸有万国商团中国团员吴启荣事先发觉，来告。晋元同志即令第一连负责警戒瞭望塔，第二连分散于大操场。下令后不到五分钟，白俄队即冲进营房，用机关枪向手无寸铁的孤军扫射。当有刘尚方、尤长青、吴祖德、王文义四同志殉难于国旗下，另负伤官兵 11 人。

白俄队行凶后退出。同日晚 10 时又来了一队白俄，强将我全部孤军挟入救护车多辆，驶往外滩中央银行幽禁，晋元同志及全体官兵对此绝食抗议。

此事引起上海同胞的愤怒！一致罢市三天，声援孤军，要求将孤军送回晋元路原营地。工部局不得已照办。悬旗事件暂告一段落。但经此事件后，孤军营内的国旗被收缴，此后只能举行“精神升旗”了！

何玉湘烈士被害

1940年“九一八”，孤军营又发生了何玉湘中士被白俄开枪杀死，高广云上等兵被击伤的血案！抗战胜利后，1946年，凶手米奇亚可夫经上海法院审讯，判处徒刑15年。当时上海新闻报登载审讯经过颇详，内容如下：

1940年，上海万国商团白俄雇佣兵米奇亚可夫枪杀四行孤军何玉湘中士一案，自本（10）月12日初审后，以该案证人未能到齐，故改于昨日（10月22日）下午再审。昨日到案证人有前四行孤军中士班长石洪谟，及在警察局任警官之前万国商团白俄队长伊凡诺夫。

推事吴荣林、书记谢寅生升座后，首传被告米奇亚可夫讯问。据米供：民国29年（1940年）9月18日那天，担任守卫孤军营的白俄士兵由七岗增至十三岗。当时被告担任守卫第一岗。因那天形势紧张，迫不得已乃开放一枪。同时，在被告开枪后30秒，第七岗之拉希开维支亦开放一枪。被告虽开枪，但不能确定何玉湘即为彼所伤。

次由证人伊凡诺夫做证。伊称，当时并未在场，但从报告书上得知米曾开枪。于米开枪后30秒，第七岗亦曾开枪。唯记录上并未载有开枪致何玉湘死命一文。又因奉上司令，无论何人不得入孤军营，故亦无从查得开枪后所发生情事。彼当将每日记事簿一册呈交庭上，以备参考。

伊发言完毕，由证人石洪谟发言，石称，年28岁，现服务于中央干训团，原在孤军营唐棣连长部下任中士班长。现唐连长因公赴苏州，故由本人代连长作证。出事那天，因奉谢团长命令，察看营外马路上是否有事发生。本人奉命后，当即驰往出事地点，而情逢其会，故知之甚详。当时因欲察看马路上是否有事情发生，故与何玉湘并肩站在一凳上，向外观看。当时孤军与民众等因营门无故被封锁，与白俄守兵发生冲突，米乃向营内开放一枪。记得当时米曾瞄准二次，至第三次瞄准才开枪。所放枪弹先中何头部，再中另一士兵高广云之腿。因高适在洗浴室内，而该室地位颇高，故弹中腿部。

石讲述完毕，被告律师刘剑刚乃起立为被告辩护。“当时环境恶劣，日人屡次要求接管孤军，租界当局则竭力避免。因之派白俄队戒备，明为看守，实则暗中保护。9月14日为升旗一事已有不幸事件发生，盖当时租界不准孤军升旗，而孤军则因情绪热烈，故未得着管理当局允许，仍将国旗升上，因此遭管理当局用自来水、催泪弹将士兵冲散后，将旗降下。此事发生后，白俄警士等奉令不得入营。九一八那天，马路上已有民众数百人与营内士兵互相摇手呼应。那时米年纪不过20岁，因年幼无法应付当时紧张情形，故而开枪。事后本人亦曾向白俄队长伊凡诺夫询问，何以不多派人协助米等？伊答以无法。米之上司亦应负担相当责任。本人有三点为被告辩护：（一）被告承认开枪，但未承认杀人，亦未能证明彼杀人。（二）何玉湘致死之枪弹，未能证明即为被告所开放者。又因环境不许可入内调查，故无法证明子弹为谁所发。盖当时第七岗亦曾开放一枪。（三）当时民众包围被告，营内孤军又发动呼应，有缴械形势。因当时守卫孤军营之警士有法令一条，即于形势险恶，可以无须长官允许开枪。白俄警士入伍之初，乃依照英国军队规定规律，彼等未受良好教育，对法律一项不明了。又当时租界之法令，到现在看来，又大不相同。故请庭上判被告较轻之罪或无罪。”

刘律师辩护完毕后，庭谕：本案定28日下午2时宣判，被告还押。

1946年10月28日，上海法院判凶手米奇亚可夫有期徒刑15年。

谢晋元烈士殉国

1941年4月24日，晨光熹微的5时许，孤军营官兵循例在操场集合，列队早操。点名时，发觉士兵郝鼎诚等四名迟到五分钟。晋元同志治军素严，当众予以训斥。不料郝等早受敌伪方面诱骗，趁机下手。在全体跑步时，乘晋元同志不备，用短刀向他头腰两处猛刺，晋元同志伤重立殒！团附上官志标中校见状趋前援救，也受重伤。凶手当场被附近官兵捕获，移解上海公共租界当局法办。

晋元同志的死讯传出，上海同胞哀痛至极！任何危险也阻挡不住爱国同胞在马路上汇成的大洪流。他们拥进孤军营向他致敬，瞻视他的遗体，三天内共达25万人，人人显露出悲愤的面色。

蒋介石于1941年4月28日发出通电：“谢晋元同志之成仁，为我中华民国军人垂一光荣之纪念，亦为我抗战史上留一极悲壮之史迹，回溯该团长率领八百孤军，坚守闸北，誓死尽职，守护我国旗与最后阵地而绝不撤退，其忠勇无畏之精神，已获举世之称颂。而其留驻孤军营中，为时三载以上；历受艰难，尚能坚毅不移，始终一致，保持我国民革命军人独立自强之人格。此种长期奋斗，实较之前线官兵在炮火炸弹之下，浴血作战，慷慨牺牲，尤为艰苦卓绝，难能而可贵。此次被刺殒命，显为敌伪方面久已蓄意，收买暴徒，下此毒手！而我孤军营之忠勇官兵赤手擒奸，固绝不损其全体之荣誉。谢团长不幸殒命，然其精神实永留人间而不朽。谢团长不仅表现我军人坚贞壮烈之气概，亦为我民族不屈不挠正气之代表。除已优予抚恤外，甚望我全体官兵视为模范，共同景仰。以期无负先烈之英灵，而发扬我民族正气之光辉也。”

日本型的野蛮残暴行为

1941 年 12 月 8 日，日本突袭美国珍珠港，太平洋战争爆发。上海由此沦为真正的孤岛，而孤军坠入了更黑暗的地狱。

12 月 10 日，伪上海市长陈公博致函孤军营代团长雷雄同志，要孤军全体参加“和平运动”。雷同志严词拒绝。

12 月 28 日，日军数百突入孤军营，将手无寸铁的孤军全部押到宝山月浦飞机场拘禁。

1942 年 2 月 9 日，敌人又将他们从宝山押到新龙华游民习艺所，强迫他们挖壕沟，做苦工。因为孤军反抗，敌军残酷地镇压，把他们押去南京，关在珠江路老虎桥原第一监狱的俘虏收容所里。

处在这么恶劣的情况下，孤军仍表现出坚强的团结力和严肃的纪律，每天抽空由官长率领跑步和体操。这种强硬不屈的精神激怒了敌人，使敌人痛恨。于是敌人第一步将孤军的官长和士兵分开，第二步将士兵 50 人押去光华门外，60 人押去孝陵卫，100 人押去杭州；另押解裕溪口和南洋群岛各 50 人。其余仍关在城内原处，将官兵杂在一起，强迫他们做不堪忍受的无休止的苦工！

这种日本帝国主义对于占领地的俘虏和一般平民所施的残暴不法行

为，后来经盟军远东军事法庭肯定。盟军在审判德国纳粹战犯时，也曾特别提到“在战争中采取日本形式的野蛮残暴行为，蹂躏了国际法的原则和人道主义的精神”。

孤军的最后奋斗

日本蔑视国际公理，残忍狠毒的手段，压制不住孤军反抗强暴、热爱祖国的精神。11 月 6 日，光华门外的孤军趁着和孝陵卫的孤军对调的时候，大部分逃走。他们先到小茅山藏了几天，有的就留在本地参加游击部队，有的绕道浙江、江西、湖南、贵州，回到抗战首都重庆——这是回到重庆的九个孤军同志施彪、陈裕松、段海青、陈祖谟、徐文卿、万国卿、张永祥、黎时德、肖益生的最后的冒险经历，也就是大部分孤军的同样的冒险经历。

日本战败投降，抗战胜利后，孤军除了早回到了重庆的以外，从全国各地和南洋回到上海的，计有 100 余人。受敌人折磨，赍志死去的当然不在少数了！

被日军押至新几内亚做苦工的孤军 36 人，经澳大利亚政府派军舰送还，于 1946 年 8 月 24 日到达上海。他们的姓名是唐棪、陈日升、冷光前、王长林、吴萃其、童字标、邹莫、汤聘莘、刘一陵、严占标、陶杏春、伍杰、杨德余、刘辉坤、许贵卿、赵庆全（以上 16 人都是官长）、李自飞、赵春山、傅梅山、傅冠芷、石洪华、谢学梅、徐毓芳、周正明、邹斌、陈翰钦、杨柏章、赵显良、张永善、徐玉开、魏成、何英书、杨振兴、任全福、雷鑫海、钱水生（以上 20 人大部分是上士中士阶级）。——这 36 人都是孤军干部，被日本人送到最远最坏的地方做苦工！

我们读古今中外的战史，实在还没有发现过像我四行孤军这样壮烈的史迹。他们身虽辱而志不屈，使我们想象到苏武在北海冰天雪地中持汉节牧羊的情景。然苏武终于由敌国匈奴送还汉朝，而我们残留的万劫未死的孤军却由于日本败退，才能重新享受到光复后祖国的自由。

邱维达

“先求稳当，次求变化”，没有构筑巩固阵地之前，无把握盲动出击，是毫无把握的。

- 1904 年生，原名邱青白，字力行，号杏苏，湖南平江人。
- 1936 年 3 月，任陆军步兵少校。6 月，补一旅扩编为新编第十一师，升任参谋处上校主任。11 月，调任第一五三旅第三〇六团上校团长。12 月，任陆军步兵中校。
- 1938 年 5 月，入武昌珞珈山中央训练团短训班，因京沪作战有功荣获军委会授予的云麾勋章。
- 1939 年 3 月，升任第一五三旅少将旅长，与日寇在江西高安作战。
- 1940 年，调任第七十四军第五十七师副师长。
- 1941 年 9 月，参加第二次长沙会战。
- 1944 年夏，参加衡阳会战。
- 1945 年 3 月，升任第四方面军中将参谋长。
- 1998 年 3 月 29 日，病逝于南京。

第五十一师罗店防御战

邱维达

八一三淞沪抗战时，陆军第七十四军第五十一师正集中在陕西南郑、洋县、西乡地区整理补充训练，上级指定为第一期参战部队。

受令开进

第五十一师在积极备战过程中，随时预备整装待发。在待命期间，师司令部工作，也密切注视上海及其他方面敌我动态。

正值淞沪战争战线扩大，战线愈趋紧张之际，陆军第五十一师，于1937年8月20日，接到军委会命令：第五十一师迅速集结宝鸡火车站，使用列车紧急输送，经西安、洛阳、徐州，到达浦口过江转京沪铁路，到达安亭下车，再接受新任务。

部队从陕南开赴上海过程中，也出现一些意外事件。当我部队整装待发时，忽然接到南郑天主教堂请本师营长以上军官赴宴，表示欢送之意。奇怪的是本师驻扎南郑，与天主教堂从未有接触，部队亦无信奉天主教的，但请帖已到，为礼貌亦不能不理。到时我们被请军官都已赴约，该教堂神父、主事们都到大门迎接，礼貌周到，宴席是用法国大菜款待，场面华丽。经交谈我们才知道该教堂是意大利派来的神父。在用餐时，神父们还祈祷祝愿华军胜利归来，表示很拥护华军战胜敌人似的。宴会完毕后，神父们请师团长到另外一个小休息室饮茶。在谈话中暴露一些蛛丝马迹，神父们拿出一幅莫墨里尼同德国希特勒合影的照片给我们看，并大吹特吹这两位领袖伟大胸怀、伟大抱负等等，事后我们回到部队，就有人向我提出：德、意、日是结为轴心国家，现在我们是去打日本，为什么它还欢送我们上前线？值得注意！这是一个意外。第二个意外是：部队徒步行军抵达宝鸡车站（当时陇海路西端只修到宝鸡），再登列车，但是每一列车在开行过程中，都发现列车上空有日本飞机追踪侦察。第三个意外事件：列车经过浦口渡江到下关时，又遭到敌机轰炸，列车是乘轮渡过江，好在夜间灯火管制，目标不明显，炸弹均落在江中，我无损伤。最后一个意外：当本师所乘之列车经过苏州火车站时，补给站在这里换发新兵器、新装备，为办理交接事宜，每列车最少要停留两小时，也遭到敌机轰炸，略有伤亡，连苏州车站房屋均被毁掉。

结合以上四点意外情况，联系起来考虑这个问题，我们怀疑内部有敌方间谍，问题在南郑以及陕南地区，我们提出陕南外国教堂很多，人员复杂，呈请上级通过各种渠道侦察。又经过一年半的时间，部队接到上级通报，汉中天主教堂，是一个潜伏国际间谍组织，查出武器、枪支、文件以及通信工具人证物证俱在。前事不忘，后事之师。军事保密，何等重要。

参战经过

1937 年 8 月 24 日晚，第五十一师各旅团，经过三昼夜紧急列车输送，沿途排除敌机干扰，轰炸障碍，全部按计划抵达安亭车站。人无休息，就接到淞沪战区指挥部的命令：8 月 22 日晚，敌第三师团、第十一师，及第八师团之第四旅团、第一师之第一旅团，在川沙口、狮子林、宝山县同时登陆，部队展开后，目标分向宝山、罗店、浏河之线南犯，重点似向罗店通往嘉定公路两侧地区进行攻击，企图威胁战区左翼之侧背。我陈诚部第十一师从 24 日起，对进犯罗店之敌实行反击，尚在激战中。第五十一师的任务是立即出发，星夜以急行军前进，到达嘉定县以后，向罗店我第十一师作战部队切取联系，增援该方面作战，稳定该地区战局。

师长王耀武接到上级作战命令后，即召集本师旅团长在安亭临时指挥所，召开军事会议，授予各旅团任务。经判断从川沙登陆之敌军，总兵力约有三个师团，同时敌利用舰上炮火作掩护，兵力火力均为优势，我参加罗店反击兵力只有一个师，要保守罗店阵地，似难固守。决定以邱维达、程智两个团的兵力，展开为第一线，支援罗店方面作战。部队前进时分两步走，用急行军搜索前进，到达嘉定县稍事整顿，联系友军，第二步加入作战。

我根据师行动方针，命令部队用膳完毕，先派一个搜索队循安亭—嘉定—施相公庙—罗店道搜索前进。我随团先头行进，便于掌握情况。经过三个半小时的急行军，部队已安全到达嘉定县，此时尚未天明，我进入县城想了解一些情况，结果大失所望，全城空无一人，灯火全无，家家户户紧闭门窗，群众都已逃避一空，呈现一派战时紧张气氛。我又登上城墙观察一下，觉得城墙尚坚固，可以临时用作野战工事，此时已经到 25 日拂晓，我命令派一个营利用城垣向罗店方向戒备，其余部队休息两小时，消除疲劳，以利尔后作战。立即派少校团附刘振武向罗店方面联系友军、查明情况迅即回报。又经过两小时，刘团附有报告送回给我说："我沿公路到达施相公庙，即遇上我第十一师一个营长，他讲，第十一师昨日反击罗店之敌没有成功，部队伤亡很重，师主力退守施相公庙东西之线，现正在加强防御工事；罗店已被敌军占领，仍欲向南进攻；

希望火速增援。”

我根据刘团附的报告，前方需要部队急速增援，如何增援？我考虑，天明以后，敌机活动频繁，同时川沙口敌舰远射程炮火已能打到嘉定，有的友军在增援中就被打乱，损伤甚重。因此决定：各营从嘉定开赴前线增援，接替第十一师一部分防地时，利用公路两侧排水沟隐蔽前进，官兵一律伪装，不使敌军发现。一律限黄昏以前接替完毕。

25 日 12 时，我已到达施相公庙东南侧顾宅设立指挥所。并到第一线指挥各营增援第一线，陆续进入阵地。午后 4 时，各营报告都说按计划进入阵地，都很顺利。此时我才松了口气，我认为部队只要第一步站稳脚跟，以后就有办法。

我团接替施相公庙阵地后，考虑如欲对当面罗店之敌立于不败之地，必先吸收上海参战友军一些经验教训。我采取如下措施：

（一）巩固阵地：部队有旺盛士气和敌忾同仇热忱，也决不可以硬拼，上海参战部队伤亡大，一是由于地形平坦，二是与敌硬拼。要维持部队能作长期作战准备，必先构筑好阵地，规定从团指挥所直达第一线，均须构成有掩体的堑壕。交通壕防御体系，限三天完成作业。

（二）纵深配备、疏散配置：友军的教训，敌人海军炮与飞机投弹，往往造成我军一个班一个排的损失。故在兵力布置时，采用纵深疏散配置。

（三）防空、伪装：在公路两侧阵地，是敌机频繁轰炸目标，必须使用高射机枪构成对空火网，以制止敌机低空干扰。阵地和部队必须伪装。

8 月 29 日，我方阵地布置就绪，为欲试探当面罗店之敌的虚实情况，我组织一次夜间强袭行动。使用预备队加强两个连的兵力，由第三营营长胡豪指挥，乘深夜静肃前进，使敌不防之际，一鼓作气冲入罗店南侧阵地，打开一个约 200 米缺口，对敌阵地内施行猛烈攻击，以各种火力射击，并用刺刀冲杀，敌在睡眠中猝不及防，拿起武器乱射，慌作一团，我因目的已达，待敌以预备队来反击我突击队时，我以机动且战且退，把追击我突击队之敌，引诱到我阵地前200米地带，我发出红色讯号，整个阵地守兵，发出最威猛最炽盛火力，歼灭暴露在我阵地前之敌。激战两小时之后，敌军无法立足，也无法前进，正在进退维谷之际，我命令所有轻重兵器，将暴露在我阵前之敌，给以歼灭杀伤。战斗到天明，阵前枪炮声已呈现稀疏状态，敌人被我击溃。我到前沿用望远镜观望，发现阵地前沿击毙敌人甚多，死伤累累。我命令各营连派出小分队清理战场，收拾武器，掩埋尸首。

我团采用夜间突击敌人，初战有所收获，士气大振，把以往之怯敌心理，一扫而光。从此经上级传令表扬以后，上海友邻部队，也纷纷派军官前来观摩吸取经验，我对他们介绍经验说，我们是本着下面两句名言去做的，“先求稳当，次求变化”。没有构筑巩固阵地之前，无把握盲动出击，是毫无把握的。

从9月1日起，日军后续部队陆续向上海战区增援。参加上海作战友军，每个部队都感到压力大，伤亡严重，后备兵员接济不上。有的部队，一师兵力上战场，到换班时，只剩下一个团的兵力，有的一团只能编成一个连，其损伤之大，由此可见。上海战场形势，自罗店、吴淞、宝山相继失陷以后，淞沪战场形势，我军与敌军相持在北站—江湾—庙行—蒋王庙—施相公庙—双草墩地带。

淞沪战区作战到9月中旬，根据上级敌情通报所示，已到达上海战区之敌军，计有第一师团、第三师团、第十一师团、第六师团、第八师团、第十六师团，共六个师团，估计总兵力在10万以上，火炮300余门，坦克200余辆。敌军并在鸭窝沙高尔夫球场、泗洲岛地域，构筑空军着陆场，各种作战飞机已经增到300余架。说明日本发动对上海进犯，绝非短暂挑衅目的，是配合东北、华北整个侵略我国意图相联系的。因此，我参加作战部队，应有充分思想准备。

从9月中旬起，我施相公庙正面之敌，又开始活跃，敌人多次进行试探性进攻，发现我方阵地坚固，一计不成，又想集中陆海空火力，摧毁我防御阵地之后，再使用部队，进行强攻，其目的企图是从罗嘉公路两侧突破我阵地，占领嘉定，以迂回包围我左翼部队，威胁上海战局。我察觉敌之阴谋后，必须加固现有阵地，与敌决战到底。9月30日，当面之敌发动较大攻势，使用第八师团主力配合台湾派遣军一个联队，先以各种炮火、飞机轰炸，一波又一波不停地进行数小时之久，黄昏以后，展开强大步兵进行攻击，其主要突击方向，仍在公路两侧。此时，我令前线部队，对远距离之敌，不必消耗弹药，沉着等待敌人接近，当敌步兵出现在我步炮兵有效射程内，我发出讯号，命令射击，整个阵地前沿形成一道火海，将敌军吞食在火海之中。一直战到天明，战斗告一段落。此役我牺牲营长刘振武，连排长四人，战士30余人。

9月30日，友军第七十七师防守之万桥、严宅被敌突破，次日拂晓，敌突破我陆桥、刘家行阵地，经我第五十七师派队逆袭，一度夺回陆桥，阵地未及巩固，敌增援部队反攻，我军向蕴藻浜南岸陈桥、广福、施相公庙、浏河之线转移。

我军转移至新阵地后，敌继续增兵，其番号有第一〇二、一〇六、一〇七、一一四、一一六共五个师团的兵力，另有台湾派遣军一个师团，以上新增援的部队，均已到达上海战场，据估计敌军总兵力，已达到20万人以上。

10月7日，敌军第三、第九师团向蕴藻浜北岸我第八师正面之黑大、黄定，以及胡宗南部防守之西亦房开始强渡，激战数日，互有伤亡。战至10月11日，该方面之敌又继续猛攻，并集中火力企图突破我大场阵地，与我军争夺甚为激烈。此时，上级指挥部决定，为恢复蕴藻浜南岸阵地，命令新增援之韦云淞军，由黄港、北侯宅、谈家头附近，向蕴藻浜南岸之敌反攻，以叶肇军由赵家宅向东攻击，以第九十八师由庆福南侧地区向孙家头、张宅之线攻击。并命令原守备之各军师助攻，以策应主攻友军。19日晚，各部开始攻击，恰遇当面之敌军也同时向我进行攻击，形成了一场大血战。敌我损失重大。23日夜，我进攻之部队退至顾宅、大场、走马塘、新泾桥、唐家桥地区。但闸北至庙行方面，及陈行以北各阵地仍无变动。当我军在阵地转移时，敌猛攻大场，25日，大场阵地大部被敌炮火摧毁，将我阵地突破。我军因侧背受到威胁，于26日向苏州河南岸江桥镇、小南翔之线撤退。

掩护上海总撤退

10月30日，上海战局有所变化。当面之敌，又在周家宅、姚家宅两处强渡苏州河，占住数要点，我军反攻未奏效。11月5日到7日，敌后续部队增援，为达到迂回包围我淞沪作战部队之目的，使用日军第六、第十八两个师团，由杭州湾北岸之全公亭、金山嘴登陆。当浦东、枫泾我军奉令夹击登陆之敌，又因联络中断，行动迟缓，未能达到阻击目的，使登陆之敌继续向松江方面进迫，松江岌岌可危。此时我淞沪战线，侧背受到严重威胁，统帅部决定上海战区全线撤退。

11月8日下午8时，师长王耀武命令，第三〇六团团长邱维达率领该团为总掩护队，掩护部队安全撤离。我迅速集中全团以急行军向青浦、松江方向前进，阻击杭州湾登陆之敌前进，以掩护部队安全撤退。部队通过京沪铁路时，即遭敌机轰炸。此时我不顾一切干扰，冒轰炸继续前进。9日晨，部队到达青浦以西朱家角镇。此时，得知松江已于8日午为敌占领。我决心以朱家角为据点，一面令部队占领掩护阵地，构筑工事，阻击松江方面前进之敌。在敌强我弱之形势下，我只能采取机动防御，以达到掩护部队撤退目的。

9日，尚未发生战斗。10日，从松江向我前进之敌，已接近朱家角我掩护阵地，一经接触，敌发现我兵力单薄，即展开强大兵力向我包围攻击，我以且战且退方式，达到迟滞敌人目的。

10日晚，我团转移到青浦县，此处有城墙可以利用，我团第二营营长尹远之拼力抵抗敌人，不幸阵亡。此时我下令向昆山撤退，行抵距白鹤港尚有五公里时，发现白鹤港已有日军，而且发现通往昆山的公路均有敌军，无法通行。在此无路可退之时，我发现一位军人刚从上海逃跑出来，通过询问，他是友军罗卓英总部的秘书，系上海人，对附近地区均很熟悉。据他说，日军已超越我一日行程，我若要向昆山方向前进，事实上已不可能。他建议我团不如暂留在此地打游击，他可以协助我们。我考虑，我们是国家野战部队，我还负有掩护任务，不能自作主张改变任务。我说你要帮助我的话，请你打听一下，尽可能绕小路向昆山方向转移。于是找来两位本地农民，帮我带路走乡村小道，经过两夜绕小径，有时涉水前进，终于在昆山附近找到师主力部队，我的第一期掩护任务完成使命，以后向南京撤退，第二期掩护任务，交由张灵甫团担任。

淳化阻击战

邱维达

抗日战争开始时，我任国民党陆军第七十四军（俞济时任军长）第五十一师（王耀武任师长）第三〇六团上校团长。淞沪会战逐渐扩大后，接南京军事委员会训令，我部奉命参加罗店、施相公庙的守备任务，前后固守 85 个昼夜。1937 年 11 月初全线撤退，我部又调青浦、松江一线担任掩护整个战区部队撤退任务。任务完成后，我团尚在青浦，敌军已超越我一日行程，其先头部队已到苏州白鹅潭。为了赶上部队，我们在当地群众帮助下，穿越数道敌人封锁线，于 12 月初到达南京东南的上坊镇、淳化镇与本师会合，参加保卫首都之战。

我团到达上坊镇后，稍事补充，调整人员，准备继续加入战斗。一天，师长王耀武向大家宣布：上级来电话，召集团长以上将校军官到中山陵听委员长训话。

上午 8 时许，全军团以上将校军官 40 余人陆续抵达军部，由军长俞济时率领向中山陵前进，途中躲了几次敌机轰炸，到达陵园墓道中间厅堂时，见到冯玉祥、何应钦、白崇禧、唐生智等高级将领已经到达。休息一刻钟后，蒋介石一行才乘车到来。蒋着戎装，表情严肃。他强调守卫南京的重要意义，戏剧性地向大家推出唐生智，并任命他为首都卫戍司令长官，要求我们绝对服从唐的指挥，共负保卫首都的重任。其实唐生智早在11月20日就被任命为首都卫戍司令长官了。

师自上海战场转南京后，奉命担任方山至淳化镇的守备，我团为师预备队，驻宋墅附近，任务是策应第一线部队的战斗，重点保持于师的左翼。12月7日，我团接到师部命令，要我团策应第一五一旅（旅长周志道）作战，立即派一个营守备湖熟镇。我即派第三营胡豪营担任是项任务，他们与数倍之敌血战一天一夜，阵地屹立未动。8日，敌后续部队源源增加，大量坦克、重炮、飞机均加入作战，第一五一旅的程智团和张灵甫团阵地均被敌军突破，部队纷纷后撤。是日，师长下令转移阵地，我团撤至光华门外飞机场布置新阵地，继续抵抗。我到达飞机场后，见到有几架残破机体东倒西歪地停在机库内无人看管，油库、零件库储存物资不少，也没有人过问。

8日晚，我团布置阵地完毕，守至深夜，从牛首山撤退下来的部队要通过我团防线。为防止敌人乘隙突入，被我阻止，经询问，得知该部番号为第五十八师。有位姓吴的营长对我说："牛首山防线已被突破，部队损失严重，被打得七零八落，我只带一个连冲出来。"他还告诉我，敌军部队跟随而至，叫我做好准备。凌晨，第一五一旅也接着从淳化镇撤退下来。据周志道旅长亲自告诉我，敌军坦克和步兵紧跟后面，应作好一切准备。随后师长王耀武坐吉普车也到我团阵地。他说现在情况紧急，守备南京外围的阵地和据点，经过三昼夜激战，敌军主力部队已增援上来，淳化镇、方山等处均被突破。他命我团调整部署，在原阵地除留少数警戒部队外，主力撤进城，利用城垣为阵地，守备中华门到水西门之线。

10日晨，我团从中华门入城，正在部署新阵地时，敌机编队轰炸雨花台第八十八师阵地，方山方面敌炮兵亦开始向我城垣轰击，中华门城墙垛口被轰塌许多。此时我已意识到，一场守城恶战就在眼前。我将任务分配完毕，即带领一组侦察官到城外侦察地形，联系友军，组织协同。

午后4时许，南京城区战况已经激烈展开。我雨花台守军第八十八师防线，遭到敌军炮火的猛烈轰击，雨花台东、西高地失守，这样，敌就将炮兵阵地推到该处，掩护敌坦克和步兵直接接近，进攻城垣。炮弹像雨点似落在城墙上，使守城官兵伤亡很重。我当时在中华门城上指挥所，发现敌坦克两辆掩护步兵企图通过中华门外军桥（此时没有大桥）。我命令集中步兵炮数门，直接瞄准射击，敌两辆坦克中弹掉入河中，敌步兵失去坦克掩护，纷纷后逃。我即令一个加强连出击，斩获数十人，士气为之一振。

敌我双方激战到12日黄昏，南京城四周炮声隆隆，不绝于耳，机枪声、手榴弹爆炸声、喊杀声，更是此起彼伏，彻夜不停。这天上午9时许，第三营营长胡豪电话报告，中华门与水西门之间，城垣突出部有一段被炸开，敌攻城兵正在利用绳梯爬上城墙。我立即命令该营集中主力挑选100名精壮战士组织敢死队，严令务必在一小时内，将突入城墙之敌完全肃清。命令下达后，营长胡豪亲率敢死队勇敢地向突破口冲杀过去，我亦指挥全团火力直接掩护。一时杀声震天动地，不到一小时，将突入之敌全部肃清，除战死者外，生俘10余人。在格斗中，我第三营营长胡豪、少校团附刘历滋不幸中弹英勇牺牲。我团虽奋力将该敌驱逐，然因受雨花台敌火力之俯制，兵力又极单薄，完全处于被动挨打地位。相持至晚7时，接师长王耀武电话：南京全城战况混乱，要作有计划战斗已经不可能。为了保持一部分实力作尔后长期作战计，部队完成当前任务后，应相机撤退，浦口以北为撤退方向。我接到电话后，认为情况不妙，任务亦艰巨，正与敌胶着时，如何后撤呢？在包围状态下哪里是后方呢？于是我集中几位营连长在城墙上研究撤退方案。敌人发现了我们手电光亮，向我处扫射，我左腿中弹骨断，幸有团附继续指挥。我被担架抬下战场，由于流血过多，已昏迷不省人事，等我苏醒过来，人已在下关码头。

邱维达

我在中山码头停下约一小时，眼见下关一带情形比战场更凄惨！从前线退下的散兵、伤员、后方勤杂部队、辎重、车辆以及眷属、老弱妇孺，把沿江马路挤得水泄不通。一会儿江中的敌舰机关枪扫射过来，侦察敌机掉下几颗照明弹，吓得人群乱窜乱逃，到处是哭声、呼救声、喊声、怨恨声，搅成一片。

夜已深，仍无法过江，我的副官和卫士只好分头去找船。分开不到一刻钟，忽听江中遥远处有人在呼喊我的名字："五十一师邱团长在哪里？"连续几声，犹如天降喜讯！我停住呼吸细听，喊声来自煤炭港方向。等我们赶到煤炭港，发现江中停有一艘机动船，离我们约有200米距离，船上的人声已经听得十分清楚。后来我才知道，这条船是交通部长俞飞鹏留下给俞济时过江用的。因王耀武听说我没有过江并又负了重伤，特请示了俞济时，留下船并派一位副官和两个卫士来接我的。

由于岸上人山人海，船离岸尚有30米远，就有大批人跃进江里，向船游去，几乎把船弄翻。后来我被一条绳索一头系着腰，从水中拖拉上船，才得以离开这座被血染红了的城市。